Franz Wagner/Fritz Vosberg: Polenspiegel

Franz Wagner/Fritz Vosberg

Polenspiegel

Die Aktivitäten der Polen in
Deutschland nach ihren eigenen
Zeugnissen

Verbesserter Nachdruck der Ausgabe von 1908

Verlag für ganzheitliche Forschung und Kultur

Reihe *Ostpolitische Studien*

Band 1

Herausgeber: Roland Bohlinger

CIP-Kurztitelaufnahme der Deutschen Bibliothek

Franz Wagner/Fritz Vosberg

Polenspiegel

Die Aktivitäten der Polen in Deutschland
nach ihren eigenen Zeugnissen

Verbesserter Nachdruck der Ausgabe von 1908
Bearbeitung: Roland Bohlinger
2. Auflage
Struckum: Verlag für ganzheitliche Forschung und Kultur, 1988
(Veröffentlichung aus der Reihe *Ostpolitische Studien*; Bd. 1)

ISBN 3-922314-80-5

1988
Verlag für ganzheitliche Forschung und Kultur, 2257 Struckum
Printed in Germany

Umschlaggestaltung: Roland Bohlinger
Satz: Im Hause
Druck: Günther Werbung & Druck, 2250 Husum

ISBN 3-922314-80-5

Inhaltsverzeichnis

4

Vorwort zur Ausgabe von 1908

Die Empfindungen eines Volkes finden ihren deutlichsten Ausdruck in der Tagespresse. Die Presse kann auf diese Empfindungen einwirken; sie kann aber nicht, wenigstens nicht auf die Dauer, sich mit ihnen in Widerspruch setzen. Die Äußerungen der Presse geben daher ein einigermaßen getreues Bild der Empfindungen eines Volkes.

Die Äußerungen der Tagespresse sind aber flüchtig, so flüchtig fast, wie das gesprochene Wort, denn von den vielen Stücken, die am Anfang der Woche von einer Zeitungsnummer ausgegeben werden, sind am Ende der Woche nur noch wenige vorhanden; gesammelt und aufbewahrt werden sie fast nie.

Die Äußerungen der polnischen Presse entziehen sich überdies uns Deutschen fast ganz wegen der uns nicht geläufigen Sprache; sie werden uns nur gelegentlich in anderen Zeitungen durch Übersetzungen von Männern zur Kenntnis gebracht, die die polnische Presse beobachten. Die polnischen Pressestimmen sind daher über die verschiedensten deutschen Zeitungen verstreut zu lesen und nach Verlauf kurzer Zeit nicht mehr aufzufinden.

Die Verfasser haben sich bemüht, die wichtigeren polnischen Presseäußerungen zu sammeln, sie haben sie geordnet und in Buchform gebracht, sodaß sie auf Jahre hinaus erhalten bleiben und einen Nachweis bieten für die Empfindungen des polnischen Volkes.

Zum erstenmal geschah das im Jahre 1902 unter dem Namen *Polenstimmen*.

Jetzt ist eine neue Sammlung notwendig geworden. Die neue Sammlung enthält weitere Ausschnitte der polnischen Presse bis zum Jahre 1908. Hinzugefügt sind manche andre, für die Stimmung und Tätigkeit der Polen wichtige Belege, aber auch eine größere Zahl Polenstimmen aus älterer Zeit, insbesondere aus der Zeit vor der Gründung des *Ostmarkenvereins* im November 1894 und vor Errichtung der Königlichen Ansiedelungs-Kommission im Jahre 1886.

Eine große Schwierigkeit bestand darin, aus dem überreichen Stoff das Notwendigste auszusondern. Die ausgewählten Polenstimmen sind nur die wesentlichen, jede Äußerung findet sich meist in zehnfacher, ja in zwanzigfacher Wiederholung in der polnischen Presse.

Die Sammlung ist dazu bestimmt, Politiker, Journalisten und alle, die sich mit den polnischen Angelegenheiten beschäftigen, schnell zu

orientieren und die Gedanken und Äußerungen der Polen über ihre nationalen Bestrebungen weiteren Kreisen zur Kenntnis zu bringen.
Diese umgearbeitete und erweiterte Sammlung erhält den Namen *Polenspiegel.*
Aus den in den Polenspiegel aufgenommenen Äußerungen der polnischen Presse und den übrigen Darlegungen ergibt sich, daß die gesamte polnische Bevölkerung den Deutschen als eine selbstorganisierte, nach außen abgeschlossene, dem Deutschtum feindliche Masse gegenübersteht, daß die Polen im preußischen Staat einen wirtschaftlich-politischen Ring bilden, dessen letztes Ziel es ist, in Gemeinschaft mit den Polen in Österreich und Rußland das polnische Reich wiederherzustellen.
In der Sammlung sind die Äußerungen jeder einzelnen polnischen Zeitung und sonstiger Presseerzeugnisse zusammengefaßt und der Zeitfolge nach geordnet. Eine Liste der berücksichtigten Zeitungen und Presseerzeugnisse ist der Sammlung der Zeitungsstimmen vorangestellt.
Der *Spiegel* ist nach fachlichen Gesichtspunkten geordnet. Die bei den einzelnen Punkten angeführten Ziffern verweisen auf die laufenden Nummern, die den Polenstimmen am Rande beigesetzt sind.

Vorwort zur Neuausgabe

Der *Polenspiegel* von Franz Wagner und Fritz Vosberg erschien erstmals im Jahre 1908. Der Verlag entschloß sich, dieses Werk neu herauszugeben, und zwar als ersten Band in seiner neuen Reihe *Ostpolitische Studien*. Kurz zuvor ist in dieser Reihe bereits Band 2 erschienen, das Werk von Werner Fuchs: *Selbstzeugnisse polnischen Eroberungswillens*.

Die Reihe *Ostpolitische Studien* soll im Laufe der Zeit ein umfassendes aber auf das Wesentliche konzentriertes wissenschaftliches Material bereitstellen, ein Material, das es erlaubt, die Beziehungen Deutschlands zu seinen östlichen Nachbarn auf einer akzeptablen Diskussions-Grundlage zu entwickeln: nämlich auf der Grundlage historischer und rechtlicher Tatsachen. Nur auf einer solchen Grundlage kann der Wille zur Versöhnung, zum Frieden und zur gegenseitigen Achtung zwischen den Völkern erfolgreich gedeihen.

Das Werk von Wagner und Vosberg blieb im Wesentlichen unverändert. Der Herausgeber hat hauptsächlich Stil- und Übersetzungsmängel beseitigt. Es handelt sich hier um eine gut dokumentierte Untersuchung, die tiefe und vielseitige Einblicke in jene Verhältnisse und Bestrebungen bietet, die unter den Polen in den letzten Jahrzehnten vor dem Ersten Weltkrieg vorherrschten, die dann wesentlich zur Erfüllung der polnischen Sehnsucht nach Neuerrichtung des Staates Polen beitrugen, danach aber auch zunehmend in chauvinistische Aktivitäten mündeten, und zwar – wie die nachfolgenden Bände zeigen – bis hin zum Streben nach Entfesselung eines neuen großen Krieges zum Zweck der Zerschlagung Deutschlands und der Eingliederung weiter Teile davon in ein neues „Großpolnisches Reich".

Der Verlag.

Richtigstellungen

I

Die Teilung Polens

Die Teilung des Polenreichs wird von den Polen als das Grundübel dargestellt, als ein Gewaltstreich gegen das Polentum.

Das ist nicht richtig.

Die erste Teilung Polens – auf sie allein kommt es an, die weiteren Teilungen waren nur Folgererscheinungen – die erste Teilung erfolgte mit Zustimmung des polnischen Reichstages. Bei der ersten Teilung im Jahre 1772 wurde nämlich noch nicht das ganze polnische Reich aufgeteilt, sondern es wurden damals nur große Gebiete an die drei benachbarten Staaten Rußland, Österreich und Preußen abgetreten. Hierzu gab der polnische Reichstag seine Einwilligung. Wie es dabei zuging, erzählt der Generaldirektor der preußischen Archive Wirklicher Geheimer Regierungsrat Koser auf Grund amtlichen Aktenmaterials in seinem Buche *König Friedrich der Große* im zweiten Band auf Seite 478, 479 (1. und 2. Aufl. J. G. Cotta'sche Buchhandlung, Stuttgart und Berlin 1903):

„Zum 19. April 1773 stand die Eröffnung des Reichstags bevor, der mit den drei Nachbarn über die Abtretung verhandeln sollte. Der Zarenhof empfahl den beiden anderen Mächten das russische Hausmittel, das auf so vielen polnischen Reichstagen Wunder gewirkt hatte: die Bestechung. Kanitz war zweifelhaft. Er meinte, es sei von dem polnischen Adel nimmermehr zu erwarten, daß er sich mit dem Vorwurf des Vaterlandsverrates beladen werde; er hielt deshalb Zwang für ein sicheres Mittel und schlug die Besetzung noch weiterer polnischer Gebiete vor. Man entschied sich dann für ein gemischtes System, bei dem Überredung, Zwang und Bestechung in einander greifen sollten. Die drei Gesandten, der Russe Stackelberg, der Preuße Benoit und der Österreicher Reviczky, die Triumvirn, wie sie sich nannten, verständigten sich über die Verwaltung einer gemeinsamen Kasse, aus der die Blutgelder an die Senatoren und die Landboten gezahlt wurden. Es kam, wie Saldern, Stackelbergs Vorgänger, beim Scheiden aus Warschau geraten hatten: ‚Besorgen Sie sich nur gut mit Kassa, allhier muß jeder 4 – 6 Freunde unter den Personen von Gewicht und eine Anzahl Schreier haben; es genügt nicht, Geld unter diese Leute auszuteilen, man muß mit ihnen leben, sie bewirten und trunken machen, in vino veritas!' Schon hatten Fürst Adam Czartoryski und andere Magnaten ihren

Frieden mit der Zarin abgeschlossen, der eigentliche Geschäftsführer der drei Mächte auf dem Reichstage aber wurde der Reichstagsmarschall Graf Poninski. Die Versammlung tagte, um dem Liberum veto die Spitze abzubrechen, in den Formen eines Konföderationsreichstages. Am 14. Mai überwies das Plenum die Verhandlung mit den Mächten einer Delegation. Bis dahin hatte die Kasse der Triumvirn 8000 Dukaten aufgewendet. Um die Mitte des September waren die Gesandten mit der Delegation einig: am 30. wurden die Ausschußbeschlüsse vom Reichstage nach mehreren erregten Sitzungen einstimmig angenommen. Voll Genugtuung meldete der österreichische Gesandte nach Hause, die Formen seien derart gewahrt worden, daß es ganz den Anschein habe, als ob ein ungezwungener und freiwilliger Vergleich abgeschlossen worden sei; auch habe die Sache nicht viel Geld gekostet, nur 15 000 Dukaten für jeden der drei Höfe aus der gemeinsamen Kasse. Die Volksvertreter waren nicht allzu anspruchsvoll gewesen, ein polnischer Fürst hat seine Stimme für 30 Dukaten verkauft, und manche hatten kein Gold genommen, sondern sich mit einigen Tonnen Salzes begnügt.

Mit Beschämung gewahrte der sächsische Gesandte Essen, der an sich mit seinen Sympathien auf der Seite der Polen stand, wie schmachvoll diese Märtyrer sich gebärdeten und wie die Ausschußmitglieder am Pharao-Tische dieselben Friedrichsdor und Imperiale auf die Karte setzten, die sie eben von dem preußischen oder russischen Gesandten erhalten hatten. Und der päpstliche Nuntius bestätigte ihm, daß die geistlichen Herren nicht besser seien als der Laienadel. ‚Es ist fast nicht mehr möglich, das Bild der hiesigen Vorgänge zu zeichnen', klagte dieser sächsische Diplomat; ‚soviel die Zeitungen auch darüber schreiben mögen, sie sagen nicht genug. Sie sprechen nur von Inkonsequenz, von Leichtfertigkeit und von den lächerlichen Erscheinungen, aber sie kennen nicht die Rechtsverletzungen, die Räubereien, das öffentliche Feilbieten der Erkenntnisse in den Prozessen, den Ruin ganzer Familien und die schauderhaften Dinge, welche die Häupter der Delegation treiben, wofern nur Gold in ihre Beutel rinnt ... Auch läßt mich diese Verderbtheit, dieser Sittenverfall fürchten, daß das Unglück der Nation noch nicht an seinem Ziele ist.'

Mangel an Gemeinsinn und schmutzige Habgier, Parteifanatismus und Korruption, alle schon so oft gegeißelten Schäden des öffentlichen Lebens, alle wüsten Ausbrüche der polnischen ‚Anarchie' waren auf diesem Reichstage, der die Augen von ganz Europa auf sich lenkte, in erschreckender Weise zutage getreten.

In ihrer Anarchie, in der Auflösung aller staatlichen Ordnung und po-

litischen Zucht, ist den Polen zuerst die Integrität ihres Gebietes und zwei Jahrzehnte später ihre nationale Selbständigkeit verlorengegangen. Nachdem sie selbst in wahnwitziger Lemurenarbeit die Fundamente ihres Staatswesens abgegraben hatten, mußte der Bau endlich zusammenbrechen."

Die Teilung Polens war also nicht ein Unrecht, sondern die notwendige Folge der Mißwirtschaft, die in dem vollständig in Verfall geratenen Staatswesen herrschte.

II

Polnische Erde

Die Polen behaupten ein ausschließliches Recht auf die Ostmark, weil sie von jeher polnisches Land gewesen und immer polnisches Land geblieben sei.
Das ist nicht richtig.

A. Die Ostmark vor der Besitzergreifung durch Preußen

Nach historischen, unanfechtbaren Feststellungen, die der Professor Dr. Erich Schmidt in Bromberg in seinem Buche *Geschichte des Deutschtums im Lande Posen* (Mittlersche Buchhandlung in Bromberg 1904) dargelegt hat, wohnten in vorgeschichtlicher Zeit in der Weichselniederung und im Brahegebiet die Goten, zwischen Netze und Warthe die Burgunder, weiter südlich die Vandalen, germanische Volksstämme (Schmidt, Seite 11). Von Polen als einem eigenen Volksstamme war damals überhaupt noch keine Spur vorhanden. Bei der Völkerwanderung verließen die Germanen ihre Sitze und das Land wurde eine menschenleere Einöde (Schmidt, Seite 11).* In dieses Land rückten von Osten her die Slawen.** Der Name der Polen und ihres

* Inzwischen weiß man, daß nur ein Teil der Germanen ihre Sitze verließen. Anmerkung des Herausgebers.

** Das ist ebenfalls eine überholte Ansicht. Slawen im heutigen Sinn des Wortes gab es damals noch nicht. Anmerkung des Herausgebers.

Fürsten Misaca wird im Jahre 963 zum ersten Male genannt (Schmidt, Seite 18). Die christliche Lehre gelangte von Deutschland ausgehend im Jahre 965 zu den Polen (Schmidt, Seite 19).
Die jetzige Ostmark, das ist der Teil im Osten der preußischen Monarchie, der von Polen durchsetzt ist, umfaßt mehrere Provinzen: Posen, Westpreußen, Teile von Ostpreußen und Pommern, Schlesien. Die geschichtliche Entwicklung dieser einzelnen Provinzen ist sehr verschieden.

Westpreußen und Ostpreußen. Westpreußen und Ostpreußen wurde im 13. Jahrhundert vom Deutschen Ritterorden erobert. Es saßen dort nicht Polen, sondern die heidnischen Preußen. Der Deutsche Ritterorden und mit ihm die zahlreichen deutschen Einwanderer brachten dem Lande eine hohe Kultur, wovon die Marienburg, viele Schlösser, Dome und andere Baudenkmäler Zeugnis ablegen. Als in der Schlacht bei Tannenberg im Jahre 1410 die Polen mit Hilfe der Litauer, Russen und Tartaren den Ritterorden geschlagen hatten, gelangte ein Teil seines Gebietes, ganz Westpreußen und Teile von Ostpreußen, völlig deutsches Land, unter polnische Herrschaft. Der Deutsche Ritterorden blieb auf Ostpreußen mit der Hauptstadt Königsberg beschränkt. Dies Ordensland wurde nach der Reformation ein Herzogtum, das später an die Kurfürsten von Brandenburg fiel.

Schlesien und Pommern. Schlesien und Pommern haben nur vorübergehend zum polnischen Reich gehört, beide nicht im ganzen Umfang. Die Pommern und Wenden hielten frühzeitig zum deutschen Reich und Schlesien löste sich nach dem Tode des vertriebenen, rechtmäßigen Polen-Herzogs Wladislaus im Jahre 1163 vom Polenreich los. Professor Schmidt sagt darüber in seinem Buch, Seite 31:

> „*An dieses Ereignis nun (den Tod des Wladislaus) knüpften sich Folgen von der allergrößten Tragweite. Friedrich Barbarossa forderte den Großfürsten Boleslaus auf, den drei Söhnen des Verstorbenen das väterliche Erbteil, Schlesien, auszuhändigen. Boleslaus wagte es nicht, diesem Wunsche zu widerstreben, und so kam Schlesien unter die Herrschaft dreier Fürsten, die – von einer deutschen Mutter geboren und in Deutschland auferzogen – mit größtem Eifer begannen, das schlesische Land der höheren Kultur ihres zweiten Vaterlandes zu erschließen, wodurch die innerliche und schließlich auch politische Loslösung von Polen und die Vereinigung mit dem deutschen Reiche eingeleitet wurde.*“

Posen. Selbst die jetzige Provinz Posen, die ja ein wesentlicher Bestandteil des Polenreiches gewesen ist, war niemals ein rein polnisches Land. In Polen fehlte ein freier Bürger- und Bauernstand. Im 13. Jahrhundert siedelten sich in Polen, wie im übrigen Polenreich, von den Polen herbeigerufen, zahllose deutsche Einwanderer an: Geistliche, Bürger, Bauern. Die Städte wurden von Deutschen begründet, so Posen, Gnesen, Nakel, Exin, Rogasen, Schwerin, Meseritz, Bentschen, Buk, Kostschin, Jnowrazlaw (Hohensalza), Argenau, Fraustadt, Jaroschin, Schrimm und andere (siehe die dem Buche des Professor Schmidt angehängte erste Karte). Die Verfassung der Städte und ihr Recht war deutsch. Professor Schmidt sagt darüber in seinem Buch, Seite 124:

> *„So ließen es die großpolnischen Herzöge an Zeichen ihrer Huld gegenüber den deutschen Einwanderern nicht fehlen. Doch vielleicht noch wichtiger als diese Vergünstigungen wirtschaftlicher Art war die feierliche Zusicherung ihrer neuen Landesherren, daß sie nach heimischen, altvertrauten Rechts- und Verwaltungsgrundsätzen ihr Gemeindeleben einrichten durften. Die ganze Summe dieser Grundsätze wurde unter dem Namen des Magdeburger Rechts zusammengefaßt, und so geschah es ..., daß von Magdeburg aus das Licht einer höheren Kultur über die Länder ostwärts der Elbe ausging ... auf dem Gebiete von Recht und Sitte, wo die Weistümer, welche die schlichten Bürger Magdeburgs gefunden und aufgezeichnet hatten, tief bis nach Rußland hinein ihren Weg fanden als die einzig mögliche Grundlage städtischer Wohlfahrt angenommen wurden."*

Auch das flache Land wurde von Deutschen kolonisiert, eine große Zahl deutscher Dörfer wurde im Posener Lande angelegt (Schmidt, Seite 88 bis 91). Die Einwanderung der Deutschen wurde von den polnischen Königen, den Bischöfen und Klöstern sowie von den polnischen Magnaten begünstigt, weil sie aus der deutschen Arbeit durch Abgaben ihre Einkünfte erheblich vermehrten.

Ein zweiter Strom deutscher Ansiedler ergoß sich über Posen wie über ganz Polen im 14. Jahrhundert. Es wurden damals nach deutschem Recht Bromberg, Krone, Mrotschen, Schulitz, Znin, Wreschen, Miloslaw, Mogilno, Strelno, Neustadt, Kosten, Schmiegel, Grätz, Tirschtiegel, Birnbaum, Samter und andere Städte und viele deutsche Schulzendörfer begründet (siehe die zweite Karte bei Schmidt).

Dann aber wurden noch im 16., 17. und 18. Jahrhundert im Netzedistrikt zahlreiche deutsche Schulzendörfer (Schmidt, Seite 325) begründet und von gleichfalls herbeigerufenen, anfangs in den sumpfigen Niederungen, später in den Urwäldern angesetzten Holländern (Schmidt,

S. 355) Dörfer angelegt, die als Holländereien, später, als die holländische Herkunft vergessen war, als Hauländereien bezeichnet wurden (siehe zweite Karte bei Schmidt).
Die ganze Ostmark in allen ihren Teilen war also schon zur Zeit des Polenreiches kein rein polnisches Land.

B. Die Ostmark nach der Besitzergreifung durch Preußen

Der Teil der Ostmark, die im Jahre 1772 vom Polenreich an Preußen kam (also in der Hauptsache Posen und Westpreußen) befand sich infolge der polnischen Mißwirtschaft in einem jammervollen Zustand. Friedrich der Große schrieb damals, er halte Kanada für ganz ebenso gesittet, wie dieses mit keinem andern europäischen Lande zu vergleichende Polen:

> „ ‚*Keine Ordnung, alles außer Rand und Band. Kulm z. B. sollte 800 Häuser haben, nicht 100 stehen, und ihre Bewohner sind Juden und Mönche, noch dazu von der elendesten Art.*‘ *Auch die 27 kleinen Städte in dem großpolnischen Landstrich zwischen Drage, Netze und Weichsel waren fast ausschließlich von Juden bevölkert. Von Jnowrazlaw sagt Friedrich, er habe nie eine miserabler gebaute Stadt gesehen. Brombergs Einwohnerzahl war auf 600 gesunken. Fast überall in diesen armseligen Städten fehlten Ärzte und Apotheken. Einander gleich in ihrer Dürftigkeit, unterschieden sie sich um so mehr durch die Mannigfaltigkeit von Maß und Gewicht.*“ (Koser, a.a.O., S. 485)

König Friedrich verglich die Einwohnerschaft mit den Irokesen und klagte, man habe ihm ein Stück Anarchie zu bessern und zu belehren gegeben (Koser, a.a.O., S. 485). Domhardt berichtet vom Netzegebiet:

> „ ‚*Das Land wüste und leer, die Viehrassen schlecht und entartet, das Ackergerät höchst unvollkommen, bis zur Pflugschar alles ohne Eisen, die Äcker ausgesogen, voll Unkraut und Gestein, die Wiesen versumpft, die Wälder gelichtet.*‘ *Ebenso untröstlich sah es im polnischen Preußen (Westpreußen) aus, am schlimmsten im Kulmischen und zwischen Konitz und Hammerstein. Über die Starostenwirtschaft berichtet Domhardt: ‚Unordnung und Finsternis haben bisher in diesen Gegenden ihr festes Quartier gehabt. Lediglich die despotische Willkür der Starosten gab den Ausschlag bei Bestimmung der Praestandorum und bei Benutzung der Pertinenzien. Man findet weder Register noch Rechnungen von den bisherigen wirklichen Einnahmen. Ausmitteln*

läßt sich, daß meistens, namentlich in Pomerellen, die Bauernzinse so in die Höhe getrieben sind, daß es für die Folge unmöglich ist, dieselben zu erschwingen, wenn man die Holzdiebereien nicht länger passieren lassen will, aus deren Erträgnis größtenteils Brot und Zins genommen wurde. Es gibt einzelne Starosteien mit undankbarem Boden, wo sich die Mehrzahl der Bauern ohne Brot behelfen und von Wurzelwerk und schlechtem Gemüse leben mußte. Das wenige Getreide, das sie bauten, verkauften sie, um die ihnen auferlegten Lasten zu erschwingen.' Auch die Geistlichkeit hatte noch jüngst ihre finanziellen Ansprüche an die Bauern sehr erheblich gesteigert." (Koser, a.a.O., S. 486)

Wenn die beiden Provinzen Posen und Westpreußen, die sich in solchem Zustande befanden, im Verlaufe der Jahrzehnte so in der Kultur gehoben worden sind, daß sie andern deutschen Ländern jetzt einigermaßen gleichstehen, so ist das wahrlich kein Verdienst der Polen, die sie heruntergewirtschaftet hatten, sondern es ist zunächst dem Eingreifen des großen Friedrich zu danken, der die Lande in seine besondere Fürsorge nahm, Kanäle baute, deutsche Kolonisten ansetzte und überall auf Hebung der Provinzen bedacht war, sodann ist es zu danken der preußischen Verwaltung, die Recht und Ordnung in diese Lande einführte und für deren Wohlfahrt sorgte und nicht zum wenigsten der deutschen Schule, deren Einfluß auf die gesamten Bewohner, Deutsche wie Polen, von größtem Segen war.
Nicht das Schwert, der Pflug hat uns das Land erobert, es ist kein polnisches Land. Es gibt in der Ostmark keine polnische Erde; kein Landstrich ist da, der nicht von Alters her auch von Deutschen bewohnt wurde und dessen Kulturzustand nicht auf deutscher Arbeit beruhte.

III

Polnische Rechtstitel

Die Polen behaupten, daß sie auf Grund der Beschlüsse des Wiener Kongresses vom Jahr 1815 und der Zusage des Königs Friedrich Wilhelm III. Rechtsansprüche auf eine polnisch-nationale Sonderstellung haben.
Das ist nicht richtig.

a) Wiener Kongreß. In den Protokollen des Wiener Kongresses befindet sich nur eine Stelle, die von den polnischen Verhältnissen handelt. Das ist Art. 1, § 2 der Schlußakte. Die Stelle lautet:

„*Les Polonais, sujets respectifs de la Russie, de l'Autriche et de la Prusse, obtiendront une représentation et des institutions nationales, réglées d'après le mode d'existence politique, que chacun des gouvernements, auxquels ils appartiennent, jugera utile et convenable de leur accorder.*"

Zu deutsch:

„*Die Polen werden, je nachdem sie Untertanen von Rußland, Österreich oder Preußen sind, Einrichtungen, welche die Erhaltung ihrer Nationalität sichern, nach den Formen politischen Daseins erhalten, die jede der Regierungen ihnen zu bewilligen für nützlich und angemessen erachten wird.*"

Aus dieser protokollarisch festgelegten Meinungsäußerung der drei beteiligten Mächte sind den Polen Rechte nicht erwachsen. Abgesehen davon, daß die polnische Nation auf dem Wiener Kongreß gar nicht vertreten war, mit den Polen ein Vertrag also überhaupt nicht geschlossen werden konnte, so haben auch die drei Mächte hinsichtlich der Behandlung der Polen sich gegenseitig vertraglich nicht binden wollen; es handelt sich vielmehr nur um eine gemeinschaftliche Erklärung der drei Staaten, in denen die Polen wohnten. Aber auch irgendeine rechtsverbindliche Zusage liegt in dieser gemeinschaftlichen Erklärung nicht, denn die Staaten behielten sich vor, Einrichtungen zu treffen, soweit sie, jeder für seinen Teil, es für „utile et convenable" erachten würden. Erklärungen mit solchem Vorbehalt begründen keinen Rechtsanspruch.*

b) Zusagen von König Friedrich Wilhelm III. Als nach dem Sturze Napoleons die von Preußen abgetrennten, dem Herzogtum Warschau zugeteilten Länder Posen und Teile von Westpreußen mit der preußischen Monarchie wieder vereinigt wurden, verkündete König Friedrich Wilhelm III. am 15. Mai 1815 ein Besitznahme-Patent und einen königlichen Aufruf an die Einwohner des Großherzogtums Posen. Die erste Urkunde spricht nur die Besitznahme aus und bespricht die Einordnung der Landesteile in die Provinzialorganisation.

* Diese Worte stammen aus dem Jahr 1908. Heute würden wir, vom Standpunkt des Rechts auf Selbstbestimmung eines Volkes aus, anders urteilen. Der Herausgeber.

Die zweite Urkunde lautet:

,,Einwohner des Großherzogtums Posen!

Indem Ich durch mein Besitznahme-Patent vom heutigen Tage den Teil der ursprünglich zu Preußen gehörigen, an Meine Staaten zurückgefallenen Distrikte des bisherigen Herzogtums Warschau in seine uralten Verhältnisse zurückgeführt habe, bin Ich bedacht gewesen, auch Eure Verhältnisse festzusetzen. Auch Ihr habt ein Vaterland, und mit ihm einen Beweis Meiner Achtung für Eure Anhänglichkeit an dasselbe erhalten. Ihr werdet Meiner Monarchie einverleibt, ohne Eure Nationalität verleugnen zu dürfen. Ihr werdet an der Konstitution teilnehmen, welche Ich Meinen getreuen Untertanen zu gewähren beabsichtige, und Ihr werdet wie die übrigen Provinzen Meines Reichs eine provinzielle Verfassung erhalten.

Eure Religion soll aufrecht erhalten und zu einer standesmäßigen Dotierung ihrer Diener gewirkt werden. Eure persönlichen Rechte und Euer Eigentum kehren wieder unter den Schutz der Gesetze zurück, zu deren Beratung Ihr künftig zugezogen werden sollet. Eure Sprache soll neben der deutschen in allen öffentlichen Verhandlungen gebraucht werden, und jedem unter Euch soll nach Maßgabe seiner Fähigkeiten der Zutritt zu den öffentlichen Ämtern des Großherzogtums, sowie zu allen Ämtern, Ehren und Würden Meines Reichs offen stehen.*

Mein unter Euch geborener Statthalter wird bei Euch residieren. Er wird Mich mit guten Wünschen und Bedürfnissen, und Euch mit den Absichten meiner Regierung bekannt machen.

Euer Mitbürger, Mein Ober-Präsident, wird das Großherzogtum nach den von Mir erhaltenen Anweisungen organisieren und bis zur vollendeten Organisation in allen Zweigen verwalten. Er wird bei dieser Gelegenheit von den sich unter Euch gebildeten Geschäftsmännern den Gebrauch machen, zu dem sie ihre Kenntnisse und Euer Vertrauen eignen. Nach vollendeter Organisation werden die allgemeinen, vorgeschriebenen Ressort-Verhältnisse eintreten.

Es ist Mein ernstlicher Wille, daß das Vergangene einer völligen Vergessenheit übergeben werde. Meine ausschließliche Sorgfalt gehört der Zukunft. In Ihr hoffe ich die Mittel zu finden, das über seine Kräfte angestrengte, tief erschöpfte Land noch einmal auf den Weg zu seinem Wohlstande zurückzuführen.

* An Versammlungen ist dabei nicht zu denken; die gab es damals nicht. Der Verfasser.

Wichtige Erfahrungen haben Euch gereift. Ich hoffe auf Eure Anerkennung rechnen zu dürfen."

Die Zusagen in dieser Urkunde beschränken sich darauf, daß die Polen „*ihre Nationalität nicht zu verleugnen*" brauchen, daß „*ihre Religion aufrecht erhalten*" werden soll, daß sie zur *Beratung der Gesetze* künftig zugezogen werden soll und daß *ihre Sprache* neben der deutschen in allen öffentlichen Verhandlungen gebraucht werden soll. Alle diese Grundsätze kamen zur Geltung und bestehen heute noch zu Recht. Die polnische Sprache als Amtssprache ist allerdings durch spätere Gesetze beseitigt worden.

Dieser königlich Aufruf hat selbstverständlich keine größere Kraft als ein Gesetz und ist wie jedes Gesetz einer Änderung durch die spätere Gesetzgebung unterworfen. Kein Gesetz und keine Kabinettsordre hat ewige Geltung.

Wenn man aber auch so weit gehen wollte, irgendwelche moralische Verpflichtung aus jenem Aufruf oder einfach auf der Grundlage allgemeinen Menschenrechts herzuleiten und darauf einen Anspruch gründen wollte, so war die Voraussetzung, daß die Polen dem Könige, der „*das Vergangene einer völligen Vergessenheit übergeben*" wollte, in Zukunft die Untertanentreue hielten.

Das haben sie nicht getan. Im Jahre 1848 erhoben sich die Polen und ergriffen die Waffen gegen den König. Es handelte sich dabei nicht um vereinzelte, lokale Unruhen und Gewalttaten, sondern um einen organisierten Aufruhr, dessen Ziel die Losreißung von Preußen war. Das ergibt sich u. a. aus dem Bericht des kommandierenden Generals von Colomb zu Posen vom 11. April 1848, in dem es heißt:

„*Ich darf nicht verschweigen, daß überall da, wo die bewaffnete Macht nicht gegenwärtig sein konnte, die königlichen Behörden abgesetzt oder in ihrer Tätigkeit völlig gelähmt und vertrieben wurden.*

Unsere Adler sind in dem ganzen revoltierten Landesteile herabgerissen, an vielen Orten beschimpft und in den Kot getreten worden, die öffentlichen Kassen mit Beschlag belegt, königliche und Privatpersonen gehörige Gelder, welche mit der Post versendet wurden, sind geraubt. Briefe wurden vielfach erbrochen und mit dem Siegel des polnischen Komitees wieder geschlossen, und, mit deren Attest versehen, weitergesandt, andere unterschlagen, Stafetten sind aufgehalten und ihrer Depeschen beraubt worden. Verletzungen des Eigentums, besonders Plünderungen und Mißhandlungen der Juden, sind in Dörfern und Städten häufig vorgekommen.

Neben allen diesen Gesetzwidrigkeiten wurden durch das ganze Land

Kriegsrüstungen gemacht, die Tagelöhner und ein Teil der besitzlosen Bevölkerung sind durch Überredung, durch Zwang und Drohung, sogar durch die trügerische Vorspiegelung: ,daß ein König von Preußen nicht mehr existiere, Polen frei erklärt sei', veranlaßt, die Sense zur Hand zu nehmen. Man hat überall Freitrupps gebildet, welche mit Büchsen und Jagdgewehren bewaffnet sind, man hat von den Gutsbesitzern und Bauern mit Gewalt Pferde requiriert und eine mit Lanzen bewaffnete Kavallerie gebildet."

In dem Berichte wird dann auf die schlimmen Folgen eines Bürgerkrieges gewiesen und hinzugefügt:

„Diese Folgen würden um so schrecklicher gewesen sein, als die Geistlichkeit von den Kanzeln, von den Stufen des Altars herab durch fanatische Reden das Volk zum Kampf für die Sache der ,heiligen, katholischen Religion' und gegen die Preußische Regierung zu entflammen bemüht war. Sie hat die Fahnen geweiht, denen die Scharen der Sensenmänner folgen sollten. Sie hat an mehreren Ort ausgesprochen: ,es seien Geistliche ermordet und man wolle die Polen zwingen, evangelisch zu werden', um das getäuschte Landvolk in Wut zu setzen."

So haben die Polen, hauptsächlich angestachelt durch Vertreter der römisch-katholischen Kirche, die Treue dem Könige gebrochen und dadurch jeden Anspruch auf Verwirklichung früherer Verheißungen verwirkt.
Die allein geltenden Grundlagen für alle politischen Rechte in Preußen sind die preußische Verfassung und die Verfassung des deutschen Reiches. Die preußische Verfassung enthält keinen Vorbehalt für national-polnische Sonderrechte und die Verfassung des deutschen Reiches schließt alle besonderen Rechte anderer Nationen aus.*

* Auch hier ist die Zeitbedingtheit der Argumentation zu beachten! Der Herausgeber.

Der Spiegel

Die nationale Absonderung der Polen

Die polnisch sprechende Bevölkerung Preußens steht in einem ausgesprochenen Gegensatz zum Deutschen Reich und Preußen. Sie sondert sich von der deutschen Bevölkerung auf staatsbürgerlichem, wirtschaftlichem und religiösem Gebiete ab und betätigt den nationalen Gegensatz in allen ihren Äußerungen und Handlungen.

I

Die Absonderung der Polen auf staatsbürgerlichem Gebiet

A. Die Polen erstreben innerhalb der preußischen Monarchie eine nationale Sonderstellung, umfassend alle Landesteile mit polnisch sprechender Bevölkerung als polnisch-nationale Einheit: 262, 267, 381, 430, 500.

Sie verlangen die Lostrennung aller Landesteile mit polnisch sprechender Bevölkerung, d. h. Oberschlesien, Teile von Mittelschlesien, Posen, West- und Ostpreußen und Teile von Pommern, zu einer besonderen Einheit unter einem Kgl. Statthalter, einer eigenen Regierung, Anstellung polnischer Beamter, die polnische Sprache als Amtssprache neben der deutschen Sprache, geistliche Schulaufsicht (!), Rückberufung sämtlicher geistlicher Orden, Beseitigung aller Beteiligung der Regierung bei der Erzbischofswahl und Schulunterricht in polnischer Sprache (Forderungen, die schon 1848 gestellt wurden): 500.

Die Polen erklären: „*ein Recht auf eigene Regierung*" zu haben: 239.

Den Ausspruch des Herrn v. Koscielski von der staatlichen Assimilation der Polen mit Preußen erklärt der *Kuryer Poznanski*, das gemäßigste, versöhnungsparteiliche Blatt, als „*eine dem nationalen Geist zuwiderlaufende Idee, einen schmerzlichen Schlag*": 300.

Die Polen wollen keine Deutschen, keine Preußen sein, sie bezeichnen sich ostentativ als ‚Polen‘: 118, 142, 210, 262, 297, 304, 308, 370, 428, 429, 435, 478.

Die Polen sind nur „*vorübergehend Bürger des preußischen Staates*“: 286.

Die Bezeichnung ‚Preuße‘ ist ein Schimpfwort, das die nationale Ehre schwer beleidigt: 137, 435.

Die Polen erklären, „*wir sind keine loyalen und treuen Untertanen und wollen auch keine sein*“, die polnisch sprechenden Preußen seien „*höchstens Hypokriten*“: 15, 29, 232, 259, 315, 351, 401, 420, 428, 429, 432,
sie erklären alle Loyalitätsbezeugungen für Lüge: 420.

Die Polen verlangen die Anstellung von polnischen Beamten: 44, 101, 500.

Die Polen wählen nur polnische Kandidaten, auch Zentrumskandidaten nur, wenn diese Polen sind: 220, 258, 259, 267, 289, 384, 385, 521, 524.

Die polnischen Abgeordneten aus allen Landsteilen bilden eine einheitliche polnische Fraktion im Reichstage und Abgeordnetenhause: 83, 266, 267, 300, 302, 524.

Kein polnischer Abgeordneter darf auf die Macht und Größe Preußen-Deutschlands schwören: 241.

Die Polen freuen sich, daß die polnische Fraktion gegen Regierungsvorlagen stimmt und solche zu Fall bringt: 99, 147.

Die Polen haben kein Interesse daran, daß das Deutsche Reich mächtiger werde: im Gegenteil, sie arbeiten zum Schaden des preußischen Staates und des Deutschen Reiches: 29, 130a, 147, 428, 430,
sie fordern die Soldaten polnischer Zunge auf, sich nicht zur Teilnahme an der Expedition nach Südwestafrika und schon früher an der Expedition nach China zu beteiligen: 10, 160,
dagegen freuen sie die Schwierigkeiten bei der Niederwerfung des Herero-Aufstandes: 160,
und spotten der Macht Preußen-Deutschlands: 169, 182,
sie wollen die „*Kugel am Bein*“ unserer auswärtigen Politik sein: 430.

Die Polen feiern ihre eigenen national-polnischen Festtage (die Gedenktage der Schlacht bei Tannenberg, der Teilungen Polens und der Aufstände von 1830, 1848 und 1863): 24, 41, 76, 78, 95, 185, 251, 254, 363, 446, 502, 505, 506.

Von deutschen patriotischen Festlichkeiten halten sie sich fern: von Sedanfeiern: 109a, 168, 189, 426,

und fordern zur Trauer am Sedantage auf: 109a, 168, 504,
von der 200jährigen Jubelfeier Preußens: 3, 21, 45, 46, 324,
vergleichen diese mit den Menschenopfern im Altertum: 3,
und veröffentlichen die Namen der Polen, die an diesem Tage die Fenster illuminiert haben: 324,
von Denkmalsenthüllungen: 117.

Insbesondere tritt die antidynastische Stimmung der Polen überall schroff zutage: 48, 63, 87, 94, 115, 117, 201, 203, 233, 234, 338, 342, 343, 404, 510.

Die Polen sehen in unserem Kaiserhause eine „*fremde herrschende Dynastie*": 423.

An der Silberhochzeit des Kaiserpaares und an den Kaisersgeburtstagsfeiern beteiligen sich die Polen nicht: 115, 201, 342, 343,
und die Namen der Polen, die sich an der Illumination beteiligen, werden in der Presse bekannt gegeben: 115, 342, 343.

Die Illuminationslichter werden mit den Fackeln Neros verglichen: 510.

Bei Anwesenheit des Kaisers in Posen haben die Polen „*nicht da zu sein*": 48, 63.

Der Kaiser gilt als der gefährlichste Gegner der polnischen Autonomie: 65.

Er wird der „*treubrüchige Erbe jener Eidesleistungen von Monarchen*" genannt: 81.

Zur Errichtung von Kaiserdenkmälern zahlen die Polen nichts: 117.

Die Pariser, galizische und russische Presse strotzt von den schwersten Beleidigungen unseres Kaisers, so daß wir nicht in der Lage sind, diese Äußerungen in die Sammlungen aufzunehmen.

Die *Gazeta Grudzionska* verteilt an ihre Abonnenten Bilder der polnischen Könige: 164,
und die Presse ermahnt die polnisch sprechenden Reservisten, nicht deutsch-patriotische, sondern national-polnische Bilder zu kaufen: 415.

Auch die Beteiligung von Polen an deutschen wissenschaftlichen Veranstaltungen, wie dem Juristentag, erregt Ärgernis bei der polnischen Bevölkerung: 408.

B. Die Polen suchen die gesamte polnische Bevölkerung von allen deutschen Vereinen fernzuhalten.

So fordern sie auf zum Austritt aus deutschen Vereinen: 35, 109a, 252, 253, 287, 290, 296, 473, 480, 481,

insbesondere aus den Kriegervereinen, die spöttisch ‚krigerferajn' bezeichnet werden: 109a, 156, 194, 273, 296,
aus deutschen katholischen Vereinen: 146, 218, 287,
selbst aus Vereinen für wohltätige Zwecke, wie den Verein zur Gründung des ‚Feierabendhauses' in Posen: 252.

Dagegen fordern sie auf zum Eintritt in polnische Vereine: 35, 296, 473, 480, 481, 487.

C. Die Polen warnen vor Verehelichung mit Deutschen und nennen eine solche Ehe ‚Mischehe'.

Der Pole darf nur eine Polin, diese nur einen Polen heiraten, sonst „*verrät er die Nation*", begeht eine „*Todsünde*": 26, 110, 141, 452, 453, 478, 481, 482.

Besonders gewarnt wird vor Ehen mit deutschen Katholiken, „*solche Ehen sind ein Unglück für den katholischen Glauben*": 453.

Die ‚Mischehe' ist ein „*Blutsopfer für den deutschen Moloch*": 298.

Den praktischen Erfolg derartiger Verhetzung zeigt z. B. die Auflösung einer Verlobung einer Polin mit einem deutschen katholischen Lehrer: 217.

D. Die Polen schließen selbst ihre Kinder von den Deutschen ab.

Sie halten die Kinder von Schulfeiern zurück: 426,
ebenso von den Kleinkinderschulen, in denen der Geist der polnischen Kinder vergiftet würde: 102, 407.

Unter den polnischen Gymnasiasten werden geheime polnische Vereine gebildet: 497, 517.

Zur Meidung der Volksunterhaltungsabende wird aufgefordert: 47.

Und selbst beim Spielen sollen polnische Kinder nicht mit deutschen Kindern verkehren: 249, 371.

Die Absonderung wurde durch den Schulstreik noch besonders vertieft: 308.

II

Die Absonderung der Polen auf wirtschaftlichem Gebiet

A. *Die Polen arbeiten seit Jahrzehnten an der wirtschaftlichen Trennung von den Deutschen durch systematischen Boykott der deutschen Gewerbetreibenden und durch Ansiedlung polnischer Gewerbetreibender, wo solche fehlen.*

1. Der Boykott

Die Polen boykottieren die deutschen Gewerbetreibenden systematisch und fordern ihre Landsleute auf, nur bei Polen, nicht bei den ‚Fremden' zu kaufen (*Swoj do swego*). Sie haben in verschiedenen Städten der Provinz Posen an Markttagen vor die Türen einzelner deutscher Kaufläden Posten aufgestellt, die die polnischen Bauern hindern sollten, in diesen deutschen Geschäften zu kaufen. Solches wurde berichtet aus Schroda, Kobylin, Krotoschin, Kletzko, Buk u. a. Orten.

Die Polen bezeichnen das Kaufen bei Deutschen, „*den Fremden*", als eine „*schwere Sünde*", als „*Leichtfertigkeit, die Gott strafen wird*", als „*Schimpf und Schande*", und erklären es für „*heilige Pflicht*", bei ihren Landsleuten („*den unsrigen*") zu kaufen: 197, 199, 344.

Wer bei „*Fremden*" kauft, bestiehlt das Polentum: 144.

Die Anfänge des polnischen Boykotts reichen bis in die dreißiger Jahre des vorigen Jahrhunderts, schon Dr. Carl von Marcinkowski hat dazu aufgefordert: 97a.

Diese Aufforderungen zum Boykott finden sich in der polnischen Presse weiterhin
Anfang der 60er Jahre des vorigen Jahrhunderts: 344, 345, 450, 451.
in den 70er Jahren: 283,
in den 80er Jahren vor Gründung der Ansiedlungs-Kommission im Jahre 1886: 235, 237, 238, 372-377, 489; seit 1886 bis 1894, der Gründung des *Ostmarken-Vereins*: 85, 243, 374, 377, 508.

Nach der Gründung des *Deutschen Ostmarken-Vereins* wurden die Boykott-Aufforderungen bis heute fortgesetzt: 16, 52, 88, 89, 93, 94, 97, 107, 119, 121, 144, 176, 197, 199, 250, 326, 332, 345, 356, 377, 388, 410, 411, 509, 510.

Der gemäßigte *Dziennik Poznanski* veröffentlichte schon 1891 bis zum Jahre 1906 jährlich vor Weihnachten eine Liste der polnischen Firmen mit deutschen Namen in der Stadt Posen: 85, 89,
ebenso der *Goniec Wielkopolski* schon 1882 aus Schrimm: 238.

Die polnische Presse veröffentlicht die Namen derjenigen Polen, die bei „*Fremden*" oder „*Andersgläubigen*" kaufen: 119, 248, 326, 332, 392-397, 510.

Der *Verein der jungen Gewerbetreibenden* (*Towarzystwo mlodych przemyslowcow*) beabsichtigte, ein Adreßbuch sämtlicher polnischer Gewerbetreibender herauszugeben: 375,
dasselbe ist auch tatsächlich erschienen.

Die Polen fordern besonders auf
zur Unterstützung der polnischen Gewerbetreibenden in Berlin: 16,
zur Unterstützung der polnischen und zum Boykott der deutschen Ärzte und Rechtsanwälte: 88, 192, 274,
zum Besuche von polnischen und Boykottieren von deutschen Badeorten: 88, 94,
bei deutschen Geschäftsreisenden nichts zu kaufen: 354,
in deutschen Zeitungen nicht zu inserieren: 128.

Die Folge solchen lokalen Boykotts ist der Rückgang des deutschen Gewerbes: 86.

Um einen Druck auf die preußische Regierung wegen ihrer Polenpolitik auszuüben, setzen die Polen in Rußland und Galizien seit dem Jahre 1897 fast alljährlich eine Boykottbewegung gegen Deutschland in Szene:
im Jahre 1897: 354,
1901: 301, 356,
1902: 92,
1905: 98,
1906: 313,
1907: 311, 317, 318.

In Warschau wurde ein Verein zur Verteidigung von Landeserzeugnissen (*Liga obrony wytworczosci krajowej*) gegründet: 311.

In Galizien hat die *Liga zur Unterstützung der Industrie* Erklärungen unter den polnischen Gewerbetreibenden verbreitet, in denen diese auf ihr bürgerliches Wort versichern, die Einfuhr preußischer Waren zu bekämpfen: 318.

Der Boykott der Polen richtet sich auch gegen die deutschen Angestellten:

deutsche Verkäufer sollen auf polnischen Gütern nicht beschäftigt werden: 128,
deutsche landwirtschaftliche Beamte sollen auf polnischen Gütern nicht angestellt werden: 246.

Die Polen drohen die deutsche Landwirtschaft dadurch zu schädigen, daß sie die polnischen Saisonarbeiter aus dem Ausland davon abhalten, in Deutschland Arbeit zu nehmen: 317.

Die polnischen Eltern werden ermahnt, ihre Töchter nicht bei Deutschen dienen zu lassen, nicht in deutsche Geschäfte als Verkäuferinnen zu geben: 26, 52, 411.

2. Die Ansiedlung polnischer Gewerbetreibender

Die Polen suchen, um den Boykott gegen die Deutschen konsequent durchführen zu können, polnische Kaufleute und Handwerker, Ärzte und Rechtsanwälte dort seßhaft zu machen, wo solche fehlen.

Diese Ansiedlungspolitik wurde bereits vor Gründung der Ansiedlungs-Kommission und des *Ostmarken-Vereins* betrieben: 132, 134, 242, 283, 320, 344, 373, 375, 409.

Schon Dr. v. Marcinkowski zog polnische Gewerbetreibende aus Russisch-Polen zur Ansiedlung nach Posen: 320,
und regte die Gründung von polnischen Geschäften und Fabriken an: 97a.

Auch heutzutage wird die Gründung von polnischen Geschäften und die Niederlassung von polnischen Handwerkern zur Verdrängung der Deutschen betrieben: 86, 93, 109, 274, 319, 388, 409,
ebenso die Gründung von polnischen Pensionaten in deutschen Badeorten: 88,
sowie die Niederlassung polnischer Ärzte und Rechtsanwälte: 88, 274.

Auch in Westfalen lassen sich polnische Gewerbetreibende nieder und werden in der polnischen Presse besonders empfohlen: 485, 486.

Der polnische Verein *Towarzystwo mlodych Przemyslowcow* beabsichtigte bereits 1884, ein Verzeichnis von Ortschaften zur Niederlassung von Gewerbetreibenden aufzustellen: 375.

B. Die wirtschaftliche Unabhängigkeit der Polen von den Deutschen wird durch das polnische Genossenschaftswesen erreicht.

Die Polen haben über die Provinzen mit polnisch sprechender Bevölkerung ein Netz von ca. 200 Genossenschaften gezogen, die in

dem *Verband der polnischen Erwerbsgenossenschaften* zusammengeschlossen sind, deren Verbandsbank 1906 einen Reingewinn von 218 097 Mark erzielte.
Der Zweck der Genossenschaften ist die Hebung der materiellen Lage der polnischen Bevölkerung und gleichzeitige allmähliche Loslösung vom deutschen Kapitalmarkt: 51, 80, 107, 237,
darum werden überall polnische Genossenschaften, sogar in Westfalen, gegründet: 51, 80, 128,
und die polnische Bevölkerung wird aufgefordert, ihre Spareinlagen aus deutschen Banken und den Kreissparkassen herauszuziehen und in den polnischen Banken unterzubringen: 35, 50, 93, 107, 200.

Die allgemeine Entwicklung des polnischen Genossenschaftswesens ist eine sehr lebhafte: 237, 359, 362, 512, 520a.

Die Polen fürchten aber eine starke Schädigung der Parzellierungsgenossenschaften mit dem Inkrafttreten der Enteignungsvorlage: 127.

C. Die Polen haben sich in Preußen, nicht aber in Galizien und Rußland, wirtschaftlich und kulturell sehr gekräftigt.

Sie gestehen diese Hebung der polnischen Bevölkerung auch zu, sie haben „*arbeiten und rechnen*" gelernt, erklären aber gleichzeitig, daß die preußische Regierung sie „*aushungern*" wolle: 20, 86, 109, 235, 374, 381-384, 433, 441.

Die wirtschaftliche Hebung ist den Polen aber nicht das Ziel, sondern das Mittel zum Ziel: 50, 107, 235, 320.

Die Polen benutzen alle Gesetze und staatlichen Einrichtungen zur wirtschaftlichen Hebung der Bevölkerung: 83, 267, 313, 380-382, 385, 430, 440, 512,
insbesondere durch Gründungen von Genossenschaften, vgl. oben, so wie durch die Gründungen ihrer Zeitungen und ihrer Vereine (s. u.).

III

Die Absonderung der Polen auf religiösem Gebiet

A. *Die Polen wollen eine besondere nationale ‚polnische Kirche‘.*

Die Religionsfrage ist bei den Polen eine nationale Frage: 31, 33, 258, 386, 453, 479, 521.

Darum stellen sie im Widerspruch mit der katholischen Kirche innerhalb Deutschlands besondere „*Grundsätze*“ auf und empfehlen den Austritt aus der „*Kirche in Deutschland*“ und bezeichnen sich als „*national-katholische Polen*“: 33.

Die Polen kämpfen für die „*wahre katholische Religion, so wie wir sie ansehen*“: 31.

Die Polen sprechen von „*unserer polnischen Kirche*“, „*unserm heiligen Glauben*“ oder „*unserer heiligen katholischen Kirche*“ im ausgesprochenen Gegensatz zu der Kirche der Bischöfe Kopp und Thiel: 33, 77, 17, 260, 383, 453, 459,
und bezeichnen deutsche katholische Kirchen als „*fremde Kirchen*“: 26.

Sie schreiben stets „*unser hochwürdiger Herr Erzbischof*“; „*unser hochwürdiger Herr Propst*“ im Gegensatz zu der katholischen deutschen Geistlichkeit, die mit „*die deutschen Bischöfe*“ usw. unter Hinweglassung aller Ehrerbietung ausdrückenden Titel bezeichnet werden: 27, 32, 33, 116, 117, 155, 191, 221, 265, 314, 328, 329, 406.

Sie sprechen von „*polnisch-katholischen Geistlichen*“, während katholische deutsche Geistliche „*fremde Geistliche*“ sind: 26, 177.

Die Polen bauen besondere polnische Altäre in katholischen Kirchen (in Bremen, Bankau b. Herne in Westfalen): 479.

Sie verlangen überall polnischen Gottesdienst: 33,
wie allgemein bekannt auch in Berlin
und in Westfalen: 215.

Kein Pole darf eine deutsche Predigt besuchen: 33, 42.

Die Ehe zwischen Katholiken deutscher und polnischer Nationalität ist ein „*Unglück für den katholischen Glauben*“: 453.

Religionsunterricht in deutscher Sprache ist eine „*schändliche Entehrung*“ der katholischen Religion, ist keine katholische Religion, sondern eine ketzerische Lehre: 166, 172, 459.

Die Polen verehren die Mutter Gottes von Czenstochau als „*Königin der Krone Polens*“: 159, 173, 263, 387, 460, 479, 499.

B. Die Polen greifen die deutschen Katholiken besonders heftig an: 2, 33, 112, 146, 155, 287, 306.

„*Die deutschen Katholiken sind die gefährlichsten Hunde, denen müssen wir zuerst zuleibe und ihnen die Bäuche aufschlitzen*“, ist nach Aussage des Zeugen Lehrer Wenzel vor der Strafkammer in Gnesen im Wreschener Schulkrawall gerufen worden.

Die Polen sind namentlich den deutschen katholischen Geistlichen, insbesondere den deutschen Bischöfen feindlich gesonnen: 27, 28, 32, 33, 112, 126, 146, 194, 222, 272, 275, 329, 434, 483, 521.

Die Polen beleidigen die Geistlichkeit in heftigster Weise, wenn diese nicht national-polnischen Zwecken dient:
Germanisierung durch die Geistlichkeit ist das „*raffinierteste Werk des Satans*“: 112,
germanisierende Geistliche stoßen irdischen Vorteils halber Tausende von Seelen der höllischen Bestie in den Rachen: 112,
Die katholischen deutschen Geistlichen werden als „*unverschämt*“ und „*Lügner*“ beschimpft, sind „*Leute ohne Glauben*“, „*arbeiten für Teufel, Hölle und ewige Verdammnis*“, sind der „*Auswurf der Volksgesamtheit*“: 272, 275, 484, 510,
sie sind vom Barbarismus durchdrungen: 434,
sie gelten als ein Schaden für die polnische Nation: 306,
einem deutschen katholischen Geistlichen darf ein Pole überhaupt nichts glauben: 222,
die *Gazeta katolicka*, das Organ der oberschlesischen Geistlichkeit, wird „*Gesindel*“, „*frech und unverschämt*“ genannt: 272,
die Polen sind insbesondere feindlich gesonnen den Bischöfen
zu Breslau: 27, 116, 125, 126, 314, 329, 404, 406,
der künftige Bischof zu Breslau muß im Interesse der katholischen Kirche ein Pole sein: 329, 404,
zu Kulm und Pelplin: 126, 224, 328,
die bischöfliche Behörde zu Kulm besteht nur wegen der gegenwärtigen abnormalen Verhältnisse: 224,
der Bischof Sedlak zu Pelplin gehört an den Galgen: 328,
zu Köln: 155, 221.

Die Polen greifen den Papst an, wenn er ihnen nicht zu Willen ist: 404.

Die deutschen Katholiken sind „*christliche Heiden*“: 33.

Der katholische Deutsche ist dem Polen gefährlicher als der evangelische Deutsche, die deutschen Katholiken sind die erbittertsten Todfeinde: 42, 214.

Den deutschen Katholiken geben die Polen den Rat, polnisch zu lernen, das gebiete die einfache Logik: 214.

Für eine deutsche katholische Kirche (in Zoppot) darf ein Pole nicht spenden: 113.

Ein deutscher katholischer Geistlicher kann nicht Vorsitzender von polnisch-katholischen Vereinen sein, die aus „*lauter Katholiken*" bestehen: 218.

Die Polen greifen auch die deutschen katholischen Lehrer – insbesondere im Schulstreik – an: 3a, 269, 357, 358.

Ebenso die deutschen katholischen Vereine: 146 218, 287.

Sie weisen sogar katholische Krankenschwestern zurück, wenn diese Deutsche sind: 219,
und weigern sich (in Westfalen), das Papstjubiläum mit den deutschen Katholiken zusammen zu feiern: 483.

C. *Die Polen mißbrauchen die Religion und die katholische Kirche zu politischen Zwecken:* 31, 55, 111, 112, 140, 287, 417, 526, 528.

Polnisch wird mit katholisch, Deutsch mit protestantisch identifiziert: 31, 104, 111, 142, 218, 287.

Dem Volke wird vorgeredet, daß man ihm den katholischen Glauben rauben wolle: 77, 111, 112, 142, 152, 172, 174, 231, 521, 528, daß die katholische Kirche in Preußen verfolgt würde: 27, 77, 142, 178, 460.

Es wird stets von der Erhaltung der Religion und Nationalität zugleich gesprochen: 27, 31, 57, 77, 142, 156, 162, 174, 177, 181, 188, 229, 267, 273, 453, 521.

Die breiten polnisch-sprechenden Volksmassen hat man überzeugt, daß der liebe Gott nur polnisch verstehe und daher Gebete nur in der Muttersprache, d. h. der polnischen Sprache, erhöre, daß der Papst ein Pole sei und nur polnisch spreche, daß Christus ein Pole gewesen und polnisch gesprochen habe, da er ein Jude gewesen, ebenso seine Jünger, und daß die Jungfrau Maria eine Polin gewesen sei; diese Überzeugung haben die Verhandlungen über den Wreschener Schulkrawall vor der Strafkammer in Gnesen vom 14.–19. November 1901 notorisch festgestellt, vgl. auch: 527.

Der Herr Jesus versteht das deutsch betende Kind nicht: 390.

Zu Hause deutsch beten sei eine Sünde: Wer zu Hause deutsch betet, wird nicht zur heiligen Kommunion zugelassen (Propst Stadzynski in Witaschütz).

Gott habe den Eltern befohlen, die Kinder polnisch zu erziehen; er will die Germanisierung nicht, sonst hätte er auf der ganzen Erde nur Deutsche geschaffen: 100, 105, 284.

Gottes Gericht wird über die Eltern kommen, die ihre Kinder in die deutsche Beichtabteilung schicken: 140.

Das deutsche Vaterunser besudelt die Lippen, ist eine Sünde: 416.

Der Religionsunterricht in deutscher Sprache sei eine Sünde, eine Gefahr für das Seelenheil der Kinder: 112, 288, 355.

Darum werden die Kinder zum Widerstand gegen den Religionsunterricht in deutscher Sprache aufgefordert: 161, 492.

Die heilige Jungfrau sammelt die Tränen der Polen als Perlen für die Krone Polens, die von Engeln geschmiedet wird: 417.

Der Behörde gegenüber soll man nur von katholischen, nicht von polnischen Bedürfnissen sprechen: 378.

Der Pole, der den Kriegervereinen beitritt, verliert seinen katholischen Glauben: 156.

Die Polen bezeichnen sich als das „*Bollwerk des Christentums*": 159.

Der den Zeitungen *Gazeta Grudzionska* und *Katolik* erteilte päpstliche Segen wird zu Reklamezwecken und Abonnentenwerbung eingesetzt: 135, 282.

Der gezielteste Einsatz der Religion zu politischen Zwecken war der Schulstreik 1906/07, der sich gegen den Religionsunterricht in deutscher Sprache wandte, wie er in der Oberstufe und zum Teil in der Mittelstufe der Volksschulen erteilt wurde.

Ein Schulstreik brach zuerst 1905 in Rußland in den Gymnasien aus: 318a.

Nach den Veröffentlichungen in der *Schlesischen Zeitung* in Breslau (Januar und Februar 1907) wurde die Idee des Streiks von den russischen Gymnasien durch den *Zet*-Verband – vgl. 517 – nach Preußen übertragen, dann von der *Liga narodowa* aufgenommen und durch sie in Szene gesetzt.

Der Hirtenbrief des Erzbischofs v. Stablewski Oktober 1906 leitete den Streik ein: 123, 174, 177, 307, 459.

Der Streik begann nach Schluß der Oktoberferien am 17. Oktober 1906: 56, 202.

Kinder und Eltern wurden durch die polnische Presse, die polnische

Geistlichkeit und andere Agitatoren zum Streik aufgereizt: 56-61, 123a, 166, 167, 172, 173, 175, 177, 202, 205, 227, 263, 264, 307, 334, 336, 456, 458, 459.

Die Presse gab auch zu, daß die polnischen Zeitungen die Eltern „*gehörig*" aufklären: 54, 175.

Die „*Schulbriefe*" des *Dziennik Kujawski* verfolgten ebenfalls diesen Zweck: 55, 339,

und die Rede des Propstes Piotrowicz-Gnesen ist besonders aufreizend: 336.

Der Religionsunterricht in deutscher Sprache wurde in der polnischen Presse bezeichnet als: „*verbrecherisches Schulsystem*", „*sündhafte, abscheuliche Lehre*", „*schändliche Entehrung der katholischen Religion*", „*nichtkatholische Religion*", „*ketzerische Lehre*", „*unerhörter Gewissenszwang*", „*allerbrutalste Gesetzwidrigkeit*", „*widerwärtige Gewalttat*", „*infame Gewalt*" usw., er mache die Kinder zu geistigen Krüppeln, töte die Intelligenz der Kinder, er verwildere die Kinder, der Teufel im Schlunde der Hölle und die preußische Regierung freue sich darüber: 166, 171, 72, 174, 176, 458, 459.

Den Eltern wurde klar gemacht, daß sie eine „*furchtbare Verantwortung vor Gott*" auf sich lüden, ihre „*katholisch-polnische Pflicht*"nicht erfüllten, wenn sie den Kindern nicht verbieten, die heilige Religion deutsch zu lernen: 59, 167, 172, 175, 177, 264, 336, 459.

Nur der Teufel hinterm Ofen grunzt sein Gebet in deutscher Sprache: 62.

Die Verordnungen der Schule stehen im Widerspruch mit Gottes Willen: 123a.

Die streikenden Kinder werden zu Märtyrern gestempelt, sie leiden für Christus und die Kirche: 60, 167, 173, 178, 227, 228, 336, 337, 339, 458.

Sogar Messen wurden für die Kinder gelesen: 61,

und für das Gelingen es Streiks gebetet: 227, 263, 460.

Gott aber segnet die streikenden Kinder und ihre Eltern, die wegen der Gerechtigkeit Verfolgungen erleiden: 55, 59, 172, 173, 337, 460.

Auch die polnische Geistlichkeit, die den Streik besonders schürte, wurde infolge ihrer gerichtlichen Bestrafung zum „*Märtyrer*": 39, 177, 181, 207, 336.

Petitionen an die Lehrer, Kreisschulinspektoren, die kgl. Regierungen, den Erzbischof und den Kaiser wurden veranstaltet und von der Presse Unterschriften gesammelt: 122, 203, 338.

Einzelne polnische Zeitungen, insbesondere die *Gazeta Grudzionska*,

Gazeta Gdanska, der *Pielgrzym* erwiesen sich als solche Petitionsfabriken: 122, 391.

Von der Petition an den Kaiser riet die Presse ab, da man nicht um Gnade flehen brauche, wenn man „*Rechte*" hätte, es widerspräche der nationalen Würde: 203, 338.

Auch Petitionen an den Papst und eine Pilgerfahrt nach Rom wurden veranstaltet, um ein Eingreifen des Vatikans gegen die preußische Regierung zu erreichen: 180, 204, 265, 391.

Zahlreiche Protestversammlungen wurden abgehalten, so: 58, 180.

Der Papst, so hieß es, habe das Verhalten der streikenden Kinder und Eltern ausdrücklich gelobt: 40, 180, 191.

Die polnischen Kinder in der Schule betrugen sich besonders renitent: 227, 228, 307, 308,

und die Presse verkündete, daß die Kinder und Eltern nicht nachgeben würden: 174.

Die Eltern sollen sich durch die Drohung, die Kinder länger zum Schulbesuch zu zwingen, nicht einschüchtern lassen: 174.

Als die Hauptschuldigen am Schulstreik wurden die Lehrer und Kreisschulinspektoren bezeichnet: 171.

Die Staatsregierung belüge die Welt und streue ihr Sand in die Augen bezüglich eines Artikels der *Norddeutschen Allgemeinen Zeitung*: 174.

Vom Reichskanzler und vom Kultusminister heißt es: Ihr „*vergiftet und mordet die Seelen unserer Kinder*", Ihr begeht ein schändliches Verbrechen, „*habt nicht den Mut des gemeinen Raubmörders*", „*schämet Euch, Ihr fürchtet das Tageslicht*", „*Ihr wollt im Geheimen arbeiten wie Giftmischer, wie Meuchelmörder*", „*wie Herodes der grausame Kindesmörder, von widerlichen Gewürm zernagt, lebendig verfault ist, werdet auch Ihr verfaulen*": 171,
sie werden weiter genannt: „*Schakale*", „*gefräßige Geier*", „*Hyänen*", „*barbarische Furie*", „*bestialische Wut und Verbissenheit toller Hunde*": 466.

Gott wird die Deutschen strafen wie einst die Ägypter für die Mordtaten der Pharaonen: „*der Todsengel tötet heute Eure Säuglinge*": 58, 171.

Die Amtsenthebung von polnischen Dorfschulzen wegen Beteiligung am Streik bedeutet für den Polen soviel wie ein Orden: 340.

Besonderes Ärgernis erregten bei den Polen ein offiziöser Artikel der *Norddeutschen Allgemeinen Zeitung* über den Schulstreik: 174, sowie die Artikel der *Vossischen Zeitung*, des *Berliner Blattes* und der *Danziger Neuesten Nachrichten*: 176.

Die Polen bezeichnen die Verordnungen der Schulbehörden betr. den Religionsunterricht in deutscher Sprache als Mißbrauch der Religion zu politischen Zwecken: 172, 174, 263, 265.

Der *Gornoslonzak*, das Organ des Abgeordneten Korfanty, gab kurz vor Beendigung des Streikes zu, daß dieser nur eine politische Kraftprobe gegen die Regierung war: 277.

Die Schulstreikdebatte im Abgeordnetenhause: 466.

Die national-polnische Agitation

Die national-polnische Agitation, von den Polen „*Verteidigung der nationalen Existenz und Rechte*" genannt, bezweckt einerseits die Wekkung und Stärkung des polnischen Nationalbewußtseins zur Erhaltung der polnischen Nationalität, andererseits die Aufreizung gegen das Deutschtum und die deutsche Bevölkerung, die Schürung zur Unzufriedenheit mit der preußischen oder deutschen „*Fremdherrschaft*" oder „*Okkupationsregierung*", die Vorgaukelung glänzender Bilder ehemaliger polnischer Größe, die Verdrängung der deutschen gewerbetreibenden Bevölkerung und die Polonisierung von deutschen Katholiken zur Verstärkung der polnischen Volkszahl, ferner die Sammlung und Organisation der polnischen Volksgenossen mit dem offen ausgesprochenen Endziele, ein neues polnisches Reich wiederaufzurichten, und zwar unter Losreißung der östlichen, auch der fast geschlossen deutsch besiedelten Provinzen von Preußen und dem Deutschen Reiche.

Seit dem letzten Aufstandsversuche im Jahre 1863 ist von den Polen die Idee, im offenen Aufstande dies erträumte Ziel zu erreichen, aufgegeben und der Kampf in seiner Hauptsache vorerst auf das wirtschaftliche Gebiet hinübergetragen worden.

I

Die national-polnische Agitation im allgemeinen

A. *Die nationalpolnische Agitation äußert sich im allgemeinen in der Verhetzung der polnischen Volksmassen im oben angedeuteten Sinne:* 7, 19, 23-28, 35, 76, 143, 151, 229, 267, 284, 286, 381, 384-386, 401, 402, 425, 433, 441, 444, 481, 516.

Die national-polnische Agitation in Preußen wird von bestimmten polnischen Kreisen geleitet: 367.

Die Polen gestehen ihre Aggression gegen das Deutschtum auch zu, sie haben den Kampf gewollt: 15, 409, 428, 433, 441,
sie erkennen die Defensivstellung der preußischen Regierung an: 441,
nicht die Regierungsmaßnahmen haben den Kampf hervorgerufen: 384,
sie haben die Agitation vorsätzlich hineingetragen:
unter die früher treu preußisch gesinnte Bevölkerung Oberschlesiens: vgl. die polnische Agitation in Oberschlesien,
nach Ostpreußen unter die königstreuen Masuren und Litauer sowie ins Ermland: vgl. die polnische Agitation in Ostpreußen,
unter den Kaschuben in Westpreußen: vgl. die polnische Agitation unter den Kaschuben,
nach Hinterpommern: vgl. die polnische Agitation in Hinterpommern.

Die Polen mißbrauchen den ihnen durch Verfassung und Gesetze gewährten Schutz sowie sämtliche staatlichen Einrichtungen als Mittel zur Förderung ihrer nationalpolitischen Aspirationen und wirtschaftlichen Kräftigung gegen das Deutschtum: 83, 267, 380-382, 385, 430, 440, 516.

Die Polen reden von ihren „*heiligen*", „*göttlichen*" und „*nationalen*", „*von der preußischen Regierung mit Füßen getretenen*" nationalen „*Rechten*", berufen sich auf sie und fordern deren Erfüllung: 77, 83, 100, 118, 147, 174, 190, 239, 287, 384, 400, 423, 509, 516, 521.

Die Polen polonisieren deutsche Katholiken (daher die vielen deutschen Namen unter der polnischen Bevölkerung): 216.

Die national-polnische Agitation wird überall dort betrieben, wo eine polnische oder überhaupt slawische Bevölkerung in den Ostprovinzen Preußens sitzt, weil diese Landesteile für das zukünftige Polenreich in Anspruch genommen werden; insbesondere:

a) in Posen und Westpreußen: 71, 72, 109 bis 115, 117, 123a, 197, 198, 218, 219, 223, 227, 228, 235-238, 263, 264, 322, 357, 358, 382, 388, 441, 445, 451, 456, 459, 468, 490, 492, 494, 497, 507-510, 518, 520a, 527, 528,
speziell wird die früher treu preußische Kaschubei in Westpreußen polnischerseits seit Jahrzehnten bearbeitet: 114, 212, 230.
b) in Hinterpommern wurde 1894 der erste nationale polnische Verein gegründet: 108.
c) in Ostpreußen: 66, 184, 382, 384, 385, 441, 447, 519, 520,
unter den evangelischen Masuren versuchten die Polen schon in den 80er Jahren des vorigen Jahrhunderts für die national-polnische Idee durch die in Lyk erscheinende *Gazeta Lecka* zu agitieren, die 1890 einging: 66, 184.
Schon 1882 machte die *Gazeta Torunska* Vorschläge zur Polonisierung der Masuren: 211.
In den 90er Jahren wurde die *Gazeta Ludowa* in Lyk gegründet, sie erschien in deutschem Schriftsatz. Ein Wahlverein der *masurischen Volkspartei* wurde von den Redakteuren der Zeitung, den Brüdern Bahrke, geleitet.
Im Jahre 1904/05 wurde ein dritter Vorstoß zur Polonisierung der Masuren mit Unterstützung aus Warschau unternommen. Im Jahre 1906 nahm der *Straz-Verein* das Unternehmen unter den Masuren nochmals in die Hand: 390, 447, 519, 520.
Auch unter den Litauern in Ostpreußen scheinen die Polen in den 80er Jahren agitiert zu haben: 821.
Ebenso im Ermland, wo eine polnische Zeitung *Gazeta Olsztynska* erscheint: 186-191, 447.
d) in Oberschlesien: 25, 27, 28, 47, 100-107, 125, 131-134, 192-195, 230, 231, 267-270, 274, 280, 281, 286-289, 370, 385, 386, 405, 407, 409, 441, 521-524.
Die polnische Agitation ist schon seit Ende der 60er Jahre des vorigen Jahrhunderts, also vor dem Kulturkampf, nach Oberschlesien von Posen und Galizien aus hineingetragen worden:
Durch Gründung von Zeitungen, durch Redakteure und Geistliche als Redakteure aus Posen: 84, 131, 133, 281, 524.

Durch Ansiedlung von polnischen Ärzten aus Posen: 132, 134.
Durch Heranziehung von polnischen Kaufleuten und Handwerkern aus Posen: 274, 409, 522.
Durch Gründung von Genossenschaften: 283.
Durch Gründung von Vereinen: 281, 514a, 524.
Durch Verbreitung polnischer Fibeln auf Kosten der Polen in Posen, Westpreußen und Galizien: 133, 523.
Das Wasserpolnisch Oberschlesiens soll durch die hochpolnische Sprache verdrängt werden: 281.
Die oberschlesischen Polen veranstalten alljährlich zu Pfingsten Wallfahrten nach Krakau, um das Zusammengehörigkeitsgefühl mit Galizien zu wecken und zu pflegen: 27, 28, 130a, 407.
Polnische Vereine Oberschlesiens stehen mit denen in Posen und Galizien in Zusammenhang: 195, 502, 514, 514a, 515, 519.
Die Wahlen in Oberschlesien werden vom *Straz-Verein* unterstützt: 519.
Das Kloster der Selasianer in Oswiecim steht in enger Beziehung zum oberschlesischen Polentum und fördert die nationalpolnischen Zwecke: 522.

e) in Mittel- und Niederschlesien: 422.

f) in Berlin: 259, 524.
Es erscheint in Berlin der polnische *Dziennik Berlinski*: 6-40.

g) im Westen, insbesondere in Westfalen: 155, 215, 220, 221, 258, 477-487.
In Bochum erscheint der polnische *Wiarus Polski*: 477-487.

Auch die evangelischen Polen sollen in die national-polnische Bewegung hinübergezogen werden mit Hilfe des polnischen evangelischen Volksbildungsvereins *Oswiata* in Teschen in Österreich-Schlesien: 346, 519.

Die national-polnische Agitation wird auch auf die polnischen Frauen und Mädchen übertragen: 28, 110, 141, 273, 298, 335, 425, 452, 453, 481, 487, 514a,
ebenso unter die polnische Jugend: 3a, 120, 140, 159, 165, 230, 254, 284, 348, 421, 426, 427, 432, 469-476, 492, 497, 517, 523, vgl. außerdem den Schulstreik,
Briefe an und von Kindern werden in der Presse veröffentlicht: 55, 120, 165, 230, 339,

sowie unter den preußischen Reservisten polnischer Zunge, die angehalten werden, nicht mehr die alten Soldatenmützen zu tragen, eine „*Hauptsünde gegen das Vaterland*": 270, 415.

Die polnische Bevölkerung wird vor allem aufgereizt durch die Presse und in den Vereinen: vgl. diese.
in den Volksversammlungen: 52, 58, 125, 482, 502, 505-510, 524.
sowie durch Verbreitung von Flugschriften: 512, 513, 514a, 521, 524, 525, 529.

Selbst die Abstinenzbewegung wird in den Dienst der polnischen Propaganda gestellt: 280.

Die national-polnische Agitation richtet sich insbesondere auch gegen die Schule, wie die Vorgänge vor und im Wreschener Schulkrawall und vor allem der Schulstreik (vgl. diesen) bewiesen haben: 3a, 72, 261, 269, 357, 358, 445, 500.

Die Polen verlangen den Schulunterricht in polnischer Sprache: 28, 100, 102, 104, 259, 355, 427, 500, 512,
insbesondere den Religionsunterricht (schon Jahre vor dem Schulstreik): 2, 70, 102, 104, 112, 161, 184, 288, 355, 492,
dabei wird zugegeben, daß den Kindern der Religionsunterricht in deutscher Sprache leichter falle als in polnischer Sprache: 104.

Die polnischen Kinder erhalten geheimen polnischen Gesang-, Lese- und Schreibunterricht: 161, 165.

Die deutsche Schule ist „*Brutalität*", „*barbarische Tortur*", „*Vergiftung der Seelen*", „*eine Folterkammer*", „*Höhlen, in denen die Henkersknechte die armen Kinder zu Tode martern*", „*Schulgefängnisse*", „*Mordstätten*" usw.: 2, 70, 103, 171, 174, 358, 427.

Der deutsche Schulunterricht erzeuge Verbrechertum, Verwilderung und Demoralisation der Jugend: 103, 172, 174, 369.

Die Aufhebung des polnischen Sprachunterrichts auf den Gymnasien zu Posen und Gnesen ist ein „*scheußlicher Barbarismus*": 113.

B. Die Träger der national-polnischen Agitation sind neben den Vereinen vor allem die polnische Geistlichkeit und die polnische Presse.

1. Die polnische Geistlichkeit wendet ihren ganzen ungeheuren Einfluß auf die Volksmassen in national-polnischem Sinne auf: 109, 113, 115, 125, 135, 219, 221, 303, 306, 330, 482, 509, 520a, 522, 524, 527.

Die Geistlichkeit im Schulstreik: 39, 61, 122, 158, 174, 177, 181, 202, 207, 227, 336, 459.

Die Polen geben auch zu, daß sie der polnischen Geistlichkeit die Erhaltung ihrer Nationalität zu verdanken haben. „*In der Geistlichkeit ruht heute unsere einzige Hoffnung*": 330.

Für Westfalen werden polnische Geistliche als nationale Führer gefordert: 482-484.

Die polnische Geistlichkeit erteilt auch polnischen Lese- und Schreibunterricht: 161,
sie leitet auch polnische Banken: 61, 520a.

Der Prälat Wawrzyniak in Mogilno ist der Patron des polnischen Genossenschaftswesens: 520a.

In der polnischen Presse wird von der Geistlichkeit die nationale Führung der Massen gefordert: 224.

Die polnische Geistlichkeit, die nach Ansicht der Presse nicht nationalpolnischen Zwecken dient, wird beleidigt und beschimpft: „*gemeiner Köter*, „*Leute ohne Glauben, Auswurf der Volksgesamtheit*": 225, 484, 510,
und ihr eine Kontrolle seitens der Presse angedroht: 276.

2. Die polnische Presse hat sich unter dem Schutz der Pressefreiheit ungehindert entwickelt. Es bestehen zur Zeit (Anfang 1908) etwa 130 polnische Zeitungen in Preußen. Eine einzige Zeitung, der *Dziennik Poznanski*, gehört der gemäßigten Richtung an, nachdem der *Kuryer Poznanski*, das Organ der Dominsel, 1906 sein Erscheinen eingestellt hat, während alle anderen Zeitungen Organe der radikalen Partei unter den Polen sind.
   Je radikaler eine Zeitung ist, desto mehr Abonnenten und Leser findet sie. Die *Gazeta Grudzionska* macht aus dieser Strömung unter der polnischen Bevölkerung ein Geschäft: 158, 164a-164c, 165, 444.

   a) Die polnische Presse reizt die polnische Bevölkerung gegen Staatsregierung und Behörden, gegen die deutsche Bevölkerung direkt auf und schürt durch ihre Artikel Feindseligkeit und Haß gegen alles, was deutsch ist: 13, 19, 24, 34, 54, 74, 78, 120, 143, 148, 151, 158, 171, 174, 181, 185, 226, 268, 278, 279, 357, 399, 401, 414, 415, 431, 434, 442-444, 446, 481, 526.

   Schon die älteste polnische Zeitung in Preußen, die polnische Ausgabe der *Posener Zeitung*, unterstützte die national-polnische Propaganda: 229.

   Die polnische Presse sucht die Autorität des Staates der preußischen Könige, der Behörden und Beamten in den Augen der Bevölkerung herabzusetzen:

Die preußischen Könige werden des Eid- und Treubruchs beschuldigt: 69, 81, 244, 247.
Die Minister mißachten die königlichen Eide: 136.
Beleidigungen der Minister: vgl. Schulstreik.
Die preußische Regierung ist nicht eine von Gott eingesetzte Obrigkeit: 231,
sie ist freimaurerisch, ketzerisch: 166, 171, 172,
sie ist der Mörder des Erzbischofs v. Stablewski: 81, 177.
Die Regierungsbeamten sind „*Regierungsfiguren*": 172.
Die Justizbehörden werden der Bestechlichkeit beschuldigt: 72,
sie sind „*ein williges Werkzeug roher Instinkte*": 31a,
die preußischen Richter sind „*Pilatusse der Neuzeit, die ihre in Blut und Tränen des polnischen Volkes getränkten Hände niemals reinwaschen werden*": 75.
Die deutschen Beamten „*beleidigen brutal und verächtlich die heiligsten Empfindungen*": 434.
Über die Schulen: vgl. die Nachweise weiter oben.
Die deutschen Lehrer nennt man „*pädagogische Schinderknechte*", „*Henkersknechte*", „*Schulhenker*", „*Berufsschinder*", „*des Namens eines Menschen unwürdige Gesellen*", „*Spitzel*": 3a, 269, 357, 358.
Die preußische Regierungspolitik gegen die Polen wird bezeichnet als „*unzertrennliche Reihe von Verbrechen, Übermacht, List, Tyrannei, Lüge, Wortbruch und Heuchelei*": 3a, 174,
als aus den schmutzigsten menschlichen Trieben, der Bestialität der menschlichen Natur erwachsen: 357,
„*Gewalt geht vor Recht*", ist ein altpreußischer Regierungsgrundsatz, die Faustpolitik der Regierung vergewaltigt alle Grundsätze der Gerechtigkeit: 45, 118, 509.
Der polnischen Bevölkerung wird weisgemacht, sie würde „*bedrückt*", „*verfolgt*", „*lebe in Sklaverei*", solle „*ausgerottet*" werden, sei das „*Opfer von Gewalttätigkeiten und Schändlichkeiten*", würden wie „*Vieh*" traktiert usw., während sie selbst „*unschuldige arme Schäflein*" seien: 2, 5, 21, 27, 32, 53, 58, 59, 63, 70, 77, 81, 87, 131, 136, 143, 151, 153, 169, 170, 171, 174, 176, 178, 182, 232, 267, 355, 356, 365, 400, 413, 423, 433, 469, 477, 525, 526.

Der Haß der polnischen Bevölkerung gegen die Deutschen kommt in der polnischen Presse leidenschaftlich zum Ausdruck in unerhörten Beleidigungen und Beschimpfungen der deutschen Bevölkerung.

Die Polen hassen die Deutschen: 268, 400.

Deutschland ist dem Polen „*Ausland*“ und „*die Fremde*“: 26, 80, 88, 237, 238, 249, 345, 374, 477, 481.

Die Deutschen sind „*Fremde*“, „*ungebetene Gäste*“, „*Eindringlinge*“: 29, 35, 197, 419, 423, 425, 477, 490.

Die Deutschen sind „*die Feinde*“: 19, 24, 26, 50, 58, 131, 162, 177, 178, 411, 453, 473, 502, 525.

Die Deutschen sind „*Satane*“, „*Spitzbuben*“, „*Hundekerls*“, „*mit Lumpen der Kultur geschmückte Barbaren*“, „*haben die Zeichen der Menschlichkeit abgestreift*“, sie sind der „*Kehricht*“, der hinaus muß: 19, 148, 402, 434, 446, 473.

Die Deutschen werden aus dem Osten Deutschlands hinausgewiesen: 106, 402, 473.

Die Deutschen sind „*nicht fähig, solch edle Figuren wie Botory, Sobieski, Kosciulsko zu verstehen*“: 475.

Die Preußen sind die „*ärgsten Schufte und Judasse*“, „*eine tollwütige Meute*“, „*Lumpenkerle*“ und „*Barbaren*“, „*eine der schlechtesten Arten des Menschengeschlechts*“, „*historische Bastarde*“, „*Bastarde der Marienburger Banditen*“, „*eine Nation von Sklaven und Polizisten*“, „*kreuzritterliche Renegaten*“, „*Elende*“, „*roh, rücksichtslos, für humanitäre Gefühle unzugänglich*“, „*Kreuzritter der Neuzeit*“, die den Polen „*wie Vieh*“ von ihrem Besitz treiben, sie müßten „*wie wilde Tiere ausgerottet werden*“: 68, 72, 129, 143, 153, 171, 174, 268, 269, 357, 365, 434, 462.

Jeder Preuße, Teutone, ist ein Mörder, hat eine niederträchtige Seele: 294.

Das Preußentum ist ein „*Abgrund von Gewissenlosigkeit und Verbrechertum*“, „*Barbarismus*“, „*Schmach für ganz Deutschland*“, „*Mörder und Henker der Kinderseelen*“, „*Lügner*“, „*Verleumder*“, „*Banditentum*“ treibt „*Raubrittertaktik*“,ist „*unflätig*“: 171, 174, 365, 466.

Vor der grenzenlosen Lügenhaftigkeit des Preußentums möchte man sich vor Erstaunen in eine „*Salzsäule verwandeln*“: 174.

Die deutschen Kaufleute in Posen sind eine „*Bande verhungerter Reisender*“ und „*Landstreicher der allerschlimmsten Sorte*“: 371, 434.

Die deutschen Gelehrten „*kleiden mit gauklerischer Winkeldreherei die volksfresserischen Instinkte der Regierung mit Lumpen der Wissenschaftlichkeit*“: 434.

Die deutschen Dichter Goethe und Schiller schämen sich, dem deutschen Volk anzugehören: 462.

Die deutschen Zeitungen sind „*Hetzblätter*", „*polenfresserische Blaty*", eine „*Meute polenfresserischer Bulldoggen*", „*tollwütige Bestien*", „*Wachhunde, deren Stimmen nicht zum Himmel dringen*", „*vor germanischem Hochmut stinkende Schmierblätter*", „*allerungeheuerlichste, frechste und ehrlose Lügner und Verleumder*", „*lügenhafte Reptilien*": 123, 154, 168, 174, 176, 180, 305, 413.

Die preußische Zivilisation ist in Europa berüchtigt und verhaßt: 153.

Im Interesse der Zivilisation müsse Preußen von Europa vernichtet werden: 357.

Die neue Enteignungsvorlage wird mit den Christenverfolgungen des Altertums, der Inquisition und den Hexenverbrennungen des Mittelalters verglichen: „*kannibalistische Gelüste, die auf der gleichen Stufe stehen, wie die Moralität der mit Bomben und Dolchen kämpfenden Terroristen*": 226, 341

Die Geschichte Preußens ist „*die Geschichte des Verrats, der Falschheit und Hinterlist*": 431.

Am Ruhme Preußens klebt Blut und Tränen: 45.

Die Welt müsse von der Niederträchtigkeit des Preußentums unterrichtet werden: 170.

Der Pole soll den Preußen meiden „*wie Seuche und Pestluft*": 138.

Militärische Einquartierungen, insbesondere von Offizieren, sollen als „*passierende Mieter*", als „*völlig fremde Leute*" betrachtet werden: 49.

Die deutschen Ansiedler essen mit den Schweinen zu Tisch: 150.

Bismarck wird eine „*gemeine, verbissene Hydra*" genannt: 196.

Die Aufstellung des Bismarckdenkmals in Posen, der „*Hauptstadt Großpolens*", wird als „*Verhöhnung*", als „*Denkmal der preußischen Ethik der Faust*" bezeichnet: 37.

Das Singen patriotischer Lieder bedeutet „*Aufreizung der landsässigen Bevölkerung*": 490.

Gewarnt wird die polnische Bevölkerung vor den „*halbheidnischen Gegenden*" (Westfalen): 149.

Preußen verdankt den Polen überhaupt seine Existenz und „*buhlte um seine Gunst*": 45, 46.

Die polnische Presse rühmt sich damit, daß sie die polnische Bevölkerung aufhetze: 54, 168, 174, 267, 430, 431, 444, 474, 484, erklärt es aber auch als „*niederträchtige Lüge*", daß sie die polnische Bevölkerung aufreize: 153.

Die Regierung schüre den Haß gegen die Polen: 5, 174, 181, und habe sie zum Aufstande aufgereizt: 430.

b) Die polnische Presse übt einen ungeheuren Zwang auf die Bevölkerung aus im national-polnischen Interesse durch Veröffentlichung der Namen

von Grundbesitzern, die an Deutsche, speziell die Ansiedlungs-Kommission verkaufen; sie beschimpft die Verkäufer: „*Lump*", ‚*räudiges Schaf*", „*sollte ihm in die Augen speien*", „*Vaterlandsverräter*", „*Verschacherer*", solle „*krepieren und verfaulen*", „*Auswurf der Volksgesamtheit*", er verdiene „*Hiebe*", die Pfarrer sollten zur Beerdigung nicht feierlich in großer Zahl kommen usw.: 36, 96, 97, 145, 162, 291, 327, 331, 333, 335.

Die Namen der Verkäufer werden im „*Schwarzen Buch*" veröffentlicht: 36,

von Käufern in deutschen Geschäften: 119, 248, 326, 392-397,

derer, die am Kaisersgeburtstage illuminieren oder an den Feiern teilnehmen: 115, 342, 343,

von Großgrundbesitzern, die deutsche Beamte angestellt haben: 246,

von denjenigen, die einem Kriegerverein beitreten: 109a.

Die Presse hat das Recht, eine Kontrolle über die Geistlichkeit bzw. ihrer nationalen Betätigung auszuüben: 276.

Der *Dziennik Poznanski* veröffentlicht in jeder Nummer seine 4 nationalen Gebote: 97.

Die polnische Presse erklärt offen, die polnischen Blätter in Oberschlesien können nur infolge der Annoncen der deutschen Geschäftsleute existieren, ohne diese müßten sie eingehen: 405.

Bemerkenswert ist, daß die *Gazeta Grudzionska* den Segen des Erzbischofs v. Stablewski, und der *Katholik* den Segen des Papstes erhalten haben: 135, 282.

Beachtenswert ist die Mitteilung des *Dziennik Kujawski*, daß die polenfreundlichen deutschen *Posener Neuesten Nachrichten* unter Beteiligung von polnischem Gelde begründet worden sind: 43.

II

Die nationale Organisation der Polen *

Zur Erreichung des Zieles ihrer Bestrebungen suchen die polnischen Führer die gesamte polnische Bevölkerung in geheimen und offenen Vereinen politisch zu organisieren. Diese Organisationen sind eines der wichtigsten Kampfmittel. So sind die polnischen Vereine Träger der national-polnischen Idee und Agitation. Die geheime Organisation erstreckt sich über alle 3 Teilungsmächte, sie ist also international. Diese politischen Organisationen stehen durch Personalunion der Vorstände in enger Verbindung mit der wirtschaftlichen Organisation, den Genossenschaften, so daß der wirtschaftliche Einfluß politisch ausgebeutet werden kann und wird. Zum Genossenschaftswesen siehe das Kapitel „Die Absonderung der Polen auf wirtschafltichen Gebiet", Abschnitt B.

A. Die Organisation der Polen geschieht durch die Sammlung der polnischen Volksgenossen und ihren Zusammenschluß in Vereinen und Verbänden: 5, 7, 35, 175, 195, 198, 235, 288, 296, 320, 448, 473, 480, 481, 487, 502, 510, 514-520, 524.

Die Polen suchen darum ihre Volksgenossen von deutschen Vereinen fern zu halten und fordern zum Beitritt in polnische Vereine auf; vgl. Kapitel „Nationale Absonderung der Polen", Abschnitt B.

Das polnische Vereinsleben ist „*die Hauptquelle der Kraft und Einigkeit*", hier „*erwacht der polnische Geist*": 5, 175, 235.

Die Vereinsorganisation ist ein Kampfmittel gegen das Deutschtum und den Staat: 448.

Die heutige Organisation umfaßt alle Stände der polnischen Bevölkerung:

Die polnische Arbeiterschaft ist organisiert:

a) die polnischen Sachsengänger in den 1892 gegründeten St. Isidor-Vereinen, die von der *Geistlichkeit* geleitet werden; ihr Organ ist der *Przewodnik Katolicki* in einer Auflage von 60-80 000 Exemplaren.

* Vgl. hierzu Bernhard: „Das polnische Gemeinwesen im preußischen Staate", Leipzig 1907.

b) die polnische heimische Arbeiterschaft in den „*polnisch-katholischen Arbeitervereinen*“, ebenfalls unter *geistlicher* Leitung; es bestehen gegenwärtig 177 Vereine mit rund 25 000 Mitgliedern. Ihr Organ ist der *Robotnik* in einer Auflage von 21 000 Exemplaren: 35, 218.

c) daneben bestehen Arbeiterfachvereine, die polnischen Gewerkschaften, im „*polnischen Berufsverbande*“ zusammengefaßt; ihr Organ ist das Monatsblatt *Sila*: 198, 325.

Die polnische Bauernschaft ist in den etwa 300 polnischen landwirtschaftlichen Vereinen organisiert, deren Leitung der Patron der Bauernvereine, ein *Geistlicher*, hat; ihr Organ ist der *Poradnik Gospodarski*.

Die polnischen Gewerbetreibenden sind organisiert in den *Industrie-Vereinen* und im *Kaufmännischen Verband*: 195, 375, 376, 510.

Die polnischen Großgrundbesitzer sind in dem *Zentral-Verein* (*Towarzystwo centralne*) organisiert.

Neben diesen Organisationen bestehen als politische Vereine vor allem:

die polnische Wahlorganisation bilden die *Kreiswahlkomitees* für jeden Wahlkreis, an deren Spitze als oberste Wahlbehörde das *Zentralwahlkomitee* steht: 201, 289,

der Verein *Straz*, 1905 in Posen von dem Herrenhausmitgliede v. Koscielski gegründet: 53, 97a, 170, 225, 293, 510, 518, 519, 520. Sein Statut: 518.

die *Sokol*-Vereine in Preußen sind organisiert im *Verband der Sokolvereine Deutschlands*, an ihrer Spitze steht z. Zt. der Abgeordnete von Chrzanowski-Posen. Die Organisation umfaßt 11 Gaue mit 150 Vereinen: 502, 503.

Die Solidarität des Sokoltums kommt namentlich auf den Sokolkongressen zum Ausdruck, wie z. B. dem 1903 in Lemberg abgehaltenen: 398, 461, 502.

Die Sokolvereine haben auch eine „*Sokolidee*“, die als revolutionär anzusehen ist: 64, 398, 502, 503.

Die Sokolvereine sollen den Grundstock für ein polnisches Revolutionsheer bilden: 64, 296, 398, 443, 444, 461, 498, 502.

Die Sokolvereine haben auch ihre Sokollieder, die revolutionär aufreizend sind: 502, 503.

Die Sokolorganisation umfaßt auch die Frauen-Turn-Vereine: 468.

Ebenso bestehen in Galizien und Amerika Sokolvereine: 64, 498, 499, 502.

Das Organ der Sokolvereine in Preußen ist der *Sokol* in Posen, in Galizien der *Przewodnik Gymnastyczny*: 468, 502.

Weitere polnische Vereine sind:

Der 1844 gegründete *Verein zur Unterstützung der polnischen lernenden Jugend*, der sogenannte *Marcinkowski-Verein*: 320.

Der *Verband der polnischen Gesangvereine*, 1892 begründet, umfaßte 1905 55 Vereine. Sie pflegen namentlich das nationalpolnische Lied.

Vereine zur Förderung des polnischen Sprachunterrichts sind:

der Verein *Selbsthilfe*: 71,
der sogenannte *Pfarrer Engel-Verein* in Oberschlesien: 288,
der polnische *Volksversammlungsverein* in Westpreußen: 223.

Auch die polnischen Frauen und Mädchen sind in Vereinen organisiert: 468, 487.

B. Die Polen besitzen seit Jahrzehnten auch eine geheime internationale Organisation.

Die geheime internationale Organisation wird von der Nationalliga *Liga Polska* getragen.

Sie hat ihre Zentren in Rapperswyl in der Schweiz, in Paris und in Warschau; sie gilt als oberste „*Nationalbehörde*", als „*Nationalregierung*" mit geheimen Organen: 183, 381, 389, 401, 463, 464, 513, 514-516.

Die Tätigkeit der Liga ist eine revolutionäre, sie bereitet einen bewaffneten Aufstand vor: 389.

Sie selbst tritt mit Aufrufen an die Öffentlichkeit, doch werden ihre Organe geheim gehalten: 381, 514, 516.

Das Statut der Liga war im Januar 1907 die *Schlesische Zeitung* in der Lage zu veröffentlichen. Danach sind die Organe der Liga: 1. das Zentralkomitee, 2. Provinzialkomitees aus allen Landesteilen, 3. Gouvernements-Kreiskomitees in den 3 Landesteilen, 4. Auslandskomitees in Ländern, in welchen das polnische Element in ansehnlicher Zahl vertreten ist, 5. Geheime Gruppen und offene Vereine im Heimatlande, wie im Auslande, 6. Agenten des Zentralkomitees: 515.

Besonders hervorzuheben sind die §§ 10, 11, 12, 26, die den Fall eines Krieges einer der Teilungsmächte behandeln, ferner die §§ 31-37 über die Zugehörigkeit der geheimen und offenen Vereine und § 41 über die Anknüpfung von Beziehungen zu Militärpersonen: 515.

Die Liga erhebt auch eine Nationalsteuer zum Nationalschatz in Rapperswyl: § 43-47 des Statuts: 515.

In engstem Zusammenhang mit der Liga stehen:

die *national-demokratische Partei*: 514,

der *Verein zur Förderung moralischer Interessen der polnischen Bevölkerung in Preußisch-Schlesien*, eine geheime Organisation: 514a,

der Verband der polnischen Jugend, *Zet-Verband*, ebenfalls eine geheime Organisation: 497, 517,

aus dem Statut dieses Verbandes, ebenfalls von der *Schlesischen Zeitung* veröffentlicht, ist besonders auf die §§ 4c, 7 und 9 hinzuweisen: 517.

Auch die polnischen Vereinsorganisationen stehen mit der Liga in Verbindung und sammeln für den Nationalschatz: 183, 364, 463, 464, 498, 499, 513, 514, 515.

Der Nationalschatz in Rapperswyl hat den Zweck, „*im gegebenen Augenblick mit aller Kraft die entscheidende politische Aktion zu unterstützen*“: 183, 257, 352, 353, 444, 497, 506, 513.

Die Bildung eines polnischen Heeres ist ebenfalls vorgesehen: 296, 398, 443, 444, 461, 498, 502.

III

Die Ziele der nationalpolnischen Agitation

Das Endziel der nationalpolnischen Agitation ist die Wiederaufrichtung eines Polenreiches. Die gesamte Organisation der Polen ist auf dieses Ziel gerichtet. Die Idee eines neuen Polenreiches sitzt tief im Herzen des Volkes und wird in der Presse und in Versammlungen mehr oder weniger offen angesprochen. Diese Idee ist „*die Achse, um die sich unser ganzes soziales Leben dreht*“, schreibt der *Dziennik Berlinski*.

Anfangs suchten die Polen die Wiederaufrichtung eines Polenreichs durch die bewaffneten Aufstände zu erreichen, die 1830 gegen Preußen und Rußland, 1846 in Galizien, 1848 in Preußen, 1863 in Rußland und Preußen losbrachen.

Die Gedenktage der Aufstände werden in der polnischen Presse fast alljährlich in besonderen Artikeln und in Vereinen und Versammlungen oder Trauergottesdiensten gefeiert: 24, 41, 76, 78, 95, 185, 254, 363, 389.

Seit dem Fehlschlagen des letzten Aufstandes haben die Polen die Kampfestaktik gegen die Deutschen geändert, ohne dabei das Ziel aus den Augen zu lassen. Sie haben den Kampf in seiner Intensität auf das wirtschaftliche Gebiet hinübergetragen und suchen durch innere nationale Arbeit und Erziehung, wie aus den bisher herangezogenen Beweisen aus der Presse hervorgeht, sich dem Ziele zu nähern: 19, 76, 77, 188, 320, 363, 389, 507.

Daß das Ziel der ganzen national-polnischen Bewegung noch heute auf die Wiederaufrichtung eines polnischen Reiches unter Losreißung der östlichen Provinzen von Preußen gerichtet ist, beweisen die Auslassungen der polnischen Presse und Äußerungen in Versammlungen:

Die Polen sprechen von dem „*neuen unabhängigen oder selbständigen Polenreiche*", von dem „*Glauben an eine bessere Zukunft*", von der „*Wiedergeburt*", „*der Auferstehung Polens*", von dem „*polnischen Vaterlande*", von dem „*freien polnischen Volke*", das Gott erlösen wird, von einer „*allpolnischen Idee*", ihren „*ersehnten Idealen und Hoffnungen*" usw.

Aus dem Jahre 1862: 1,
aus den Jahren 1880-1890: 83, 209, 210, 235, 236, 239, 240, 387, 488,
aus den Jahren 1891-1900: 6, 9, 11-14, 17-19, 67, 143, 151, 185, 213, 241, 244, 245, 247, 254-257, 348, 351, 352, 382, 398, 399, 400, 401, 424, 428, 441-449, 469, 472, 477, 502-504, 512, 513,
aus den Jahren 1901-1905: 4, 20-26, 29, 30, 34, 74, 76, 78, 159, 163, 183, 188, 232, 259, 260, 267, 293, 300, 302, 360, 363, 386, 389, 402, 403, 430, 433, 438, 439, 455, 461, 463, 464, 502, 505, 506, 514, 525, 526, 528, 529,
aus den Jahren 1906-1908: 127, 130a, 173, 206, 318a, 350, 368, 467, 499, 511, 514a, 515, 517.

Sogar polnische Reichs- und Landtagsabgeordnete haben den Gedanken von dem neuen Polenreiche, dem „*Glauben an eine bessere Zukunft*" in der Presse oder in polnischen Versammlungen ausgesprochen:

der Landtagsabgeordnete Magdzinski im Jahre 1882: 236,
der Landtagsabgeordnete v. Niegolewski im Jahre 1861: 236,

der Reichs- und Landtagsabgeordnete Korfanty, als Gründer und Redakteur des *Gornoslonzak* in dessen Nr. 1 v. 15. Dezember 1901: 300,

die gesamte polnische Landtagsfraktion in ihrer Adresse an Sienkiewicz im Jahre 1901: 300,

die Antwort von Sienkiewicz: 302.

Auch wird von den Abgeordneten der „*Glaube an die künftige Unabhängigkeit Polens*" gefordert: 240.

Die polnischen demokratischen Parteien erstreben die Gründung einer polnischen Republik (nicht eines Königreiches): 17, 22, 23, 25, 348, 506, 511.

Die Polen betonen die „*Einheit der polnischen Nation*" in den 3 Teilungsstaaten, deren Grenzen für die Polen nur auf dem Papier stehen: 17, 18, 24, 27, 67, 130a, 159, 179, 183, 187, 239, 254, 255, 300, 313, 350, 438, 439, 506, 511, 524.

Sie sprechen darum vom deutschen Osten nur als vom „*preußischen Anteil*" Polens: 58, 172, 179, 190, 241, 267, 349, 362, 439, 440, 447, 461.

Mit dem Vatikan verhandeln sie im „*Namen der ganzen Nation*": 77, 187.

Dieses neue Polen soll umfassen alle Landgebiete mit polnisch sprechender Bevölkerung, von „*Meer zu Meer*" (dem Schwarzen Meer bis zur Ostsee) unter Losreißung der östlichen Provinzen von Preußen: 1, 13, 127, 255, 267, 382, 401, 402, 441, 446, 447, 467, 505, 511, 515.

Die Polen erklären offen, daß die Wiedergeburt Polens zuletzt nur auf gewaltsamem Wege zu erreichen sei im Falle eines europäischen Krieges; darum müsse eines Tages der Entscheidungskampf, die „*Wiedergeburt aus der Bluttaufe*", gewagt werden: 24, 74, 78, 79, 185, 232, 257, 293, 360, 368, 401, 402, 403, 438, 442, 443, 463, 464, 467, 476, 506, 525, 526.

Die Polen warten zur Erhebung und Losreißung auf eine günstige Gelegenheit, einen unglücklichen Krieg Deutschlands: 382, 401, 403, „*ihre (Deutschlands) Niederlage, unsere (Polens) Siege, ihr Untergang, unsere Rettung*": 400.

Sie haben im Kriege Rußlands gegen Japan mit den Japanern sympathisiert und sich damals mit der Idee ernstlich befaßt, diese Gelegenheit zu einem Aufstande gegen Rußland zu benutzen: 403, 436, 449, 463, 464, 476.

„*Das Interesse der polnischen Nation heischt imperativisch eine Niederlage Deutschlands*": 438.

Die Polen sollen in einem Kriege zwischen Deutschland und Rußland die preußische Mobilmachung durch Zerstören der Eisenbahnlinien, -brücken usw. aufhalten: 292,
und sie sind überzeugt, daß der Zeitpunkt der Wiedergeburt Polens nicht mehr fern liegt: 14, 17, 254, 318a, 363, 398, 403, 467, 506.

Im Jahre 1913 wird die preußische Herrschaft ihr Ende erreichen: 318a.

Das Kaiserschloß in Posen wird die Residenz der polnischen Könige oder Präsidenten werden: 4.

Die Polen sprechen von ihrem polnischen Vaterlande, ihrer polnischen Erde: 27, 28, 36, 57, 62, 78, 151, 159, 162, 173, 185, 187, 199, 202, 244, 245, 254, 267, 320, 402, 428, 442, 452, 453, 467, 471, 477, 510.

Die Anerkennung der Zugehörigkeit zum preußischen Staate sei nur eine erzwungene Form, die Unterwerfung nur eine äußerliche in den Grenzen der preußischen Gesetze: 14, 239, 262.

Noch heute wird der Erzbischof von Gnesen-Posen als „*Primas Poloniae*" angesehen: 29,77, 81.

Der polnische weiße Adler wird sich wieder frei erheben: 13, 25.

Der Kampf um die Wiedergeburt Polens datiert, wie die Polen selbst zugeben, seit 100 Jahren: 30, 185, 213, 433.

Dieser Freiheitskampf geht mit dem Blute vom Vater an den Sohn über: 185, 363, 433.

Ohne „*freies Polen*" wird kein Friede in Europa werden: 247.

Das neue Polenreich soll auch eventuell als slawisches Reich nach österreichischem Muster errichtet werden: 312.

Die Autonomie der Polen in Rußland sollte ein Stützpunkt der preußischen Polen werden: 190.

Die Polen pflegen zur Erreichung ihres Zieles die politischen Beziehungen zwischen Russisch-Polen und Galizien: 130a, 302, 311, 3132, 316, 349, 350, 502, 505, 514, 514a, 515, 517, 519.

Die Polen leugnen aber auch wiederum, daß das Ziel der Bewegung ein neues Polenreich sei: 509, 510.

Die radikale Presse wendet sich aber sehr energisch gegen die Ableugnung dieses Zieles der Bewegung und bezeichnet dies als Lüge und Feigheit: 9, 12, 14, 15, 23, 29, 67, 244, 259, 262, 309, 401, 420, 529.

Die Verbreitung und Aufdrängung der polnischen Sprache

Die Polen, die mit ganz geringen Ausnahmen alle die deutsche Sprache verstehen und auch sprechen, suchen nicht bloß ihre polnische Sprache zu erhalten, sondern auch den Deutschen im Verkehr überall aufzudrängen.

1. Die Polen suchen die polnische Sprache nach Möglichkeit auszubreiten und „*in der Fremde*“ zu erhalten:
   a) in der Familie: 28, 141, 142, 249, 371,
   durch polnischen privaten Sprachunterricht: 97, 102, 284, 288, 421,
   durch polnischen geheimen Unterricht auch in den Kirchen: 303, 454 514, 514a,
   durch Verbreitung polnischer Fibeln, Katechismen und Gebetbücher: 28, 71, 102, 223, 284, 288, 303, 347, 390, 454, 523, 526.
   Dies geschah in Westpreußen schon 1862: 347,
   in Pommern schon 1892: 108.
   Auch gibt es einen polnischen Volksbibliothekenverein.
   b) Durch Herausgabe und Verbreitung polnischer Zeitungen auch in Gegenden mit nicht hochpolnischer Sprache, so
   in Oberschlesien schon Ende der 60er Jahre des vorigen Jahrhunderts mit Gründung des *Katolik*: 524, und der anderen großpolnischen Zeitungen in Oberschlesien: 100-107, 131-134, 192-195, 231, 267-290, 311, 369-371, 404-407,
   in Ostpreußen unter den Masuren und Litauern und im Ermland: 66, 184, 186-191, 390, 519, 520.
   c) Kirche: 111, 215, 378, 521, 522,
   im Beichtunterricht: 104, 140, 303, 521.
   Die polnische Bevölkerung wird aufgefordert, die Wagentafeln in polnischer Sprache anzubringen: 321.
   Wer seinen polnischen Namen verdeutscht, ist der „*größte Lump*“, ein „*räudiges Schaf*“ usw.: 157.
2. Die Polen suchen die polnische Sprache auch im Schulunterricht durchzusetzen, insbesondere im Religionsunterricht; vgl. die Kapitel „Nationale Absonderung“, Abschnitt III C und „Nationalpolnische Agitation“, Abschnitt I A.

3. Die Polen suchen den Deutschen die polnische Sprache aufzudrängen:
   a) im Geschäftsverkehr: 97, 139, 325,
      insbesondere soll an deutsche Firmen nur in polnischer Sprache geschrieben werden: 139,
   b) im amtlichen Verkehr: 44, 101, 295, 321, 509, 512,
      bei Eintragung polnischer Firmen und Namen ins Genossenschaftsregister: 509,
      sowie bekanntlich auch bei Eintragungen in die Standesamtsregister,
      darüber hinaus besonders im Verkehr mit der Reichspost; so eröffneten die Polen in den Jahren 1900 und 1901 einen förmlichen Angriff auf die deutsche Sprache im Postverkehr, sie überfluteten die Postämter mit polnisch adressierten Postsendungen jeder Art und weigerten sich, deutsch zu adressieren, sogar polnische Ortsbezeichnungen für deutsche Orte wurden dabei gebraucht: 90, 101, 295, 299, 322, 323, 402, 493, 494-496,
      damals wurde auch ein Verzeichnis der Städte im Deutschen Reiche, insbesondere der Provinz Schlesien mit polnischen Namen im *Kyrier Poznanski* veröffentlicht.

Die polnischen Parteien und ihre Politik

I

Die polnischen Parteien

Die Polen sind unter sich durchaus nicht einig. Das polnische Lager war stets und ist noch heute in Parteien gespalten. Das Ziel der Parteien ist das gleiche: ein freies unabhängiges Polenreich; der Weg dorthin ist jedoch ein verschiedener. Die radikale Richtung sah und sieht noch heute die einzige Möglichkeit, das Ziel zu erreichen, in der „*eigenen Kraft*“, d. h. bis 1863 nur im bewaffneten Aufstande, später, nach Änderung der Kampfesart, in der nationalen und wirtschaftlichen Erziehung der polnischen Bevölkerung und Hebung der wirtschaftlich-nationalen Kräfte, um bei günstiger Gelegenheit sich gegen die „*barbarischen Bedrücker*" zu erheben. Die gemäßigte Richtung erwartet die Hilfe durch andere Großmächte. Sie ist in ihrem Auftreten politisch klüger und sucht durch Konzessionen von den Regierungen in ihrem Streben vorwärts zu kommen. Im Laufe der Jahre hat es innerhalb der beiden Richtungen naturgemäß verschiedene Unterströmungen gegeben, die sich gegenseitig bekämpften. Die gemäßigte Richtung wurde vor 1863, dem letzten polnischen Aufstande, durch die *Legalen* vertreten, ihr folgte die *Hofpartei*, die zur Zeit der Caprivischen „*Versöhnungspolitik*" von Herrn von Koscielski geführt wurde und heute jeden Einfluß auf die Bevölkerung verloren hat. Ein Teil der Anhänger der *Hofpartei* steht heute im radikalen Lager (v. Koscielski an der Spitze des Vereins *Straz*). Zu den gemäßigten Parteien war früher auch die Partei des *Katolik* in Oberschlesien zu rechnen; heute gehört auch sie zur radikalen Richtung.

Die radikale Richtung war vor 1863 vor allem durch die Partei der „*Revolutionäre*" vertreten worden, ihr folgte die *Volkspartei*, die heute von der *National-demokratischen Partei* aufgenommen ist.

Es bestehen gegenwärtig folgende Parteien: die Partei des Adels und Großgrundbesitzes, die sogenannte *Versöhnungspartei*, ihr Organ ist das einzige Blatt gemäßigter Richtung, der *Dziennik Poznanski* in Posen, dann die *National-demokratische Partei*, der sämtliche anderen polnischen Zeitungen mehr oder weniger radikal angehören, und schließlich als dritte Partei steht noch die *Polnisch-sozialdemokratische Partei* (P. P. S.) auf dem Plan, deren Organ die *Gazeta Robotnicza* in Kattowitz ist.

1. Die gemäßigten Parteien:
   a) Die Partei der *Legalen* vor 1863: 1.
   b) Die *Hofpartei* oder *Versöhnungspartei*, eine Partei des Adels und Großgrundbesitzes, ihr Programm: 83,
   ihr Organ war früher der *Kuryer Poznanski*, der 1906 sein Erscheinen einstellte: 295-306,
   die Politik der *Versöhnungspartei*, die so tut, als strebe sie nicht nach der Wiederaufrichtung eines Polenreiches, wird von der Presse der Gegenpartei als „*Politik der Lüge*" bezeichnet, sie sei nicht aufrichtig, sie verspreche der Regierung, was sie nicht halten könnte: 9, 14, 15, 23, 244, 259, 262, 209, 401, 420,
   der frühere Führer der *Versöhnungspartei*, Herr von Koscielski, dekuvrierte seine Politik auf dem Bankett der Lemberger Ausstellung 1903: 67,

die „*Versöhnungspolitik*“ ist dem polnischen Volke „*fremd und widerlich*“: 367,
diese Partei veröffentlichte die bekannte v. Turnosche Broschüre gegen die Enteignungsvorlage: 130, 208, 309, 315, 367,
sie warnt vor dem Bruch mit dem Zentrum: 91,
sie wird von der großen radikalen Partei sehr angefeindet: 12, 14, 67, 83, 130, 208, 262, 266, 293, 304, 309, 427, 442, 507.

c) Die frühere gemäßigte Partei des *Katolik* in Oberschlesien: 386.

2. Die radikalen Parteien:

a) Die Partei der *Revolutionäre* vor 1863: 1,
ihre Nachfolgerin ist die *Volkspartei*, die heute die *National-demokratische Partei* bildet, sie entstand etwa 1900: 7, 12, 14, 17, 19, 23, 260, 267-270, 386, 507, 512, 514, 514a,
sie veröffentlichte ihr Programm: 259, 448, 512.
Die *National-demokratische Partei* ist mehr als eine politische Partei, sie wird als die „*Organisationscadres*“ bezeichnet, sie ist zugleich eine geheime mit der *Nationalliga* zusammenarbeitende Organisation, insonderheit in Oberschlesien: 448, 514,
sie verbreitet verbotene polnische Zeitungen und Bücher, veranstaltet geheime Kongresse und Zusammenkünfte, gründet geheime Vereine und Büchereien und erhebt die Nationalsteuer, sie organisiert Volksvorlesungen und Theatervorstellungen: 514.
Ihre Arbeit in Oberschlesien geschieht durch den *Verein zur Förderung der moralischen Interessen der polnischen Bevölkerung in Preußisch-Schlesien*: 386, 514, 514a.
Die *National-demokratische Partei* bekämpft die „*Politik der Lüge*“ der *Versöhnungspartei*, vergleiche oben;
sie wendet sich gegen den Ultramontanismus: 31, 259 (vgl. auch den folgenden Abschnitt II), sowie gegen jede angebliche Russenschwärmerei: 29, 259, 445.

b) Die *Polnisch-demokratische Partei* (P. P. S.) hat sich von der deutschen Sozialdemokratie getrennt, auch sie verfolgt das gleiche Ziel aller polnischen Parteien: ein neues Polenreich: 25, 325, 350, 368, 386, 511,
ihr Programm: 25, 350,
die Partei hat ihren Hauptsitz in Rußland und in Oberschlesien: 79, 350, 386,
ihr Organ in Preußen ist die *Gazeta robotnicza* in Kattowitz,
sie hat Waffenschmuggel nach Rußland betrieben: 368.

II

Die Stellungnahme der Polen zum Zentrum

Obwohl das Zentrum im Reichstage und Landtage und in seiner Presse stets für die Polen eingetreten ist und eintritt, wollen die meisten Polen mit dem Zentrum nicht zusammengehen und haben eine lebhafte Agitation gegen dasselbe eingeleitet: 31, 32, 91, 221, 267, 271, 275, 521, 524.

Jeder Pole habe die Pflicht, den Ultramontanismus zu bekämpfen: 31.

Die Polen suchen insbesondere in Oberschlesien das Zentrum vollständig zu verdrängen; sie fordern zur Wahl polnischer Kandidaten auf und haben die Losung ausgegeben: „*Fort mit dem Zentrum*": 31, 112, 267, 275, 289, 384, 385, 521.

Sie bezichtigen die Anhänger des Zentrums „*schamloser Lügen*", „*rücksichtsloser Unverschämtheit*": 272, 275.

Sie nennen das in polnischer Sprache erscheinende Zentrumsblatt *Gazeta katolicka* „*Gesindel*", „*frech*" und „*unverschämt*": 272.

Sie beschimpfen auch die Zentrumsgeistlichen, insbesondere den Kardinal-Fürstbischof von Kopp in Breslau und die deutsche Zentrumspresse: 116, 125, 271, 272, 521.

Schon 1884 machten sich die Polen über den polnischen Patriotismus der Zentrumsleute lustig: 240.

Die Bischöfe und Zentrumsmänner haben die Grundsätze des katholischen Glaubens mit hakatistischen Farben besudelt: 32.

Auch in Westfalen machen die Polen dem Zentrum Schwierigkeiten: 220, 258.

Das Zentrum in Westfalen wird mit dem Haushund verglichen, dem von Zeit zu Zeit eine Tracht Prügel gebühre: 220.

Das Zentrum sei wert, „*daß es der Hund be ...*": 221.

Nur der gemäßigte, versöhnungsparteiliche *Kuryer* warnte vor einem offenen Bruch mit dem Zentrum, ebenso die älteren oberschlesischen Blätter, die als Zentrumskandidaten nationale Polen zuließen: 91, 289.

III

Die Polen und der Antisemitismus

Die polnische Bevölkerung ist von einem glühenden Antisemistimus durchdrungen, der von der Presse noch geschürt wird und im Geschäftsleben in dem scharfen Boykott der jüdischen Gewerbetreibenden zum Ausdruck kommt.

Die jüdische Bevölkerung wird genannt: „*hebräische Preußenschwärmer*", „*Krummnasen*", „*Lockenträger*", „*Jerusalemiter*", „*Jerusalemer Edelleute*", „*Blutegel*", „*Itzigs und Abrahams*", „*Auswurf der Menschheit*": 114, 121, 305, 392-394, 437.

Die jüdischen Geschäftsleute werden in der rücksichtslosesten Weise boykottiert, die Namen der Polen, die bei Juden kaufen, werden veröffentlicht: 52, 93, 114, 119, 121, 176, 332, 374, 392-395, 397, 451, 508, 510.

Der Knoblauchgeruch müsse die Polen vom Kaufen bei Juden abhalten: 332.

Der Jude, heißt es, beute das Volk erbarmungslos aus, sauge dem polnischen Volke das Mark aus den Knochen: 411, 508.

Die Juden werden vom polnischen Volke gemästet, sie wachsen auf ihm wie Hefen: 176, 283, 437.

Das polnische Volk müsse sich von der jüdischen Spinne freimachen: 114,
man brauche jedoch den Juden nicht totzuschlagen: 411.

Die polnischen Mädchen sollen nicht bei Juden dienen oder in jüdischen Geschäften arbeiten, da die Juden sie demoralisierten; die jüdischen Geschäfte seien „*Herde der Demoralisation*": 52, 411.

Die „*jüdischen obskuren Schmierblätter*" hetzten nichtswürdig: 176, und machten sich über das lustig, was dem polnischen Volke am teuersten und heiligsten sei: 176, 457.

Infolge der Zustimmung der jüdischen Stadtverordneten in Hohensalza zur Namensänderung aus Jnowrazlaw wird Hohensalza „*Judensalza*" genannt: 437.

Auch ein polnischer antisemitischer Verein, *Verein zum Schutze des Handels und der Industrie*, wurde gegründet: 508.

Die Polen im Auslande

I

Die internationalen Treibereien der Polen gegen Deutschland

Die Polen benutzen ihre gesamte internationale Organisation, um im Auslande und durch dasselbe dem Deutschen Reich Schwierigkeiten und Verlegenheiten zu bereiten.

Die Polen haben eine Aktion gegen den Dreibund eingeleitet, um Österreich-Ungarn von diesem loszulösen und das Deutsche Reich zu isolieren, damit es im Falle eines Krieges allein steht: 65, 73, 316, 349, 361, 366, 438, 465.

Die Polen suchen durch ihre Pressebüros das Ausland, insbesondere englische und französische Blätter, in deutsch-feindlichem Sinne zu informieren: 53, 170, 171, 310.
In Wien erscheint eine solche polnische Korrespondenz, *Polnische Post*, in deutscher Sprache. Französische Zeitungen haben deutschfeindliche Artikel von preußischen Polen u. a. vom Herrenhausmitglied v. Koscielski, gebracht.

Die polnische Fraktion brachte im Wiener Reichsrat eine Interpellation gegen Preußen ein: 311.

Der polnische Dichter Sienkiewicz veranstaltete eine internationale Enquete gegen Deutschland in Sachen der Enteignungsfrage: 310.

Die Polen halten geheime Kongresse in Zakopane ab: 349.

Die Polen haben sich auch mit Abordnungen an den Vatikan um Hilfe gegen Deutschland gewandt, im Jahre 1904: 77, 187, 413,
im Schulstreik 1906/07: 180, 204, 265, 391.

Die Polen pflegen auch zu dem oben angedeuteten Zwecke eifrig Beziehungen zu ihren Landsleuten in Österreich und Rußland: 130a, 302, 311, 313, 316, 350, 502, 505, 514-517, 519, 522,
und haben, um Deutschland zu schädigen, den Boykott preußischer Waren in Österreich und Rußland in Szene gesetzt: vgl. oben, Kapitel „Nationale Absonderung", Abschnitt II A. 1.
Vgl. auch die Hinweise zur internationalen Organisation der Polen.

II

Das Polentum in Rußland

Die Polen in Rußland genießen bei weitem nicht die Rechte, Freiheiten und Vergünstigungen, wie in Preußen-Deutschland. Sie können ihre Absichten nicht in dem Maße straflos verfolgen wie bei uns; die russische Regierung unterdrückt die polnische Agitation unter Umständen mit Gewaltmaßregeln: 29, 79, 260, 261, 440, 445, 448, 461.

Die russische Regierung duldet nicht
die Sokolvereine: 461,
die Erteilung von polnischem Unterricht: 261,
die Agitation der polnischen Geistlichkeit; geistliche Agitatoren werden nach Sibirien verschickt: 261,
polnische Schulkinder müssen an hohen Festtagen die russischen Kirchen besuchen: 261.

Den japanischen Krieg haben die Polen als günstige Gelegenheit zu Unruhen gegen die russische Regierung ausnutzen wollen: 403, 436, 447, 463, 464, 476.

Die Polen haben auf den russischen Gymnasien den Schulstreik, der später nach Preußen getragen wurde, begonnen: 363a.

Die Polen gestehen zu, daß die polnische Bevölkerung Rußlands auf einem tieferen kulturellen Niveau steht als in Preußen: 20, 261.

Was die polnische Jugend Rußlands in Deutschland gelernt hat, verwendet sie gegen Deutschland: 313.

Die Polen in Rußland sind wie in Preußen in Vereinen, und zwar in geheimen Vereinen organisiert: 381, 389, 401, 448, 516,
die *National-demokratische Partei* ist in Rußland gegründet worden und ist auch dort organisiert: 448, 512,
die polnische *Sozialdemokratische Partei* hat ihre meisten Anhänger im Ausland, sie hat Waffen nach Rußland eingeschmuggelt: 368, 511.

Die Polen haben in Rußland auch ihre polnischen Zeitungen: 293, 312-319, 461-467.

Die Polen suchen den Deutschen mit panslawistischen Ideen Furcht einzujagen; vor einem allslawischen Reiche müßte ganz Europa sich demütigen: 124, 163, 206, 446.

III

Das Polentum in Österreich

Die Polen in Österreich haben ebenfalls eine deutsch-feindliche, nationalpolnische Bewegung ins Leben gerufen, die die Polen in Preußen unterstützt: 67, 312, 319, 469,
durch die Boykottbewegung in Galizien gegen Deutschland und im Zusammenhang damit durch die Liga zur Unterstützung der Industrie Galiziens: 27, 28, 98, 301, 311, 318, 356,
durch das Selasianer-Kloster in Oswiecim: 522,
durch das Hineintragen der Bewegung aus Galizien nach Oberschlesien und die Wallfahrten der Oberschlesier nach Krakau: 27, 28, 130a, 407, 409,
durch die Interpellation des Polenklubs im Wiener Reichsrat gegen die Enteignungsvorlage in Preußen: 350.

Die Polen sind auch in Österreich in Vereinen organisiert:
Vgl. die internationale Organisation der Polen.
Sie haben sogar einen Verein der am Aufstand von 1863 Beteiligten gegründet: 95,
sowie einen *Straz-Verein* (*straz polska*): 319.

Die Polen feiern in Galizien ihre Nationaltage, Sokol- und andere Kongresse: 350, 398, 461, 502, 505.

Es erscheinen in Galizien auch zahlreiche polnische Zeitungen, die sich durch Deutschenhaß besonders auszeichnen: 2-5, 67-81, 183, 185, 291, 348-350, 351-367, 368, 398-407, 440-449.

Dabei zeigen die galizischen Polen nach polnischem Zugeständnis die größte Unfähigkeit zur Staatenbildung: 379, 529.

Von Österreich-Schlesien (Pfarrer Michajda in Teschen) aus wird die nationalpolnische Propaganda unter den evangelischen Polen und Masuren geleitet: 346, 519.

IV

Das Polentum in der Schweiz

In der Schweiz ist in Genf und Rapperswyl ein Zentrum der nationalpolnischen Propaganda.

Dort findet sich der Nationalschatz: 183, 257, 352, 353, 444, 497, 506, 513,
und die *Liga polska* wird von dort aus geleitet (Oberst Z. Milkowski): 463, 464, 513, 514, 515, 516.

Das ausländische Komitee des Bundes der *Polnisch-sozialdemokratischen Partei* (P. P. S.) hat seinen Sitz in Genf: 368.

V

Das Polentum in Frankreich

Die ‚Emigration' des Polentums hat von Frankreich aus früher die nationale Bewegung vollständig geleitet. Auch heute noch befindet sich in Paris eine Zentrale der internationalen *Liga polska* nebst einem Pressebüro. Vgl. den Abschnitt „Die internationale Organisation der Polen".

Auch polnische Zeitschriften und Zeitungen erscheinen in Paris: 1, 232-234, 506.

VI

Das Polentum in Amerika

In den Vereinigten Staaten Amerikas ist die nationalpolnische Agitation bestrebt, eine Sammlung und Organisation der dortigen Polen herbeizuführen: 364, 467.

Die Polen in Amerika unterstützen ihre europäischen Landsleute
durch Sammlungen für den Nationalschatz in Rapperswyl: 183, 352, 353,
durch Bildung eines polnischen Armeekorps und durch Hilfeleistung, die auch zu einem eventuellen Aufstande während des Krieges zwischen Rußland und Japan angeboten wurde: 64, 463, 464, 498, 499.

Die Polen in Amerika sind organisiert
in dem *Polnischen Nationalverband*, der im Herbst 1901 in Toledo seinen 14. Kongreß abgehalten hat: 183,

in dem *Verband der polnischen Jugend* in Amerika: 463,
im *Sokol* und in anderen verschiedenen Vereinen: 64, 498, 499.

Die Polen in Amerika feiern auch die Gedenktage der polnischen Aufstände als nationale Festtage: 41.

Auch polnische Zeitungen erscheinen in Amerika, so: 41, 64-66, 294, 498, 499.

Rückblicke auf die polnische Geschichte

In der polnischen Presse und in den polnischen Vereinen und Versammlungen werden der Bevölkerung stets die glänzendsten Bilder der polnischen Geschichte vorgegaukelt, die tatsächlichen Zustände ihr aber vorenthalten, während die Geschichte Preußen-Deutschlands als die „*schmutzigste Geschichte Europas*", die „*Geschichte der Hinterlist und des Verrates*" bezeichnet wird, vgl. oben, Kapitel „Nationalpolnische Agitation", I. B. 2.

Besonders hausieren die Polen mit der längst als unwahr erwiesenen Sage von der „*Errettung der Christenheit*" durch die Polen unter Sobieski in der Schlacht vor Wien 1683.

Im alten Polenreich gab es weder Herren noch Edelleute, alle waren sich gleich: 131.

Schlesien war und ist bis Liegnitz seit undenklichen Zeiten polnisch: 193.

Die Teilung Polens wird als „*Raub*" und „*gräßliches Verbrechen*" bezeichnet: 143, 247.

Die Geschichte der Polen nach den Teilungen ist „*eine der glänzendsten Seiten der Geschichte der Menschheit*": 433.

Die Aufstände von 1830, 1848 und 1863 werden in der Presse verherrlicht: 19, 24, 41, 76, 78, 95, 185, 213, 247, 251, 254, 362, 363.

Die Deutschen verdanken den Polen alle Kultur, wie sie auch von den Polen Ackerbau und Viehzucht lernten: 131.

Die Namen: Rhein, Lahn, Lippe, Donau, Lech, Ammer, Würm und Bayern werden als slawischen Ursprungs bezeichnet: 106.

Die Städte Breslau, Danzig, Bromberg, Allenstein, Lyk, Thorn, Konitz usw. sind die wichtigsten Städte in den polnischen Landen: 523.

Die Polen hatten wegen der fortwährend zum Schutze des Christentums geführten Kriege keine Zeit, ihr Land vor den christlichen Nachbarn zu schützen, so erklären die Polen die Teilung Polens: 53.

Preußen buhlte vor 200 Jahren um die Gunst Polens: 46.

Der Große Kurfürst ist seinem Glauben abtrünnig geworden: 475.

Die preußischen Könige haben ihre Eidschwüre den Polen gegenüber gebrochen: 136, 244, 247.

Nationalpolnische Poesie

Wie jedes Volk so haben natürlich auch die Polen eine Poesie entwikkelt, die ihre nationale Idee, die nationalen Kämpfe, verherrlicht und den Gegner, d. h. hier die Deutschen, verunglimpft.

Derartige poetische Ergüsse finden sich in der polnischen Presse sehr zahlreich. Nur einige wenige sind in die Sammlung aufgenommen worden:

Bitte: 34,
Die Muttersprache: 62,
Polnische Hymne: 74,
Der Weichsel Klage: 148,
Der Tod und Bismarck: 196,
Noch ist Polen nicht verloren: 213,
Die Enteignung: 294,
Wohlan, polnisches Volk: 399,
Mit Gottesgnade wird die Stunde der Freiheit schlagen: 455,
Lied der polnischen Kinder (zum Schulstreik): 460,
Den Preußen ins Stammbuch: 462,
Lied der Polen in der Fremde: 477,
Wecken wir den Geist: 481,
Der Eidschwur: 503,
Lieder aus dem Sokolliederbuch: 502.

Die deutsche Gegenbewegung im Lichte der polnischen Presse

Die verschiedentlichen Versuche der preußischen Regierung im vorigen Jahrhundert, durch eine versöhnende Politik, d. h. eine Politik der Konzessionen an das Polentum, die polnisch sprechende Bevölkerung für Preußen zu gewinnen, sind gänzlich fehlgeschlagen. Der polnische Volkscharakter legt jede Nachgiebigkeit als Schwäche aus und sucht aus ihr sofort für seine Pläne und Absichten Vorteil zu ziehen. Die Perioden der Versöhnungspolitik endeten jedesmal mit einem gänzlichen Fiasko, mit einer Verschärfung der Gegensätze, und zwar einer einseitig polnischen, die 1830, 1848 und 1863 sogar zu offenen, bewaffneten Aufständen bzw. solchen Versuchen führten. Auch die Periode der Versöhnungspolitik nach dem Abgange Bismarcks unter dem Reichskanzler Caprivi hatte ein rasches, ungeahntes Emporschnellen der nationalpolnischen Bewegung zur Folge.
Die heutige deutsche Gegenbewegung wird naturgemäß in der polnischen Presse und in polnischen Versammlungen usw. auf das heftigste angegriffen. Sie geht von verschiedener Seite aus:

I

Die Gegenbewegung seitens der preußischenn und deutschen Regierung

Die Politik und die Maßnahmen der Regierung werden in der polnischen Presse in jeder Weise verunglimpft, vgl. oben Kapitel „Nationalpolnische Agitation“, Abschnitt I. B. 2., und die Zitate unter Ziffer 2, 3a, 70, 72, 102, 267, 268, 357, 358, 492.

Die Polen suchen die Maßnahmen der Regierung zu durchkreuzen, so ganz besonders

die Tätigkeit der Ansiedlungs-Kommission durch den moralischen Zwang auf die polnischen Gutsbesitzer, nicht an die Ansiedlungs-Kommission zu verkaufen: 36, 96, 97, 162, 145, 291, 327, 331, 333, 335,

die Familien ächten ihre Angehörigen, die an die Ansiedlungs-Kommission verkaufen: 501,

die Wirkung der Novelle zum Ansiedlungsgesetz vom August 1904: 510,
die Maßnahmen der Regierung gegen den Schulstreik, vgl. oben, Kapitel „Nationale Absonderung", Abschnitt III. C.

Sie wenden sich gegen die sogenannte Enteignungsvorlage: 127, 226, 266, 310, 311, 316, 341, 365,
gegen das neue Reichsvereinsgesetz: 5, 118, 190,
gegen die Änderungen von polnischen Orts- und Familiennamen: 157, 437,
sowie gegen den Erlaß des Kultusministeriums betr. die Einführung des Religionsunterrichts in deutscher Sprache: 2, 70, 102, 492.

Die Polen erklären, daß die Maßnahmen der preußischen Regierung „*das Spiel und alles*" der „*polnischen Mauer gegenüber*" verlieren werden: 169,
sie gestehen aber ganz offen die Richtigkeit der preußischen Politik vom deutschen Standpunkte aus zu: 446.

II

Die Gegenbewegung seitens der deutschen Bevölkerung

Der Träger der deutschen Bewegung gegen die national-polnische Agitation ist der *Deutsche Ostmarken-Verein*. Er wird von den Polen aufs heftigste angegriffen: 2, 129, 152, 193, 285, 521.

Die Polen bezeichnen ihn mit *Hakate-Verein, Bruderschaft mit den drei Buchstaben, Hakatisten, Hakatismus,* Bezeichnungen, die sich heute nicht mehr auf den Verein allein beschränken: 2, 38, 50, 91, 129, 152, 169, 174, 176, 177, 180, 182, 193, 208, 285, 314, 349, 402, 411, 418, 466, 521.

Die Hakatisten sind die „*ärgsten Schufte*", „*polenfresserisches Gesindel*", eine „*niedrige Menschengattung*": 68, 136, 143.

Vor den Hakatisten muß man wie vor dem Teufel das Kreuz machen: 285.

Sie werden von der polnischen Presse und der *Kölnischen Volkszeitung* als *Deutsche Boxer* bezeichnet: 2, 70, 152.

„*Ein Fluch auf jene hakatistischen Ungeheuer, die sich mit der größten Schamlosigkeit erdreisten, in den Zeitungen mit ihrer diabolischen*

Gerechtigkeit zu prahlen, drängt sich einem auf die Lippen", schreibt die *Gazeta Gdanska*: 129.

Die Hakatisten überfallen die Polen wie eine Meute Hunde den geängstigten Wanderer: 418.

Die Polen veröffentlichten anfangs die Namen der Mitglieder des *Ostmarkenvereins*, in der Absicht, sie dadurch zu schädigen: 248.

Die Polen erklären, daß die Hakatisten die wirkliche deutsche Meinung in nationalen Angelegenheiten aussprechen: 446.

Die Polen gestehen ausdrücklich zu, daß die Deutschen sich ihnen gegenüber in der Abwehr befinden: 441.

Persönliches

Die Polen greifen besonders solche Persönlichkeiten an, die gegen die nationalpolnische Bewegung auftreten.

Fürst Bismarck wird genannt „*gemeine verbissene Hydra*", „*Satan*": 70, 196.

Reichskanzler Fürst Bülow heißt „*der kleine Kanzler*", der „*kleine Bismarck, der auf Jagd auf die Polen geht*": 38, 169, vgl. auch den Abschnitt über den Schulstreik.

Minister von Studt wird genannt „*Oberschließer der Schulgefängnisse*": 174, vgl. ferner den Abschnitt über den Schulstreik.

Minister von Rheinbaben ist das „*Werkzeug*" der Hakatisten: 2.

Der Oberpräsident von Bitter ist als „*Henker*" der Polen nach Posen geschickt worden: 2.

Die deutschen Bischöfe von Breslau, Köln, Kulm-Pelplin werden angegriffen und beleidigt, vgl. oben Abschnitt „Nationale Absonderung", Abschnitt III. B.

Mitglieder des *Ostmarken-Vereins* werden ebenfalls persönlich beleidigt: 193, 491.

Der polnische Abgeordnete v. Dziembowski bezeichnet es als Lüge, daß Preußen ein nationaler Staat sei: 509.

Verzeichnis der benutzten Zeitungen, Zeitschriften und sonstigen Quellen

(Die Numerierung bezieht sich auf die Ziffern, unter denen Auszüge aus dem genannten Presseorgan zu finden sind.)

Basznocz in Paris, Nr. 1
Czas in Krakau, Nr. 2-5
Dziennik Berlinski in Berlin, Nr. 6-40
Dziennik Chicagoski in Chicago, Nr. 41
Dziennik Kujawski in Hohensalza, Nr. 42-63
Dziennik Narodowy in Chicago, Nr. 64-65
Dziennik Polski in Lemberg, Nr. 66-81
Dziennik Poznanski in Posen, Nr. 82-99
Dziennik Slonski in Beuthen O.-S., Nr. 100-107
Gazeta Gdanska in Danzig, Nr. 108-130a
Gazeta Górnoslonska in Beuthen O.-S., Nr. 131-134
Gazeta Grudzionska in Graudenz, Nr. 135-182
Gazeta Handlowo-Geograficzna in Lemberg, Nr. 183
Gazeta Lecka in Lyk, Nr. 184
Gazeta Narodowa in Lemberg, Nr. 185
Gazeta Olsztynska in Allenstein, Nr. 186-191
Gazeta Opolska in Oppeln O.-S., Nr. 192-195
Gazeta Ostrowska in Ostrowo, Nr. 196-198
Gazeta Polska in Kosten, Nr. 199-208
Gazeta Torunska in Thorn, Nr. 209-228
Gazeta Wielkiego Xiestwa Poznanskiego in Posen, Nr. 229
Glos Polski in Posen, Nr. 230
Glos Slonski in Gleiwitz, Nr. 231
Goniec Polski in Paris, Nr. 232-234
Goniec Wielkopolski in Posen, Nr. 235-266
Gornoslonzak in Kattowitz O.-S., Nr. 267-277
Gwiazda in Beuthen O.-S., Nr. 278-279
Iskra in Gleiwitz O.-S., Nr. 280
Katolik in Beuthen O.-S., Nr. 281-290
Komar in Posen-Krakau, Nr. 291
Kraj in St. Petersburg, Nr. 292-293
Kurjer Polski in Milwaukee, Wis., Nr. 294
Kuryer Poznanski in Posen, Nr. 295-306
Kurjer Poznanski in Posen, Nr. 307-310

Kurjer Slonski in Kattowitz, Nr. 311
Kuryer Warszawski in Warschau, Nr. 312-319
Lech in Gnesen, Nr. 320-343
Nadwislanin in Posen, Nr. 344-347
Naprzod in Krakau, Nr. 348-35
Nowa Reforma in Krakau, Nr. 351-367
Nowiny in Krakau-Podgorze, Nr. 368
Nowiny Raciborskie in Ratibor O.-S., Nr. 369-371
Orendownik in Posen, Nr. 372-386
Pielgrzym in Pelplin, Nr. 387-391
Pokraka in Posen, Nr. 392-397
Polak in Krakau, Nr. 398-407
Postemp in Posen, Nr. 408-415
Praca in Posen, Nr. 416-439
Przeglond Wszechpolski in Lemberg, Nr. 440-449
Przyjaciel ludu in Thorn, Nr. 450-460
Slowo polskie in Warschau, Nr. 461-467
Sokol in Posen, Nr. 468
Teka in Lemberg, Nr. 469-476
Wiarus Polski in Bochum, Nr. 477-487
Wielkopolanin in Posen, Nr. 488-497
Goda in Chicago, Nr. 498-499

Polnische Forderungen, Nr. 500
Erklärung der Gräflichen Familie Bninski, Nr. 501
Über die *Sokolvereine*, Nr. 502-503
Aus dem Kalender *Goniec Wielkopolski* für 1900, Nr. 504
Der erste polnische Nationaltag 1903, Nr. 505
Polnische Aufstands-Prophezeiungen, Nr. 506
Bericht über die Kreiswählerversammlung in Kosten am 3. 5. 1903, Nr. 507
Bericht über die Gründung eines Antisemiten-Vereins, Nr. 508
Bericht über die Wählerversammlung in Schrimm am 12. 1. 1908, Nr. 509
Bericht über die *Straz*-Versammlungen zu Wongrowitz am 26. 1.1908, Nr. 510
Bericht über den 9. Parteitag der *Polnisch-sozialistischen Partei* (P. P. S.), Nr. 511
Programm der *Polnisch-sozialistischen Partei*, Nr. 512
Aus der Broschüre *Rapperswyl*, Nr. 513

Zeugnisse

(1) *Baczność* (Paris, periodisch erscheinende Zeitschrift), Nr. 3, 1862

„Die Partei der Legalen und der Revolutionäre.

Beide sind so alt wie der Kampf der Polen um ihre Unabhängigkeit. Ihr Ziel ist dasselbe: Die Unabhängigkeit Polens in den Grenzen von 1772; nur sind sie in der Wahl der Mittel verschieden. Die Legalen glauben nicht an die eigene Macht der Nation zur Erkämpfung ihrer Unabhängigkeit; sie wollen diese Macht erst schaffen; sie verschieben daher den Aufstand in eine ferne Zukunft und feilschen mit der Regierung um Konzessionen. Die Revolutionäre erblicken im Vertrauen auf die eigene Kraft der Nation die einzige Rettung Polens im möglichst baldigen Aufstande, den sie daher unmittelbar mit allen Kräften erstreben. Eine Vereinigung beider Partien ist vielfach versucht worden; alle Verhandlungen, Verständigungen – und Kombinationen haben aber zu der Überzeugung geführt, daß die legale Partei die übernommenen Verpflichtungen nicht erfüllt und daß alle Einigungsversuche ihrerseits nur eine Komödie waren, um Zeit zu gewinnen. Früher ließ sich die Revolutionspartei durch das Geschrei der Legalen nach nationaler Einigkeit betören und gab ihnen nach. Sie hat sich aber überzeugt, daß eine aufrichtige und vernünftige Einigkeit bei der prinzipiellen Verschiedenheit der Programme beider Lager unmöglich und der Sache der Revolution nur schädlich ist. Diese Einigkeit ist aber auch durchaus unnötig. Wir haben die Autorität des denkenden Teils der Nation für uns, und mit geringen Ausnahmen wird schon die bloße Tat des Aufstandes die ganze legale Partei auf unsere Seite werfen. In den Reihen der Aufstandsarmee dem Erbfeinde gegenüber wird die Einigkeit da sein."

(2) *Czas* (Krakau), Nr. 188 v. 27. Juli 1900

„... Man weiß nicht, ob die preußische Regierung die Methode ihres Verfahrens, Einführung des Religionsunterrichts in deutscher Sprache bei den Polen in Afrika und China gelernt hat, oder ob sie ihre antipolnische Gewalttätigkeit jetzt auch auf die Kolonien übertragen wird. Hier wie dort dieselbe Brutalität und Rücksichtslosigkeit, dasselbe Traktieren des Untertanen als Vieh, das erst durch die preußische Kultur zum Menschen werden soll. Nach dieser Richtung hin ist die neue Gewalttätigkeit verübt worden. In der Beziehung zu und im Gespräch mit Gott wird man sich gleichfalls nur noch der deutschen Sprache zu bedienen haben, denn das ist ja ‚unser Gott, unser deutscher Gott', wie man oft in den Zeitungen der deutschen Boxer, der H.-K.-Tisten, lesen kann. Sie regieren jetzt in Preußen. Ihr Führer und ihr Werkzeug zugleich ist Herr von Rheinbaben, der Minister des Innern, ihr Führer ist ferner v. Bitter, der als Henker nach Posen geschickt worden ist, ihr willfähriges Werkzeug aber ist Kultusminister Studt."

(3) *Czas*, Nr. 16 v. 19. Januar 1901

„... Wie einst in den alten Staaten öffentliche Feste und Feiertage durch menschliche Opfer gefeiert wurden, verlangt das 200jährige Jubiläum des kurzen Bestehens des preußischen Königreiches, dieses im Herzen Europas gelegenen bewaffneten Lagers, anscheinend ähnliche blutige Opfer, um den Besiegten den Garaus zu machen".

(3a) *Czas*, Nr. 269 v. 22. November 1901

„Geehrter Herr Redakteur! Gegen keinen der Schulhenker wurde die Hand erhoben, es gab weder einen Überfall noch Vergewaltigungen, und doch haben die preußischen Gerichte die Eltern der mißhandelten kleinen Kinder zu langdauernden Gefängnisstrafen dafür verurteilt, weil sie unter der Einwirkung der Verzweiflung und des Erbarmens zu laute Worte der Entrüstung gegen eine solche Schule und solche Lehrer ausgesprochen haben. Überall, wo die entartete Natur nicht in den Zustand der Verwilderung überging, sogar unter denjenigen Deutschen, die in der Weltgeschichte eine andere Rolle als diejenige preußischer Schergen spielen möchten, wird das Urteil das gleiche Schaudern und die gleiche Verachtung wachrufen, gleichzeitig aber die Herzen mit Furcht um die Zukunft und mit Staunen erfüllen ...
Von Friedrich II. an und noch früher bildete die preußische Politik eine unzertrennliche Reihe von Verbrechen, Übermacht, List, Demut gegenüber den Mächtigen, Tyrannei gegenüber den Schwachen, Lüge, Nichthalten der Vereinbarungen, Wortbruch und Heuchelei. Dies ist die Ansicht nicht nur fremder, sondern auch deutscher, unabhängiger Geschichtsschreiber, es ist also nichts Wunderbares, daß unter solchen Verhältnissen eine allgemeine seelische Auflösung erfolgt, daß das Gefühl der Wahrheit und Gerechtigkeit entartete, der sittliche Sinn vollständig abhanden kam und bei der allgemeinen Verlotterung die Schule zur Folterkammer und die verkommenen Gerichte zum willigen

Werkzeug roher Instinkte und der Übermacht wurden. ... Die Geschichte lehrt uns, daß Gebäude, welche lediglich auf Tyrannei, Bosheit und Dummheit sich stützten, niemals von langem Bestand waren. Rußland, welches unter einem gleich unwürdigen Tartarenjoche ächzte, konnte es schließlich von sich werfen. Die grausame spanische Herrschaft war in Flandern nicht von Bestand. Christliche Kulturvölker können nicht auf die Dauer dem Barbarentum unterliegen. Deutschland kann auch nicht ewig dem Preußentum unterstehen, die Zukunft muß also eine riesige Bewegung und Sühne bringen. Was sollen aber wir inzwischen tun, wir, auf denen das Verbrechen und die Rauheit unmittelbar ruhen? Im allgemeinen – ausharren! im besonderen denjenigen bei dem Ausharren helfen, die die unmittelbaren Opfer des Schurkenstreichs und der Übermacht wurden.
Nach der rohen Mißhandlung der Kinder wurden die Eltern, die für deren Lebensunterhalt sorgten, zu Gefängnisstrafen verurteilt. Eine der Angeklagten, eine arme Mutter von sieben kleinen Kindern, wurde zu zwei und einem halben Jahre Kerker verurteilt. Handelte es sich denn gleichzeitig darum, daß die Heldenkinder den Hungertod stürben? Bei der Hakate-Gesellschaft ist wahrlich auch das möglich! Mögen also die Herzen aller unserer Mütter gerührt werden. Geben wir den Kindern Brot, machen wir den gefesselten Eltern die Freude, daß ihre unglückseligen Kinder nicht werden betteln müssen. Das göttliche und christliche Gebot befiehlt allen, sich der Kinder zu erbarmen und besonders erst, wenn es sich um solche Kinder handelt!
Ich füge diesem Briefe 200 Kronen zu Brot für die Opfer bei.

Heinrich Sienkiewicz."

(4) *Czas*, Nr. 12 v. 16. Januar 1903

Das Blatt sieht Posen bereits als Hauptstadt eines polnischen Reiches:

„... Mögen sie das Königsschloß in Posen bauen, die Glücksgöttin ist wetterwendisch. Sicherlich wird es noch einmal die Residenz polnischer Könige oder Präsidenten werden..."

(5) *Czas*, Nr. 272 v. 26. November 1907

„Die Germanisierung

Der Zweck des Gesetzes (Vereinsgesetz) ist ersichtlich. Er ist gegen das öffentliche Leben der polnischen Gesellschaft gerichtet und will eine der Hauptquellen stopfen, welcher die Kraft und die Einigkeit dieser Gesellschaft entspringt. Man hat eingesehen, daß einer der Haupthebel, welche das Polentum aufrechterhalten, die Organisation eines ganzen Vereinsnetzes bildet. Die Vorlage führt auf diesem Gebiet die Germanisierung ein, in der Hoffnung, daß sie auf diese Weise eine der Hauptstützen unserer Entwicklung beseitigen und dadurch entweder das bisher üppige soziale Leben hemmen oder es auch in einer von ihr erwünschten Richtung vorwärts bringen wird. Die Vorlage ist eine nicht nur gegen die Polen, sondern auch gegen die Verfassung gerichtete Gewalttat. Verblendet durch den fortwährend von der Regierung gegen die Polen geschürten Haß, sehen die Deutschen, die in dem antipolnischen Kampfe nur ein Werkzeug der Regierung sind, nicht, daß sie durch ihre Beihilfe zur Herbeiführung des, wenn auch vorläufig nur kleinen Risses in dem großen Gebäude der Freiheit und Gleichberechtigung das ganze Gebäude schwächen und sich der Gefahr aussetzen, daß dessen Trümmer sie selbst verschütten können. In dem Ausrottungskampf, der alles, was in Preußen noch polnisch ist, vernichten soll, gibt es wohl kein Gebiet mehr, auf dem man nicht Mittel ersonnen hätte, die auf unsere schleunige Vernichtung abzielten. Und doch können, trotz aller Verfolgungen, selbst die Deutschen nicht ihr Staunen über die polnische Lebensfähigkeit verbergen."

(6) *Dziennik Berlinski* (Berlin), Nr. 41 v. 21. Februar 1900

„Kein Mensch kann uns von Rechtswegen verbieten, an ein künftiges, unabhängiges Polen zu glauben, wenn nur die Mittel zur Wiedererweckung und Aufrichtung desselben legal sind, und ein solches legales Mittel ist die Volksaufklärung. Um diese Achse muß sich unser ganzes soziales Leben bewegen, weil mit der Aufklärung des Volkes der Wohlstand des Volkes in unmittelbarer Verbindung steht. Das ist unser ‚Credo'. Wenn uns jemand fragen sollte, wie sich der Akt der Wiederauferstehung Polens verwirklichen soll, so antworten wir: kommt Zeit – kommt Rat!"

(7) *Dziennik B.*, Nr. 146 v. 29. Juni 1900

„Was bedeutet das: Den besseren Teil unserer Gesamtheit um die demokratisch-nationale Standarte scharen? Das heißt: Leute mit ausgebildetem Charakter, mit bestimmten politischen Überzeugungen gewinnen, mit diesen Leuten im privaten wie im öffentlichen Leben verkehren und sich, wenn man sie für reif hält, Mitglieder nationaler Organisation zu werden, mit ihnen zu einer Körperschaft vereinen zwecks weiterer gegenseitiger Ausbildung und gemeinsamer Einwirkung auf die Gesamtheit. Aus der Mitte der älteren, bereits durch und durch ausgebildeten Persönlichkeiten werden die Fähigsten, mit großer Initiative, starkem Willen und geistiger Stählung begabten herausgesucht, und man bildet daraus eine Art Vorstand: das Komitee. Aus praktischen Gründen teilt man die Organisation in einzelne Ortgruppen, z. B. die Berliner, die Posener usw. Jede Gruppe hat sich natürlich nach den örtlichen Verhältnissen zu richten, deren Ignorieren eine politische Versündigung wäre. Jede Gruppe wählt sich aus der Mitte ihrer Mitglieder einen Vorsitzenden, der, sagen wir mittels Korrespondenz, in beständiger Verbindung mit dem Komitee steht. Zeitweise erweist sich die Post als üble Vermittlerin. (!) ... Alle halbe Jahr oder alle Jahr finden große Zusammenkünfte der Delegierten der einzelnen Ortsgruppen statt, um sich näher kennen zu lernen, das neue Komitee zu wählen und über die vitalsten Fragen der polnischen Gesamtheit auf preußischem Gebiet zu beraten. Was den Charakter der von uns vorgeschlagenen nationalen Organisation betrifft, so möchten wir noch eine Bemerkung machen: Bei jeder ernsten Sache empfiehlt sich stilles Wirken wenig, nach Möglichkeit nichts reden, dafür eifrig, emsig arbeiten und den Geist nicht einen Augenblick sinken lassen. Das ist das erste Gebot! Wenn wir es zu einer solchen nationalen Organisation, zu einer solchen Kollektivtätigkeit bringen, so können wir ruhig in die Zukunft sehen – aber auch nur dann!"

Auf diesen die Polen aufreizenden Artikel hatte die *Posener Zeitung* dem Verfasser ein ‚Quos ego!' zugerufen. Darauf antwortet der *Dziennik Berlinski*:

(8) *Dziennik B.*, Nr. 149 v. 4. Juli 1900

„Wenn Ihr uns, die auf der eigenen Scholle Angesessenen, in Eurer Frechheit droht „*Quos ego!*", so erwidern wir Euch, daß Ihr Euch bei uns breit macht, wie der Igel im Maulwurfsbau: Hinaus aus dem Hause!"

(9) *Dziennik B.*, Nr. 154 v. 10. Juli 1900

„Die Unaufrichtigkeit, mit welcher wir uns selbst und anderen einreden, wir strebten nicht nach der Verwirklichung unseres Ideals Polen, sondern wir wollten nur unsere Muttersprache verteidigen, rächt sich an uns allen.“

(10) *Dziennik B.*, Juli 1900

„Man müßte sich wundern, wenn sich auch unter den Polen Freiwillige (zur Expedition nach China) finden sollten; hier sollte unsere Politik offen und kühn, die Steuern an Blut, die man von uns verlangt, die Freiwilligen verweigern. Ihre warnende Stimme zu erheben, haben alle polnischen Blätte_ die Pflicht, damit die Gattung der für Deutschland streitenden und siegenden polnischen Barthels sich wenigstens nicht außerhalb Europas Grenzen ausbreite.“

(11) *Dziennik B.*, Nr. 205 v. 7. September 1900

„In der nationalen Sache unterscheidet sich die sozialistische Theorie nicht von der unsrigen. Auf unsere Fahnen haben wir dasselbe Losungswort geschrieben: Ein freies, unabhängiges Polen.“

(12) *Dziennik B.*, Nr. 215 v. 19. September 1900

Wie versöhnungsparteiliche Polenblätter terrorisiert werden, zeigt folgende Äußerung:

„Die Fluchworte ersterben auf den Lippen vor Entrüstung, die Feder entfällt der Hand ... aus Schmerz darüber, daß das *Posener Polenblatt* schon soweit gesunken ist, daß es der ganzen Nation zum Rückzug bläst, zum Verlassen der eigenen Fahne auffordert, von welcher ein freies, ganzes und unabhängiges Polen herableuchtet, und daß es Unterwürfigkeit, Verachtung, Schmach und Schande dem gesamten Polen und jedem Polen voraussagt. Hat das ein Wahnsinniger, ein Dummkopf oder ein Stänker geschrieben? In jedem Fall, raus mit diesem Individuum; in einer polnischen Redaktion, von einer öffentlichen Rednerbühne herab kann eine solche Maulwurfsfigur in einer gesunden

Gesamtheit nicht sprechen. Den Fehler der Feigherzigkeit oder den schamlosen Verrat muß man in seinen Uranfängen ausbrennen, ausscheiden und ihn so tief vergraben, daß er keine Ansteckung weiter verbreite ... Landsleute, polnisches Volk! Zeigt euren Feinden eure Kraft und Tapferkeit, eure Liebe zu Polen, welches, wenn es einst wiedergeboren werden wird, ganz euer sein wird, euer Werk, euer Stolz!"

(13) *Dziennik B.*, Nr. 222 v. 27. September 1900

„Die Nationalfahne, auf der im Glanze der Sonne unser weißer, unser stolzer, unser polnischer Königsadler erstrahlte, diese nationale Fahne führte unsere bewaffneten Scharen auf das Feld blutigen Streites, auf das Siegesfeld polnischer Waffen, auf das Feld des Ruhmes und des Triumphes. Landsleute! Wir besitzen heute kein Militär, keine Karabiner, keine Kanonen, der einst freie Adler ist durch die Übermacht in Fesseln geschmiedet worden – und dennoch leben wir, denn wir wollen leben, und dennoch spüren wir, daß die Stunde der Vergeltung schlagen wird, die Stunde des Sieges der Wahrheit über die Falschheit. Landsleute, schreiten wir mutig vorwärts! Seht, wir haben ein klar vorgestecktes Ziel, eine Standarte! Diese Standarte ist heute für uns ein nationales Blatt, welches uns den Weg zur Zukunft zeigt. Wenn irgendwo, so besitzt hier in Berlin eine polnische Zeitung große Aufgaben. Wir erinnern daran, daß der *Dziennik Berlinski* das einzige Tagesblatt ist, wo über 70 000 Polen wohnen; denken wir daran, welche Pflichten wir der polnischen Emigration, sei es der zeitlichen oder der dauernden gegenüber, besitzen; denken wir daran, daß z. B. das polnische Königreich bis zur Spree gereicht hat." (!!!)

(14) *Dziennik B.*, Nr. 223 v. 28. September 1900

„Wir tun dies (d. h. wir nehmen das Losungswort vom unabhängigen Polen in das praktische politische Programm auf) aus zwei Gründen. Zunächst deshalb, weil das keine bösen Folgen nach sich zieht und uns in jedem Falle Nutzen bringt. Es schadet uns deshalb nicht, weil uns die Regierung für unsere Anerkennung der Zugehörigkeit zum preußischen Staat nicht einen Heller gibt. Der Form wegen wiederholen wir diese Worte, weil man uns hierzu zwingt. In Wirklichkeit kennt die Regierung und die deutsche Nation sehr wohl unsere ‚Herzenswünsche', und weiß ebenso wohl, daß diesen Wünschen unser praktisches, politisches Programm angepaßt werden muß, welches der Zensur nicht unterliegt. Wozu hier lügen, ‚die Politik der Falschheit‘ wird uns nicht befreien. Wir behaupten geradezu, daß die Bekanntgabe des Losungswortes: ‚Ein freies, unabhängiges Polen‘ uns positive Vorteile bringt ... Und wer weiß endlich, wann sich unsere Herzenswünsche verwirklichen werden? Vielleicht nach 100, vielleicht erst nach 200 Jahren, vielleicht auch in allernächster Zukunft?“

(15) *Dziennik B.*, Nr. 231 v. 7. Oktober 1900

„Die Polen haben mit Recht erklärt, daß sie keine ‚treuen und loyalen Untertanen sein wollen‘, die Regierung hat das wohl verstanden und uns offen den Kampf bis aufs Messer angekündigt. Sich jetzt darüber zu beklagen, sich und anderen einreden zu wollen, daß wir diesen Kampf nicht gewollt haben, ist ebenso gewissenlos, wie lächerlich und verächtlich.“

(16) *Dziennik B.*, Nr. 290 v. 19. Dezember 1900

„In den letzten Tagen vor Weihnachten empfehlen wir noch einmal die im Annoncenteil aufgeführten polnischen Geschäfte. Immer mehr Landsleute widmen sich dem Handelsstand und es könnten noch sehr viele polnische Läden unterhalten werden, wenn die Polen immer daran denken würden, daß man vor allem seine eigenen Landsleute unterstützen muß. Man kann fast alles bereits bei Polen erhalten.“

Es folgt eine Aufzählung der polnischen Geschäfte in Berlin.

(17) *Dziennik B.*, Nr. 292 v. 21. Dezember 1900

„Diese tiefe Überzeugung, daß nur auf diesem Wege die polnische Nation siegreich alle gegen sie gerichteten Schläge abwehren und die Grundlage für eine bessere, freie und demokratische Freiheit vorbereiten kann, läßt die Redaktion des *Dziennik* in den gegenwärtigen schweren Zeiten kühn in die Zukunft blicken und darauf vertrauen, daß der Sieg dem von dem *Dziennik* vertretenen Ideale nicht mehr fern ist. Wie bisher, so wird sich unser Blatt auch ferner darum bemühen, die allpolnische Idee zu verbreiten, die Idee der Zusammengehörigkeit und der Einheit aller drei Landesteile ohne Rücksicht auf die Verschiedenheit der Staatszugehörigkeit. Hoffen wir, daß der *Dziennik* überall, wo polnische Herzen schlagen, den gesunden Gedanken der Wiedergeburt der Nation durch die Erweckung der breiten Massen des polnischen Volkes zum Leben verbreiten wird. Durchs Volk – fürs Volk. Das ist das Losungswort unserer Arbeit! Mit dem Rauch der Feuersbrünste, durch das vergossene Blut der Brüder dringt diese Stimme zu dir, o Herr!"

(18) *Dziennik B.*, Nr. 294 v. 23. Dezember 1900

„Zur Feier des 25jährigen Sienkiewicz-Jubiläums gab das Blatt folgendes Telegramm an den Bischof Ruszkiewicz in Warschau auf: ‚Körperlich von dem Mutterstamm losgerissen, aber im Herzen und Geist mit ganz Polen vereint, rufen wir: Heil Dir, Heinrich Sienkiewicz! Im Namen der Polen in Berlin der *Dziennik Berlinski*'."

(19) *Dziennik B.*, Nr. 3 v. 4. Januar 1901

"In der Schwesternacht.

Sein – oder nicht sein! Siegen oder untergehen! Das ist das Losungswort, in dessen Namen sich vor 100 Jahren die getretene und geschändete Nation auf den blutdürstigen Feind stürzte. Siegen – oder untergehen! Das ist ein erhebendes Losungswort – und doch so voll von wunderbarem Fanatismus, von Kummer und manchmal voll von Verzweiflung. So haben Verzweiflung und Verzagtheit manchen von unseren Vorfahren auf den Kampfplatz getrieben zu blutigem Streite. Sie starben, obwohl sie geglaubt hatten, daß sie siegen würden ... Denn sie kannten den Weg nicht, welcher zu einem ruhmreichen Sieg führt, sie kannten die Waffen nicht, welchen der Feind unterliegen mußte. Es folgten lange Jahre des Kummers, der Zerknirschung und Buße, der Ermattung, Mühen und blutiger Arbeit.
Ein neuer Geist ist in die Nation eingezogen, neue Gedanken haben deren Söhne belebt. Sie haben ihre eigene Kraft erkannt, sie haben einen Weg gefunden, welcher zum ruhmreichen Ende führt, sie haben eine Waffe gefunden, welcher der Feind unterliegen muß. Diese Macht ist das polnische Volk, dieser Weg – das Feld der Arbeit, diese Waffe – die Aufklärung, das Licht! Sein oder nicht sein! Siegen oder unterge-

hen! Heute kennen wir dieses Losungswort nicht, wir wollen es nicht kennen; heute wissen wir, verspüren wir, daß wir existieren, daß wir existieren werden! Dieser mächtige Feind, auf dessen Wink Tausende von Kanonen donnern, Tausende von Bajonetten blitzen, dieser Feind windet sich heute, wie ein böser Satan und krümmt sich vor Wut kraftlos vor uns. Der unerschütterliche Glaube und die Hoffnung, welche uns aus den Augen leuchtet, erbost ihn und wirft ihn uns zu Füßen. Die Ruhe und der Trotz, welcher auf unserem Antlitz ruht, bringen ihn zur Raserei und Wut. O mächtiger Feind, o Du großer Machthaber! Was warst Du, was bist Du, und was wirst Du noch werden? – Und auf dem zuckenden Körper des Satans werden wir die Siegesfahnen aufstecken."

(20) *Dziennik B.*, Nr. 12 v. 15. Januar 1901

„Auf diese Weise haben wir von den Deutschen deren Lebensweise angenommen, welche uns das deutsche Element nicht nur durch sein kulturelles Übergewicht aufgedrängt hat, sondern auch die Okkupationsregierung durch die ihr zur Verfügung stehenden Mittel. Hier müssen wir nochmals anerkennen, daß wir diesem deutschen Einfluß manches verdanken. Wahr ist es, daß wir in der preußischen Knechtschaft arbeiten und rechnen gelernt haben, daß wir manchen spezifisch polnischen Fehler, wie den Leichtsinn, Mangel an Ausdauer usw. abgelegt haben, aber in derselben preußischen Sklaverei haben wir eine ganze Reihe nationaler Eigenschaften und charakteristischer Zeichen verloren, haben wir uns in schmutzigem Egoismus verbissen, die allpolnische Idee vergessen, haben wir vergessen, daß wir zusammen mit dem Königreich und Galizien, trotz der Grenzen, welche für uns nur auf der Geographiekarte existieren müßten, trotz der Knuten und Bajonette, trotz der Zitadellen, Gefängnisse und Zeitungen nur eine große polnische Nation bilden."

(21) *Dziennik B.*, Nr. 12 v. 15. Januar 1901

Zur 200jährigen Feier des Königreichs Preußen

„Ein siegreiches, großes, mächtiges, in Waffen gerüstetes Preußen, eine Herrschaft der Gewalt vor dem Recht, das Leugnen der Idee der Gerechtigkeit, die Sanktion des Militarismus, der Bedrückung, die Verhöhnung des Schwachen: das sind die Errungenschaften des neuzeitigen preußischen Geistes. Aber die Stunde der Vergeltung wird schlagen. Die Weltgeschichte ist das Weltgericht. In diesem Glauben können wir die Söhne von Leichtsinnigen, die wir heute bedrückt und geknechtet sind, stark durch dessen Zahl und Biederkeit, wir wiedergeborenen Polen mit Ruhe auf die Triumphe des 200jährigen Königreichs Preußen blicken. Auch über sie wird das Gericht Gottes kommen!"

(22) *Dziennik B.*, Nr. 17 v. 20. Januar 1901

„Die Bösen, Dummen und Blinden wenden sich von uns ab, und die Guten, Verständigen und Gesinnungsgenossen werden stets nach dem erhabenen Ziele streben, und dieses Ziel ist ein volkstümliches Polen!"

(23) *Dziennik B.*, Nr. 61 v. 14. März 1901

„Ein Jahr ist vergangen, seitdem die nationale Demokratie unter dem preußischen Zepter ihr erstes Losungswort erschallen ließ. Wir haben neue Wege gesucht, welche für kleinmütige Personen nicht zugänglich sind. Diese fingen an zu rufen: Wohin strebt ihr, ihr Waghalsigen? Wahnsinnige, ihr stürzt euch selbst ins Verderben! Wahnsinnige, ihr werdet eine neue Niederlage über das Vaterland herbeiführen! In den Herzen tragt ihr das Ideal eines freien volkstümlichen Polens, aber das schlaueste dabei ist: anstatt hierüber zu schweigen, den Feind zu täuschen und irrezuführen, ruft ihr aus voller Brust: es lebe das freie polnische Volk!"

(24) *Dziennik B.*, Nr. 61 v. 14. März 1901

„Unsere Beichte, Buße und Hoffnung.

Unsere Nation ist zu Fall gekommen, es sind 3 Mörder gekommen und haben die reiche Beute unter sich geteilt ... Sie ist tot und lebt dennoch, sie ist begraben, und dennoch wird sie auferstehen ... Die Zeit der Wiedergeburt wird eintreffen ... Der Geist der Nation ruft das nach Millionen zählende Volk und die Bürger, welche er seit langen Jahrhunderten verkannt hat, zum Kampf gegen den Feind ... Das Jahr 1830 und 1831, jenes Jahr des Ruhmes und der Hoffnung, das Jahr der Siege – und am Ende der Niederlage – ließ blutigen Ruhm hinter sich.

Es folgten noch dreimal schwere Bußen der Nation, im Jahre 1846 das galizische Blutbad, der Brudermord des Jahres 1848, das große Jahr der Triumphe für die Völker Europas, für uns aber eines neuen Verfalls und das Jahr 1863. So viel Strafen für einen Fehler! ... Siebenmal ist die Nation verzweifelt, siebenmal ist sie zu Fall gekommen, aber von nun ab hat der Geist der Nation die Verzweiflung überwältigt und er hat ihr neue bestimmte Wege vorgezeigt (den Kampf auf wirtschaftlichem Gebiete seit 1863; der Verfasser), welche sie nicht mehr täuschen werden. Und er sprach zu ihr durch seine Propheten: gehet unter das Volk und verkündet ihm von mir, daß für dasselbe die Zeit der Gerechtigkeit gekommen ist, daß es, Jahrhunderte lang verachtet und gemartert, nunmehr eine Belohnung für seine Ausdauer erhalten wird und daß ich es aus dem jahrhundertelangen Schlaf zu einem großen Tun auferwecken werde, zur Wiedergeburt aus der Bluttaufe, daß ich es mit meinem Öl salben werde, und es mein bester Verteidiger werden wird. Saget ihm auch, daß das, was ich tue, ich für dasselbe tue und seine Kinder berufen werden, damit sie es aufwecken aus dem jahrhundertelangen Schlaf und damit es durch sich selbst auferstehe.

Aufleuchten wird die Morgenröte der Freiheit
Und mit ihr die erlösende Sonne.
Denn aufgetaut ist das starre Eis,
Und das Licht hat die Finsternis durchdrungen."

(25) *Dziennik B.*, Nr. 68 v. 22. März 1901

„Die *polnisch-sozialdemokratische Partei* bezweckt die Hebung des politischen Bewußtseins unter den polnischen Arbeitern, indem sie sich von vornherein eng an das fest vorgeschriebene politische und wirtschaftliche Programm anpaßt. Die *polnisch-sozialdemokratische Partei* hat demnach in dieser Hinsicht gemeinsame Ideen mit der internationalen Sozialdemokratie, ja, sie ist mit dieser sogar eng verbunden, sie ist eigentlich nur eine Umarbeitung dieser Sozialdemokratie, wobei der eine Zweck näher, der andere ferner steht.

1. Der nähere Zweck, für welchen die *polnisch-sozialdemokratische Partei* zu kämpfen beschlossen hat, ist die politische Selbständigkeit Polens.

2. Der weitere Zweck besteht darin, sich der internationalen sozialdemokratischen Organisation anzuschließen.

Wozu hat sich die *polnisch-sozialdemokratische Partei* diese zwei Ziele vorgesteckt? Deshalb, weil sie die Entwicklungsbedingungen und die

Arbeit im Sinne der internationalen Sozialdemokratie, sich mit der Sozialdemokratie zu verbinden, mit Rücksicht auf die gegenwärtige Lage Polens, d. h. auf dessen Abhängigkeit von den Okkupationsmächten für zu schwer gehalten hat. Dann aber hat sie erwogen, daß in Anbetracht des nationalen Charakters des polnischen Arbeiters, dieser sich eher gewinnen läßt, wenn man ihm als Parteizweck die Abhängigkeit Polens hinstellt, als wenn man etwas als den Zweck bezeichnet, was denselben momentan nicht so sehr, vielleicht sogar gar nicht interessiert. Aus alledem geht hervor, daß der nationale Charakter, welchen die *polnisch-sozialdemokratische Partei* gegenwärtig trägt, nur ein vorübergehender ist und daß *die polnisch-sozialdemokratische Partei*, im Grunde genommen, international ist.

(26) *Dziennik B.*, Nr. 92 v. 23. April 1901

„... Kein Pole darf sich mit einer Deutschen oder einem andern fremden Mädchen verheiraten, das ist eine Todsünde. Die deutschen Mädchen können nicht lieben und verstehen nicht zu leben, sie sind uns zu häßlich, zu ungeschickt. Es ist besser, daß unsere Mädchen bis zum Tode ledig bleiben, ehe sie einen Deutschen heiraten, und wenn er sie mit Gewalt zum Bösen oder zur Ehe zwingen will, so ist es besser, sich zu ertränken und nicht zu heiraten, denn die Deutschen sind unsere verbissensten Feinde. Man darf sich nirgends in der Fremde dauernd niederlassen, man darf sich mit den Feinden nicht amüsieren, nicht mit ihnen tanzen und den Verdienst im fremden Lande lassen. Niemand darf seine Heimat vergessen, niemand darf seine polnische Sprache, das Vaterunser, alle diejenigen Lieder und Gebete vergessen, welche uns die Mutter gelehrt hat, wir dürfen nicht in fremde Kirchen und zu fremden Geistlichen gehen, wir dürfen nicht lange bei Deutschen dienen, nur etwas verdienen. Dulden wir, denn bald hat das ein Ende, dann werden wir uns nicht mehr in fremdem Lande, auf fremder Schwelle herumzudrücken brauchen."

(27) *Dziennik B.*, Nr. 120 v. 26. Mai 1901

Zur Wallfahrt der Oberschlesier nach Krakau schreibt das Blatt:

„Krakau ist das polnische Rom! Wie viele teure und heilige Andenken birgt es für uns Polen! Beim bloßen Aussprechen dieses Namens kommt dem Polen alles, was seinem Herzen teuer und heilig ist, in den

Sinn, unserer ganzen, edlen Vergangenheit gedenken wir, sie entzündet unsere Herzen und erfüllt uns mit der Gewißheit einer besseren Zukunft. Alles das ruft der ganzen Welt zu: Polen ist noch nicht untergegangen! Euch geliebte oberschlesische Brüder begrüßt Krakau in seinen Mauern auch, ihr jüngsten Söhne des polnischen Vaterlandes! Ihr seid zu uns gekommen und rufet: Vaterland, wir sind deine Kinder, verlasse uns nicht, drücke uns an dein mütterliches Herz, gewähre uns deinen Schutz, denn es geht uns schmerzlich und schwer, weil uns ein unbarmherziger Gegner bedrängt, uns den Ärmsten der Armen. Er bedrückt uns am Leibe und der Seele, er will uns das teure Erbe unserer Väter entreißen, ganz besonders aber unsere Heiligtümer, unsere Sprache, unsere Religion, unsere Sitten und Gebräuche. Er will uns am Leibe vernichten dadurch, daß er unsere Kräfte in unermeßlicher Weise ausnützt. Von unserem Schweiße reich geworden, will er dann unser Dasein in der Karte Oberschlesiens streichen. Euer heiliges Vaterland hat Euch aufgenommen, es stärkt Euch und verleiht Euch neue Kräfte zu dem Kampfe, den ihr täglich führen müßt.– Alljährlich wandert ihr nach dem polnischen Rom, denn hier offenbart sich Eure polnische Heimat. Ihr Schutzgeist führt Euch an heilige Stätten, er lehrt Euch das Evangelium Eures Vaterlandes, das Andenken seiner Vergangenheit.– Hier auf dem Krakauer Ringe demütigten sich vor den polnischen Königen die Vorfahren Eurer heutigen Herren.– Besuchet die vielen heiligen Stätten, empfanget den Geist Kosziuskos und Mickiewiczs und daheim zurückgelangt, pflanzet diesen Geist in die Herzen Eurer Kinder, verbreitet ihn unter Euren Brüdern, die nicht das Glück haben, unsere heiligen Andenken zu sehen.– Hier in Krakau ruhen die Überreste des heiligen Stanislaus, des heiligen Hyazinth, des unvergleichlichen Predigers Skarga. Diesen folget nach. Nach der Heimat zurückgekehrt, wachet und schützet Eure nationalen Güter vor den bösen Absichten Eurer germanisatorischen Geistlichkeit mit dem Kardinal Kopp an der Spitze.“

(28) *Dziennik B.*, Nr. 120 v. 26. Mai 1901

„Wir wenden uns an Euch polnische Frauen und Jungfrauen Oberschlesiens. Ihr Mütter und Ehefrauen wißt es genau, daß die Zukunft unseres Vaterlandes von Euch abhängt!– Stürzt darum hin zu den Stufen der Altäre, an denen heilige polnische Matronen gebetet haben, und bittet Gott, er wolle Eure Herzen mit glühender Liebe zum polnischen Vaterlande erfüllen.– Schwöret in diesen Hallen, daß Ihr Eure

Kinder im echten polnischen Geiste erziehen wollt, daß in Euren Häusern niemand einen deutschen Laut hören darf, daß in Euren Häusern eine polnische Fibel, ein polnischer Katechismus, eine polnische Weltgeschichte stets vorhanden sein werden. Schwöret, daß Ihr den Einfluß der preußischen Schulen und der germanisatorischen Geistlichkeit auf Eure Jugend allezeit bekämpfen wollt."

(29) *Dziennik B.*, Nr. 150 v. 4. Juli 1901

„Ist es keine Lüge, wenn unsere Abgeordneten im preußischen Abgeordnetenhause und im deutschen Reichstage fortwährend wiederholen, daß wir Polen das Unrecht vergessen haben, das uns die Okkupationsmächte zugefügt haben, indem sie unser Vaterland zu einer Zeit zerrissen, in der die polnische Nation ihre Fehler erkannt hatte, anfing, sie zu beseitigen? Kein Pole, welcher diese ehrenvolle Bezeichnung mit Stolz führt, wird feierlichst bekennen, daß die polnische Nation loyal ist, daß sie keinen Glauben an eine bessere Zukunft besitzt. Das ist die Ansicht der polnischen Allgemeinheit. Ist es keine Lüge, wenn die sogenannten Führer der polnischen Nation im preußischen Anteil zu unseren ‚barbarischen' Brüdern, den Russen hinseufzen, obwohl sie wissen, daß wir von diesen nichts Gutes erwarten können, obgleich sie wissen, daß zu eben derselben Zeit diese ‚lieben slawischen Brüder' unsere Landsleute im russischen Anteil in demselben Maßstabe verfolgen, wie es die Preußen tun? Durch diese Lügen wollen die großen Politiker die Preußen einschüchtern und sie zu einer milderen Behandlung von uns zwingen, ohne hierbei auf den Schaden zu achten, welchen hierduch die Gesamtheit der polnischen Nation erleidet, ohne die Demütigung zu berücksichtigen, welche hierdurch unserem Nationalstolz zuteil wird. Ist es keine Lüge, wenn unsere großen Politiker in den Versammlungen Reden halten, welche voll von loyalen Erklärungen, von treuer Untertanenschaft sind und die manchmal noch mehr preußisch-patriotisch sind, als die Hymnen, welche von den preußischen Verehrern der Übermacht und Gewalttätigkeiten zu Ehren Preußens gesungen werden; wenn z. B. in einer solchen Gymnasialversammlung in Posen Herr von Mycielski darnach trachtet, als treuer Preuße dazustehen, indem er erklärt, daß die Verfolgungen der polnischen Sprache seinem preußischen Vaterlande zum Schaden gereichen? Was geht es uns an, ob es Preußen wohl oder schlecht ergeht. Ist es denn keine Lüge, wenn die polnischen Blätter beinahe zwei Wochen lang bestreiten, daß der Erzbischof zu Posen, der Primas Polens (denn für uns hat er nicht aufgehört, es zu sein), nicht gesagt haben kann, daß durch unsere moralische Wiedergeburt polnisches Land nicht mehr in deutsche Hände übergehen wird? Der Erzbischof hat diese Worte nicht gesagt, wenn er sie aber ausgesprochen hätte, würde er dies in Übereinstimmung mit der Meinung der polnischen Nation getan haben. Denn für uns haben die in den polnischen Landesteilen angesessenen Deutschen nicht aufgehört, Fremde zu sein, ja sie fühlen sich selbst als Fremde. Wir könnten noch mehr Beispiele von Lügen aus unserer äußeren Politik hier anführen, doch stellen wohl die hier schon angeführten die unmoralische Handlungsweise unserer politischen Tätigkeit schon genügend ins rechte Licht ... Lüge ist der Grundsatz unserer Presse geworden, deren Leiter einen sehr beschränkten Blick besitzen ..."

(30) *Dziennik B.*, Nr. 162 v. 18. Juli 1901

„Haben die Preußen jemals die Hoffnung gehegt, daß die Polen Preußen werden? Es gab keinen geschichtlichen Augenblick, nach dem an der polnischen Nation vollbrachten Verbrechen, in dem die polnische Nation sich selbst, den Glauben und die Hoffnung auf eine bessere Zukunft verloren hätte."

(31) *Dziennik B.*, Nr. 169 v. 26. Juli 1901

„Der Ultramontanismus.

Als wir vor kurzem mit dem Zentrumsblatt, der *Germania*, einen Streit ausfochten, wandten wir das Wort Ultramontanismus an, das bei einem Geistlichen, der, soviel wir glauben, ein aufrichtiger Freund unseres Blattes ist, lebhafte Entrüstung hervorgerufen hat. Dieser Geistliche identifiziert den Katholizismus mit dem Ultramontanismus und gibt sich keine Rechenschaft darüber, daß es zwei ganz verschiedene Dinge sind, daß man ein guter Katholik sein kann, ohne ultramontan zu sein, ja, daß man als aufrichtiger Katholik sogar den Ultramontanismus bekämpfen kann, und daß es sogar Pflicht eines jeden Polen, insbesondere in der heutigen Zeit, ist, ihn zu bekämpfen. Der Katholizismus ist Sache der Religion, der Ultramontanismus dagegen Sache der weltlichen Politik, welche mit der Religion nichts zu tun hat. Der Ultramontanismus ist eine politische internationale Richtung, die keinerlei Nationalität anerkennt, ganz so wie der Nationalismus. Der seines Zwecks sich bewußte Ultramontanismus hat seinen Blick immer auf Rom gerichtet, aber nicht auf das Rom, in welchem der Statthalter Gottes und das Haupt der katholischen Kirche seinen Sitz hat, sondern auf das Rom, das der Sitz des weltlichen Papstes ist. Der Ultramontanismus strebt ebenso wie das Jesuitentum immer danach, die Kräfte aller Nationen, ohne Rücksicht auf die Aufgaben, welche ihnen die Vorsehung in der Geschichte der Menschheit zu erfüllen auferlegt hat, zu erringen. Ebenso wie das Jesuitentum verlangt der Ultramontanismus von seinen Anhängern blinden Gehorsam *perinde ad cadaverrem essent*, ohne eigenen Willen, ohne eigene Bestrebungen, ohne Hoffnungen.

Für uns ist der Papst das Haupt der Kirche, der Wächter und Verkünder der ewigen Schätze der Lehren, welche uns Christus vom Himmel her gebracht hat, aber der politische Papst, welcher danach strebt, seine rein weltliche, irdische Macht mit seiner ganzen Armee in Gestalt von Jesuiten, Ultramontanen usw. auszubreiten, die unsere nationalen Kräfte, unsere nationale Energie dazu benutzen wollen, um ihre irdischen Ziele zu erreichen, bildet für uns eine Macht, mit welcher wir rechnen und kämpfen müssen, ebenso wie mit Rußland, mit den Preußen usw. Für den Ultramontanismus bedeutet Nationalität gar nichts; sie ist ohne jeden Wert, es kommt ihm nur darauf an, möglichst viel Kräfte zur Erreichung seiner Zwecke zu erlangen, um die nationale Beschaffenheit dieser Kräfte kümmert er sich gar nicht. Nur hierdurch erklären sich auch die germanisatorischen Gelüste des ultramontanen Zentrums. Die deutschen Geistlichen, die auf Schritt und Tritt unserem Volke erklären, daß es ganz gleichgültig sei, ob jemand polnisch oder deutsch beichte, ob er eine Predigt in polnischer oder deutscher Sprache höre, ob er seine Kinder polnisch oder deutsch taufen lasse, tun das nicht etwa, um die Macht des Deutschen Reiches zu vergrößern, sondern um die Macht des Ultramontanismus zu stärken, dem es leichter fällt, über uns zu herrschen, wenn wir vereint sind, eine einzige Sprache sprechen, uns unserer Nationalität entäußert haben, ebenso unserer Eigentümlichkeiten, die mit dem Ultramontanismus im direkten Gegensatz stehen.

Ein Pole, welcher sich fragt, was höher stehe, der Katholizismus oder die Nationalität, befindet sich auf dem besten Wege der Entnationalisierung. Und wie oft legen sich leider unsere Landsleute, Geistliche und Laien diese Frage vor, insbesondere in Kreisen, wie z. B. in Schlesien, wo es an nationalen Traditionen mangelt? Diese Leute befinden sich in einem unaufhörlichen geistigen Kampfe, der ihre ganze Tätigkeit paralysiert. An all ihr Tun legen sie zweierlei Maß: das Maß der Nationalität und des Katholizismus, der von dem Ultramontanismus angesteckt ist. Sie legen sich keine Rechenschaft darüber ab, daß Nationalität und Katholizismus nicht zwei verschiedene Dinge sind, die sich gegenseitig ausschließen, sondern, daß es ein und dieselbe Sache ist, daß der Katholizismus als Religion nur ein Teil unseres nationalen Geistes ist. Ohne Katholizismus kann man sich heute die polnische Nationalität nicht vorstellen; er ist eine kulturelle Errungenschaft für uns geworden, die mit dem Blute unserer Vorfahren erkauft worden ist. Wenn nun heute die kosmopolitischen Strömungen des Ultramontanismus auf unsere nationale Festung anstürmen, um sie in Grund und Boden zu schmettern und die polnische Nation aus der Welt auszurotten, so müssen wir vor allem mit allen Kräften um unsere nationale ‚Selbständigkeit' kämpfen, damit Polen nicht wiederum das werde, was es zu Zeiten der Wasas war, nämlich ein blindes und unbewußtes Werkzeug der Weltpolitik der Jesuiten. ‚Der nahe Kampf mit dem Ultramontanismus und diesem nahe verwandten Jesuitentum ist für uns ein Kampf um die wahre katholische Religion, so wie wir Polen sie ansehen, indem sie einen Teil unserer nationalen Existenz bildet, ein Kampf ohne Rücksicht auf die Verwünschungen und Verdammungen derjenigen Leute, welche unsere Religion mit ihrem ultramontanen A B C messen wollen und uns deshalb verdammen, weil wir wahre Katholiken sind, die von keinem Ultramontanismus, keinem Jesuitentum und Kosmopolitismus anderer Art angesteckt sind.'"

(32) *Dziennik B.*, Nr. 177 v. 4. August 1901

„Deutsche Katholiken, Ihr müßt unsere polnischen Forderungen erfüllen, sonst niesen wir auf Euer Zentrum, auf Eure Bischöfe. Wenn Ihr unser national-polnisches Joch nicht durchschneidet, halten wir Euch ebenso für unsere Feinde, wie die anderen deutschen Parteien. Ja! Wir wollen ganz so verfahren, indem wir in unserm Gewissen vollständig mit den Grundsätzen des katholischen Glaubens übereinstimmen, welchen die Bischöfe und Zentrumsmänner durch hakatistische Farben besudelt haben."

(33) *Dziennik B.*, Nr. 189 v. 18. August 1901

„Der deutsche Katholizismus strebt in der Tat lediglich danach, die Herrschaft in der Welt zu erlangen, weltliche Macht zu gewinnen, während die übrigen ‚sinnlichen' Vorgänge für ihn nur eine Phrase sind, welche man der großen Masse vorwirft ... Wir polnischen Katholiken nennen das Heidentum, und mit der Bezeichnung ‚Deutscher', ‚Schwabe' verbinden wir den Begriff eines ‚christlichen Heiden', ohne Rücksicht darauf, ob es sich um einen Katholiken oder Protestanten handelt, nur mit dem Unterschied, daß wir zu dem Protestanten größeres Vertrauen besitzen, ihn leichter bekehren können ... Die nationalkatholischen Polen beugen ihr Knie nicht vor ... (die Punkte stehen auch im polnischen Text; der Herausgeber), dem Willen Kopps, Simars und der *Germania* zuwider ... In ganz Deutschland werden sie (die Polen) sich für die verfolgten Christen halten müssen, und um ihren Gott nicht zu vernachlässigen, werden sie folgende Grundsätze beachten müssen:

1. Man muß gegen alle kirchlichen Zeremonien, welche in deutscher Sprache gehalten werden, energisch protestieren.
2. Wo ein Bedürfnis hierzu vorliegt, muß man die Wassertaufe bei den Kindern und die Erweckung der Reue bei den Sterbenden für ausreichend erachten.
3. Man muß die deutschen Kirchen meiden, höchstens darf man die gelesene heilige Messe hören (wo nicht deutsch gesungen wird), stattdessen muß in gemieteten besonderen Sälen polnischer Gottesdienst abgehalten werden.
4. Das massenweise Austreten aus der ‚Kirche in Deutschland' wird empfohlen.

Endlich wird uns Gott doch einmal beistehen.– Er sieht die Verzweiflung seiner Gläubigen und der verfolgten Schäfchen!"

(34) *Dziennik B.*, Nr. 42, 1901

„Bitte" (ein Gedicht)

" ... Laß mich sterben auf vaterländischem Gefilde, im Bauernkittel, mit blinkender Sense in den Händen; mit der Sense, die in die Brust des Feindes Triumphlieder läutet, zur Auferstehung der heiligen Märtyrerin. Möge den Kanonen weißer Rauch entsteigen, möge ein Wald von Bajonetten uns entgegenstarren, denn über den Rauchwolken und Feuerherden sehe ich am Himmel das blasse Antlitz der Mutter. Wie im Purpurblut der Jugend gewaschen, begrüßt sie die Reihen der Bauernkittel mit Lächeln, sie grüßt mit großem Glauben und großer Hoffnung die Sensen, die in der Sonne goldig erstrahlen. Laß mich, o Herr, in jenem Augenblick sterben, wenn in den Herzen des Volkes die Morgenröte aufflammt und wenn des Hasses Stimme sich rührt, und wenn das

Herz in einem Takt schlägt und wenn die Brüste der Bauern mit dem Feinde sich messen, und wenn es so viele Sensen geben wird als Hände."

(35) *Dziennik B.*, Nr. 172 v. 31. Juli 1903

Aus dem Aufruf des Vorstandes des Verbandes der polnisch-katholischen Arbeitervereine in Deutschland an die polnisch-katholischen Vereine in der Fremde und in der Heimat:

„Sache unserer Brüder und Arbeiter ist es, aus den fremden Verbänden auszuscheiden und dem polnischen Verbande beizutreten, der ihnen ähnliche Vorteile bietet, wie sie solche die deutschen Verbände derselben Art ihren Mitgliedern gewähren, weshalb diesen Verbänden auch bisher so viele polnische Arbeiter angehört haben. Unsere Brüder müssen unbedingt aus den deutschen Verbänden ausscheiden und ihr Geld, das sie bisher in den deutschen Vereinen und Banken untergebracht haben, nach unseren Weisungen in sichere polnische Institute unterbringen."

(36) *Dziennik B.*, Nr. 176 v. 5. August 1903

„Das schwarze Buch.

Von dem galizischen Abgeordneten Herrn Albin Rayski erhielten wir den nachstehenden Brief:

‚Michalowice (Galizien), 29. Juni 1903

Der Gedanke, ein ‚Schwarzes Buch' herauszugeben, in welchem die Namen derjenigen veröffentlicht werden sollen, die ohne an die Schande, an die Ehre des polnischen Namens, an das Unrecht, welches dem Vaterlande durch die Gewinnsucht oder Leichtfertigkeit zugefügt wird, zu denken, das polnische Land an die Ansiedlungskommission verkaufen, kann aus Billigkeits- und Gerechtigkeitsgründen gutgeheißen werden. Die Verkäufer und Verräter müssen gebrandmarkt werden. Es wird das eine natürliche und gesunde Einwirkung auf den noch nicht verdorbenen Teil der öffentlichen Meinung sein. Niemand weigert sich, die Hand von ihnen zurückzuziehen, niemand speit ihnen in die Augen, niemand ruft ihnen zu ‚Lump'! Solch ein Verkäufer, solch ein polnischer Agent der Ansiedlungskommission, sollte von der eigenen Gesamtheit geächtet werden, er sollte als das räudige Schaf betrachtet werden, dem niemand zu nahe tritt. So lange es das gesamte großpolnische Volk es unterläßt, diesen Standpunkt einzunehmen, muß ich es bezweifeln, daß dieser gute Zweck durch die Veröffentlichung des ‚Schwarzen Buches' erreicht wird'."

(37) *Dziennik B.*, Nr. 225 v. 13. Oktober 1903

Das Blatt läßt sich zur Enthüllung des Posener Bismarck-Denkmals also vernehmen:

„So steht denn die in Erz gezauberte Gestalt Bismarcks an der Schwelle der Hauptstadt Großpolens und der einst so strahlenden Hauptstadt Polens. Man hat sie aufgestellt, um uns zu verhöhnen, um uns zu demütigen; solches ist aus denselben Beweggründen geschehen, wie seinerzeit das Aushängen jenes Geßlerhutes gegen die Schweizer. Ebensowenig, wie sich damals die heute freien Schweizer gebeugt haben, werden auch wir uns vor dem in Erz gegossenen ‚Geßler' in Posen beugen. Für uns wird es nur ein Denkmal preußischer ‚Dankbarkeit' für Polen und der preußischen Ethik der Faust sein, ein Denkmal, welches uns in deutlicher Weise das preußische Paradies vor Augen führt. Die polnische Mutter wird am Fuße des Denkmals ihren Kindern von diesem Paradiese erzählen und sie polnischen Patriotismus lehren."

(38) *Dziennik B.*, Nr. 13 v. 17. Januar 1905

„Graf Bülow als Schütze.

Vorgestern, am Sonnabend, hatte der ‚kleine Bismarck', der heute den preußischen Staat regiert, Graf Bülow, Gelegenheit, den Polen wieder einmal die Zähne zu zeigen. Er hegt für sie ganz besondere ‚Sympathien', und wenn irgendein Junker oder Regierungsfreundlicher neue Verfolgungsmittel gegen sie fordert, so kann er seiner Mitwirkung von vornherein sicher sein. Seit dem Jahre 1895 ist die Polenfresserei die bestlohnende ‚Idee' in Preußen. An der antipolnischen Hetze beteiligten sich in lebhaftester Weise alle nur erdenklichen Staatsbeamten, und gegenwärtig tun dies selbst die höchsten Würdenträger des preußischen Staates. Selbst ein solcher Graf Bülow trägt keine Bedenken, in der unschönen Rolle eines antipolnischen Schützen aufzutreten und angesichts des Hakatismus neue Verpflichtungen zu übernehmen. Vor drei Jahren sprach er sein großes ‚Wort' von den ‚polnischen Kaninchen‘ aus. Die gesamte polnische Welt hat ihn deshalb ausgelacht, und selbst in verständigen deutschen Kreisen ist dieses geschmacklose Konzept auf überaus böswillige Kommentare gestoßen. Eine bei weitem schärfere Kritik hat er für seine vorgestrige Rede verdient, in welcher er als Waidmann gegen die Polen aufgetreten ist. Graf Bülow kann seine Jagd auf uns einrichten, wie es ihm beliebt, seine Beute wird sicherlich keine allzu ergebnisreiche sein. Je schärfer er auf uns schießen wird, desto fester werden sich unsere Reihen zusammenfügen, und die in ihnen entstandenen Lücken werden immer wieder durch neue Verteidiger ausgefüllt werden, die sich aus den zum nationalen Leben erwachten breiteren Massen des polnischen Volkes rekrutieren werden. Wir denken gar nicht daran, die Regierung und ihre Leiter zu reizen, denn das wäre in unserer Lage ein geradezu lächerliches Unternehmen, aber töten lassen wir uns auch nicht. Graf Bülow ist ein zu schlechter Schütze, als daß er mit Erfolg auf das polnische Volk jagen könnte.“

(39) *Dziennik B.*, Nr. 21 v. 26. Januar 1907

Unter der Spitzmarke „Der erste polnische Geistliche mit Gefängnis bestraft“ schreibt der *Dziennik Berlinski* u. a.:

“Nach dem Telegramm, das wir heute aus Gnesen erhielten, verurteilte das Gericht den Propst Piotrowicz zu zwei Monaten Gefängnis.– Der Gnesener Gerichtshof ist durch seine scharfen Urteile bekannt. Er verurteilte im Jahre 1902 in der Wreschener Angelegenheit die Anna Piasecka zu zweieinhalb Jahren Gefängnis, wodurch er die ganze Welt gegen das preußische System in Bewegung setzte. Dieser Gerichtshof fällte nunmehr auch das erste Urteil, durch welches ein polnischer Geistlicher ins Gefängnis kommt, was wiederum die ganze polnische Gesamtheit und die öffentliche Meinung in Bewegung setzen und aufs tiefste treffen wird. Wir haben keinen Grund, über dieses Urteil zu jammern, denn es wird nur dazu beitragen, daß das polnische Volk mit solchen Geistlichen noch mehr zusammengeht. Wir können dem Gnesener Gerichte für das gestrige Urteil dankbar sein, denn es gab uns den ersten geistlichen Märtyrer. Bis jetzt verurteilte man die Geistlichen für die Verteidigung des polnischen Gebets und des polnischen Religionsunterrichts zu schweren Geldstrafen. Prälat Klos in Posen war auf Gefängnisstrafe vorbereitet und wollte sie im Interesse der Sache gerne tragen – das Posener Gericht verurteilte ihn zu 1 100 Mark

Geldstrafe. Außer dem Pfarrer Piotrowicz werden wir noch mehr geistliche Märtyrer haben, die alle – so weit wir sie kennen – für die heilige Sache gerne Gefängnisstrafen ertragen werden."

(40) *Dziennik B.*, Nr. 174 v. 2. August 1907

„In Sachen der Petition der Berliner Polen an den Heiligen Vater erhielten wir von dem Verfasser des Projekts, dem Propst Zdislaus von Zakrzewski aus Golejewko, als Antwort auf die Ausführungen des *Kuryer Poznanski* folgendes:

‚Ich habe die sichersten Beweise dafür und bin bereit, Personen zu nennen, vor denen der heilige Vater am 22. September d. J. das Verhalten der Eltern und Kinder, die im Religionsunterricht gestreikt haben, ausdrücklich belobt hat.'"

(41) *Dziennik Chicagoski* (Chicago), Nr. 282 v. 5. Dezember 1905

„Die Jahresfeier des Novemberaufstandes (1830) fand unter zahlreicher Beteiligung des Chicagoer Polentums am Mittwoch, den 29. November, abends in der St. Adalbertsvereinshalle statt. Der Geistliche K. Skory, der Propst des St. Adalbertkirchspiels, eröffnete die Feier."

(42) *Dziennik Kujawski* (Hohensalza), Dezember 1897

„Die Polen müßten die heutigen Predigten meiden, damit nicht gesagt werden könne, diese Predigten seien notwendig, da die Zahl der deutschverstehenden Katholiken in der Pfarrei groß sei. Kein polnischer Katholik dürfe demnach eine deutsche Predigt besuchen, denn dadurch unterstütze er selbst seine erbittertsten Todfeinde."

(43) *Dziennik K.*, Mai 1899

Zur Gründung der *Posener Neuesten Nachrichten*

„Größere Bedeutung würde eine mit deutschem Gelde herausgegebene Zeitung haben. Wir sind davon überzeugt, daß dies vor allem Herr Wagner (Redakteur der *Posener Neuesten Nachrichten*) selbst begreift, daß er daher aus rein taktischen und polnischen Rücksichten nicht nach materieller Unterstützung in polnischen Kreisen getrachtet hat, und ferner, daß auch die polnischen Kreise, und vor allem Herr v. Koscielski, der als Hauptaktionär des neuen Blattes genannt wird, sich aus diesen Rücksichten nicht so freigebig gezeigt hat, wie erzählt wird."

(44) *Dziennik K.*, Nr. 11 v. 13. Januar 1900

Im preußischen Staatshaushalt 1901/02 sind zum ersten Male besondere Remunerationen für solche deutschen Beamten ausgeworfen, welche die polnische Sprache erlernen. Dazu bemerkt der *Dziennik Kujawski*:

„Wäre es dann nicht besser und billiger, in den polnischen Landesteilen polnische Beamte anzustellen?"

(45) *Dziennik K.*, Nr. 15 v. 18. Januar 1901

„Das preußische Königreich begeht morgen die 200jährige Feier seines Bestehens ... Wir vermögen diese Empfindungen (Freude) nicht zu teilen, schon deshalb, weil die Machtstellung Preußens hauptsächlich auf den Trümmern des früheren Polens entstanden ist ... Die Geschichte Preußens ist eine lange Reihe von Eroberungen durch Waffengewalt, gestützt hauptsächlich auf den altpreußischen und von Bismarck wieder erneuerten Grundsatz: ‚Gewalt geht vor Recht'. So klebt an dem Ruhme des Königreichs Preußen im Laufe der Jahre viel Blut, viel Tränen ... Und doch verdankt Preußen – niemandem andern – als lediglich Polen seine Existenz."
Auch eine Art Geschichtsbetrachtung ... (Der Verlag)

(46) *Dziennik K.*, Nr. 17 v. 20. Januar 1901

„So dankte Preußen (die Teilung Polens ist gemeint) Polen für dessen langjährige Gutmütigkeit und dessen Wohlwollen. Heute trachtet derselbe Staat, welcher vor 200 Jahren so sehr um die Gunst Polens buhlte (sic!), geradezu nach der Vernichtung der polnischen Nationalität ... Das ist die wahre Geschichte der Entstehung des Königreichs Preußen."

(47) *Dziennik K.*, Nr. 93 v. 25. April 1902

„Bei dieser Gelegenheit müssen wir auch die sogenannten ‚Volksunterhaltungsabende' (in Oberschlesien) berühren; es sind dies Abendversammlungen für das Volk in einigen kleinen Städten, welche nur zu dem Zweck eingerichtet sind, unsere Kinder zu verdeutschen. Wir haben schon so oft aufgefordert, diese Abende zu meiden, und heute wenden wir uns wieder mit der Bitte an die Eltern, sich nicht durch Vergnügungssucht verleiten zu lassen, die Kinder in den Kreis protestantischer Deutscher zu führen, welche unter dem Deckmantel der Zerstreuung die jungen Gemüter der polnischen Kinder vergiften wollen."

(48) *Dziennik K.*, 134 v. 15. Juni 1902

„Was das Benehmen des Volkes während der Anwesenheit des Kaisers im Posenschen anbetrifft, so können wir uns alle weiteren Worte sparen. Wir fühlen und wissen es alle, was wir zu tun haben, nämlich: nicht da zu sein."

(49) *Dziennik K.*, Nr. 150 v. 13. Juli 1902

„Das polnische Haus und das Militär.

Unter diesen Umständen sollten wir noch die Offiziere und Soldaten, welche wir unter das polnische Dach ins Quartier zu nehmen gezwungen sind, als – Gäste betrachten? Ihnen sollten wir prunkvolle Empfänge bereiten, uneingedenk der Vergangenheit und der Gegenwart? Sollten wir uns beugen zum Verkehr mit diesen uns völlig fremden Leuten, mit denen wir nichts Gemeinsames haben und von denen uns alles trennt? Wer heute noch in dem preußischen Soldaten nicht den Preußen, sondern einen Gast sieht – der verdient das Gespött und die Verachtung der Mitbrüder, welche auf ihn als einen Menschen ohne Charakter mit dem Finger zeigen würden. Wenn die Soldaten unter das polnische Dach treten, müssen wir ihnen das geben, was sich gehört, aber sie nur als passierende Mieter betrachten und nicht in den Salons empfangen. In jedem Falle ist für unsere Damen am Offizierstische kein Platz. Diese Annehmlichkeit überlassen wir den Krefelder Jungfrauen."

(50) *Dziennik K.*, Nr. 24 v. 30. Januar 1904

„Möge jeder Pole, der den Namen eines solchen verdient, wenngleich er auch nur eine Kleinigkeit in den Kreissparkassen oder in sonstigen anderen deutschen Banken besitzt, sein Kapital sofort herausnehmen und dasselbe unseren polnischen Banken anvertrauen. Es wird dies in der Tat ein polnisch-patriotisches Werk sein, und das Gewissen wird ihm nicht zum Vorwurfe machen, daß er durch sein in den preußischen Banken deponiertes Geld zur Vernichtung seines eigenen polnischen Blutes, seiner eigenen Brüder beiträgt; denn wem helfen denn die polnischen in den deutschen Banken untergebrachten Gelder? Den Deutschen, Hakatisten, unseren allergrößten Feinden!"

(51) *Dziennik K.*, Nr. 124 v. 4. Juni 1904

„Wir erhalten aus Schubin nachstehendes Schreiben:

‚Auf Veranlassung unseres ehrwürdigen Propstes, des Geistlichen Rats Soltysinski, ist in unserem Städtchen eine Volksbank gegründet worden, die am 10. d. M. ihre Tätigkeit im Hause des Herrn Dr. Holec beginnen wird. Indem wir diese Nachricht den geehrten Lesern der Stadt Schubin und Umgegend mitteilen, hegen wir die Hoffnung, daß sie trotz der so späten Gründung der Bank um so eifriger zur Hebung dieses neuen und so nötigen Institutes, dessen Zweck es ist, unsere materielle Lage zu heben, beitragen werden. Glück zu dem neuen Unternehmen!'"

(52) *Dziennik K.*, Nr. 241 v. 20. Oktober 1904

„Warnung vor der ‚jüdischen Schwelle'.

Es handelt sich hier nicht lediglich darum, nichts von den Juden zu kaufen, sondern auch darum, daß unsere jüngeren Schwestern aus den Häusern der Juden entrissen werden, unsere Schwestern, denen es heute noch gestattet ist, Leuten zu dienen, welche unsere nationale Würde mit Füßen treten. Dann erst werde ich an den dauernden Erfolg der gestrigen Versammlung glauben, wenn auch wir Frauen, die verschiedenen Punkte dieser wichtigen Angelegenheit prüfend, einmütig wie unsere Männer geloben, daß keine von uns je wieder eine jüdische Schwelle betritt."

(53) *Dziennik K.*, Nr. 231 v. 6. Oktober 1905

In dem Artikel *Unter der Adresse der Straz* schreibt der *Dziennik Kujawski* u. a. folgendes:

„In Anbetracht der hier herrschenden Verhältnisse müßte der Verein *Straż* es als seine Pflicht betrachten, sämtliche Ausnahmegesetze, die Verteidigungsreden der polnischen Abgeordneten, Pressestimmen sowie ‚Verfolgungen und Schikanen', denen das polnische Volk in Preußen ausgesetzt ist, fleißig zu notieren und das Ausland über alles zu unterrichten, sei es durch englische, französische und deutsche Blätter, sei es durch Monatsschriften, die den Titel *Die Drangsale des polnischen Volkes* tragen und die in allen bekannteren fremden Sprachen, also in französischer, englischer, deutscher und polnischer Sprache veröffentlicht werden müßten. Die zivilisierte Welt würde darüber staunen, wenn sie immer genau darüber informiert werden würde, wie man mit uns Polen in dem ‚Kulturstaate' Preußen umgeht. Wir wissen es doch, welche Empörung z. Zt. die Wreschener Angelegenheit in der ganzen zivilisierten Welt hervorgerufen hat. Ein solch periodisches Informieren des Auslandes über die preußische Kultur würde unseren Bedrükkern nicht zum Guten dienen, selbst wenn sie überhaupt keine Scham mehr besäßen."

(54) *Dziennik K.*, Nr. 216 v. 21. September 1906

„Der gegenwärtige Kampf des polnischen Volkes um den polnischen Religionsunterricht in den Volksschulen erfordert unsere gespannteste Aufmerksamkeit. Widerstand gegen den deutschen Religionsunterricht leisten in den Schulen nur die Kinder, deren Eltern durch das Lesen politischer Zeitungen in nationaler Beziehung gehörig aufgeklärt sind."

(55) *Dziennik K.*, Nr. 224 v. 30. September 1906

„Schulbriefe.

Auf der Schwelle des Hauses saß der kleine Stanislaus, und weinend sprach er: ‚achtens: Selig sind, die Verfolgung leiden um der Gerechtigkeit willen'; – er weinte und lernte, dieser kleine gezüchtigte polnische Knabe. ‚Warum weinst Du?' ‚Weil ich die Religion deutsch lernen muß. Alle Kinder wollen nicht antworten, ich aber muß es tun; anfangs antwortete ich, wie diese, auch nicht, dann aber kam der Herr Rektor und sagte: ‚Du wirst mir schon antworten, kleiner Pole' und ging fort. Am Abend desselben Tages ließ der Herr Bürgermeister den Vater kommen, denn der Vater ist städtischer Arbeiter, und sagte, der Vater würde sofort die Arbeit verlieren, wenn ich in der Religion nicht antworten sollte; Arbeit gibt es jetzt aber wenig, daher muß der Vater gehorchen und ich auch.' Der Knabe schloß seine Rede und hämmerte weiter auf die deutschen Seligpreisungen los. Ich ging fort und dachte über die arme polnische Seele nach. Es schien mir, ich sei nach dem südlichen Himmel hinübergewandert; der Mensch nahte und die goldenen Strahlen legten sich demütig zu Jesu Füßen, der sich auf dem Berge niedergelassen hatte und das Wort Gottes lehrte. Alsdann vernahm die Welt die wunderbaren acht Seligpreisungen, welche zum leitenden Gedanken des ganzen Christentums werden sollten. Seine Stimme floß dahin und umfaßte das Reich. Alle Völker eilten herbei, unter ihnen das polnische Volk, das um der Gerechtigkeit willen am meisten leidet. Es gingen alsdann von hinnen die Bischöfe, die nach Sibirien Verbannten, Opfer der russischen Strafgewalt, gefangene polnische Redakteure, die Wreschener Mütter, und am Schluß näherte sich ein Zug kleiner polnischer Kinder mit Schwielen an den Händen, Tränen in den Augen, die preußischen Katechismen in der Hand. ‚Und was tut euch not?' fragte der Herr, ‚warum mischet ihr euch unter die Tränen und den Schmerz. Euer ist doch das Spiel.' Die polnischen Kinder brachen in Tränen aus, sie erhoben die zerschlagenen Hände und fingen an zu rufen: ‚Siehe, Herr Jesus, wie man uns schlägt, weil wir Gott mehr gehorchen als den Menschen.' Der Herr beschwor die Kinder, er legte Kreuze auf ihre Stirn, erhob seine göttliche Hand und segnete sie also: ‚Möge in euren Herzen Gottes Königreich wachsen, gehet hin und zeiget der Welt, daß ihr es versteht, für mich zu leiden. Ihr werdet siegen, denn eure Sache ist heilig'."

(56) *Dziennik K.*, Nr. 227 v. 4. Oktober 1906

In einem *Wozu sind die Ferien?* betitelten Artikel des *Dziennik Kujawski* heißt es u. a.:

„Wie wir hören, wollen nach den Ferien alle Eltern ihren Kindern verbieten, den Katechismus deutsch zu lernen. Wenn sich dieses Gerücht wirklich bewahrheiten sollte, dann müssen die Eltern durchaus jetzt schon die Kinder darauf vorbereiten. Und das betrifft alle Eltern, die Arbeiter vom Lande und aus der Stadt, die bäuerlichen Wirte und die Bürger aus der Stadt. Unsere polnische Jugend muß in dem Bestreben, zum Ziele zu gelangen, zur Ausdauer angehalten werden. Die Eltern müssen den Kindern klar machen, daß es sich um eine heilige Sache handelt und nicht etwa darum, sich am Streite zu vergnügen, oder vielleicht den Lehrern zuzusetzen, sie müssen ihnen sagen, daß es sich vielmehr darum handelt, daß die Kinder mit ihrem Schweigen zur Wiedereinführung des polnischen Katechismusunterrichts beizutragen haben."

(57) *Dziennik K.*, Nr. 241 v. 20. Oktober 1906

„Mit wahrer Befriedigung erfahren wir, daß unsere heldenmütige polnische Jugend in Hohensalza sehr einig sei, und den Lehrern auf die in der deutschen Religion an sie gerichteten Fragen keine Antwort gebe, daß sie nur polnisch antworte.
Ehre dir, mannhafte Jugend, für dein heldenhaftes Verhalten bei der Verteidigung unserer teuersten nationalen Schätze! Ganz Polen, so lang und breit es ist, freut sich, die ganze zivilisierte Welt bewundert euch, sie fühlt mit euch, indem sie eure Bedrücker für die Leiden und Schmerzen, die ihr für den heiligen Glauben und für unsere geliebte polnische Sprache ertraget, aufs strengste verurteilt. Die Stadt Hohensalza und unser ganzes Vaterland können stolz auf euch sein. Mögen sich die Kinder unserer Städte und Dörfer ein Beispiel nehmen an der braven Hohensalzaer Jugend! Ehre auch euch, ihr schätzbaren Eltern, daß ihr eure Jugend so in der Liebe zu allem was unser, was polnisch ist, erzogen habt, denn sie bringt euch heute schon Ehre und Ruhm ein. Bei dieser Gelegenheit machen wir die polnischen Eltern darauf aufmerksam, daß sie, falls sie von ihren Kindern erfahren sollten, daß diese während des schwäbischen Religionsunterrichts von den Lehrern geschlagen werden, das Recht haben, sich sofort bei der höheren Schulbehörde über die betreffenden Lehrer zu beschweren. Polnische Eltern, verteidigt eure Kinder!"

(58) *Dziennik K.*, Nr. 241 v. 20. Oktober 1906

„Veranstalten wir überall Versammlungen, erwecken wir den Geist in der Schuljugend, damit sie der Knochen in der Kehle unserer Feinde wird. Informieren wir emsig die Welt über unsere wahrhaft barbarische nationale Bedrückung im preußischen Anteil, und vielleicht werden nach nicht allzu langer Zeit unsere Bedrücker vor uns knien, ebenso wie ihre Vorfahren. Gottes Mühlen mahlen langsam, aber sicher."

(59) *Dziennik K.*, Nr. 243 v. 23. Oktober 1906

„Ist es nicht ein Hohn, von polnischen Kindern zu verlangen, daß sie die heilige Religion in deutscher Sprache lernen sollen? Unser Herr Gott gab uns die polnische Sprache dazu, um sich ihrer im Leben zu bedienen und mit ihr den Schöpfer zu loben! Ihr polnischen Eltern, bemüht euch angestrengt darum, daß eure Kinder die Religion nicht in deutscher Sprache zu lernen brauchen, und Gott wird euch segnen, denn gesegnet sind die, die wegen der Gerechtigkeit Verfolgungen erleiden. Gott wird euch und eure Kinder dafür segnen, daß ihr seinen Willen tut. Die polnischen Eltern, welche ihren Kindern nicht verbieten, die heilige Religion deutsch zu lernen, laden eine furchtbare Verantwortung vor Gott auf sich."

(60) *Dziennik K.*, Nr. 244 v. 24. Oktober 1906

„Das Märtyrium der polnischen Kinder.

Aus Argenau schreibt man uns unterm 22. Oktober 1906:

‚Unsere Schulkinder halten sich wacker. Sie beschlossen, nach den Ferien im Religionsunterricht nicht deutsch zu antworten, und bei diesem Beschluß beharren sie mutig, so daß es heute auch nicht mehr dem geringsten Zweifel unterliegt, daß sie auch fernerhin bei ihm beharren werden. Ruhm sei dafür Gott dem Allerhöchsten.

Für uns Eltern ist es eine große Freude, daß wir so gute und gehorsame Kinder haben. Indessen blutet uns das Herz beim Anblick dessen, was diese, unsere armen Kinder, dafür erleiden müssen, daß sie ihren teuersten Gütern, wie es der heilige Glauben und die Muttersprache sind, nicht entsagen wollen. Am vergangenen Sonnabend wollten sowohl die Knaben wie die Mädchen der ersten und der zweiten Klasse, die deutschen Kirchenlieder nicht singen, und dafür mußten sie von 12-1 Uhr Arrest absitzen. Man mußte diese mutigen und guten Kinder sehen, als sie aus dem Arrest nach Hause zurückkehrten. Auf ihren Gesichtern war keinerlei Trauer, keinerlei Niedergeschlagenheit. Im Gegenteil, sie waren so fröhlich und heiter, als ob sie von einem angenehmen Vergnügen zurückkehrten. Als sie an die Kirche kamen, traten sie in das Gotteshaus, um dort im Angesichte unseres Herrn Jesu nicht deutsch, sondern polnisch zu singen, um sich bei unserm Herrn Jesu zu beklagen und ihm zugleich zu danken, daß es ihnen gestattet sei, aus Liebe für ihn Leiden zu erdulden.'"

(61) *Dziennik K.*, Nr. 261 v. 14. November 1906

„In Wojcin, wo man sehr viel Geschrei macht und wenig tut, flaut der Streit ab. Gegen 10 Kinder beharren im Widerstande, der Rest fürchtet sich vor den Drohungen der Lehrer und geht, seine Muttersprache hintansetzend, dem Arreste aus dem Wege. O, es ist schlimm! Am Freitag findet für die Kinder heilige Messe statt; vielleicht wird sie alsdann der Herr Gott eines besseren Sinnes werden lassen, damit sie es verständen, die heilige Sache zu verteidigen ..." (Hier wird also die Beeinflussung der Kinder durch den Propst direkt gefordert; der Verfasser.)

(62) *Dziennik K.*, Nr. 265 v. 18. November 1906

„Die Muttersprache

Lobe Gott nicht in fremder Sprache,
Denn ich will dir eine alte Sache erzählen:
‚Daß auch der Teufel hinterm Ofen
Das Gebet in deutscher Sprache spricht!'

Du richtest dich nach einem schlechten Kopf,
Wenn du dich einer fremden Sprache rühmst,
Denn auch der Teufel hinterm Ofen
Grunzt sein Gebet in deutscher Sprache.

Wenn deine Sprache gänzlich vernachlässigt wird,
Schwarze Seele, garstigeres Herz,
Der schwarze Teufel hinterm Ofen
Spricht das Gebet in deutscher Sprache.

Aber wenn du ehrlich das Land liebst,
Treu der Sprache – treu dem Glauben,
Dann ist selbst der Teufel hinterm Ofen
Böse und brummt in deutscher Sprache.

Wenn du auf jedes polnische Wort
Achtest und es aufs neue belebst,
Dann will auch der Teufel hinterm Ofen
Nicht mehr deutsch schwatzen.

Mögen die Gebete polnisch dahinströmen
Für das Vaterland, für die Familie,
Und der Teufel hinterm Ofen
Möge deutsch beten.

Unsere teure polnische Sprache
Wird geradewegs vor Gottes Thron dringen.
Der Teufel dagegen hinterm Ofen
Möge das Gebet deutsch sprechen.

Anastasia Janowska"

(63) *Dziennik K.*, Nr. 221 v. 26. September 1907

„Der Kaiser und die Polen.

Die deutschen Zeitungen schreiben, daß in Gluwno während des Aufenthaltes des Kaisers vorwiegend die Fenster der polnischen Arbeiterbevölkerung illuminiert und teilweise sinnreich ausgeschmückt gewesen seien. Selbst um Mitternacht, als der Kaiser von Posen zurückgekehrt sei, seien die Fenster erleuchtet gewesen und das versammelte Volk habe ‚Hurra' geschrien! Mögen sich die Deutschen nur nicht allzu sehr freuen, denn, wenn das alles geschehen ist, so ist es eben aus Furcht, nicht aber aus einem anderen Grunde geschehen. Vom polnischen Standpunkte aus kann diese Tatsache nicht gelobt werden. Wie über die Illuminatoren zu urteilen ist, das wird jeder wissen. Der polnische Arbeiter – der Pole überhaupt – hat keinen Grund zur Freude, im Gegenteil, er sieht, daß er auf Schritt und Tritt verfolgt, beiseite geschoben, verspottet, ja überfallen und gemordet wird. Er kann seine Freude bei einer solchen Gelegenheit nicht zeigen, denn er hat keinen Grund, sich zu freuen; er ist vielmehr betrübt darüber, daß der Kaiser das hakatistische Geschrei erträgt."

(64) *Dziennik Narodowy* (Chicago), Nr. 93 v. 1. Mai 1906

„St. Louis. Den Verein Nr. 45 des polnischen *Sokolbundes* in St. Louis leitete Kamerad Michel Banasiak und der Verein Nr. 48 des polnischen *Sokolbundes* aus East St. Louis stand unter dem Befehl des Kameraden Martin Musial. Beide Kameraden haben bewiesen, daß sie nicht nur fähige Leiter sind, sondern – daß sie auch, wenn es nötig sein wird, es verstehen werden, ihre Abteilungen auf die Barrikaden zu führen. All Heil ihnen!"

(65) *Dziennik N.*, Nr. 172 v. 6. August 1906

„Kaiser Wilhelm II. und Polen.

Das preußisch-deutsche Kaiserreich stützt sich auf Bündnisse, die den gegenwärtigen Stand der Dinge in Europa sichern. Von diesen Bündnissen hat sich eins, das mit den Italienern, in der letzten Zeit sehr gelockert. Es bleibt den Deutschen das Bündnis mit Österreich übrig, das zwar keine große, dafür aber eine auserwählte Armee besitzt. Aber könnte auch dies Bündnis nicht erschüttert werden, als Folgeerscheinung eines gründlichen Wechsels in den polnisch-russischen Verhältnissen? Man kann fast bestimmt behaupten, daß es erschüttert werden würde. In der Person Kaiser Wilhelms besitzen wir den größten und vielleicht gefährlichsten Gegner der polnischen Autonomie."

(66) *Dziennik Polski* (Lemberg), Februar 1892

Aus einem Brief des Redakteurs Gersch der *Gazeta Lecka*, welche für die evangelischen Masuren Ostpreußens herausgegeben wurde, an den *Dziennik Polski*:

„Lötzen, 20. Februar 1892

... Am 25. Februar werde ich mein 60jähriges Jubiläum als Schriftsteller und Dichter feiern, da ich im Jahre 1832 mein erstes Werk in polnischer Sprache in Druck gegeben habe. Mein Kalender kommt alle Jahre heraus. Aber die *Gazeta Lecka* hat im Jahre 1890 zu erscheinen aufgehört. Ich bin zwar Eigentümer derselben gewesen, aber Druck und Verlag besorgte ohne schriftlichen Vertrag der hiesige Druckereibesitzer von Riesen, und dieser hat boshaft gehandelt, als er mir am 31. März schrieb, daß er sie nicht länger drucken werde, und mir keine Zeit verblieb, mich nach einem anderen Verleger umzusehen. Außer meiner Zeitung hörten noch die *Nowiny* in Wroclaw und die *Masowia* in Elk und andere zu erscheinen auf, aber das masurische Volk will durchaus eine Zeitung haben, und erhalte ich von allen Seiten Briefe, ich möchte doch um Gottes willen nur eine andere Zeitung herausgeben. Ich habe daher an die Druckerei von Hartung in Königsberg geschrieben, ob sie vielleicht sich auf das Unternehmen einlassen möchte. Die Verhandlungen schweben noch, und vielleicht werden wir einig, das wird sich in einigen Wochen erweisen. Ich werde mich dann in scharfer Weise dafür aussprechen, daß in der Religion der Schulunterricht in der Muttersprache erteilt werden soll, was in Masuren durchaus notwendig ist. Die Zeitung wird fortschrittlich sein, und eine Freundin der Polen."

(67) *Dziennik Pol.*, Nr. 259 v. 18. September 1894

„Auf dem Festmahl zu Ehren der Posener Polen auf der Lemberger Landes-Ausstellung hat Herr v. Koscielski folgende Rede gehalten (v. Koscielski war damals Führer der sogenannten *Versöhnungspartei*; der Herausgeber):

‚Eure Herzlichkeit beweist, daß wir an diesem Tische nicht Gäste, sondern Brüder sind; denn ein solches Herz, wie Ihr es uns entgegenbringt, können nur Brüder haben. Manchen Leuten deuchte es, als vermöchten sie, indem sie auf dem Körper der Nation gewisse farbige Linien zogen, denselben zu vernichten und zu zerstückeln.' (Hier läßt der *Dziennik* folgenden von der Nr. 230 der *Gazeta Narodowa* wiedergegebenen Passus, den auch die Posener Blätter verschweigen, anscheinend ebenfalls mit Vorbedacht aus; der Herausgeber:) ‚Es blieb die Gesamtheit bestehen, ein Blut und ein Herz, das gleichmäßig schlägt und fühlt. Die Teile des Gesamtorganismus, die sich ihrer Zusammengehörigkeit bewußt sind, unterstützen sich auch wechselseitig, und einer lernt vom andern. Wir haben von Euch öffentliches Wirken, Sammeln der Kräfte und politische Klugkeit gelernt, die dem Gefühl häufig Schweigen auferlegt und ihm nicht gestattet auszusprechen, was ausgesprochen nur schaden, nicht nützen konnte. Körperlich teilen kann man uns, doch kann man uns nicht wehren, mit Euch zu fühlen. Ich hob unsere Verdienste hervor. Es sind deren nicht viele. Das größte derselben ist, daß wir unseren jüngsten Bruder zuerst zu nationaler Arbeit aufgerufen haben. (Der Redner meint Oberschlesien.) Da wir sehen, daß unseren Händen die Waffe entfällt, haben wir sie ihm in die Hand gedrückt. Von Euch haben wir gelernt, wie man bei der Arbeit nicht individuellen Ruhm, sondern das Wohl der Allgemeinheit im Auge zu behalten hat.' Der Redner trinkt auf das Wohl des politischen Gedankens, der in diesem Lande bei denjenigen Männern die Oberhand gewonnen habe, die an der Bresche ständen und das erkämpft hätten, was Galizien heute besitze.– Die Reihe der Toaste beschloß Herr Romaowicz mit dem altpolnischen ‚Lieben wir uns!', worauf die Versammelten einen Vers des Gebets ‚Boze cos Polske!' (Gott rette Polen!) sangen."

(68) *Dziennik Pol.*, August 1897
(aus der *Prawda* aufgenommen)

„Die ganze Welt ... betrachtet die Preußen als eine der schlechtesten Arten des Menschengeschlechts. Historische Bastarde, Nachkommen unechter Stammesverbindungen, die am Straßenrand erwachsen und durch Plünderei reich geworden sind, haben sie die bei dieser Beschäftigung hervorgetretenen Instinkte bis auf den heutigen Tag beibehalten ... Mit der Statur und Begehrlichkeit jener Riesenschlangen ausgestattet, die mit ihren Verschlingungen große Tiere erwürgen und verschlucken, spannt er nach dieser Richtung hin all seine Wachsamkeit, Schlauheit und Kraft an ... Der Preuße ist roh, rücksichtslos, für humanitäre Gefühle unzugänglich ... Die H.-K.-Tisten stellen eine niedrige Menschengattung dar, sie bilden nur eine Abart eines stärker zu Tage tretenden Rasseninstinktes. Sie sind ihren sanfteren Landsleuten gegenüber dasselbe, was der Tiger im Vergleich zu den Hauskatzen ist ..."

(69) *Dziennik Pol.*, März 1899

„Der Herr Abgeordnete-Prälat von Jazdzewski hätte noch hinzufügen können, daß, wenn überhaupt jemand in den preußisch-polnischen Beziehungen diesen Verfassungseid gebrochen habe, dies allein die preußischen Könige gewesen seien."

(70) *Dziennik Pol.*, Nr. 207 v. 28. Juni 1900

„Der Geist des Satans Bismarck triumphiert, daß seine Ausrottungspolitik (sic!) gegen die Polen im Großherzogtum sich entwickelt, blüht und so giftige Früchte trägt, wie diese lange Reihe von antipolnischen Anordnungen seit seinem Tode ... Der Inhalt der Verfügung des Kultusministers Studt (betr. den Religionsunterricht in deutscher Sprache;

der Herausgeber) ist kurz, aber mörderisch für unsere Landsleute wie der vergiftete Stahl eines fanatischen chinesischen Boxers ... Wenn sie unsere Landsleute mit Feuer und Schwert ausrotten könnten, wie es die englischen und spanischen Kulturträger mit den rothäutigen Indianern in den Urwäldern und Prärien von Amerika getan haben, würden sie sicher vor den scheußlichsten Martern nicht zurückschrecken, um die polnische Nation auf ihrer Stammerde vollständig auszurotten ..."

(71) *Dziennik Pol.*, Nr. 74 v. 15. März 1901

„Der Vereinsvorstand (des Vereins *Selbsthilfe*) kaufte polnische Fibeln 2000 und Katechismen 1000 Exemplare, von den ersteren verteilte er 1340 und von den letzteren 700 Stück. Wir können dreist sagen, daß es jetzt in Polen kein polnisches Haus gibt, in welchem nicht eine polnische Lesefibel und ein polnischer Katechismus vorhanden wäre."

(72) *Dziennik Pol.*, Nr. 495 v. 28. November 1901

„Wenn wir die vielen Ansichten, die sich aus den einzelnen Stimmen der Entrüstung oder der Betrachtungen über die Wreschener Angelegenheit ergeben, zusammenfassen, müssen wir zu der Überzeugung gelangen, daß es mit dem preußischen Staate schlimm bestellt ist, daß es überhaupt mit der Gesellschaft schlecht steht, in welcher es parteiliche oder verkäufliche Richter gibt. Parteilichkeit und Verkäuflichkeit stellen wir hier auf die gleiche Waagschale, denn schließlich ist es dasselbe, ob der beamtete Richter, der Vertreter der schönsten Idee, der Gerechtigkeit, seine Überzeugung für Geld verkauft oder sie für politische Zwecke, d. i. für den Vorteil des Staates veräußert."

In der selben Nummer heißt es am Schluß eines andern Artikels:

„Sollte das vielleicht bedeuten, daß das Gnesener Urteil das Ende des falschen Systems ist? Möglicherweise ist dies eine etwas zu optimistische Schlußfolgerung. Für Preußen würde dies bedeuten, daß es der uralten kreuzritterlichen Überlieferung entsagt, und dazu würden doch wohl die heutigen Bastarde der Marienburger Banditen nicht fähig sein."

(73) *Dziennik Pol.*, Nr. 144 v. 30. April 1902

„Der Dreibund und die Delegation.

Endlich! endlich! Die Ungarn fangen also an, nüchterner zu sehen, ihre Undankbarkeit Polen und Frankreich gegenüber einzusehen und das (deutsche) Reptil zu erkennen, welches nur durch Raub und für den Raub lebt. Wir wissen, daß dies augenblicklich auf eine gründliche Änderung der Politik keinen Einfluß ausüben wird, es freut uns aber die Ernüchterung, welche beweist, daß die Tränen der von den germanischen Hunnen gemarterten polnischen Kinder Früchte zu tragen anfangen."

(74) *Dziennik Pol.*, Nr. 35 v. 22 Januar 1903

„Polnische Hymne

Halten wir uns bereit, wie der Wachtposten,
Denn niemand kann wissen, wann
Der Trompetenschall uns rufen wird,
Der Mutter zu Hilfe zu eilen.
Dann aber wollen wir, wie der Blitz,
Der da vernichtet und sengt,
In den Kampf eilen, vertrauend dem Stahl,
Oder edel zu Grunde gehen, wie unsere
Väter starben, des Polenreiches Söhne!"

(75) *Dziennik Pol.*, Nr. 448 v. 26. September 1903

„In dem uralten Piastenlande – in den Provinzen Posen und Oberschlesien – haben in letzter Zeit die preußischen Gerichte wieder über die unglücklichen Söhne dieses Landes Urteil gefällt. In Gnesen wurden 14 Bürger wegen des schweren Vorwurfs der Fluchtbegünstigung bei zwei Wreschener ‚Verbrecherinnen': der Piasecka und Bednarowicz, in Beuthen dagegen 66 polnische Arbeiter wegen der bekannten Laurahütter Krawalle während der letzten Wahlen zum deutschen Reichstage vor die Gerichtsschranken gestellt. In Gnesen wurden, mit Ausnahme des Ziolecki, welcher zu einer Woche Gefängnis verurteilt wurde, 13 Angeklagte freigesprochen, gegen die übrigen wurde ein wahrhaft drakonisches Urteil gefällt, indem man gegen sie auf Gefängnisstrafen von 6 Wochen bis 3 Jahren erkannte! Diese Priester der Themis haben wiederum den Altar ihrer Göttin entehrt. So und nur so muß die ganze gebildete Welt die heutigen preußischen Gerichtshöfe und deren barbarische Erkenntnisse beurteilen, und niemals und durch nichts werden diese Pilatusse der Neuzeit ihre in Blut und Tränen des polnischen Volkes getränkten Hände reinwachsen ... Schmach und Verdammnis für sie in alle Ewigkeit!"

(76) *Dziennik Pol.*, Nr. 33 v. 21. Januar 1904

„Und heute, am Jahrestage des Aufstandes (1830), können wir uns mit Stolz sagen, daß die junge Generation – sowohl diejenige, welche bei dem Feuerschein des Aufstandes das Licht der Welt erblickte, als auch diejenige, welche aus den Erzählungen ihrer Väter und Großväter von den Heldenkämpfen Kenntnis erhielten – den alten Idealen nicht untreu wurde und nur den zu ihnen führenden Weg änderte, um dem ersehnten Ziele zuzustreben. Es sind heute andere Zeiten, also auch andere Kampfesarten bei dem Streben zur nationalen Unabhängigkeit."

(77) *Dziennik Pol.*, Nr. 218 v. 10. Mai 1904

„Die polnische Nation und Pius X.

In diesem Sinne war die polnische Adresse an Pius X. gehalten, da sie nun aber eine mächtige Gefühlssymphonie der etwa 20 Millionen Seelen zählenden Nation und eine wie Gott im Himmel wahre Charakteristik ihrer geschichtlichen Vergangenheit und Zukunft war, mußte sie einen gleich gewaltigen Eindruck überall machen. Die Krone dieser prächtigen Ansprache gebührt jedoch dem Schlußsatz, welcher von hoch politischer Bedeutung ist. Dort wird ausdrücklich von der barbarischen Verfolgung und Bedrückung unserer Religion, Sprache und Nationalität in den beiden Teilungsmächten – der russischen und der preußischen – von den Gewalttaten und Ungesetzlichkeiten sowohl der russischen als auch der preußischen Hakatisten gesprochen, welche auf verschiedenen Wegen einem und demselben Ziele zustreben: der vollständigen Unterdrückung der polnischen Nation und ihres heiligen Glaubens. Wahrlich – gleich kühne und mit heldenhafter Entschlossenheit gesprochene Worte der öffentlichen Anklage gegen das Zaren- und Preußentum wurden seit vielen Jahren in den päpstlichen Sälen nicht mehr gehört! Die Antwort des hl. Vaters war wahrlich ein durchaus prächtiger Widerhall dieser warmen, mit dem Herzblute geschriebenen Worte der Adresse! Die Adresse wurde vor dem Empfange der Pilger vom heiligen Vater und seinem Minister der auswärtigen Angelegenheiten, Kardinal Merry del Val, aufmerksam durchgelesen. Der hl. Vater hat mithin in großherziger Absicht eines gerechten Stellvertreters Christi offenbar die Bekanntgabe der Anklage Rußlands und Preußens vor der ganzen gebildeten Welt gestattet, wenn er die Adresse annahm und so herzlich auf sie antwortete.

Nach dem Berichte des *Czas* sprach der Erzbischof Prdzyluski als Primas Poloniae im Jahre 1862 in der Audienz bei Pius IX. ebenfalls ‚im Namen der ganzen Nation von 20 Millionen Polen.'"

(78) *Dziennik Pol.*, Nr. 34 v. 21. Januar 1905

„Am Jahrestage des Aufstandes.

Zweiundvierzig Jahre trennen uns schon von dem letzten Freiheitskampfe der polnischen Nation. Es ist dies ein langer Zeitraum. Wir sind noch zu schwach, um im Namen unserer noch nicht verjährten Freiheits- und Unabhängigkeitsrechte den Entscheidungskampf zu wagen und alles das zu verlangen, was uns in brutaler Weise fortgenommen wurde. Und gerade diese unsere Schwäche macht es uns zur Pflicht, daß wir in Worten vorsichtig, im Handeln überlegt, in Kundgebung der Gefühle mäßig sind. *Historia magistra vitae!* Und ist denn nicht gerade der Januaraufstand die beste Lehre für uns, daß jedes voreilige Handeln, und wäre es durch die heiligsten Gefühle hervorgerufen, zu einer Pandorabüchse wird, aus welcher anstatt der erhofften Geschenke Unglück und Elend sich schütten? Wir alle wünschen die Befreiung des Vaterlandes und sehnen uns gleich nach ihr. Sollen wir aber, durch so viele schwere Prüfungen belehrt, wiederum vor der Zeit zu den Waffen greifen, nur um nochmals zu unterliegen? Unsere Zeit wird kommen, aber sie ist noch nicht da und wir haben noch nicht viel im eigenen Hause zu tun, um sie würdig zu empfangen und zur Ewigkeit zu machen. Dies dürfen wir nicht vergessen, und danach müssen wir uns richten. So verlangt es die harte unerbittliche Notwendigkeit ..."

(79) *Dziennik Pol.*, Nr. 79 v. 17. Februar 1905

„Eine vernünftige polnische Stimme.

Die soziale Arbeiterrevolution in Rußland unterdrückte die Regierung mit Kugeln, Bajonetten und Knuten, indem sie tausende Arbeiter tötete, noch mehr verwundete und zu Krüppeln machte. Dies hätte eine Warnung für die Arbeiter im Königreich Polen sein müssen, nicht gegen Windmühlen zu kämpfen und nicht unvorbereitet eine Revolution hervorzurufen. Wenn in Petersburg die Soldateska die Wehrlosen erbarmungslos mordete, so geschehen in den polnischen Städten unvergleichlich viel schlimmere Dinge, denn die moskowitischen Horden, namentlich die Kosaken, baden sich förmlich im polnischen Blute. Die sozialen Arbeiterbewegungen in den polnischen Städten wird die Regierung mit roher Gewalt unterdrücken, Tausenden von Leuten das Leben rauben und noch mehr zu Krüppeln schlagen, aber damit wird die Sache nicht zu Ende sein. Die Rache der russischen Regierung wird weitergehen, denn sie wird für die Arbeiterbewegung die ganze polnische Gesellschaft verantwortlich machen und sich an ihr durch lange Jahre rächen wollen. Einen schlechten Dienst haben also der polnischen Gesellschaft und dem polnischen Lande diejenigen Anführer erwiesen, welche ohne Überlegung und ohne vorherige Vorbereitungen den Kampf gegen den russischen Despotismus eröffneten. Überlegung und Klugheit geboten es, erst abzuwarten, welche Wendung die Revolution in Rußland nehmen werde.“

(80) *Dziennik Pol.*, Nr. 244 v. 24. Oktober 1905

„Eine polnische Bank in der Fremde. Eine Anzahl Landsleute in Bochum begründete gestern eine überaus wichtige polnische Institution, welche für die sozialwirtschaftlichen Verhältnisse unseres Auswanderertums eine weittragende Bedeutung besitzt. Diese Institution ist eine Polnische Volksbank in Bochum.“

(81) *Dziennik Pol.*, Nr. 540 v. 27. Novemer 1906

„Eine Trauerbotschaft

brachte uns ein Telegramm aus den preußischen Landesteilen. Der Primas von Polen, Erzbischof von Stablewski, lebt nicht mehr. Ein großer, ein schrecklicher Schlag! Durch öffentliche und nationale Unbilden gebrochen, starb ein Priester, der noch vor kurzem seine Stimme zum Schutze seiner durch preußische Gewalttaten bedrückten Schäflein erhoben hatte. Sein krankes und unglückliches Herz ist vor Gram und Verzweiflung gebrochen, weil er machtlos war, weil er denen, die er liebgewonnen, nicht helfen konnte. Die ganze Nation steht tief bewegt an seinem Grabe, und aus ihrer Brust dringt das Flehen: ‚Gott strafe die Mörder!' (sic!) Denn der unglückliche Erzbischof ist zwar keinem körperlichen, aber einem sittlichen Morde zum Opfer gefallen ... Der Mörder aber ist – die preußische Regierung! Stark und groß jedoch ist die Macht Gottes! Der tragische Tod des Primas von Polen fiel mit der mächtigen Stimme Heinrich Sienkiewiczs zusammen, welche er unter der Adresse des Königs von Preußen, des treubrüchigen Erben jener Eidesleistungen von Monarchen, unter deren Herrschaft leider ein Teil unserer Nation geraten ist, erhoben hatte. Diese Stimme durchdrang die europäische Presse und machte überall dort einen tiefen Eindruck, wo das Rechtsbewußtsein und der Gerechtigkeitssinn noch nicht erstorben sind ... Die Tränen der mißhandelten Kinder Polens und die letzten Zuckungen seines Primas werden uns vor dem Throne des Allmächtigen zum Segen, den Verfolgern zum Fluche werden. Gott ist ein gerechter Richter!"

(82) *Dziennik Poznanski* (Posen), Nr. 92 v. 22. April 1883

„In der Angelegenheit der Ihnen bekannten litauischen Petition wegen Wiedereinführung der litauischen Sprache in den Schulen beginnt eine besondere Art Agitation, deren Quelle man leicht erraten kann. Denn einige zehn Litauer sandten eine Adresse an den Regierungspräsidenten von Schlieckmann zu Königsberg, in welcher sie die Gemeinschaft mit den Polen verleugnen. Diese merkwürdige Adresse lautet: (Folgt die Adresse, wie sie in der *Norddeutschen Allgemeinen Zeitung* v. 21. April 1883 im wesentlichen abgedruckt ist.) Gegenüber dieser obengenannten Adresse können wir nur das anführen, daß sie durchaus nicht alle Litauer vertritt, so wie auch noch, daß wir Polen immer jede gerechte Sache und die Sache der Unterdrückten unterstützen werden. Um so größer sind unsere Verpflichtungen gegen die Litauer, welche durch ihre Vergangenheit mit uns so eng verbunden sind. Diese Unterstützungen, resp. die Anerkennung ihrer Angelegenheit als eine gerechte, folgt nicht aus irgendeiner Politik, sondern gerade aus der brüderlichen und menschlichen Pflicht."

(83) *Dziennik Poz.*, Nr. 209 v. 11. September 1884

Der *Dziennik*, welcher damals einen Gegenkandidaten gegen den Kandidaten der *Goniec-Partei*, für den der Aufruf erlassen war (siehe unten), auf den Schild gehoben hatte, veröffentlichte damals unter der Spitzmarke *Was wir wollen* nachstehendes Wahlprogramm:

„Unter dem Gewirr und Getümmel des Vorwahl-Kampfes verwischt sich oft und tritt vom ersten Plan zurück die prinzipielle Grundlage, um welche es sich handelt und von der jede der kämpfenden Parteien ein ausschließliches Monopol zu besitzen glaubt. Wir glauben an das Recht unserer unabhängigen Existenz, wir glauben, daß diese Existenz eine Notwendigkeit und eine der Bedingungen der europäischen Zivilisation ist. Auf welchen Wegen und durch welche Mittel wir an dieses Ziel gelangen werden, wissen wir nicht. Es ist dies Sache der Vorsehung der Geschichte, deren Ratschlüssen vorzugreifen und deren Bestimmungen zu enträtseln wir uns nicht unterfangen. Dagegen bleibt die Möglichkeit und die Pflicht der Verteidigung der nationalen Existenz eines jeden Bruchteils unseres Landes insbesondere nach Maßgabe der Bedingungen, unter denen ihm sein Leben hinzugeben gestattet ist. Indem wir unseren Landsleuten aus den beiden anderen Landesteilen die Verteidigung der nationalen Existenz nach Maßgabe der lokalen Gesetze, Umstände und Verhältnisse überlassen, erachten wir es speziell unter der preußischen Herrschaft für unsere Pflicht, das nationale Element nach innen, soweit es uns auf legaler Grundlage ohne Verletzung derselben möglich ist, zu verteidigen. Nach außen hin erkennen wir als Ausgangspunkt und gesetzliche Grundlage unserer Verteidigung die unverjährlichen Stipulationen der Wiener Traktate an. Auf dieser Grundlage wünschen wir die Verteidigung unserer nationalen Rechte durch unsere Vertreter im deutschen Reichstage, im preußischen Landtage und im Posener Provinziallandtage, was jedoch durchaus nicht ausschließt, daß der ganze übrige, aus späterer Epoche datierende Vorrat an Gesetzen nicht zu unserer Verteidigung, soweit sie den Zwecken derselben dient, ausgenutzt werden sollte. Unsere wichtigsten Verteidigungsmittel, wie z. B., um andere nicht zu erwähnen, die Presse- und Vereinsfreiheit, stammen aus der Zeit nach den Wiener Traktaten. Wollten wir uns daher bei Verteidigung unserer Rechte ausschließlich auf die Bestimmungen der Wiener Traktate beschränken, deren prinzipielle politische Bedeutung wir vollständig anerkennen, so würden wir uns oft eines sehr wirksamen Verteidigungsmittels berauben.– Wenn es die Verteidigung unserer Rechte und Existenz gilt, so greifen wir nach jeder Waffe, wie und wo wir sie finden. Was die parlamentarische Aktion unserer Vertretung betrifft, so müssen wir dieser natürlich die Freiheit des Handelns überlassen. Damit steht jedoch nicht im Widerspruch, daß wir unsere Ansichten und Wünsche in dieser Hinsicht kundgeben.– Es ist also unser erster Wunsch, daß unsere parlamentarischen Vertreter in ihrer Aktion von allen anderen Rücksichten und deutschen parlamentarischen Parteien unabhängig sind und sich lediglich durch die Rücksichten des ihrer Fürsorge anvertrauten nationalen (polnischen) und religiösen Wohles leiten lassen. Unser weiterer Wunsch ist, daß sie prinzipiell mit dem Antrage auf Wiederherstellung der ganzen Fülle unserer Rechte, soweit diese durch internationale Traktate gewährleistet sind, hervortreten."

(84) *Dziennik Poz.*, Nr. 6 v. 9. Januar 1886

Das Blatt veröffentlicht nachstehende Korrespondenz aus Oberschlesien:

„Seit Neujahr erscheint bei uns das der christlichen Erziehung gewidmete Wochenblatt *Monika.* Als verantworlicher Redakteur zeichnet der Geistliche Sarnes in Myslowitz. Die Genesis dieses Blättchens ist nach meinen Informationen folgende: Mehrere Geistliche aus dem Berg- und Hüttendistrikt, welche dem *Katolik* das literarische Monopol in Oberschlesien entreißen und dessen bedeutenden Einfluß auf unsere polnisch-katholische Bevölkerung beseitigen wollen, haben beschlossen, teils aus eigener Initiative, teils auch durch die Bemühungen des Kanonikus Franz, des ‚O'Connell' Schlesiens, unseres Spezial-Vormundes (natürlich bleibt es für den in diese Vorgänge hinter den Kulissen Ungeweihten ein Geheimnis) sich ebenfalls auf das Gebiet der Journalistik zu begeben, indem sie von den großpolnischen Redakteuren des *Katolik*, Geistlichen Lic. Radziejewski und dem Herausgeber der *Gazeta górnoszlonska*, Geistlichen Przyniczynski, sich emanzipiere."

(Diese Mitteilung ist besonders wichtig, weil hier die Jahrzehnte lang geleugnete großpolnische Minierarbeit des *Katolik* ausgesprochen wird. Der Verfasser.)

(85) *Dziennik Poz.*, Nr. 286, 1891

„Noch vor zehn Jahren zählte man am Markt kaum fünf polnische Läden, heute haben sich dieselben bis auf siebenundzwanzig vermehrt, und so erhebt sich überall in diesem oder in geringerem Verhältnis unser Handel in der Hauptstadt, wie auch in der Provinz und nimmt an Ausdehnung zu ...
Möge der Weihnachtsmann so freigebig wie möglich sein, möge er es aber sein aus sich selbst und für die Seinigen, möge er daran denken, daß seine Freigebigkeit das nationale Vermögen so viel als möglich vermehre. Und wenn der Weihnachtsmann von seiner schöneren Hälfte vertreten wird, so möge sie vor allem bedenken, daß ihre Geschenke desto lieber und reizvoller sein werden, wenn sie nicht fremder Herkunft sein werden.– Nach diesen einleitenden Worten geben wir untenstehend ein möglichst genaues Verzeichnis unserer kaufmännischen und industriellen Firmen; wir machen auf dieselben aufmerksam und empfehlen sie.– Es folgen die Namen der Handelsgeschäfte und Fabriken der Stadt Posen, welche sich in polnischen Händen befinden."
(Eine derartige Liste veröffentlichte der *Dziennik Poznanski* alljährlich vor Weihnachten. Der Verfasser).

(86) *Dziennik Poz.*, Nr. 9, 1898

„Die Städte im Posenschen sind keineswegs so deutsch, wie man meint. Auf 136 Städte im Posenschen entfallen etwa nur 60 solche, in welchen die Deutschen die Majorität bilden (es sind dies aber überwiegend die größeren Städte!, der Verlag); in 70 sind sie in der Minderheit (?). In 39 Städten sind mehr als 80 % Polen (?). Das polnische Gewerbe und der polnische Handel heben sich unablässig; sie wachsen und halten mit immer größerem Erfolge die Konkurrenz des jüdisch-deutschen Handels und Gewerbes aus. In Jnowrazlaw gab es im Jahre 1895 16 deutsche und 2 polnische Kolonialwarenhandlungen, jetzt gibt es dort neben 7 deutschen 10 polnische derartige Geschäfte und außerdem 3 Drogerien. Das Baugewerbe befand sich im Jahre 1885 ganz in deutschen Händen; heute gibt es nach Fink (*Der Kampf um die Ostmark*, Berlin 1897) 6, nach Jaworski (ist der Verleger des polnischen Adreßbuches für Handel und Gewerbe) 3 polnische Baumeister. Unter den Bäckern gab es im Jahre 1885 keinen Polen, dagegen 12 deutsche; heute sind unter 28 Bäckern 8 Polen. Friseure gab es 1885 3, darunter 1 Pole; heute sind von 10 Friseuren 8 Polen. Vor 12 Jahren gab es 1 Arzt, jetzt sind deren 5.

In Schrimm gab es vor 30 Jahren viele deutsche Gewerbetreibende. Die Geschäfte am Markte waren überwiegend in jüdisch-deutschen Händen; heute haben nur ein Uhrmacher und ein Apotheker ihre Firmen am Markte, und von den übrigen Gewerbetreibenden ist nur ein Schmied Deutscher. Vom Jahre 1895 an verringert sich die deutsche Bevölkerung in Schrimm beständig, wofür die Standesregister den Beweis liefern."

(Wer unterdrückt und vertreibt also wen? Der Verlag.)

(87) *Dziennik Poz.*, Nr. 22 v. 28. Januar 1900

Zum Telegramm des Kaisers: „Wollte Gott, daß mit der deutschen Flotte auch die deutsche Sache dort gleichen Fortgang nimmt", schreibt der *Dziennik Poznanski*: „Verteidiger des bedrückten Deutschtums, hoch!"

(88) *Dziennik Poz.*, Nr. 256 v. 9. November 1900

„Alljährlich reisen hunderte und vielleicht tausende Polen in die Bäder. Es müssen selbstverständlich vor allen Dingen unsere eigenen Badeorte aufgesucht werden. Es läßt sich aber nicht immer der Wille dem Bedürfnis anpassen. Wenn wir daher genötigt sind, Erleichterung für unsere Leiden durchaus in fremden und, wie dies wegen der Nähe gewöhnlich geschieht, in schlesischen Bädern zu suchen, so müßte doch wenigstens dafür gesorgt werden, daß nicht Tausende von Mark vollständig in fremde Taschen fließen ... Wieviel von unserem Geld verschlingen nicht allein die Hotels, die Gastwirtschaften und die verschiedenartigen Geschäfte? Wieviel Trinkgelder erhalten nicht allein die nichtpolnischen Kellner? Sollten wir dieser unserer Mißwirtschaft nicht zu steuern verstehen? Ganz gewiß. Eine durch guten Willen und durch Emsigkeit unterstützte Fachkenntnis wird dem örtlichen Wettbewerb ohne Risiko die Stange halten können. Die gesunde und gute polnische Küche z. B. müßte auch die Fremden anziehen. Entsprechende, wenn auch anfänglich gemietete Räume, müßten durch ihre Sauberkeit, durch die Güte der gebotenen Sachen und die Zuvorkommenheit des Gastwirts sich empfehlen, sie würden ihm dann zweifellos ein gutes Auskommen sichern. Das in der Fremde nach heimatlichen Sachen lechzende Publikum würde bei Darreichung der nicht fremden Speisen und bei polnischer Bedienung das Nützliche mit dem Angenehmen verbinden. Dasselbe läßt sich auch von den verschiedensten Geschäften sagen, in deren Jahreseinnahme unser Geld oftmals mit nicht geringen Beträgen verzeichnet steht. Solche Läden, und sei es je einer in jedem Badeorte, nur mit den notwendigsten Gegenständen versehen, würden sicherlich auch keine schlechteren Geschäfte machen, wenn sie sich in polnischen Händen befänden ... Sehr erwünscht wären vor allen Dingen, namentlich für die älteren Personen, die oft gezwungen sind, in entfernter gelegenen Wirtschaften zu speisen, polnische Pensionate. Auch gemietete Häuser könnten zu solchen Zwekken eingerichtet werden, denn z. B. in Nauheim, in der gemieteten ‚Villa Wanda' befindet sich, wie wir gehört haben, ein derartiges Pensionat, welches von einer Polin angelegt, ganz gute Geschäfte machen soll. In Zoppot gibt es bereits mehrere solcher polnischen Pensionate. Wenn wir uns nun einmal mit den Vorschlägen befassen, wie das soziale Vermögen vermehrt werden solle, so müssen wir auch auf diejenigen Badeorte unsere Aufmerksamkeit richten, die bis jetzt der Hilfe polnischer Ärzte entbehren. So besitzen z. B. von den schlesischen, unseren nächsten Bädern, Cudowa, Salzbrunn, Warmbrunn und Flinsberg keinen polnischen Arzt ..."

(89) *Dziennik Poz.*, Nr. 285 v. 15. Dezember 1900

„Der *Dziennik* veröffentlicht, wie alljährlich, ein Verzeichnis der polnischen Kaufläden und fordert die Bevölkerung auf, bei ihnen ihre Bedürfnisse einzukaufen. Die Ladeninhaber aber müßten auch befragt werden, woher sie ihre Waren beziehen. Gibt es denn nirgends Tuch-, Leinwand-, Seifen- und Papierfabriken in den Händen polnischer Besitzer? ... Es wurde darüber Klage geführt, daß unsere Kleinhändler ihre Zigarrenvorräte nicht aus polnischen Zigarrenfabriken beziehen."

(90) *Dziennik Poz.*, Nr. 12 v. 15. Januar 1901

„Wir werden in Zukunft vollständig nach demokratischer Art auf der Adresse nur den Vor- und Zunamen und den Wohnort in polnischer und deutscher Sprache schreiben, denn *superflua non nocent ...* In dieser Weise werden wir handeln und auch nicht um Haaresbreite weichen und wir werden die betr. Behörden mit Beschwerden überschütten."

(91) *Dziennik Poz.*, Nr. 38 v. 15. Februar 1901

„Es können wohl Fälle vorkommen, wo eine Meinungsverschiedenheit zwischen den Polen und dem Zentrum möglich wäre, im allgemeinen müssen wir jedoch die bei uns auftauchende radikale Richtung verdammen, welche dahin geht, den natürlichen zwischen dem Zentrum und den Polen kraft historischer Tatsachen bestehenden Bund zu brechen. Die öffentliche Meinung in Deutschland hat sich gewöhnt, damit zu rechnen, daß das Zentrum die Polen platonisch unterstützt und unterstützen müsse; denn anders würde man noch kühnere Vorschläge gegen die Polen richten und vorbringen, und das erste Mal, wo das Zentrum für eine antipolnische Verordnung stimmen würde, würde im hakatistischen Lager einen noch nie gehörten Triumphgeschrei erwekken und den Übermut der Hakatisten über die Maßen fördern. Die radikalpolnische Richtung ist zu verurteilen, welche mit Gewalt das natürliche und historische Bündnis zwischen Zentrum und Polen zerreißen will. Es wäre dies eine unpolitische Handlung. Denn es gibt keinen Verbündeten, den man an die Stelle des zurückgestoßenen Zentrums setzen könnte."

(92) *Dziennik Poz.*, Nr. 28 v. 4. Febraur 1902

„Über Abbrechen der Handelsbeziehungen wird uns aus Warschau geschrieben: Neunzehn Warschauer Firmen, welche sich mit dem Verkauf von Papier-, Galanterie-, Leder- und Buchbinderwaren befassen, haben, nachdem sie den Beschluß gefaßt haben, Handelsbeziehungen mit den deutschen Fabrikanten abzubrechen, die Konsulate anderer Staaten davon mit der Bitte in Kenntnis gesetzt, bei der Erleichterung der Anknüpfung von Handelsbeziehungen mit ihren Produzenten behilflich zu sein. Diese Benachrichtigung wurde an den englischen, österreichisch-ungarischen, französischen, holländischen, italienischen und nordamerikanischen Konsul gesandt."

(93) *Dziennik Poz.*, Nr. 111 v. 15. Mai 1902

„Wir machen auf die Annonce des Herrn Marian Kratochwill und Dr. Stanislaus Pernaczynski aufmerksam, welche im ‚Industriehause' unter der Firma: ‚Kratochwill und Pernaczynski' ein Bankgeschäft gegründet haben. Das neue polnische Unternehmen – das erste seiner Art in privaten Händen –, welches mit seinem künftigen Tätigkeitsgefühl den in unserer Stadt bestehenden jüdisch-deutschen Bankgeschäften entsprechen will, empfehlen wir dem geneigten Wohlwollen der interessierten Kreise".

(94) *Dziennik Poz.*, Nr. 134 v. 13. Juni 1902

„Unter anderem hörte ich auch zutreffende und gerechtfertigte Ansichten von Warschauer Familienvätern, welche jetzt, nach der Marienburger Rede des Kaisers, zu der Überzeugung gekommen sind, daß der Besuch deutscher Bäder oder die Entsendung unserer Frauen und Kinder nach den deutschen Kurorten, angesichts dessen, wie die Deutschen, durch das Beispiel von oben dazu aufgemuntert, uns gegenüber sich verhalten werden, nicht nur unmöglich, sondern auch geradezu gefährlich geworden ist. Seit Beginn der antipolnischen Hetze fuhren wir ungern dorthin; gegenwärtig ist der Aufenthalt dort unmöglich. Niemand von uns, welcher noch einen Funken nationalen Ehrgefühls besitzt, wird in diesem Jahre die preußischen Bäder besuchen und mit den dortigen Deutschen Geschäfte abschließen."

(Der Besuch der westpreußischen Badeorte durch Polen, namentlich aus Rußland, dauerte in gleichem Umfang unverändert fort. Der Verfasser.)

(95) *Dziennik Poz.*, Nr. 292 v. 20. Dezember 1902

„*Morituri te salutant patria.*

Unter obigem Motto beabsichtigt der Vorstand des Vereins der Teilnehmer am Aufstande von 1863/64 in Lemberg ein Kollektiv-Gedenkbuch herauszugeben zur Feier des 40. Jahrestages dieses Aufstandes. Alle Waffen-, Leidens-, Verbannungs- und Auswanderungsgenossen ladet der Vorstand ein, an dieser gemeinsamen Arbeit teilzunehmen. Der Preis des Buches wird nach Möglichkeit niedrig bemessen."

(96) *Dziennik Poz.*, Nr. 171 v. 30. April 1903

„Für die Verschacherer.

Aus Bürgerkreisen erhalten wir folgendes Schreiben: Die Stimme Ihres Blattes und die Stimmen anderer Zeitungen, welche in den letzten Tagen in Sachen der Verschacherung väterlicher Erde erschollen und mit Recht eine Gerichtssitzung und eine Verurteilung der Landverkäufer verlangen, werden eine Stimme des Rufenden in der Wüste bleiben, wenn dem darin berührten Gedanken keine konkrete Gestalt gegeben wird. Früher wurde Vaterlandsverrat mit dem Tode bestraft, heutzutage müssen die Verräter moralisch getötet werden."

(97) *Dziennik Poz.*, Nr. 17 v. 22. Januar 1904

„Folgende vier nationale Gebote setzt der *Dziennik* von jetzt an an die Spitze des lokalen Teiles jeder Nummer: Lehren wir die Kinder polnisch lesen und schreiben! Schreiben wir im Geschäftsverkehr nur polnisch! Lassen wir nicht eine Scholle Landes verloren gehen und erwerben wir davon möglichst viel! Unterstützen wir den eigenen Handel und das eigene Gewerbe!"

(97a) *Dziennik Poz.*, v. 4. Oktober 1905

„In der ersten Versammlung der *Straz* in Hohensalza hat der Hauptredner, Herr M. Dutkiewicz, eingehender der nach 1831 einsetzenden Wirksamkeit des Dr. Karol Marcinkowski gedacht und über ihn wörtlich folgendes ausgeführt:

‚Auf seine Veranlasung entstand der noch heute in Posen bestehende Bazar Poznanski, entstanden einflußreiche kaufmännische und Handwerkerfirmen, wie die Cegielskische Fabrik, das Schnittwarengeschäft von Liszkowski usw. Das hohe Ansehen, das Dr. Marcinkowski bei allen Ständen genoß, verwertete er zur Unterstützung der neu gegründeten polnischen Unternehmen, und die damalige Bürgerschaft, welche in seinen Bestrebungen ihre Rettung sah, erhob in kurzer Zeit durch gegenseitige Unterstützung die neuen polnischen Firmen auf eine Achtung gebietende Höhe. In der Seele dieses großen Mannes ‚steckte' schon die Losung: „Jeder zu dem Seinen" (*swój do swego*)'."

(98) *Dziennik Poz.*, Nr. 278 v. 6. Dezember 1905

„Gegen die preußischen Waren.

Wir lasen im Krakauer *Glos Narodu*: ‚In der letzten Sitzung des Vereins junger Kaufleute in Krakau wurde nachfolgender Antrag des Herrn Jarosz angenommen: 1. Alle in der Generalversammlung anwesenden Prinzipale verpflichten sich auf Ehrenwort, aus Preußen nur derartige Waren zu beziehen, die sich unter keiner Bedingung durch andere ersetzen lassen. 2. Die Handlungsgehilfen verpflichten sich gleichfalls ehrenwörtlich, daß sie unnötigerweise von ihren Prinzipalen aus Preußen bezogene Waren nicht verkaufen werden und alle diesbezüglichen Übertretungen ihrer Herren Prinzipale einem zu diesem Zwecke gewählten Komitee mitteilen werden.'"

(99) *Dziennik Poz.*, Nr. 285 v. 15. Dezember 1906

Zur Auflösung des Reichstages schreibt der *Dziennik Poznanski*:

„Für uns ist diese Mitteilung auch aus dem Grunde besonders interessant, weil die polnischen Stimmen zu ungunsten des Antrages der Regierung den Ausschlag gaben, und es hat sich wieder treffend herausgestellt, daß wir nicht *une quantité négligeable* sind, wie es manchem vorkommt. So hat denn auch ein solches Resultat die Regierung und ihre Mamelucken doppelt schmerzhaft getroffen, daß eine so ‚geringe' Fraktion es fertig bekommen hat, die Grundlagen des mächtigen Staates zu erschüttern, denn so stellt sich die Sache dar. Wir bringen noch einmal die Befriedigung darüber zum Ausdruck, daß sich bei dieser Gelegenheit die Bedeutung der polnischen Fraktion erkennbar gemacht hat und danken unseren Abgeordneten dafür, daß sie sich rechtzeitig in einem so wichtigen Augenblick eingefunden haben."

(100) *Dziennik Slonski* (Beuthen O.-S.), August 1899

Daß die großpolnische Propaganda „göttlichen Rechtes" ist – diese Auffassung vertritt der *Dziennik Slonski.* Das Blatt ist empört, weil sämtliche oberschlesischen Kinder deutsch lernen müssen, „obgleich der Herrgott den polnischen Kindern polnisch zu bleiben befohlen hat, weshalb die polnischen Kinder nach dem göttlichen Recht in der polnischen Sprache unterrichtet werden müssen, neben welcher sie noch genügend deutsch lernen könnten."

(101) *Dziennik S.*, Nr. 236 v. 13. Oktober 1900

„Mögen unsere Leser überall und stets die Adressen polnisch schreiben. Die Post ist verpflichtet, solche Briefe auszuhändigen. Wo es keinen Beamten gibt, der polnisch zu lesen versteht, dort möge die Post einen solchen anzustellen."

(102) *Dziennik S.*, Nr. 22 v. 26. Januar 1901

„Brüder, Bürger! Es berührt uns schmerzlich, daß gerade katholische Schwestern (gemeint sind die Kleinkinderbewahranstalten unter Leitung von Ordensschwestern; der Herausgeber) zur Verdeutschung beitragen, daß sie nicht das polnische ‚*Ojcze nasz*', sondern das deutsche ‚Vater unser' lehren, obwohl es von dem polnischen Kinde wenig verstanden wird. Ich kam auf den Gedanken, daß man für ein Haus sorgen müßte, in welchem unsere polnischen Kinder unter der Aufsicht älterer Personen, z. B. von Witwen, gegen ein geringes Entgelt spielen könnten. Unsere Kleinkinderbewahranstalten, namentlich in Oberschlesien, sind meistens Schmieden der Germanisierung, die um so gefährlicher sind, als dort das Kind fürsorglich gepflegt wird und sich wohl fühlt. Es kommt jeden Augenblick vor, daß das Kind, wenn es nach Hause kommt, deutsche Lieder singt und selbst mit seinen Eltern nicht polnisch sprechen will. Mögen deshalb die polnischen Eltern diese Kleinkinderbewahranstalten meiden, dafür aber zu Hause darauf achten, daß das Kind aus einem polnischen Katechismus lerne und eine polnische Fibel zum polnischen Sprachunterricht und zur Erlernung der Glaubensartikel benutze. Das polnische Haus muß ein Bollwerk sein, an welchem die Bestrebungen der Germanisatoren zerschellen."

(103) *Dziennik S.*, Nr. 36 v. 13. Februar 1901

„Vor allen Dingen sorgen wir dafür, daß unsere Jugend polnisch und nüchtern bleibt, daß sie sich nicht dem Trunke ergibt und sich nicht in Raufereien einläßt, sondern daß sie das Geld zurücklege und enthaltsam ist. Wenn wir in den Zeitungen lesen, auf öffentlicher Straße, auf den Feldern und in den Wäldern kämen Raubüberfälle vor, so geschieht dies sicherlich seitens solcher Menschen, die bereits ziemlich germanisiert sind. Die germanisierende Schule schützt sie nicht vor dem Verbrechen! Wer aber das polnische Gebet und den polnischen Katechismus hochhält, polnische Bücher und Zeitungen liest, der wird im trunkenen Zustande die Leute nicht überfallen und ihnen die Köpfe blutig schlagen oder den Eltern das Geld aus der Tasche stehlen."

(104) *Dziennik S.*, Februar 1901

„Polnische Eltern, polnische Kinder, polnischer Unterricht – alles polnisch, denn nur gut polnisch ist gut katholisch ... Ein katholischer Priester darf es nicht zugeben, daß Kinder polnischer Eltern den Beichtunterricht in anderer als der polnischen Sprache lernen! Der verstorbene ‚Kanzler' des oberschlesischen polnischen Volkes, Pfarrer Engel, bezeichnete das Lernen der Religion in einer fremden Sprache gleichwertig mit dem Verluste des Glaubens. Der Priester habe die Verpflichtung, dafür zu sorgen, daß die Kinder in seinem Unterricht nur polnisch lernen, auch wenn sie dazu keine Neigung zeigen.– Aus welchem Grunde zeigen denn die Kinder mehr Neigung zum deutschen Unterricht? 1. Aus Faulheit. In der Schule haben sie die Religionswahrheiten 6 bis 7 Jahre deutsch gelernt, darum fällt ihnen das leichter, das Polnische dagegen bedeutet für sie die doppelte und dreifache Arbeit, zumal sie nicht polnisch lesen können. 2. Die Lehrer befehlen den Kindern, sich zum deutschen Unterricht zu melden, die Eltern aber kümmern sich wenig darum und denken, Deutsch das ist fein."

(105) *Dziennik S.*, Nr. 55 v. 7. März 1901

„Gott will die Germanisierung nicht, sonst hätte er auf der ganzen Welt nur Deutsche erschaffen."

(106) *Dziennik S.*, Nr. 72 v. 27. März 1901

„Die Deutschen beherrschen bei uns alles, aber die Herzen und Gedanken des polnischen Volkes werden sie nie zu beherrschen imstande sein – alle ihre dahin gerichteten Bemühungen sind vergeblich."
Nach einer amüsanten Beweisführung, wonach die Namen Rhein, Lahn, Lippe, Donau, Lech, Ammer, Wurm, Bayern slawischen Ursprungs sein sollen, fährt das Polenblatt fort:
„Daraus folgt, daß sich die Deutschen heute auf slawischen Besitztümern breit machen. Den allerneuesten Beweis dafür bietet Oberschlesien, dessen unermeßliche Größe jährlich viele Deutsche herbeilocken, um an den polnischen Schätzen und durch die Arbeit polnischer Hände reich zu werden. – Wir sind nicht hierhergekommen in ein deutsches Land. Wem es unter uns nicht gefällt, der möge sich hinausbegeben; niemand wird ihn von uns zu halten suchen, sondern wir werden ihm beistehen, damit er so schnell als möglich fort ist."

(107) *Dziennik S.*, Nr. 156 v. 12. Juli 1903

„Die Sparsamkeit in Oberschlesien nimmt zu. Nach unserer ungefähren Schätzung sind nahe hundert Millionen Mark polnischen Geldes in behördlichen Sparkassen untergebracht. Wenn dieses Geld in den Händen tüchtiger polnischer Industrieller und Kaufleute vereinigt wäre, könnte so manches polnisches Unternehmen ins Leben gerufen werden. Sparen wir, so viel wir können, unterstützen wir unsere Sparkassen und Parzellierungs-Genossenschaften. Jeder zu dem Seinen! Unterstützen wir uns gegenseitig, so wird es uns nach und nach besser gehen!"

(108) *Gazeta Gdanska* (Danzig), Nr. 78 v. 7. Juli 1894

„Der erste polnisch-katholische Verein in Pommern ist auf Anregung eines gewissen Zimny in Studzienice entstanden. Der neue Verein führt den Namen *Volksverein für Behrensdorf und Umgegend* (St. Adalbertverein) in Studzienice. Die *Gazeta Gdanska* bittet ihre Leser, den Verein durch Spendung von Lesebüchern zur Begründung einer Volksbibliothek zu Hilfe zu kommen."

(109) *Gazeta G.*, Nr. 6, 1898

„Am 16. Januar cr. fand im Zentralhotel (in Czersk in Westpreußen) ein Konzert einer Militärkapelle statt. Dies Hotel hat ein Landsmann von uns, Herr Mechlin, in Pacht, der viel riskierte, indem er ein so umfangreiches Hotel übernahm. Die Säle daselbst sind sehr geräumig, die Einrichtung sehr schön, die Waren und Getränke gut, darum können wir auch jetzt bei den bevorstehenden Hochzeiten, dieses Unternehmen unseres Landsmannes, da er es verdient, von uns unterstützt zu werden, empfehlen. Fast alle Hotels und Gasthöfe befinden sich in den Händen der Unsrigen, und nur zwei sind in jüdischem Besitz. Das Eckhaus gegenüber dem Kaufmann Ohnesorge, das sich seit langen Jahren in jüdischen Händen befindet, hat für 7 800 Mark der Fleischer Proch gekauft. Der Bürger Tylicki, welcher vor einigen Jahren aus jüdischen Händen ein altes Haus erstanden hat, beabsichtigt am Markte neben dem Kruszinskischen Hotel ein mehrere Stockwerke hohes Haus aufzuführen. Gott sei Dank, daß die Unsrigen sich so zusammennehmen und vorwärts kommen! Sie wissen aus den guten Ratschlägen Nutzen zu ziehen, die ihnen insbesondere der ehrwürdige Pfarrer Dr. Wolszleger erteilt hat, welcher bei jeder sich bietenden Gelegenheit dringend Anregung zur Vermehrung des Wohlstandes gibt.“

(109a) *Gazeta G.*, August 1899

„Die Kriegervereine wollen nun wieder einmal zeigen, daß sie noch leben. Am Sonntag beabsichtigten sie nämlich große Versammlungen abzuhalten, wo sie bei deutschem Gesang und deutscher Musik beim ‚gutem Glase‘ Bier und Tanz Betrachtungen über die schrecklichen Tage vor Sedan anstellen wollen. Mögen die deutschen Protestanten singen, tanzen und trinken vor Freude darüber, daß es Gott gefallen hat, den Deutschen zum Siege über die Franzosen zu verhelfen und die letzteren in deutsche Gefangenschaft zu überliefern – weshalb sollten sich aber die katholischen Polen daran beteiligen?! So mancher Pole möchte bei der bloßen Erinnerung an Sedan vor Schmerz sich in Tränen auflösen. Für die Deutschen haben die Polen ihr Blut vergossen, sie kämpften gegen die katholischen Franzosen, zahlreiche alte Leute haben dort ihre Stütze, ihre Söhne, Enkel und Schwiegersöhne verloren; die im Heere dienenden Polen kehrten zu tausenden verwundet nach ihren Heimstätten zurück, sie wurden von Frost und Hunger krank, bekamen den Rheumatismus und sind infolge dessen zu schweren Arbeiten untauglich geworden ... Angesichts dieser zahlreichen schmerzlichen Erinnerungen will man noch Polen zur Feier des Sedantages heranziehen. Da müßten die Polen denn doch jedes Gefühls bar sein, wenn sie sich an dieser Feier beteiligen wollten. Es würde den Polen besser anstehen, am Sedantag zu weinen, und zwar bitterlich zu weinen; sie sollten beten für ihre um die Größe Deutschlands gefallenen Brüder, sie sollten sich vor Gott demütigen, ob aller nach der Schlacht bei Sedan über unsere heilige Kirche und unsere Nation hereingebrochenen schweren Prüfungen – aber trinken, singen, tanzen und in Heiterkeit ausbrechen, das darf der Pole an diesem Tage nicht. Ihr wißt, daß man in den Kriegervereinen auf den heiligen Vater schimpft, die heilige, uns von Gott verliehene Sprache mißachtet, ja sie sogar verhöhnt, und in solchen Vereinen sollte sich ein katholischer Pole als Mitglied bewegen? Landsleute in Bruß (in Westpreußen)! Am Sonntag werden wir an allen Wegen Aufstellung nehmen und wahrnehmen, wieviel abtrünnige Polen zum Sedanfest gehen; wir werden sie uns merken, sie in allen Zeitungen bei Namen nennen und sie in

Zukunft als nicht zu uns gehörig meiden. Landsleute! Lest obige Worte denen laut vor, die der Teufel am Sonntag zu diesem Feste ziehen sollte."

(110) *Gazeta G.*, Nr. 141 v. 27. November 1900

„Am gefährlichsten für die polnischen Hühnchen sind die Herren Dorflehrer. Unsere wohlhabenden Bauernmädchen sind dem Sprichwort: ‚Der Bauer ist wie eine Mauer' gegenüber taub, sie möchten gern Frau Lehrer heißen ... Polin! Wenn Du Hand und Herz in diesen überaus traurigen Zeiten einem deutschen Lehrer gibst, so hörst Du auf, ein Mensch zu sein!"

(111) *Gazeta G.*, Nr. 153 v. 25. Dezember 1900

„Soeben lese ich in der *Gazeta Gdanska*, daß zu den seit 4-5 Jahren eingeführten, weil anbefohlenen 3 deutschen Predigten in Skarschin jetzt weitere 3-10 deutsche Vorlesungen des Evangeliums an Sonn- und Festtagen gekommen sind. O, welche Freude für die katholischen und nichtkatholischen Hakatisten, welch verzweiflungsvoller Schmerz für die Gläubigen! Ich seufzte bitter über die so und so vielen Verblendeten, die nicht begreifen, daß in einer rein polnischen Parochie deutsche Predigten die Parochianen auf die natürlichste Weise in das lutherische Bethaus führen, und zwar so glatt, daß dies niemanden verletzen wird."

(112) *Gazeta G.*, Nr. 16 v. 5. Februar 1901

„Den in der Kirche germanisierenden Geistlichen ins Stammbuch.

Wenn ich in den Zeitungen die schmerzlichen Klagen des polnischen Volkes über Germanisierung durch katholische Geistliche las, stieg mir schon manchmal der Gedanke auf, in dieser Angelegenheit einen Antrag an den heiligen Vater zu richten mit der Bitte, dafür Sorge zu tragen, daß er dieser Germanisierung durch die Kirche ein Ende setze ... In Deutschland helfen die katholischen Geistlichen noch beim Verdeutschen, und sie bewirken damit, daß dem polnischen Volke der katholische Glaube entrissen wird. Und das soll Gotteswerk sein? Das sind katholische Geistliche, die so handeln? ‚Wehe der Welt wegen des Ärgernisses!' hat Christus gesagt. Und was ist eure Germanisierung, wenn nicht das raffinierteste Werk des Satans, der unter dem Schein der zeitlichen Güter und Würden euch einredet, ihr solltet ihm Tausende unschuldiger Seelen zu Beute vorwerfen? Ein Pole, wenn er keinen sorgfältigen Religionsunterricht in der Muttersprache erhielt, ist für die Nationalität und für die Kirche verloren, sobald er in deutsche Gegenden auf Arbeit geht. Weil ihn niemand gelehrt hat, am Glauben unserer Väter (sc. polnischen Glauben) festzuhalten. Und wer ist daran schuld? Die germanisierenden Geistlichen, die achtlos unter Schädigung der Kirche erbärmlichen zeitlichen Vorteils halber Tausende von Seelen der höllischen Bestie in den Rachen stoßen. Beachtet ihr geistlichen Germanisatoren, daß ihr einst vor Gottes Richterstuhl werdet schrecklich Rechenschaft ablegen müssen, Gott wird euch nicht fragen, wieviel Polen ihr germanisiert habt, was ihr für einen Lohn dafür erhieltet, sondern: ‚Hirte, hast Du Deine Schäflein, die ich Deiner Hut anvertraut habe?' Das Leben des katholischen Priesters soll eine Nachahmung des Lebens Christi sein ... Ist aber das Leben der Germanisatoren im Priesterrock eine Nachahmung des Lebens Christi? ... Des erbärmlichen Mammons und der Ehre wegen werdet ihr Diener, nicht der Kirche, sondern der Regierung. Und ihr gebet die Schäflein, statt sie zu verteidigen, preis ..."

(113) *Gazeta G.*, Nr. 58 v. 15. Mai 1902

„Über eine Kollekte für eine Kirche in Zoppot schreibt ein polnischer katholischer Priester: ‚Auf den ersten Pfingstfeiertag hat das Pelpliner Generalvikariat eine Kollekte für die in Zoppot zu erbauende Kirche ausgeschrieben. Eine solche Kollekte zwingt niemanden zu Spenden, sie wendet sich nur an die Freigebigkeit und die freiwillige Wohltätigkeit der Gläubigen. Ich, katholischer Priester, bitte nun die Hunderttausende polnischer Katholiken unserer Diözese, für die gedachte Kirche nicht einen Pfennig herzugeben. So ist es, liebe Brüder, möge Eure freigebige und reichlich spendende Hand diesmal geschlossen bleiben und nichts geben. Unsere Würde verbietet es uns, Geld herzugeben zu Kirchen in deutschen und sich verdeutschenden Gegenden. Schon manchmal haben wir des Henkers Lohn erhalten. Pfarrer A.'"

(114) *Gazeta G.*, Nr. 75 v. 2 Juni 1902

„Die Juden in der Kassubei.

Als Erbteil unserer Väter ist der Jude bis heute von uns unzertrennlich geblieben, er hält uns in seinen Krallen fest, wie die Spinne ihr Opfer; er geht um die anderen Länder herum wie der Hund um den heißen Brei; doch wie ein Blutegel saugt er am liebsten polnisches Blut. Wo die meisten Polen sind, ob in der Stadt oder auf dem Lande, da sind auch die meisten Juden zu finden. Ja, ja, es ist höchste Zeit, sich von den Umschlingungen dieser jüdischen Spinne frei zu machen! Endlich kommen wir zur Besinnung; schade, daß es nicht schon eher geschehen ist!"

(115) *Gazeta G.*, Nr. 154 v. 25. Dezember 1902

„Zu des ‚Königs Geburtstag'

schreibt uns ein polnischer Geistlicher: ‚Es rückt die Zeit heran, in welcher mit der Gründung von Komitees begonnen wird, die sich mit der Veranstaltung der Königsgeburtstagsfeier befassen. Die Erfahrungen aus den letzten Jahren gebieten uns, wenn wir ähnlichen Unannehmlichkeiten aus dem Wege gehen wollen, jeglichen ‚Festlichkeiten' dieser Art fern zu bleiben. Dasselbe gebietet uns auch das Gefühl unserer nationalen Würde. Seine Majestät der König selbst wünscht wahrscheinlich nicht, daß sich seine polnischen Untertanen in seinem Namen mit den Deutschen vereinigen."

(116) *Gazeta G.*, Nr. 75 v. 23. Juni 1903

„Fürst-Bischof Kopp hat den Roten Adler-Orden erhalten. Wie muß sich seine Seele darüber freuen! Wir gratulieren! Auch ohne diesen Orden wußte die ganze Welt, für wen der Hirtenbrief des Kardinals geschrieben war. Und wer es nicht wußte– denn der Verstand ist so verschieden –, der weiß es jetzt ganz gewiß. Es ist gut, daß der Kardinal eine hohe Dekoration erhalten hat, und zwar jetzt vor den Stichwahlen, vielleicht werden manche von dem Purpur des Kardinals geblendete Augen noch zu rechter Zeit wieder sehend werden. Der an die Brust des Breslauer Bischofs geheftete Rote Adlerorden wird jedoch sehr sichtbar und andauernd zwischen dem Bischof und den Polen in Oberschlesien prangen. Wir können dreist sagen, daß der Hirtenbrief des Bischofs und die frische Dekoration mit dem hohen preußischen Orden für die Aufklärung der Oberschlesier dasselbe bedeuten wie die Gründung des *Gornoslonzak*."

(Drei Jahre später griff das Blatt den Kardinal Kopp gelegentlich bei der Verleihung des Schwarzen Adler-Ordens noch heftiger an, vgl. Nr. 125. Der Verfasser.
Bezeichnend ist, mit welcher Selbstverständlichkeit hier und auch bei zahlreichen anderen, in diesem Buch z. T. zitierten Anlässen, dem in einer deutschen Diozöse residierenden deutschen Bischof seine prodeutsche Haltung zum Vorwurf gemacht wird! Der Herausgeber)

(117) *Gazeta G.*, Nr. 115 v. 24. September 1903

„Die Enthüllung des Denkmals Kaiser Wilhelms I. in Danzig

Auf der vorderen Seite ist folgende Inschrift angebracht: ‚Kaiser Wilhelm dem Großen. Das dankbare Westpreußen.' Wir protestieren hiermit gegen diese Inschrift ausdrücklich. Diese Inschrift ist für viele Jahre, ja, ewige Zeiten bestimmt; wir können es aber nicht zugeben, daß spätere Geschlechter die Geschichte der heutigen Zeit falsch auffassen sollten. Die Provinz Westpreußen ist Gott sei Dank zum größeren Teile polnisch, und die Polen haben zur Aufführung dieses Denkmals durchaus nichts beigetragen. Die Deutschen der Provinz Westpreußen haben es errichtet. Warum wird die Wahrheit gefälscht und gesagt, daß beide Nationalitäten zur Errichtung des Denkmals beigetragen hätten? Diese Wahrheit ist unangenehm, aber sie ist durchaus notwendig."

(118) *Gazeta G.*, Nr. 1 v. 1. Januar 1904

Unter der Spitzmarke „Ein neuer Anschlag der preußischen Regierung auf die polnische Sprache" bringt die *Gazeta Gdanska* einige Stellen aus der geplanten Vereinsgesetznovelle und schließt daran folgende Betrachtungen:
„Es ist ganz klar, daß es sich hier nur einzig und allein um die Polen handelt. Die hakatistischen Blätter sind sogar darüber empört, daß die Regierung nicht ausdrücklich hervorgehoben hat, es sei nur auf die Polen abgesehen. Die Regierung versichert zunächst gewisse Erleichterungen, aus denen die deutschen Versammlungen Nutzen ziehen könn-

ten, aber dafür fordert sie das Schmieden eines Gesetzes gegen die Polen, das zur Folge haben würde, daß keine polnische Volksversammlung im allgemeinen werde abgehalten können. Denn die Polizei würde das Recht haben, jede Versammlung aufzulösen, in welcher polnisch gesprochen wird. Die Faustpolitik hat der preußischen Regierung so gefallen, daß sie gar nicht daran denkt, davon zurückzutreten; sie vergewaltigt alle Grundsätze der Gerechtigkeit und tritt alle durch die Verfassung uns Polen gewährleisteten Rechte mit Füßen."

(119) *Gazeta G.*, Nr. 38 v. 22. März 1904

„Landsleute! Teilt uns die Namen derjenigen Polen mit, welche bei ‚Juden und Deutschen' Waren kaufen und die fremde Gewerbetreibende und Handwerker unterstützen, und ferner diejenigen, welche fremde Restaurationen, Konditoreien, Hotels, Gasthöfe und Gastwirtschaften besuchen – und wir werden ihre Namen in der schwarzen Liste in der Pokraka veröffentlichen."

(120) *Gazeta G.*, Nr. 8 v. 18. Januar 1905

Das Beiblatt 3 *Aniol Stroz* enthält die Rubrik „An meine Kinderchen!" In ihr sind u. a. folgende Erwiderungen auf erhaltene Briefe des sogenannten ‚Vater Bogumil' enthalten.
„An Marta Banach. Deine Mitteilung hat mich sehr erfreut. Lerne weiter so fleißig und besonders polnisch, dann wirst Du Deinen lieben Eltern Freude bereiten.
An Marta Grzenia. Du hast recht; es ist eine sehr traurige Sache, daß die (!) Redakteure der polnischen Zeitungen für die Verteidigung der Wahrheit Gefängnisstrafen verbüßen müssen. Doch eine große Freude hat mir die Mitteilung bereitet, daß die polnischen Kinder für die hinter den Gittern für nationale Sachen leidenden Märtyrer beten. Der liebe Gott wird die Gebete der polnischen Kinder auch erhören und uns bessere und günstigere Zeiten herabschicken. Für Dein schönes Briefchen und für Dein Opfer zum Bau des ‚polnischen Hauses' in Danzig sage ich Dir besten Dank."
(Weitere fünf Briefe ähnlicher Art an Kinder folgen in derselben Nummer.)

(121) *Gazeta G.*, Nr. 42 v. 8. April 1905

„Gegen die ‚Jerusalemer Edelleute.'"

Ich kann wohl dreist behaupten, daß nicht einmal 20 Prozent Polen bei den Ihrigen (in Danzig) kaufen, der Rest dagegen trägt den polnischen Groschen in jüdische Geschäfte. Das Judentum hat sich daher bei uns in ungeahnter Weise vermehrt, und so ein Jerusalemer Edelmann gibt seiner Tochter 20 000 Mark Mitgift. – Ihr werdet Gott gewiß eine große Freude machen, wenn ihr am Tage seiner Auferstehung vor seinem Antlitze in Gewändern stehen werdet, die ihr bei denjenigen gekauft habt, die ihn gekreuzigt haben. Möchten doch diese meine wenigen Bemerkungen der guten Sache Nutzen bringen!"

(122) *Gazeta G.*, Nr. 123 v. 18. Oktober 1906

„Die beste Zeit ist es jetzt, Petitionen in Angelegenheit des polnischen Religionsunterrichts abzuschicken. Wir haben fünf verschiedene Petitionen auf Lager: 1. an den hochwürdigsten Herrn Bischof, 2. an den Kultusminister, 3. an die Regierung, 4. an den Schulinspektor, 5. an die Lehrer. Mögen also die Eltern, die wünschen, daß man ihren Kindern die Religion in polnischer Sprache lehre und diesen heiligen Unterricht nicht zu Germanisationszwecken mißbrauche, uns ihre Adresse angeben, und sie werden die schon fertigen Petitionen erhalten, die man nur zu unterschreiben und abzuschicken braucht."

(123) *Gazeta G.*, Nr. 124 v. 20. Oktober 1906

Nach Wiedergabe verschiedener Pressestimmen über den Hirtenbrief des Erzbischofs von Stablewski in Sachen des Religionsunterrichts schreibt die *Gazeta Gdanska*:
„Dagegen kennen die lutherischen und jüdischen Blätter keine Grenzen in der Verunglimpfung des Herrn Erzbischofs. Manche von ihnen haben den traurigen Mut, den Herrn Erzbischof geradezu des Bruches des Eides zu beschuldigen, den er bei Übernahme des erzhirtlichen Amtes dem Kaiser Wilhelm abgelegt hat. Das ist eine schamlose Falschheit. Also jeder beliebige Schulinspektor darf den teuersten Schatz, wie es das polnische Vaterunser ist, zunichte machen, doch dem Herrn Erzbischof soll es nicht erlaubt sein, sich des geschädigten Religionsunterrichts anzunehmen? Es erscheint diesen, vor germani-

schem Hochmut stinkenden Schmierblättern, daß der Herr Erzbischof ein Knecht des preußischen Systems oder ein Beamter der preußischen Regierung sei, der so tanzen werde, wie ihm jeder beliebige Minister oder Oberpräsident aufspielen würde."

(123a) *Gazeta G.*, Nr. 126 v. 21. Oktober 1906

„Und jetzt wende ich mich an Euch, geliebte Kinderchen! Nehmt Euch ein Beispiel an den Kindern im Großherzogtum Posen, die, wenn sie auch Martern dafür erdulden müssen, daß sie die Religion nicht deutsch lernen wollen, dennoch stark wie eine Mauer bei ihrem Vorhaben bleiben, gemäß dem Befehl der Eltern. Sie wissen, daß man Gott mehr gehorchen muß als den Menschen, deshalb gehorchen sie in erster Linie den Eltern, die nach Gott ihre ersten Vorgesetzten sind, und sie kehren sich nicht an den Befehl der Schule, die heute von ihnen Dinge verlangt, die im Widerspruch zum Willen Gottes stehen."

(124) *Gazeta G.*, Nr. 139 v. 24. November 1906

„Der Preuße und der Russe.

Aber man braucht nur irgendeinen Polen zu fragen, unter wem er lieber leben möchte, unter den Deutschen oder unter den Russen? Jeder wird Dir antworten: Mir ist der Russe hundertmal lieber als der Deutsche, oder gar erst noch der Preuße. Mancher wird vielleicht diesen Satz gegen die Preußen gar nicht begründen können, bei manchem wird sich der gesunde Menschenverstand gegen eine solche Auffassung der Dinge empören; aber das hilft alles nichts – das Herz spricht: Der schlimmste Russe ist noch besser als der allerbeste Deutsche. Diese Anschauung liegt hauptsächlich im Blute. Der Russe ist stets unser slawischer Bruder, und jeder ist doch in seiner Seele stolz darauf, wenn es dem Bruder gut geht und wenn er der Welt dreist verkünden kann: Das ist unser gemeinsames slawisches Blut. Wir lernen den Russen um so mehr lieben, je mehr wir die Preußen hassen werden."

(125) *Gazeta G.*, Nr. 133 v. 10. November 1906

„Fürstbischof Kardinal Dr. Kopp ein Diener der preußischen Regierung – oder wer regiert die Kirche in Preußen, Rom oder der ‚schwarze Adler'?

Eine geradezu unerhörte Nachricht brachten uns die letzten Tageblätter. Der Kardinal Kopp hat die durch die polnischen Geistlichen in Oberschlesien einberufene Schulversammlung verboten, obwohl die Geistlichen in der Versammlung lediglich um die Einführung des polnischen Religionsunterrichts in den preußischen Schulen appellieren wollten. Außerdem hat der Kardinal Kopp die Auflösung des Komitees, in welchem die betreffenden Geistlichen zusammengetreten waren, angeordnet. Weshalb hat er dies getan? Darüber hat er sich nicht ausgelassen, und sogar die deutsch-katholischen Zeitungen vermögen darüber nichts zu sagen. Nun dann wollen wir es sagen: Der Kardinal Kopp will sogar beim Religionsunterricht die polnischen Kinder in Oberschlesien der Willkür des Deutschtums überlassen, um sich bloß nicht bei dem preußischen Minister dem Vorwurf auszusetzen, er sei ein schlechter Deutscher. Er will es lieber zugeben, daß die polnischen Kinder in Oberschlesien sich in der Folge selbst im Religionsunterricht mit dem Deutschtum vollfressen, als daß er sich den Vorwurf machen lassen solle, er habe die Ausbreitung der polnischen Agitation in Oberschlesien geduldet. Kardinal Dr. Kopp hat damit gezeigt, daß ihm die Interessen des lutherisch-preußischen Systems lieber sind als die innersten Interessen der heiligen katholischen Kirche in Preußen. Sein Grundsatz ist nämlich: fort mit dem Polnischen auch im Religionsunterricht, sobald mit Hilfe des letzteren Polen heranwachsen könnten. Die Politik und die preußische Kultur sind also dem Kardinal Kopp lieber als die kirchlichen Angelegenheiten – denn zuerst die Interessen der lutherischen preußischen Regierung und erst nachher die der polnischen Religion. Der Kardinal Kopp hat also den Schwarzen Adlerorden und die Eigenschaft eines preußischen Edelmannes verdient, denn er ist ein tüchtiger Streiter der preußischen Regierung. Der heilige Stuhl wird sich jetzt überzeugen, daß wir in Preußen nicht nur Kirchenfürsten haben, die nicht nur Hirtenbriefe zum Schutze des polnischen Religionsunterrichts nicht verfassen, sondern im Gegenteil Versammlungen zur Verteidigung dieser Religion verbieten. In den Erzdiözesen Gnesen werden von Gendarmen und Polizeibeamten die Versammlungen verboten und in Oberschlesien durch – den Kardinal Kopp."

(126) *Gazeta G.*, Nr. 141 v. 29. November 1906

„Als Nachfolger des verstorbenen Herrn Erzbischofs von Stablewski nennen die deutschen Zeitungen den Domherrn Wanjura und den Prinzen Max von Sachsen, den Bruder des Königs von Sachsen, der, soviel wir wissen, Priester in Eichstätt ist. Sie schrieben, daß es ihm gelingen würde, die Polen mit der preußischen Regierung zu versöhnen. Gerechterweise gebührt uns ein polnischer Erzbischof, denn an dem Kardinal Kopp sehen wir ja, welch ein Herz die deutschen Bischöfe für das polnische Volk haben. Von Herrn Bischof Rosentreter haben wir bis jetzt auch vergeblich eine offene Verteidigung des polnischen Gebetes und der polnischen Sprache erwartet. Die deutschen Bischöfe ließen den Herrn Erzbischof bei seiner Verteidigung des polnischen Gebetes isoliert dastehen, und wenn sie dazu imstande gewesen wären, hätten sie ihn sogar daran gehindert. Heute kommen bei den deutschen Bischöfen erst die Politik und Berlin, und erst dann das polnische Volk. Wir aber werden diesmal sicher keinen polnischen Erzbischof erleben. Schadet nichts, bei einem deutschen Bischof wird der polnische Geist noch mehr erwachen!"

(127) *Gazeta G.*, Nr. 27 v. 2. März 1907

„Sie wollen unseren Grund und Boden enteignen."

Unter obiger Spitzmarke bespricht die *Gazeta Gdanska* das Projekt eines Enteignungsgesetzes, welches die Regierung einbringen wolle, weil sich die Polen nicht freiwillig auskaufen ließen, und mit Rücksicht auf die Verhältnisse in Rußland, wo für die Polen bessere Zeiten hereinbrächen. Es heißt dann:

„Die preußische Regierung fürchtet sich vor diesen besseren Zeiten der Polen in Rußland, denn dann würden sich auch die Unsrigen unter preußischer Herrschaft danach sehnen, und anstatt an einer besseren Zukunft zu zweifeln, um so fester daran zu glauben, und dann wird von einer vollständigen Vernichtung der polnischen Nationalität keine Rede mehr sein. Und es könnte geschehen – denn die Ratschlüsse Gottes sind unerforschlich – ,daß ein selbständiges Königreich Polen erstände, also würden unsere Landsleute unter preußischer Herrschaft – nach Ansicht der Regierung – eine Losreißung von Preußen und eine Angliederung an dieses Königreich beabsichtigen. Gerade vor diesem Königreich Polen fürchten sich die Preußen wie vor Feuer, und das ist eine der Hauptursachen, daß sie sich über Hals und Kopf mit uns beeilen-... Wenn ein Enteignungsgesetz, und sei es auch in der mildesten Form, zur Durchführung käme, so wäre das ein schrecklicher Schlag für unsere Parzellierungsgenossenschaften, und wer weiß, ob sie dann noch eine Daseinsberechtigung hätten. So würde sich in Kürze das neue antipolnische Projekt darstellen, mit dem sich der preußische Landtag noch in diesem Jahre beschäftigen wird."

(128) *Gazeta G.*, Nr. 112 v. 19. September 1907

„Die Konsumbank in Löbau sucht einen Verkäufer durch Vermittlung des *Geselligen*. Das bedeutet, daß dieser polnische Konsumverein bereit ist, diese Stelle einem Deutschen zu übertragen. Daß unsere Polen doch keinen Verstand annehmen können. Sie wissen doch gut, daß die Hakatisten mit Rücksicht auf den polnischen Charakter des Konsumvereins Einkäufe bei ihm nicht machen werden, und trotzdem gehen sie zu einem derartigen Hakatisten, wie es der *Gesellige* ist. Wie könnt ihr Herren es verlangen, daß euch die Deutschen achten, wenn ihr selbst eure polnische Ehre nicht zu achten versteht."

(129) *Gazeta G.*, Nr. 128 v. 26. Oktober 1907

„Der Reichskanzler regiert das Deutsche Reich und die preußischen Hakatisten den Reichskanzler

Sie haben – wie sich ihre Pressereptile rühmen – dem Reichskanzler zwei Eingaben überreicht. In der einen stellen sie die Bedingung, daß die Ansiedlungskommission die Erlaubnis erhalten soll, polnische Güter zu enteignen, und gleichzeitig machen sie Vorschriften darüber, unter welchen Bedingungen diese Enteignung ausgeführt und eine wie hohe Entschädigung die Ansiedlungskommission den Enteigneten zahlen soll. Weshalb soll die Ansiedlungskommission das Recht erhalten, Grund und Boden zu enteignen? Höret, o Brüder, die Begründung der Hakatisten. Aus dem Grunde, weil die Polen ihren Grund und Boden nicht mehr freiwillig losschlagen wollen. Ein Fluch auf jene teutonischen hakatistischen Ungeheuer drängt sich einem auf die Lippen, auf jene Ungeheuer, die sich mit der größten Schamlosigkeit erdreisten, in den Zeitungen mit ihrer diabolischen Gerechtigkeit zu prahlen. Zwischen dem Kreuzritter des Mittelalters und dem Kreuzritter der Neuzeit gibt es keinen eigentlichen großen Unterschied. Jener mordete die

Slawen, um das polnische Land in Besitz zu nehmen, dieser wirft die Polen mit Gewalt aus ihrem Landbesitz. Der Unterschied ist nur der, daß jener Kreuzritter der Neuzeit sie wie das Vieh aus ihrem Landbesitz hinauswirft. Der ehemalige Kreuzritter entschuldigte sich, wenn er die Slawen erschlug, beim Heiligen Stuhl damit, daß sie nicht Christen werden wollten, der heutige Kreuzritter entschuldigt das Hinauswerfen der Polen aus ihrem Landbesitz damit, daß sie dies verdienen, weil sie den preußischen Staat stürzen wollen. Die Gerechtigkeit eines Henkers! Ferner verlangen die Hakatisten vom Reichskanzler, die Regierung solle sich das Recht des Protestes gegen jeden Verkauf von ländlichem Grundbesitz ausmachen, sie solle ferner den Grundbesitz mit unkündbaren Zusatzhypotheken belasten, die zur Verbesserung des Akkers verwendet werden sollen, schließlich solle die Regierung Rentengüter für Arbeiter zur Bildung von Arbeitersiedlungen schaffen, und zwar zu dem Zwecke, um immer Feldarbeiter zur Zeit der Ernte zur Hand zu haben. Wer sich diese letzten Anträge der Hakatisten genau ansieht, der sieht, daß die Hakatisten aus den angesiedelten deutschen Arbeitern Sklaven des Staates zu machen beabsichtigen.“

(130) *Gazeta G.*, Nr. 128 v. 26. Oktober 1907

Zur Broschüre des Herrn von Turno bemerkt die *Gazeta Gdanska*:

„Wir wollen einen Frieden mit der preußischen Regierung, wie ihn Herr von Turno erstrebt, nicht haben, denn das wäre ein Zeugnis, daß wir uns ohne die Gnade und Hilfe der preußischen Regierung nicht begeben können. Wir würden uns das Zeugnis von Leuten ausstellen, die nicht an die eigene Kraft glauben. Wir glauben indessen, wie der Schulstreik bewiesen hat, an die Hilfe Gottes und an unsere eigenen Kräfte und wir wollen keine fremden Götter haben, denn ‚wer sich auf fremde Hilfe verläßt, den verläßt Gott‘.“

(130a) *Gazeta G.*, Nr. 2 v. 4. Januar 1908

„Vor allen Dingen müssen wir alles vermeiden, was bei unseren Gegnern den Anschein erwecken könnte, daß wir eine besondere polnische Politik zur Schwächung unserer Zugehörigkeit zum preußischen Staate treiben. Wir sagen immerfort: die preußische Regierung und die Hakatisten wissen ganz gut, daß wir uns vom preußischen Staate nicht losreißen wollen, weshalb sollen wir nun das immerfort wiederholen? Das ist ja wahr, aber einem Feinde, der darauf besteht, uns nicht zu glauben, darf man nicht einmal einen Vorwand dazu geben, daß er uns bedrückt. Die Fortschrittler im Reichstage, von denen das Schicksal unserer Versammlungen und unserer polnischen Zeitung abhängt, erklären offen, daß sich die Polen im Königreich Polen und in Galizien in die polnischen Angelegenheiten Preußens mischen. Nach ihrer Meinung sind die polnischen Landesteile ein unzertrennlicher Teil des preußischen Staates, wer sich also aus dem Auslande in ihre Angelegenheiten mischt, der steckt seine Nase in fremde Sachen. In der Beziehung können wir den Fortschrittlern nicht helfen, ebenso wie wir den Polen aus dem Königreich Polen und aus Galizien nicht befehlen können, ihre Waren aus Preußen zu beziehen, wenn sie sie aus Rache über das Enteignungsgesetz nicht haben wollen. Wenn es nämlich den Hakatisten und anderen preußischen Wehrwölfen erlaubt ist, die Polen auszuschimpfen, so wird wohl kein Deutscher unseren Brüdern im Königreich Polen und in Galizien verbieten können, sich über das uns zugefügte Unrecht zu entrüsten. Mögen sie des Sprichwortes gedenken: ‚Haust du meinen Juden, so hau ich deinen Juden'. Aber in einem Punkte können wir den Fortschrittlern Recht geben, und zwar darin, daß unsere Landsleute aus Preußen im Auslande keine politischen Reden halten, wie es in Warschau gelegentlich bei der Versammlung des *Volksschulvereins* geschehen ist (in der Herr von Koscielski gesprochen hat; der Herausgeber). Denn wenn wir auch versichern werden, daß wir uns von den Preußen nicht losreißen wollen, so werden die Herren Preußen und Russen uns doch erwidern: ‚Ihr redet nur so, aber trotzdem fahret ihr nach Warschau, Lemberg und Krakau und haltet dort politische Reden, als wenn ihr eine große polnische Nation wäret; durch solche Reden lockert ihr nur die Bande, die euch mit den einzelnen Staaten verbinden, und dadurch zeigt ihr eure Insubordination'. Seien wir so schlau und listig wie die Juden, wie die Franzosen und wie die Dänen unter preußischer Herrschaft. Sie fahren weder nach Paris noch nach Kopenhagen mit ihren Klagen, denn sie wissen, daß ihnen das nichts helfen würde, sondern daß sie dadurch noch eine größere Verfolgung hervorrufen würden, und zwar deswegen, weil ihnen von Berlin aus vorgeworfen werden würde, daß sie sich von Preußen losreißen wollten. Und obwohl sie ruhig zu Hause sitzen, sind sie ihrer Nationalität noch nicht verlustig gegangen, und sie halten an ihrem Standpunkte fest. Diese unsere ausländische Agitation hat uns viel geschadet, und deshalb unterlassen wir sie im neuen Jahre."

(131) *Gazeta Górnoslonska* (Beuthen O.-S), Nr. 19, Mai 1875

„Durch fleißiges Lesen der *Gazeta Górnoslonska* habe ich mich überzeugt, daß die Brüder Oberschlesier trotz achthundertjähriger Knechtschaft ihre Nationalität nicht verleugnet und ihren heiligen römisch-katholischen Glauben nicht vernichtet haben, im Gegenteil mit Wort und Tat beweisen, daß sie danach dürsten, treue Söhne der unglücklichen Mutter Polen und der heute unterdrückten Kirche zu bleiben. Seitdem Ihr angefangen habt, Euch zum Lesen zu entschließen und mit den ersparten Groschen die edlen Ziele der Redakteure verschiedener Schriften zu unterstützen, haben Eure Feinde aufgehört, Euch gering zu schätzen. Vor länger als tausend Jahren, als es in Großpolen noch kein Posen, Gnesen, in Schlesien kein Breslau, Liegnitz, Oppeln, als weder Türken noch Ungarn und Russen existierten, als es weder mit Bäumen bepflanzte Wege, noch gemauerte Städte und nur ungeheure Wälder gab, wohnten zwischen dem Eis und dem Schwarzen Meer, der Elbe und der Wolga, also fast zwei Drittel von Europa, nur slawische Völkerschaften. Es war dies kein so unwissendes und wildes Volk, wie unsere Zivilisatoren uns einzureden sich bemühen. Es war im Gegenteil in manchen Sachen den damaligen Deutschen überlegen. Der deutsche Apostel Bonifaz führte Slawen an den Rhein, damit die Deutschen Ackerbau und Handwerk von ihnen lernten; nicht wir haben von den Deutschen, die Deutschen haben von uns gelernt. Ein Beweis der damaligen hohen Kultur geben die alten Slawengräber, in welchen wir heute noch Beile, Hämmer, Schwerter usw. finden. Vor tausend Jahren hat das einige slawische Volk weder Knechtschaft noch Untertanenschaft gekannt, es gab weder Arme, noch Bettler, noch Diebe. Die Hütten standen des Nachts offen, und in jeder war ein Tisch mit verschiedenen Erfrischungen besetzt, damit der Reisende sich ausruhen, satt essen und trinken konnte. Es gab weder Herren noch Edelleute, alle waren sich gleich."
(So kann man die Geschichte auch darstellen ... Der Verlag.)

(132) *Gazeta Gó.*, Nr. 17 v. 1. März 1876

„Am 28. Februar 1876 ist Herr Dr. Chlapowski aus Posen in Beuthen angelangt und begibt sich von hier nach Königshütte, um den Dr. Brodziak während der viermonatlichen Gefängnishaft des letzteren zu vertreten."

(133) *Gazeta Gó.*, Nr. 4 v. 13. Januar 1877

Der polnische Priester Przynieczynski schreibt in einem Artikel über die polnische Sprache in Oberschlesien u. a. folgendes:

„Nach langen Debatten und Ermahnungen habe ich, was viele andere genehmigt haben, beschlossen, 100 000 Exemplare eines praktischen polnischen Elementar-Lehrbuches mit einem Anhange des kleinen Katechismus usw. zu drucken, an dessen Spitze ich mit einer warmen und zugleich drohenden Ansprache zu den Eltern beginne, damit diese die Stelle des Lehrers einnehmen, in den freien Stunden ihre Kinder zu Hause unterrichten, und wir hoffen zu Gott, daß wir nur einzig und allein auf diese Art und Weise sehr viel dazu beitragen werden, daß die geliebte polnische Sprache nicht untergehen wird. Im Besitze einer eigenen Druckerei wird dies bedeutend billiger werden, aber ungeachtet dessen wird die Ausgabe an 1 000 Taler kosten.“ Im folgenden wird dann zu Geldsammlungen, auch in Posen, Westpreußen und Galizien, aufgefordert.

(134) *Gazeta Gó.*, Nr. 59 v. 28. Juli 1877

Im Inseratenteil befindet sich folgender Aufruf:

„Da sich auf unseren Aufruf mehrere katholisch-polnische Ärzte gemeldet haben und da wir alle gern in Oberschlesien fesseln möchten, so bitten wir deshalb die Gläubigen, wenn irgendwo eine gute entsprechende Stelle wäre, uns dies sofort wissen zu lassen, und wir werden nach der Erfüllung und Überzeugung von unserer Seite gern dazu beitragen. Brüder! Bemüht Euch, damit Ihr als Polen auch überall und wo es nur möglich ist polnische Ärzte habt.

Die Redaktion“

(135) *Gazeta Grudzionska* (Graudenz), Nr. 49 v. 29. April 1897

„Unsern Verleger, Herrn Kulerski, hat am vorigen Montagnachmittag der Hochwürdige Herr Erzbischof Dr. von Stablewski in seinem Palast in Gnesen empfangen und demselben, sowie dessen Familie und dem Verlage der *Gazeta Grudzionska* seinen Segen gespendet.“

(136) *Gazeta Gr.*, Nr. 110, 1897

Diese Nummer knüpft an das polenfreundliche Auftreten des Redakteurs Wagner zu Posen folgende Bemerkungen an:

„Selbstverständlich wird es jetzt von Seiten der Polenfresser Flüche auf Wagner, Richter und die gesamte freisinnige Partei herabregnen, daß man sie wahrscheinlich ‚vaterlandslose Gesellen' nennen wird. Wer die Polen nicht verfolgt und bedrückt, sondern für dieselben Gerechtigkeit und Bürgerrechte fordert, wer darüber empört ist, daß königliche Eidschwüre, wodurch den Polen alle Freiheiten zugesichert wurden, von den Ministern, also von den ersten Männern im Lande, mißachtet werden, der gilt in den Augen des polenfresserischen Gesindels für einen Menschen, der des patriotischen Fühlens ermangelt. Ein schöner Patriotismus, der auf schwerem, einer anderen Nationalität zugefügtem Unrecht basiert!"

(137) *Gazeta Gr.*, Nr. 119 v. 9. Oktober 1897

„Die *Germania* nennt uns Polen, indem sie der Absicht, ein Zentralwahlkomitee zu bilden, Erwähnung tut, ‚polnische Preußen'. Möge die *Germania* wissen, daß es für den Polen die ärgste Beleidigung ist, wenn ihn jemand ‚Preuße' nennt! Wir sind Polen und nur Polen und höchstens noch Untertanen des Königs von Preußen, nicht aber irgendwelche Preußen!"

(138) *Gazeta Gr.*, Nr. 126, 1897

„Wir müssen gestehen, daß wir im Prinzip durchaus nicht dafür sind, mit Deutsch-Preußen bei irgendeiner Gelegenheit zusammenzugehen. Es hat sich schon oft gezeigt, daß wir bei diesem Zusammengehen mit Preußen schlecht fahren und daß es für uns das Beste ist, wenn wir sie wie eine Seuche, wie Pestluft meiden."

(139) *Gazeta Gr.*, Nr. 128, 1897

„Einer gewissen deutschen Firma, von der wir das Papier für unsere Druckerei bezogen, haben wir erklärt, wir würden von jetzt an nur polnisch an sie schreiben, und wir erwarteten von ihr nur polnische Antworten. Die gedachte Firma war gern damit einverstanden, und seitdem werden die Korrespondenzen hier wie dort nur in polnischer Sprache erledigt. Es wäre erwünscht, wenn alle polnischen Druckereien in ähnlicher Weise sich einrichten wollten, dann würden so und so viele Polen mehr Arbeit finden. Unsere polnischen Kaufleute senden oft deutsche Rechnungen aus. Es ist geradezu eine Schande für unsere Gesamtheit, darum bitten wir unsere Leser, deutsche Rechnungen von keinem Kaufmann anzunehmen, sondern solche sofort zurückzuschikken."

(140) *Gazeta Gr.*, Herbst 1898

„Ihr polnischen Eltern in Graudenz, Tarpen und anderen benachbarten Dörfern, lehrt also Eure Kinder die polnische Sprache lieben, lehrt sie vor allem das ‚polnische' Vaterunser! Drängt sie nicht in die ‚feine', sondern schickt sie in die polnische Abteilung! Dann werden sie gewiß gute Katholiken bleiben, ihre Seele retten und Euch die Scham ersparen! Sonst wehe Euch, Eltern wehe! Gottes Gericht wird über Euch kommen und über Eure Kinder. Verdammt werdet Ihr und sie sein!"

(141) *Gazeta Gr.*, März 1899

„Hört also, Ihr polnischen Mädchen und Frauen! ... Das polnische Weib, die polnische Jungfrau sind der machtvollste Schutz und Schirm des Polentums. Erst dann gelänge es, uns zu verdeutschen, wenn das Deutschtum in unsere Häuser eindränge, aber das wird, so Gott will, nie eintreten, solange es in unseren Häusern polnische Mütter, Frauen und Jungfrauen geben wird. Sie werden einen Feind des Polentums nicht über die Schwelle lassen. Für die Polin ist es eine Schande, einem Deutschen, einem Feinde des Polentums, die Hand zum Ehebunde zu reichen, oder sogar deutsche Vergnügungen und Feste zu besuchen. Solange die polnische Frau über den Mann wachen wird, daß er stets und überall als Pole auftrete, und über das Haus, daß es ein Herd des Polentums sei, und daß sich darin eine polnisch-katholische Zeitung (!) finde, so lange die polnische Mutter ihre Kinder lehren wird, in polnischer Sprache zu Gott und für das geliebte Polen zu beten, so lange werden alle Gelüste der Feinde des Polentums vergeblich sein."

(142) *Gazeta Gr.*, 8. April 1899

„Wenn die Preußen nun verlangen, daß wir Polen uns in Preußen verwandeln sollen, so wollen sie, daß wir unsere schöne Sprache, in der uns die Mutter das erste Gebet lehrte, aufgeben sollen, wir sollen überhaupt vergessen, daß wir Polen sind. Aber lieber Bruder, wenn Du schon aufhörst, polnisch zu sprechen und dafür „*fajn dajcz*" (fein deutsch) sprichst, bist Du in ihren Augen noch kein echter Preuße. Die Hauptursache ist, Du muß Deinen katholischen Glauben verleugnen, dann erst bist Du ein echter Preuße, und dann werden sie Dir sagen ‚so ist's recht!' Das heißt ins Gesicht; hinter Deinem Rücken aber werden nicht nur die besonnenen Elemente und gerechten Deutschen, sondern auch jene Preußen, die da verlangen, daß Du ein Verräter an Deiner Religion und Nationalität wirst, verächtlich sagen: ‚Dieser Pollack ist doch ein gemeiner Lump.' Wir wissen genau, daß die Preußen fordern, daß wir solche Lumpen werden! Aber daraus wird nichts. Wir wollen nie und nimmer Preußen sein. Wir werden wie bisher so auch ferner treue Untertanen des preußischen Königs sein, unter dessen Herrschaft wir durch Gottes Willen gelangt sind, aber wir bleiben immer eifrige Polen und Katholiken und werden unseren heiligen Glauben und unser geliebtes Polentum bis zum letzten Atemzug verteidigen. Unsere Kinder werden wir aber zu tüchtigen Polen und treuen Verteidigern unseres heiligen Glaubens erziehen, nicht aber zu Preußen."

(143) *Gazeta Gr.*, April 1899

„Die Herren Preußen machen sich sehr wenig aus dem lieben Herrgott; denn sie sagen sich: Wir haben Bajonette, Karabiner und Kanonen, was kann uns da geschehen? Und so schlafen sie den Schlaf des Gerechten. Aber es gibt auch solche, die nicht so ruhig schlafen können, die daran glauben, daß es einen Gott im Himmnel gibt, der es zwar nicht eilig hat, wohl aber unendlich gerecht ist und darum kein Verbrechen straflos hingehen lassen kann. Wenn diese Preußen der Polen gedenken, wenn sie daran denken, daß ihre Väter an Polen das gräßliche Verbrechen begangen haben, das sie so zartfühlend die Teilung Polens nennen, dann stehen ihnen aus Angst vor der Strafe Gottes, die auf sie fallen kann, die Haare zu Berge. Dann möchten sie das uns durch ihre Väter zugefügte Unrecht schnellstens wieder gut machen, und daher schreien sie aus vollem Halse: Polen wieder aufrichten! und: Noch ist Polen nicht verloren! Diese Sorte Preußen ist noch nicht die schlimmste ... Es bleibt noch eine dritte Sorte Preußen (sc. die Hakatisten) übrig, und das sind die ärgsten Schufte. Das sind jene Judasse, die uns Polen aushungern, vernichten, in möglichst kurzer Zeit zu Grunde richten möchten. ... Und was sagen wir zu alledem? Nun, wir lachen innerlich alles dessen und sagen: Gut, gut, Ihr Herren Preußen, es ist ja wahr, Polen ist noch nicht verloren. Tilgt die Schuld Eurer Väter, so lange es noch Zeit, so lange Gott noch geduldig ist; denn, wenn diese Zeit der göttlichen Geduld vorüber ist, dann wird Euch Gott samt Euren Bajonetten, Karabinern und Kanonen zermalmen und uns Polen gegen Euren Willen doppelt das wiedergeben, was Ihr uns genommen habt. Der römische Staat war größer und mächtiger als der Eure, denn die Römer herrschten über die ganze Welt. Doch als das Maß ihrer Nichtswürdigkeit voll war, da traf sie Gottes Finger, und heute ist von dem ganzen mächtigen römischen Staat keine Spur mehr übrig."

(144) *Gazeta Gr.*, Mai 1899

„Landsleute, seid bei den Einkäufen am Sonntag dessen eingedenk, daß derjenige, der seinem Landsmann nichts gönnt und sein Geld zu einem Fremden trägt, das Polentum um sein Geld bestiehlt und das polnische Volk in die Not hinabstößt."

(145) *Gazeta Gr.*, Mai 1899

Aus Jablonowo bei Graudenz wird dem Blatte gemeldet, daß einer der dortigen bäuerlichen Wirte sein Land an ‚Andersgläubige' (!) verkauft habe. Dazu macht das polnische Organ die Bemerkung: „Möge es ihm Gott in seiner letzten Stunde nicht gedenken!"

(146) *Gazeta Gr.*, Oktober 1899

„Zunächst seid Ihr (deutsche Katholiken) zu gering, um über uns ein Urteil zu fällen, und sodann wollen wir Euch sagen, entfernt, Ihr Heuchler, erst den Balken aus Eurem Auge, und dann sehet zu, wie Ihr den Splitter aus unserem Auge entfernt. Denket daran, welche Kaiser und Könige gegen den Stellvertreter Christi ihre Hand erhoben haben. Waren es Polen? Nein, das waren Eure deutschen Katholiken! Welche

Nation hat denn Häretiker und Ketzer hervorgebracht? Nur Eure deutsch-katholische Nation! Welche Bischöfe wollten denn die Unfehlbarkeit des Papstes nicht anerkennen? Etwa die polnischen? Nein, Eure deutsch-katholischen! Welche gelehrten Professoren, deren Amt es ist, die Jugend zu Geistlichen zu erziehen, schreiben denn ketzerische und der Lehre der heiligen Kirche zuwiderlaufende Werke? Etwa die polnischen? Nein, Eure deutsch-katholischen! Wer reißt denn heute scharenweise von der Kirche Christi los? Etwa die allseitig verfolgten Polen? Nein die Deutsch-Katholiken in Österreich!
Es gibt auch unter den Polen Leute, welche nicht in die Kirche gehen und am Freitag Fleisch essen, aber auf diese zeigen die Polen und die polnischen Zeitungen auch mit dem Finger. Und bei Euch ißt sich mancher Zentrumsmann am Freitag vor der großen Faste an Wurst satt und geht von der Parade oder vom Amte in die Kirche, und trotzdem gilt er bei Euch für einen guten Katholiken, ja sogar für den Leiter irgendeines ‚Vereins'. Da habt ihr, Ihr Deutsch-Katholiken, einige ‚ausdrucksvolle' Worte, denn auf eine grobe Haut reichen allzu rücksichtsvolle Ermahnungsworte nicht aus."

(147) *Gazeta Gr.*, Nr. 151 v. November 1899

„Mit dem Bau neuer Schiffe sind wir zweitens darum nicht einverstanden, weil wir Polen kein Interesse daran haben, daß das Deutsche Reich, in dem die Herren Preußen den Reigen führen, noch mächtiger werde. Denn diese Macht des Deutschen Reiches gereicht uns nur zum Schaden. Je mächtiger es nämlich ist, desto kecker setzen uns die Preußen zu, desto kühner treten sie unsere heiligsten Rechte mit Füßen."

(148) *Gazeta Gr.*, Nr. 1, Januar 1900

Aus der Beilage *Goß Swiateczny*, d. i. Festgast:

„Der Weichsel Klage.

Frei strömte ich (die Weichsel) bis nach Danzig hin, frei ergoß ich mich ins blaue Meer, heute aber fesselt mich des Tyrannen satanische Macht, bezahlte Schergen bewachen heut mein Ufer ... Daher schwellen meine Pulse vor Grauen und Zorn, und das aufgeregte Wasser eilt zum Meere. Wartet, es wird einst, schäumend und trübe, meine Feinde in gräßlicher Überflutung ersäufen!"

(149) *Gazeta Gr.*, Nr. 6 v. 13. Januar 1900

„Wir beschwören Euch, polnische Eltern, gestattet Euren Kindern, insbesondere Töchtern nicht, in jene scheußlichen lutherischen Gegenden zu wandern. Bringt Ihr, polnische Mütter, Eure Kinder dazu auf die Welt, erzieht Ihr sie darum sorgfältig in der Furcht Gottes und in der Liebe zu seiner allerheiligsten Mutter, daß sie sich später in jene halbheidnischen Gegenden (gemeint ist Westfalen; der Herausgeber) an der dortigen Zügellosigkeit und Lockerheit der Sitten anstecken und an Leib und Seele zu Grunde gehen?"

(150) *Gazeta Gr.*, Nr. 13 v. 29. März 1900

Aus dem *Beiblatt Przyjaciel Dziatwy:*

„Ekel erfaßt den Menschen, wenn man auf diese Leute (die deutschen Ansiedler; der Herausgeber) blickt, die beim Essen ... gemeinsam mit Hühnern und Schweinen zusammensitzen. Die Hühner schreiten auf dem Tische herum, springen jedem Deutschen auf die Schultern und reißen ihm jeden Bissen aus. Daneben auf der Bank sitzt ein Ferkel und verlangt mit lautem Quieken, daß der Wirt es an seine Schüssel heranlasse. In der Küchentür sieht man ein feistes deutsches Weib stehen, das eine Schüssel voll ungeheurer Klöße auf den Tisch bringt. Sie wird begleitet von zwei Hühnern und Schweinen, die begehrlich nach den Klößen sehen. So sieht es in mancher deutschen Hütte aus, und das ist deutsche Ordnung. Gott behüte uns davor!"

(151) *Gazeta Gr.*, 1. Juli 1900

„Das polnische Vaterland, diese deine teure Mutter, Kind, war mächtig, ach, und schüttelte mit freigebiger Hand damals das aus, wonach auf der Welt seit Jahrhunderten die Menschen jagten und jagen. Heute verscheidet das Vaterland, ach, es verscheidet ungewollt, und auf seiner Leiche sitzt eine Schar blutiger Geier. Sag's, Landsmann, schmerzt dich das nicht? Sprüht das Rot der Scham nicht auf deiner blassen Wange Feuer, bebt deine Brust nicht vor Schluchzen? Wirst du dein Leben nicht hingeben für seine Auferstehung? ...
Heute hat man uns alles genommen. Nichts haben wir von dem Unsern, die Rechte, die Waffe, die Schätze, den Glauben an Gottes Na-

men, alles haben uns die preußischen ... verschlungen, auf des Vaterlandes Trümmern, im Rauch der Brandstätten."

(152) *Gazeta Gr.*, Juli 1900

Das Blatt vergleicht den *Ostmarken-Verein* mit der chinesischen Boxersekte und schreibt: Die Ähnlichkeit wäre schon insofern da, als auch die Namen der Anführer der Boxer die Anfangsbuchstanben H. K. T. (Hey-tung, Kung-hy und Tuan) hätten (Hansemann, Kennemann, Tiedemann).

„Wir können also die Boxer auch chinesische Hakatisten nennen, denn die Ähnlichkeit zwischen beiden ist geradezu in die Augen springend.– Die chinesischen Hakatisten hassen und verfolgen alles, was nicht deutsch ist. Beide kämpfen gegen einen Schwächeren und beide werden von ihren Behörden unterstützt. Zweierlei gibts aber doch, was sie unterscheidet: die chinesischen Hakatisten trachten denjenigen, die von ihnen verfolgt werden, nach dem Leben, während die Deutschen ihre Gegner um ihr Brot bringen bzw. in ihnen das Nationalgefühl und den Glauben (!) töten wollen. Weiter kämpfen die chinesischen Hakatisten gegen die Fremden, die ungebeten in ihr Land eingedrungen sind, die Deutschen dagegen wollen das polnische Volk aus den diesem seit ewigen (?!) Zeiten gehörenden (!) Landesteilen verdrängen. Welche Hakatisten sind nun besser, die deutschen oder die chinesischen? Frage ein jeder dieserhalb sein Rechtsgefühl und sein Gewissen."

Das war selbst für ein polnisches Hetzblatt ein starkes Stück. Doch bald darauf erschien Ähnliches im vornehmen Organ des deutschen Zentrums, der *Kölnischen Volkszeitung*:

„Sie spotten ihrer selbst und wissen nicht wie, unsere deutschnationalen Zionswächter. Während sie sich über die Schandtaten der Chinesen entrüsten und teilweise schon in die Anschauung hineinreden, daß unsere Truppen diese Barbaren ohne Gnade und Erbarmen niedermetzeln müßten, hetzen sie gleichzeitig tagtäglich gegen die Polen und bejubeln stürmisch alle Maßregeln der Behörden, die eine Zurückdrängung und Unterdrückung der Polen zum Zweck haben. Beides entspringt derselben Quelle: dem bornierten und hochmütigen Fremdenhaß. Und wenn man den Unterschied des Kulturstandes bei uns und in China berücksichtigt, kann man auch nicht finden, daß die Mittel, die man bei uns zur Befriedigung des Fremdenhasses anwendet, moralisch so unendlich höher ständen, als die von den Boxern angewandten. Die

Boxer schlagen die Fremden tot, die bei uns gegen die ‚Fremden' angewandten Mittel gehen auf ihren wirtschaftlichen Ruin und auf ihre geistige Verkrüppelung aus. Man gestehe es doch nur; bei einem großen Teil unserer Stützen des Deutschtums hat der Fremdenhaß in rein materiellen Dingen seinen Grund; man gönnt den Polen Besitz und Erwerb nicht, hängt diesem Neid aber das ‚nationale' Mäntelchen um."

Interessant, daß sich das führende Blatt der katholischen Partei, die sich im deutschen Reichstage, ja im Deutschen Reiche die regierende nannte, anscheinend von denselben Händen bedienen ließ, die auch in polnischen Hetzblättern tätig waren. Der Herausgeber.

(153) *Gazeta Gr.*, Nr. 43 v. 20. April 1901

„Die preußische Zivilisation, die bekannt, berüchtigt und verhaßt ist nicht nur in Europa, sondern auf der ganzen Erdkugel, hat sich zu einer neuen Tat aufgeschwungen, welche sie ganz gewiß von neuem der Verachtung seitens aller gesitteten Nationen preisgeben wird. Diese Tat zeigt nämlich klar, daß die scheinbare preußische Zivilisation in Wirklichkeit keine Zivilisation, sondern scheußlicher Barbarismus ist, schlimmer als der Barbarismus Rußlands, ja sogar ärger als der Barbarismus Chinas. (Es handelt sich um die Aufhebung des polnischen Sprachunterrichts in dem Mariengymnasium zu Posen und in dem Gnesener Gymnasium; dann heißt es weiter:) ... Die preußischen Polenfresser werfen den polnischen Zeitungen unausgesetzt vor, sie hetzen die polnische Bevölkerung auf; doch ist das eine niederträchtige Lüge und eine nichtswürdige Verleumdung. Nicht die polnischen Zeitungen, sondern die Preußen empören durch ihre Handlungen, wie Aufhebung des polnischen Sprachunterrichts, selbst die friedlichsten Menschen nicht nur, sondern sie versetzen dieselben in die gräßlichste Leidenschaftlichkeit. Ein solches Verfahren ist ein blutiger Hohn. Die Preußen mögen auf diesem Wege nur fortfahren, sie werden dann erleben, daß es in der ganzen polnischen Nation keinen Menschen, sogar kein Kind geben wird, welches nicht flehentlich Gott anrufen wird, daß er, der Allmächtige, mit seinem machtvollen Arme diese tollwütige Meute unserer Verfolger zu Pulver zerreibe, diese Meute, die uns unaufhörlich mit Füßen tritt und mit dem Schaum der Tollwut auf den Lippen schreit: ‚Ausrotten, vernichten, endlich einmal ein Ende machen mit dieser polnischen Nation!'"

(154) *Gazeta Gr.*, Nr. 75 v. 22. Juni 1901

„Auf irgend welchen Befehl hin hat augenscheinlich ein toller Hund diese ganze Meute polenfresserischer Bulldoggen gebissen, und so heulen und schäumen jetzt alle diese polenfresserischen Blätter von den *Danziger Neuesten Nachrichten* und von dem *Geselligen* an bis zum *Posener Tageblatt* und bis zu den verschiedensten schlesischen Blättern in einer Weise, daß es scheinen könnte, als ob diese tollwütigen Bestien jeden Augenblick in ihr eigenes scheußliches Fleisch beißen werden. Uns Polen könnte dieser Anblick der ergrimmten und tollwütigen polenfresserischen Bulldoggen erschrecken und beunruhigen, wenn wir nicht an die unausgesetzten Bisse dieser Hundemeute seit langem gewöhnt wären."

(155) *Gazeta Gr.*, Nr. 100 v. 20. August 1901

Zu dem angeblichen Ausspruch des Erzbischofs Simar: Die Polen sind ein verkommenes Volk, schreibt das Blatt:

„Dem Erzbischof Simar steht es frei, ein eifriger Deutscher zu sein, er hat sogar die Pflicht, sein deutsches Vaterland zu lieben und die deutsche Politik in bösen wie in guten Tagen zu unterstützen, aber als Katholik und noch mehr als katholischer Erzbischof sollte er die Entnationalisierung der Polen nicht unterstützen oder wünschen, selbst wenn das ganze Glück seines deutschen Vaterlandes davon abhängen sollte. Denn ein römisch-katholischer Bischof ist vor allem Nachfolger der Apostel und nicht Diener des Staats, und noch dazu eines halb freimaurerischen. So fassen wir die Sache auf. Darum brauchen wir gegenüber den Vorwürfen der *Germania* und anderer ‚dajczkatholischer Pharisäer', daß die Polen ‚minderwertige Katholiken' seien, nur auf den Erzbischof Simar und seine ‚unchristlichen Wünsche' hinweisen. Wenn die deutschen Erzbischöfe so geartet sind, wie müssen da erst die einfachsten Geistlichen, wie erst die weltlichen Deutschkatholiken beschaffen sein! Ihr Heuchler, zieht zuerst den Balken aus dem eigenen Auge, und dann seht zu, wie Ihr den Splitter aus Eures Nächsten Auge zieht! Asche aufs Haupt, Ihr Herren ‚Dajczkatholiken', denn niemand sonst auf der ganzen Welt hat so viel Häretiker, Ketzer und verbissene Feinde der Kirche Christi erzeugt als gerade Ihr Deutschkatholiken. In keiner anderen Nation hat das Luthertum sich so vermehrt wie unter Euch, Ihr Herren Deutschkatholiken, und das ist gewiß auch ein Zeichen dafür, was Ihr für gute Katholiken seid! Und Ihr wagt es in Euren Blättern, uns Polen minderwertige Katholiken zu nennen! Verächtlich speien muß man auf solche kreuzritterliche Heuchelei!"

(156) *Gazeta Gr.*, Nr. 65 v. 31. Mai 1902

„Wie bekannt, laufen noch viele Polen in die Kriegervereine, obgleich sie wissen sollten, daß im Kriegerverein ein Pole und ein Katholik nichts zu suchen hat. Wer ein aufrichtiger Katholik ist, der sollte von jetzt an keine Minute länger im Kriegervereine bleiben, wenn in diesen Vereinen eine solche freimaurerische und der katholischen Kirche feindliche Kost geboten wird. Es sei denn, daß jemand sich nicht mehr um seinen guten Namen als Pole und Katholik kümmert, ein solcher möge in die Kriegervereine gehen, und noch besser, er möge sogleich öffentlich seinen Glauben und das Polentum verleugnen."

(157) *Gazeta Gr.*, Nr. 75 v. 24. Juni 1902

„Zum Kampf gegen die polnischen Namen.

Und was sollen wir hierbei tun? Da ist kein anderer Rat, als ein für allemal öffentlich bekannt zu machen, es ein für allemal seinen Kindern anzusagen und zu wiederholen, daß derjenige, welcher sich seines polnischen Namens entäußert, der größte Lump, der niederträchtigste Mensch ist, nicht wert, polnische Eltern zu haben! Für solchen Menschen müßte schon für immer das Elternhaus, für solchen Menschen müßten schon für immer die Elternherzen verschlossen bleiben. Die Eltern müßten sich öffentlich von ihm lossagen und ihn vollständig enterben! Solche Spreu, solch' ein räudiges Schaf möge gehen zu – unseren Feinden! Lieber leiden, lieber das Leben verlieren, als ein Verleugner und Auswurf der polnischen Gemeinschaft zu werden."

(158) *Gazeta Gr.*, Nr. 1 v. 1. Januar 1903

Der Redakteur des Blattes schreibt an die Leser folgendes:

„Liebe Brüder! Infolge Strafantrages des Herrn Kanonikus Kunert bin ich, wie Ihr wohl wißt, liebe Brüder, für einen zur Verteidigung unserer polnischen Geistlichen geschriebenen Artikel zu 12 Monaten Gefäng-

nis verurteilt worden. Und Gott sei Dank habe ich die Zeit auch überlebt, an Kräften wohl erschöpft, aber ungebrochen und noch stärker im Geiste, als irgend jemals. Daß der liebe Gott mich hat glücklich aus dem Gefängnisse geführt, verdanke ich vor allen Dingen Euren Gebeten, liebe Brüder, welche Ihr für mich zum Thron des Allerhöchsten emporgesandt habt. Der Herr vergelt' Euch diese Gebete!
Auch habe ich mich schon davon überzeugt, in welcher Weise Ihr denen allen geantwortet habt (gemeint ist die Zunahme der Abonnentenzahl; der Verfasser), die über meine 12monatige Gefängnisstrafe triumphiert haben. Diese Eure Antwort hat mich so gerührt, daß ich Euch nur das Eine sagen kann: Es ist einem nicht leid, für Euch im Gefängnisse zu büßen, auch würde es einem nicht leid tun, das Leben für Euch zu lassen. Nun gebe mir Gott die Kraft, Euch bis zu meinem Lebensende dienen zu können!"

(159) *Gazeta Gr.*, Nr. 116 v. 27. September 1904

„Ob Polen auferstehen wird?

Man muß um so mehr an die Zukunft einer freien polnischen Nation glauben, dieser Nation, die immer das Bollwerk des Christentums gewesen ist, dieser Nation, die eine so erhabene Geschichte und eine so prächtige Literatur besitzt, dieser Nation, die sich trotz der Teilung Polens den teilenden Mächten zum Possen als einc Nation fühlt, dieser Nation, die trotz der gegenwärtigen Bedrückung und Verfolgung wächst und sich weiter entwickelt und sich um die Erfüllung der großen Aufgaben reißt, die ihr die Zukunft bringen wird. Eine solche Nation muß und wird frei sein, obgleich wir daran glauben, daß ihre Befreiung in einer anderen Weise vor sich gehen wird als die Befreiung der Griechen, Serben und Bulgaren. Sehr richtig sagt unser Prophet: ‚Auch eine große Nation kann verkommen, doch untergehen kann nur eine nichtswürdige Nation.' Darum, wenn du morgens und abends mit deinen Kindern zum Gebete niederkniest, dann lehre sie zum gewöhnlichen Gebet hinzuzufügen: ‚Lieber Gott, gebe dem Vaterlande die Freiheit! Lieber Gott, erlöse Polen! Du Königin der Krone Polens, bete für uns und lege für uns Fürbitte ein'."

(160) *Gazeta Gr.*, Nr. 31 v. 1. November 1904

„Der Krieg mit den Hereros

wird für die Deutschen immer unangenehmer, weil auch andere Negerstämme in den Aufstand getreten sind, um die deutsche Herrschaft von sich abzuschütteln. Wenn sich schon die Deutschen ungern als Freiwillige melden, so kann man sich um so weniger über die Polen wundern, und zwar aus zweierlei Gründen. Befinden wir uns doch in der Gefangenschaft der Preußen, eines der schlimmsten deutschen Stämme, und wir wissen daher, wie die deutsche Gefangenschaft schmeckt. Wir sehen doch, wie besonders die polenfresserischen Preußen auf unsere Vernichtung bedacht sind. Und dürfen wir Polen angesichts dieses Umstandes der preußisch-deutschen Regierung mehr geben, als wozu wir gesetzlich verpflichtet sind! Nie und nimmermehr! Nur das geben, wozu wir gesetzlich verpflichtet sind und nichts mehr! Wir zahlen Steuern und dienen beim Militär innerhalb der Grenzen des Reichs, aber als Freiwilliger darf kein Pole nach Afrika gehen."

(161) *Gazeta Gr.*, Nr. 137 v. 15. November 1904

„Über die polnisch-katholischen Geistlichen

herzufallen, ist für die preußischen Polenfresser eine reine Wonne! Polenfresserische ‚Blaty', wie der *Gesellige*, das *Posener Tageblatt* und ähnliche Wachhunde bellten darüber sehr, daß in der Erzdiözese Gnesen-Posen die Kinder jetzt schon vom 8. Lebensjahre an zum Vorbereitungsunterricht für die heiligen Sakramente gehen und fordern, daß die Regierung das verbieten solle. Darauf kann man nur sagen: ‚Die Stimmen der Hunde dringen nicht zum Himmel' und die Regierung soll sich von kirchlichen Angelegenheiten fern halten! Bei der heutigen unvernünftigen Unterrichtsmethode, wo die Schule alles nur dem einen Zwecke weiht, dem Kinde deutsch plappern zu lernen, wo die Schule nicht mehr den Religionsunterricht in polnischer Sprache und den für den Unterricht in der heiligen Geschichte und im Katechismus so dringend erforderlichen polnischen Leseunterricht erteilt, gebrauchen unsere Kaplane beim Unterricht sehr viel Zeit, um den Kindern etwa beizubringen! Daher ist es kein Wunder, wenn die Kaplane selbst polnischen Leseunterricht erteilen, denn wie sollen sie den Kindern den Unterricht in der heiligen Geschichte und im Katechismus erteilen, wenn sie nicht lesen können!"

(162) *Gazeta Gr.*, Nr. 23 v. 23. Februar 1905

„Polnisches Volk, stoße die Versucher von dir!

Bruder, dem der liebe Gott ein Stück Land gegeben hat, weiß du denn nicht, daß du es darum erhalten hast, damit das Polentum auf ihm einen Stützpunkt hat? Weiß du denn nicht, daß diese Hütte, die auf deinem Acker steht, der liebe Gott zu einem Schilderhaus gemacht hat, in dem du zur Verteidigung des Glaubens und der Sprache der Väter Wache stehen sollst! Und wehe dir, wenn du deine Aufgabe nicht erfüllst, wenn du zum Auswurf der Volksgesamtheit wirst und deinen ehrenwerten Vätern Schande machen wirst, denn das Ende der Vaterlandsverräter pflegt schrecklich zu sein. Darum höre, du polnisches Volk, auf die Stimme deiner Mutter, deines Vaterlandes, das flehentlich ruft: ‚Mein Sohn, zerreiße meinen Leib nicht! Mein Sohn, liefere nicht meinen Leib zu noch größerer Qual den Feinden aus! Mein Sohn, gehorche mir oder sei – verflucht!' Und gibt es noch etwas Schrecklicheres als den Fluch der Mutter?
Besinne dich deshalb, mein Bruder, der du geblendet von dem Judasgolde, das dir die Feinde geben, schon die Hand gegen deine Mutter erhebst! Weise das Geld zurück, stoße die Versucher von dir und erhöre deine Mutter! Sie wird dich segnen und du wirst das Gold, das dir die Feinde für ein Verbrechen, für den Verrat der Mutter, des Vaterlandes, geben wollten, durch ehrliche Arbeit zusammen scharen und den kommenden Geschlechtern einen makellosen Namen hinterlassen. Geliebtes polnisches Volk, stoße um Gottes willen die Versucher von dir und lasse den vaterländischen Boden nicht aus deinen Fingern."

(163) *Gazeta Gr.*, Nr. 29 v. 9. März 1905

„Etwas über einen Bund der slawischen Nationen

... Doch möge das russische Volk erst die ihm von seiner eigenen dummen Regierung angelegten Ketten zerreißen, dann wird die Frage der Vereinigung der slawischen Völker einen großen Schritt vorwärts getan haben, und es wird einmal, wenn auch in ferner Zukunft, eine Föderation der slawischen Völker zur Tatsache werden. Und weil unter den slawischen Völkern das polnische Volk das aufgeklärteste und befähigste ist, so wird es in diesem Bunde auch eine sehr große Bedeutung haben. Es ist ja ganz natürlich, daß eine solche Vereinigung der Slawen in einem großen Staatenbund, z. B. nach dem Muster des

Deutschen Reiches, eine ungeheure Bedeutung hätte, denn ein solches slawisches Reich würde eine Macht darstellen, vor der sich ganz Europa demütigen müßte."

(164) *Gazeta Gr.*, Nr. 70 v. 13. Juni 1905

„Ein Bild, darstellend die polnischen Könige,
erhalten alle unsere Abonnenten in der nächsten Woche, und zwar voraussichtlich am kommenden Sonnabend. Wir hoffen, daß jeder von Euch sich das schöne Bild wird einrahmen lassen, um es an die Wand zu hängen, denn ein solches Bild sollte in jedem wahrhaft polnischen Hause angebracht sein."

(164a) *Gazeta Gr.*, Nr. 105 v. 2. September

„Große Freude hat bei den Polenfressern geherrscht, als sie hörten, daß aufgrund eines Beschlusses des Graudenzer Gerichts gegen unseren Verleger vorgegangen werden soll. Wie Euch bekannt ist, muß er demnächst ins Gefängnis wandern, und dazu hat das Gericht nun noch eine alte Klage wegen Aufreizung zu Gewalttätigkeiten eingeleitet. Doch Ihr lieben Brüder und Mitstreiter werdet ihm in diesem Mißgeschick unzweifelhaft dadurch Linderung verschaffen und Freude bereiten, daß ihr den Polenfressern zum Trotz die *Gazeta Grudzionska* um so mehr unterstützen werdet: 500 neue Abonnenten für jeden Tag Gefängnis unseres Verlegers! Das möge jetzt Eure Losung sein! Wenn auf diese Weise 15 000 neue Abonnenten hinzukommen werden, so wird unsere polnische Sache dadurch einen gewaltigen Vorteil haben!"

(164b) *Gazeta Gr.*, Nr. 111 v. 16. September 1905

„Liebe Brüder und Mitstreiter! Wenn diese Worte in Eure Hände gelangen, dann werde ich nicht mehr in Freiheit, sondern in der Gefängniszelle sein. Deshalb ist es auch mein Wunsch, von der Gefängnisschwelle aus noch einige Worte an Euch zu richten. Es ist für einen polnischen Redakteur keine Schande, im Gefängnis für unsere heilige polnische Sache zu leiden, und ich wäre ein schlechter Redakteur, der bei dem Gedanken erbleichen würde, daß er vielleicht im Gefängnis dafür wird leiden müssen, daß er in der Verteidigung der Wahrheit und Gerechtigkeit das uns zugefügte Unrecht mit scharfen Worten gegeißelt hat. Es ist vielmehr eine nicht geringe Ehre und Auszeichnung, der Märtyrer einer guten Sache zu werden! Trotz der, wenn auch schweren Strafen werden wir nicht aufhören, das polnische Volk aufzuklären. Solches Vorgehen halten wir für unsere Pflicht gegenüber unserem geliebten Volk. In diesem schweren Augenblicke meines Lebens wende ich mich gewissermaßen von der Gefängnisschwelle aus an Euch, liebe Brüder und Mitstreiter, mit der heißen Bitte, daß Ihr, während ich im Gefängnis sein werde, Eure *Gazeta Grudzionska* in besondere Obhut nehmet! Sorgt mit allen Mitteln, sie zu unterstützen und zu fördern. Sorget, daß sie eine unerschütterliche Stütze unserer Sache werde! Wenn dies eintreten würde, dann werde ich im Gefängnis dem lieben Gott dafür danken! Wenn ihr, liebe Brüder, mit Euren Frauen und Kindern zum Gebet niederkniet, dann bittet auch den lieben Gott, daß durch seine Gnade dieser Aufenthalt im Gefängnis meine Krankheit nicht verschlimmere, damit ich nach der Rückkehr zur Freiheit für Euch und für die polnische Sache weiterarbeiten kann. Euer aufrichtig ergebener

Viktor Kulerski“

Diese geschäftspolitische Rede an die Abonnenten wurde von polnischen Blättern als „schamloses Geschäftchen“ des sattsam bekannten „Geschäftspatrioten Kulerski“ abgetan. Die *Gazeta Grudzionska* ließ sich aber durch diese Vorwürfe ihrer Landsleute nicht beirren. Sie agitierte mit dem Gefängnis-Aufenthalt ihres Verlegers weiter.

(164c) *Gazeta Gr.*, Nr. 138 v. 18. November 1905

Nach zwei Monaten dieser geschäftspatriotischen Reklame schreibt sie: „Eine weitere Quittung muß das polnische Volk für die Gefängnisstrafe unseres Verlegers Herrn Kulerski geben, der nun wieder eine Gefängnisstrafe für die polnische Sache verbüßen muß: Weil unsere Gazeta 5 000 neue Abonnenten schon bekommen hat, so fehlen noch zehntausend Abonnenten, um unsere bekannte Losung zu erfüllen: ‚1000 neue Abonnenten für jeden Tag Gefängnis unseres Verlegers!‘“

(165) *Gazeta Gr.*, Nr. 140 v. 23. November 1905

„Briefe von Kindern

1. Von Bronislawa P. in Dortmund. Als ich aus dem lieben *Przyjaciel* erfahren habe, daß unser Herr Kulerski gerade während der Feiertage im Gefängnis sitzen muß, war ich sehr traurig. Ich bete auch für ihn, damit er glücklich aus dem Gefängnis komme und wieder etwas an uns schreibe. Wir gehen jetzt zum polnischen Gesangsunterricht, ungefähr 30 Kinder, was uns sehr freut. Das gefällt uns viel besser als das Lied *Ich bin ein Preuße*. Und nun grüße ich den lieben *Przyjaciel* und alle Leser von ganzem Herzen.

2. Von Marta W. in Zamorze. Ich schreibe das erste Mal an den lieben *Przyjaciel* und teile ihm mit, daß mein Vater die *Gazeta Grudzionska* vom 1. Oktober ab hält, und sie uns allen gut gefällt. Wir wohnen in einem deutschprotestantischen Dorfe und ich besuche auch eine protestantische Schule. Aber trotzdem lerne ich polnisch schreiben und lesen, und der Vater gibt mir nationale Lieder aus einem Liederbuch auf, die ich auswendig lerne. Einige kann ich schon. Jeden Sonnabend kommt ein Lehrer aus Pniewy und erteilt uns Unterricht im Katechismus."

(166) *Gazeta Gr.*, Nr. 74 v. 21. Juni 1906

„Hat der hochwürdigste Erzbischof das Recht, den deutschen Religionsunterricht zu verbieten?

Nach unserer Meinung, nach der Meinung der angesehensten Priester, überhaupt nach der Meinung gebildeter Personen, hat der Erzbischof unbedingt das Recht, diese sündhafte, diese abscheuliche Lehre, welche heute die preußische Schule in den Stunden erteilt, welche für den hl. Religionsunterricht bestimmt sind, zu verbieten. Denn dies ist kein Unterricht der katholischen Religion, das ist eine schändliche Entehrung derselben durch ihre Verwendung zu politischen Zwecken. Wie ein sehr gebildeter Priester an den *Orendownik* schreibt, steht der gänzliche Religionsunterricht, was den Inhalt und die Form desselben anbelangt, unserer hl. katholischen Kirche oder deren Vertretern zu. Denn nur den Aposteln und deren Nachfolgern hat der Herr Jesus den Religionsunterricht übertragen. Die Leiter der Kirche, Hirten und Bischöfe haben also die Verpflichtung, offen vor Gott und den Menschen zu verkündigen, daß dies keine katholische Religion ist, und sie haben weiter die Verpflichtung, diesen Unterricht zu verbieten. Denn wie die Leiter der Kirche vor jeder Ketzerei, vor jedem Schisma warnen, sogar vor jedem Buche, welches etwas enthält, was den Lehren der Kirche widerspricht, so müssen sie anordnen, daß von den Kanzeln so schnell als möglich erklärt werde, daß die heute während der für den hl. Religionsunterricht bestimmten Stunden erteilte Lehre mit den Grundsätzen der katholischen Kirche nicht übereinstimme und nicht katholisch sei. Aus allem, was wir oben geschrieben haben, geht hervor, daß unser hochwürdigster Erzbischof das Recht hat, diese schändliche Lehre, welche heute die preußische Schule fälschlich als katholischen Religionsunterricht erteilt, zu verbieten. Denn das ist eine unkatholische Lehre, das ist keine Lehre der katholischen Kirche, sondern eine Lehre der freimaurerischen preußischen Regierung, also eine ketzerische Lehre. Der hochwürdigste Erzbischof kann also diesen Unterricht dadurch verbieten, daß er den Lehrern das Recht, Religionsunterricht zu erteilen, jene ‚*missio canonica*' entzieht. Hat doch während des früheren Kulturkampfes der verstorbene Erzbischof Graf Ledochowski den deutschen Religionsunterricht in den Gymnasien verboten! Wenn dies der Erzbischof damals konnte, so kann er es auch heute. Der hochwürdigste Erzbischof soll nur diesen schändlichen Unterricht erst verbieten, so wird unser wackeres polnisches Volk schon selber wissen, wie es handeln soll."

(167) *Gazeta Gr.*, Nr. 104 v. 30. August 1906

„Das Preußentum martert unsere Kinder.

Aus den verschiedensten Orten geben uns Mitteilungen zu über die Peinigung unserer Kinder in den Schulen dafür, daß sie auf Befehl der Eltern die Religion in deutscher Sprache nicht lernen wollen. Seid um nichts besorgt, liebe Eltern! Und vor allem fürchtet euch nicht vor diesen dummen Drohungen, daß sie eure Kinder bis zum 15. oder 16. Lebensjahre in der Schule behalten würden. Mit solchen Drohungen kann man nur den allerdümmsten Leuten Furcht einjagen, denn jedem einzigen, der ein wenig Öl im Kopfe hat, muß es doch der einfache Verstand sagen, daß sie die Kinder gar nicht in der Schule behalten können. Denn nicht nur, daß unsere Schulen mit Kindern überfüllt sind, besteht auch noch ein großer Lehrermangel. Darum seid mutig und vernünftig, liebe Eltern! Erfüllet eure katholisch-polnische Pflicht, und im übrigen verlasset euch auf Gott. Denket daran, daß Gott seinen Dienern hilft."

(168) *Gazeta Gr.*, Nr. 107 v. 6. September 1906

„Schickt es sich für Polen an dem Sedanfeste teilzunehmen?

Auf diese Frage gibt eine vorzügliche Antwort eine soeben aus der Schwetzer Gegend eingegangene Korrespondenz, die wie folgt lautet: ‚Sicherlich werden das alles solche gewesen sein, die keine polnischen Zeitungen lesen. Und wißt ihr auch, was wir nach Sedan bekommen haben? Nach Sedan haben wir alle antipolnischen Gesetze bekommen. Nach Sedan hat die Wut der Preußen gegen alles, was polnisch ist, an Macht zugenommen. Nach Sedan sind auf uns gefallen und fallen noch immer härtere Schläge und Niederlagen. Vor Sedan durfte noch jeder sprechen, wie ihm der Schnabel gewachsen war – nach Sedan ist unsere schöne polnische Sprache zum Verbrechen, zum Verrat geworden! Vor Sedan konnte jedermann Gott in seiner Sprache loben – nach Sedan darf nicht einmal das unschuldige Kind in der Schule zu seinem Schöpfer in polnischer Sprache beten. Ja – nach Sedan ist unsereins immer mehr gehaßt und verhaßt. Könnte sich wirklich ein echter Pole finden, der sich aus Anlaß des Sedantages freuen und auf dem Sedanballe amüsieren könnte? Höchstens wohl einer, der gar keine Bildung besitzt, der keine polnischen Zeitungen liest, oder der das Nationalgefühl als Pole und das Empfinden, daß er sich durch die Beteiligung an solchen Festen selbst erniedrigt, vollständig verloren hat‘.“

(169) *Gazeta Gr.*, Nr. 109 v. 11. November 1906

„Der ‚kleine Kanzler‘ Fürst Bülow

hat einem evangelischen Pastor aus der Provinz Posen versichert, daß er die polnische Frage als eine der wichtigsten Fragen für Preußen hält und halten wird, und daß die Deutschen in dieser Beziehung seiner Unterstützung immer gewiß sein mögen ... Na, die *Gazeta Grudzionska* und alle Polen können dem ‚kleinen Kanzler‘ die schriftliche Versicherung geben, daß er mit uns Polen, trotz seiner hohen, d. h. trotz aller seiner Anstrengungen und Bestrebungen – das Spiel verlieren und alles verspielen wird. Er wird die Mauer mit dem Kopf nicht durchrennen, was sogar die *Frankfurter Zeitung* bei Besprechung der antipolnischen Politik der preußischen Regierung betont hat. Bei dem immer stärkeren Ansturm gegen jene Mauer kann man sich eher schließlich den Kopf einrennen. Ja, an dieser unserer polnischen Mauer, die Gott sei Dank immer stärker und dauerhafter wird, werden sich nicht nur der ‚kleine Kanzler', sondern auch die unsere Vernichtung erstrebenden Polenfresser die Köpfe einrennen!"

(170) *Gazeta Gr.*, Nr. 118 v. 2. Oktzober 1906

Denunziation beim Ausland.

„Angesichts dessen erachten wir es geradezu für eine Pflicht unserer Volksgesamtheit, die Welt über die Niederträchtigkeit des Preußentums zu informieren. Diese Pflicht legen wir aber vor allen Dingen auf die Schultern der *Straz*. Wir haben schon früher zum Ausdruck gebracht, daß die *Straz* die Pflicht habe, die ganze Welt über die Gewalttaten, deren das Preußentum sich unserem unglücklichen Volke gegenüber zuschulden kommen läßt, zu informieren."

(171) *Gazeta Gr.*, Nr. 214 v. 16. Oktober 1906

„... Und diese Auslagen (polnischer Zeugen in einem Presseprozeß gegen das Blatt; der Herausgeber) würden vor den Augen der erstaunten Welt einen solchen Abgrund von Gewissenlosigkeit und Verbrechertum der preußischen Regierung oder ihrer Tschinowniks in der Behandlung der polnischen Kinder in Schulangelegenheiten im allgemeinen enthüllen, daß diese scheinbar zivilisierte preußische Regierung eine Schmach für ganz Deutschland werden würde. Die ganze Welt würde sich mit Verachtung und Abscheu von einem solchen Abgrund von Gewissenlosigkeit und Barbarismus abwenden. Und wie das Brausen des Sturmes aus allen Enden der Welt ertönt, so würden in den Ohren des rücksichtslosen Preußentums aus dem Munde aller Völker die Rufe widerhallen: Mörder der Kinderseelen, Henker der unschuldigen polnischen Kinder – Schande euch, Barbaren – in der ganzen Welt und zu allen Zeiten! Und ganz mit Recht! Die Kniffe der preußischen Regierung können das helle reine Tageslicht nicht vertragen! Herr Kanzler und Herr preußischer Ministerpräsident, Herr Kultusminister! Ihr verdrehet die pädagogischen Grundsätze, ihr tretet sie mit Füßen, ihr verschafft unseren polnischen Kindern die schrecklichsten Torturen und quälet sie sowohl physisch als geistig in grausamer Weise! Ihr tötet in unseren Kindern mit Hilfe des verbrecherischen Schulsystems die Intelligenz, um sie zu geistigen Krüppeln zu machen, um sie in der Jugend zu vernichten und sie für den Lebenskampf un-

tauglich zu machen! Ihr vergiftet, mordet die Seelen unserer Kinder, ihr mißbraucht den hl. Religionsunterricht zur Germanisierung, zu politischen Zwecken. Ihr erwecket in ihnen Haß zur Religion! Ihr begehet ein schändliches Verbrechen an den Seelen unserer Kinder, und doch habt ihr nicht den Mut des gemeinen Raubmörders, der sein Opfer tötet und sich damit brüstet. Gott fürchtet ihr nicht, aber ihr fürchtet euch, vor dem Gericht der zivilisierten Völker zu stehen! Schämet euch, ihr fürchtet das Tageslicht. Den Geist und die Seele des polnischen Kindes zu töten, fürchtet ihr euch nicht, aber ihr wollt im Geheimen arbeiten – wie Giftmischer, wie Meuchelmörder!
Doch wir werden nicht eher ruhen, bis wir eure Taten vor das Forum der ganzen Welt gezerrt haben werden, bis die zivilisierten Völker euch mit der verdienten Verachtung bestraft haben werden, bis sie sich überzeugt haben werden, daß diese eure gepriesene deutschpreußische Kultur Aufschneiderei und Lüge ist, daß das ein elender Anstrich ist, unter dem sich der widerwärtigste Barbarismus verbirgt. Dafür werden wir sorgen. Gott der Höchste aber, dessen Rechte ihr verspottet, dieser Gott, den ihr durch den Mißbrauch der hl. Religion zu politischen Zwecken lästert, dieser Gott wird euch mit seiner strafenden Hand erreichen, euch und den preußischen Staat, der dadurch, daß er der Menschheit Unrecht zugefügt hat, zur Macht emporgewachsen ist, und der unaufhörlich Unrecht auf Unrecht häuft, eines schrecklicher wie das andere, eines fürchterlicher wie das andere. Die Tränen und die Seufzer der gemarterten polnischen Kinder rufen gen Himmel um Rache, und Gott wird sie rächen – so wahr Gott lebt – er wird sie rächen! So wie Herodes, der grausame Kindesmörder, einst vom widerlichen Gewürm zernagt, lebendig verfault ist, so werdet ihr verfaulen, ihr und eure ganze Volksgesamtheit! Ha – ihr fault schon, nagt nicht an eurer Volksgesamtheit der Tippelskirchkrebs und das Podbielskitum? Nagt an euch nicht die Fäulnis der Ostmarkenzulage? Und wie einst Gott die Ägypter für die Mordtaten der Pharaonen gestraft hat, so tötet heute der Todesengel in den großen Zentren eurer Verderbnis auf Befehl des Herrn der Heerscharen eure Säuglinge! Das ist die strafende Hand Gottes, die langsam eure Macht in Staub zermalmt! Wir sehen im Geiste das zukünftige Grab eurer Macht, denn die Seufzer und Tränen der polnischen Kinder und die moralischen Foltern ihrer Eltern rufen gen Himmel um Rache – denn Gottes Mühlen mahlen langsam, aber sicher!“

(172) *Gazeta Gr.*, Nr. 128 v. 25. Oktober 1906

„Heil den polnischen Kindern!

Der Schulunterricht hat gegenwärtig schon überall begonnen – deshalb ist auch der Streik der Kinder in dem Religionsunterricht im Großherzogtum Posen fast allgemein geworden. Das Preußentum verliert den Kopf, die Regierungsfiguren knirschen mit den Zähnen und dörren sich beim Überlegen von Mitteln, den Widerstand zu brechen, die Köpfe aus, aber sie sind machtlos. Die Inspektoren und Lehrer, diese Hauptschuldigen, soweit es sich um das Kassieren des polnischen Religionsunterrichts handelt, schäumen vor Zorn, aber sie sind ratlos. Das schwache polnische Kind triumphiert moralisch. Weder Arrest noch körperliche Züchtigungen fruchten etwas. Das Kind verharrt ruhig im Widerstand, und Gott verleiht ihm sichtlich Kräfte, weil es für die Verteidigung seines heiligen Gesetzes kämpft, für die Verteidigung der heiligen Lehren der katholischen Kirche. Ehre und Ruhm dafür den polnischen Kindern! Und unsere Kinder werden siegen, wenn sie nur ausharren und wenn die polnischen Eltern im ganzen Bereich der polnischen Lande im preußischen Anteil ihre Pflicht erfüllen und ihren Kindern diesen schändlichen nichtkatholischen Religionsunterricht verbieten. Wir hegen besonders die Hoffnung, daß auch die Eltern in der Kulmer und Ermländer Diözese wie ein Mann in den Kampf treten werden, zur Verteidigung der Grundlehren unserer heiligen Kirche. Die Eltern in diesen Diözesen sehen schon lange diesem schändlichen und skandalösen Mißbrauch zu, der mit der heiligen Religion zu politischen Zwecken, zum Germanisieren und Lutherisieren der polnischen Kinder getrieben wird. Sie sehen schon seit vielen Jahren, wie infolge dieses schändlichen deutschen Religionsunterrichts die Sitten der Kinder immer schlechter werden, wie die heranwachsende Generation immer unmoralischer wird und immer mehr verwildert. Schon lange sehen sie also die schrecklichen Folgen eines solchen Unterrichts, über die sich die Teufel im Schlund der Hölle und die preußische Regierung in Berlin freuen."

(173) *Gazeta Gr.*, Nr. 44 v. 1. November 1906

„Geliebte polnische Kinder! Die Heiligen im Himmel, die selbst für Gott und für die gerechte Sache im Leben häufig schwere Martern durchgemacht, ja sogar den Märtyrertod gerne dafür erduldet haben, sie freuen sich dort in den Höhen, wenn sie von dort aus auf die kleinen polnischen Bekenner und auf die kleinen Märtyrer in den preußischen Schulen herabsehen. Sie werden auch, besonders aber die heiligste Jungfrau als Königin der Krone Polens und heilige Schutzpatronin unseres Vaterlandes, Euch gerne unterstützen, geliebte Kinder, in diesem schweren Elend, wenn Ihr sie nur redlich und herzlich bittet. Tuet dies also alle Tage und besonders heute an dem Tage, der der besonderen Verehrung aller Heiligen geweiht ist, und Gott selbst wird Euch segnen, er wird Euch in dem gegenwärtigen heiligen Kampfe stärken und er wird schließlich der gerechten Sache den Triumph und den Sieg verleihen."

(174) *Gazeta Gr.*, Nr. 134 v. 8. November 1906

Die *Norddeutsche Allgemeine Zeitung*, das amtliche Blatt der preußischen Regierung, hat einen langen Artikel in Sachen des Schulstreiks veröffentlicht. Dieser Artikel stammt augenscheinlich von dem ‚Oberschließer der Schulgefängnisse' Herrn v. Studt selbst, oder aus seiner nächsten Umgebung. Dieser Artikel hat unseres Erachtens vor allem den Zweck, die ganze Welt zu belügen, den zivilisierten Nationen Sand in die Augen zu streuen, die mit immer größerer Aufmerksamkeit die Gewalttaten in der Schule zu verfolgen und zu verdammen beginnen, den in der Geschichte bisher unerhörten Gewissenszwang, der auf die polnischen Kinder ausgeübt wird, die infame Gewalt, die den pädagogischen Grundlehren von den preußischen Barbaren angetan ist. Dieser Artikel wimmelt denn auch von den allerungeheuerlichsten Lügen und Verleumdungen. Und das ist nichts Merkwürdiges, denn Lüge, Verleumdung und Wortbrüchigkeit, dies waren sehr häufig die Hilfsmittel, deren sich die preußische Regierung bei ihrer Politik bediente. Aber in seinem letzten Artikel, der den Schulstreik betrifft, hat das amtliche preußische Blatt eine solche Unmenge der frechsten Lügen aufgestapelt, daß sich der Mensch gegenüber einer derartig grenzenlosen Lügenhaftigkeit des Preußentums vor Erstaunen geradezu in eine Salzsäule verwandeln möchte. O! ihr Verleumder, ihr höchsten Lügner, fürchtet ihr denn nicht Gott! Fürchtet ihr denn nicht, daß diese Lügen, daß diese Verleumdungen euch ersticken könnten, wenn sie aus eurer ehrlosen Kehle herauskommen!
Weil also das arme polnische Volk, das fast von allen verlassen ist, sich nicht Rat zu schaffen gewußt hat, weil eure Helfershelfer seine mündlichen Klagen unterdrückt haben, weil es schriftliche Klagen in deutscher Sprache nicht abzusenden versteht (und wenn es welche sandte,

dann habt ihr euch darüber lustig gemacht, oder ihr habt sie gar nicht beantwortet), deshalb seid ihr lügenhafte Reptilien, also so frech, zu behaupten, daß das polnische Volk und die polnischen Kinder sich bis jetzt so schnell an den deutschen Religionsunterricht gewöhnt haben! Jetzt wiederum, nachdem das polnische Volk belehrt worden ist, wie es sich helfen kann, schimpft ihr auf die Agitatoren. So findet ihr es schlecht und so nicht gut. Ist denn dieses polnische Volk ein Stück Vieh? Hat es denn keinen Verstand, hat es denn kein Gefühl, daß es das abscheuliche Unrecht, das ihm und seinen Kindern zugefügt wird, nicht begreifen und empfinden sollte! Ihr preußischen Barbaren, wenn ihr das polnische Volk gerecht behandeln würdet, wenn ihr mit ihm menschlich umgehen würdet, wenn ihr nicht seine heiligsten Rechte und die heiligen Rechte der Kirche mit Füßen treten würdet, wenn ihr nicht an seinen Kindern euer Mütchen kühlen würdet, wenn ihr diese Kinder nicht mit Hilfe des unverständlichen deutschen Religionsunterrichts demoralisieren würdet, wenn ihr die Herzen der Eltern nicht auf die schrecklichste Weise verwunden würdet; wenn ihr euch darum bemühen würdet, das polnische Volk zufrieden zu stellen, dann würde eine ganze Armee der tüchtigsten Agitatoren nichts helfen und das polnische Volk nicht in Bewegung setzen können. Aber ihr versteift euch auf eure Macht, auf eure Kanonen, Karabiner, Bajonette und denket, daß ihr das sanftmütige polnische Volk werdet ohne Ende treten und herumstoßen können! Ihr habt ihm alles geraubt, was ihm teuer war, ihr habt ihm alles gestohlen, und jetzt möchtet ihr ihm noch dadurch, daß ihr den Kindern den Religionsunterricht aufdrängt, sein letztes Heiligtum rauben, ihm seinen letzten Schatz nehmen – den heiligsten Glauben. Barbaren! glaubt ihr denn, daß das polnische Volk schon völlig wehrlos ist, daß es die lange Sklaverei erbärmlich gemacht hat, daß es gestatten wird, ihm den letzten, höchsten Schatz zu entreißen. – Deshalb denkt ihr euch auch jetzt, nachdem euch das polnische Volk gezeigt hat, daß es sich noch zu verteidigen versteht, nachdem es euch gezeigt hat, daß es sich seinen letzten Schatz nicht entreißen läßt, nachdem seine Kinder euch gezeigt haben, daß sie eure Kanonen, Karabiner und Bajonette verspotten, ja eure ganze Macht – irgendwelche Agitatoren aus, um der Welt Sand in die Augen zu streuen, um der Welt einzureden, daß ihr unschuldig seid, daß die einzigen Schuldigen nur die nichtswürdigen polnischen Agitatoren sind, diese nichtswürdigen polnischen Zeitungen und besonders unsere *Gazeta Grudzionska*, die euer amtliches Blatt ein Hetzblatt nennt. O! ihr Schafe im Wolfskleide! Ihr greifet unsere ehrwürdigen Priester an, ihr zählt sie ebenfalls zu den Agitatoren, und zwar aus dem Grunde, weil sie die Kirche nicht verraten wollen. Nicht einmal den hochwürdigsten Herrn Erzbischof laßt ihr in Frieden, und zwar deshalb, weil er einzig seine Pflicht als Fürst der Kirche erfüllt hat. Ihr macht ihm den Vorwurf, daß er in seinem Hirtenbriefe das polnische Volk nicht vor illegalen Taten gewarnt hat. Das polnische Volk wird sich keine Übergriffe und Gewalttaten zu schulden kommen lassen, aber eure Schulverordnungen in Sachen des Religionsunterrichts sind kein Gesetz, sondern die allerbrutalste Gesetzwidrigkeit, da die Verordnungen eure Verfassung vergewaltigen, da sie das Recht der Kirche, das Recht der Eltern vergewaltigen. Deshalb wird auch das polnische Volk nicht aufhören, gegen diese Verordnungen zu kämpfen, die polnischen Kinder werden mit dem Streik nicht aufhören, bis man aufhören wird, ihnen den deutschen Religionsunterricht aufzudrängen. Nicht einmal die polnischen Kinder fürchten sich vor euren Schulgefängnissen, und nun erst – die Redakteure! Wisset, daß jeder wahre polnische Redakteur heute bereit ist, Gefängnisstrafen zu erleiden für die heilige Sache des polnischen Religionsunterrichts, und der Kampf für die Verteidigung der polnischen Kinder und die Rechte der polnischen Eltern wird nicht eher aufhören, als bis ihr diese Rechte achten werdet, bis ihr aufhören werdet, eure Nasen in den Religionsunterricht zu stecken, den zu leiten nur unsere heilige katholische Kirche ein Recht hat. Euch aber rufen wir zu: Hände weg von der Religion! Ihnen aber, Herr Minister von Studt, der Sie so dreist waren, Ihre Hand gegen den polnischen Religionsunterricht zu erheben, der Sie so dreist waren, den Mißbrauch des Religionsunterrichts zu politischen Zwecken zu gestatten, der Sie so dreist waren, aus dem Worte Gottes eine Spielerei zu machen, Ihnen wiederholen wir noch einmal: ‚Sie werden auf elende Weise zu Grund gehen!' Hierbei werden alle Schmierereien sämtlicher Regierungsblätter Ihnen nichts helfen. Die polnischen Kinder – das polnische Volk werden nicht nachgeben, und Sie werden aus dem bequemen Ministersessel herausfliegen. Das polnische Volk wird dem ganzen Preußentum zeigen, daß es noch Verteidigungsmittel hat."

(175) *Gazeta Gr.*, Nr. 136 v. 13. November 1906

„In Mokronos begann der Streik, aber er hinkt noch sehr. Es streikt nur ein kleiner Teil der Kinder, die Mehrzahl spricht das Gebet deutsch. Man braucht sich darüber nicht zu wundern, denn der Ortsgeistliche beschäftigt sich mit dieser Sache gar nicht. Besser sieht es schon in Wzionchow aus. Dort haben die Eltern und Kinder mehr Wut

– wie können in Ortschaften, die zu derselben Parochie gehören, solche verschiedenartigen Verhältnisse herrschen? Wollen denn die Eltern in Mokronos schlechter sein als die in Wzionchow? Sie werden es aber sein, wenn sie nicht für einen lebendigeren Streik der Kinder sorgen werden. In der Parochie Mokronos gibt es bis jetzt auch keinen polnischen Verein. – Man müßte einen solchen gründen, und es würde dort ein besserer Geist erwachen. Die dortigen Landsleute dürften nach dieser Richtung hin dort nicht warten."

(176) *Gazeta Gr.*, Nr. 139 v. 20. November 1906

„Die jüdischen Blätter verfahren in der Angelegenheit des polnischen Religionsunterrichts viel nichtswürdiger als die hakatistischen Schmierblätter. Jene jüdischen Blätter lügen, als wenn sie dafür bezahlt würden, und hetzen in einer direkt gemeinen Weise gegen die Polen. Die *Vossische Zeitung* z. B., die in Berlin erscheint, schreit sogar schon aus, daß hier in den polnischen Landesteilen schon Blut fließt. Das bedeutet, daß die Polen die Deutschen einfach niederstechen und sie töten. Und es hat doch noch niemand die Hand gegen die Deutschen erhoben. Die jüdischen Schmierblätter wie das *Berliner Tageblatt*, die *Danziger Neuesten Nachrichten* und andere spotten direkt über den polnischen Religionsunterricht, sie machen sich einfach lustig über das, was uns teuer und heilig ist, die jüdischen Blätter fordern im Wetteifer mit den Blättern der preußischen Polenfresser, daß die preußische Regierung mit Gewalt den Widerstand der polnischen Kinder und Eltern breche, daß sie sich einer widerwärtigen geistigen und körperlichen Gewalttat an den polnischen Kindern schuldig macht. Da seht ihr, liebe Brüder! Das ist die Belohnung dafür, daß ihr die Juden mit Eurem Gelde mästet. Geh, du polnisches Volk, trage auch weiter den Juden deinen schwer gewordenen Groschen hin, und ihre obskuren Blätter werden dafür recht nichtswürdig gegen dich hetzen, werden über deine Schmerzen spotten und werden sich lustig machen über das, was dir am teuersten und heiligsten ist. Wir denken nicht daran, die Juden wegen ihrer Religion zu bekämpfen oder deshalb, weil sie ein anderes Volk sind. Wir sind selber in der Sklaverei, deshalb ziemt es sich nicht, gegen andere Völker aufzutreten. Aber wir müssen uns gegen die Juden als unsere politischen Feinde verteidigen, gegen diejenigen, die, nachdem sie durch unsere schwer erworbenen Groschen reich geworden sind, uns zugleich mit den Deutschen verfolgen. Und verteidigen werden wir uns am besten dadurch, daß wir ihnen die Waffe nicht in die Hand geben – die schrecklichste Waffe ist aber heutzutage das Geld. Denke also daran, du polnisches Volk; nicht einen Groschen unseren Feinden, weder den Deutschen noch den Juden. Möge der Pole sein Geld nur den Polen hintragen."

(177) *Gazeta Gr.*, Nr. 144 v. 1. Dezember 1906

„Sein Märtyrertum ist also beendet.

Mit Recht kann man sagen, daß die letzten Lebensjahre unseres hochwürdigsten Herrn Erzbischofs Dr. v. Stablewski eine Reihe großer Leiden waren, daß sie ein unaufhörliches Märtyrertum waren! Die preußische Regierung, die von den preußischen Polenfressern, von den tollwütigen Feinden des Polentums und der katholischen Kirche hierzu getrieben wurde, bedrängte unseren hochwürdigsten Herrn Erzbischof immer gewalttätiger und forderte, er sollte nach dem Muster mancher deutscher Bischöfe und namentlich der Bischöfe Kopp und Thiel ihr willfähriges Werkzeug bei der Germanisierungsarbeit werden, er sollte wie jene das falsch aufgefaßte Interesse des preußischen Staates über die Interessen Christi, über die Interessen unserer heiligen katholischen Kirche stellen. Aber unser hochwürdigster Herr Erzbischof, der verstorbene Dr. v. Stablewski, dachte daran, daß er von Gott selbst auf die Wacht der Interessen seiner Kirche gesetzt worden war. Er wußte, daß das Unterstützen der Germanisierung durch die Kirche unserer heiligen katholischen Kirche die abscheulichsten Wunden schlagen würde; er dachte daran, daß diese preußische Regierung, die mit Hilfe des Kulturkampfes die Macht der Kirche Christi brechen wollte, die aus ihr einen Fußschemel, ein williges Werkzeug machen wollte, daß diese preußische protestantische Regierung doch nicht das Wohl der Kirche erstreben könne, daß sie auch jetzt, wie auch im früheren Kampfe, ihre Schädigung, ihren Fall erstrebte, nur daß sie diesmal ihr Ziel mit anderen Mitteln zu erreichen suche. Deshalb stieß auch der verstorbene Erzbischof Dr. von Stablewski als wahrer Fürst der Kirche, als wahrer Nachfolger der Apostel die Versucher mit Empörung von sich, er stieß die überklugen Abgesandten der preußischen Regierung von sich, die sich bemühten, ihn für die Absichten ihrer Auftraggeber zu gewinnen. Als die abschlägige Antwort des Herrn Erzbischofs zur öffentlichen Kenntnis kam, da waren die preußischen Polenfresser bis zur Tollwut erbittert, und sie griffen unsern Herrn Erzbischof auf die niederträchtigste Art und Weise an. Sie beschimpften ihn und ver-

folgten ihn in ihren Zeitungen auf eine ganz unerhörte Art. Die preußische Regierung gab ihrem Drängen nach, ließ neue Sturmangriffe zu, quälte und peinigte den hochwürdigsten Herrn Erzbischof durch immer neue Forderungen, die er als katholischer Bischof nicht erfüllen konnte, die nicht nur er nicht erfüllen konnte, sondern die auch kein anderer wahrer katholischer Bischof jemals hätte erfüllen können.
Deshalb ist es auch kein Wunder, daß die Gesundheit unseres hochwürdigsten Herrn Erzbischofs schon einige Jahre nach der Besteigung des erzbischöflichen Thrones erschüttert zu werden begann, daß sie immer mehr erschüttert wurde, bis schließlich der Schmerz, den ihm das Verfolgen des polnischen Religionsunterrichts seitens der preußischen Regierung bereitete, – bis schließlich der Schmerz, den ihm die ungeheuerlichen Qualen der Eltern und der Kinder bereitete, vorzeitig dieses Herz brach, das seine Nation und die Kirche Christi so heiß geliebt hatte.
Und wenn wir heute verwaist sind, wenn wir heute an dem Grabe unseres zu früh verstorbenen Erzpriesters stehen, dann können wir mit Recht der preußischen Regierung und den preußischen Polenfressern den Vorwurf machen, daß sie ihn vorzeitig ins Grab getrieben haben. O ja, wir haben das Recht, ihnen zu sagen: Ihr seid schuld an dem Tode dieses Gerechten!
Um wie viel mehr muß euch der Wille dessen heilig sein, der für euch gekämpft hat, der für uns gelitten und für uns, durch die Schuld des Preußentums, vorzeitig ins Grab gesunken ist. Deshalb sind wir auch davon überzeugt, daß der letzte Wille unseres verstorbenen hochwürdigsten Herrn Erzbischofs Dr. von Stablewski der ganzen polnischen Nation heilig sein wird, daß er heilig sein wird der ganzen polnischen Volksgesamtheit im preußischen Anteil. Dies sein Testament, das in seinem letzten Hirtenbriefe niedergeschrieben ist, wird gleichsam eine Feuersäule sein, die vor uns herwandeln wird, und die unsere und unserer Kinder Seelen aus der geistigen Knechtschaft herausführen wird, in der sie das Preußentum halten will, indem es uns das Deutschtum in unseren Kirchen aufdrängt, indem es unsere Kinder zu dem deutschen Religionsunterricht zwingt. Deshalb beschwören wir euch an den sterblichen Überresten unseres verstorbenen Erzbischofs, an seinem noch offenen Grabe, dich, du polnisches Volk, folge dieser Feuersäule, erfülle den letzten Willen deines verstorbenen Erzbischofs, zeige deinen Feinden, daß sein Wille dir wahrhaft heilig ist. Zeige den Feinden, daß seine Herde sich nicht zerstreuen läßt, wenn sie auch das Herz unseres Führers gebrochen haben, wenn auch der Hirte gestorben ist. Zeige, daß die Scharen, die er in den heiligen Glaubenskampf geführt hat, daß

diese Scharen weiter kämpfen werden, bis Gott ihnen den Sieg verleiht.

Möge also dort, wo der Kampf schon schwächer zu werden beginnt, möge er dort mit neuer Kraft ausbrechen. Dort aber, wo der Kampf bisher nicht ausgebrochen ist, dort tretet in die Reihen, ihr polnischen Eltern, dort tretet an zum gemeinsamen Kampfe für die Rechte der heiligen Kirche, für eure elterlichen Rechte, für die Seelen eurer Kinder. Polnisches Volk – durch Einigkeit und Ausdauer sollst du stark werden, denn Einigkeit und Ausdauer müssen uns zum Siege führen. Gott wird uns den Sieg verleihen, wenn wir ihn durch Einigkeit und Ausdauer verdienen werden. Polnisches Volk – schon heute blickt die ganze Welt mit Bewunderung auf dich! Zum Kampfe also, zum geistigen Kampfe, für unsere Elternrechte, für die heiligen Rechte unserer Kirche, für die unser verstorbener Herr Erzbischof hartnäckig gekämpft hat, bis er auf dem Schlachtfeld gefallen ist. Möge er uns ein Beispiel sein, möge sein Andenken uns die Kraft zum Ausharren verleihen."

(178) *Gazeta Gr.*, Nr. 11 v. 24. Januar 1907

„Im Namen Gottes – los gegen den Feind!

Unter dieser Spitzmarke schreibt zur Reichtagswahl die *Gazeta Torunska* u. a.:

‚Zum Kampfe, liebes Volk, zum Kampfe! denke daran, daß deine Kinder weinen, daß sie gefangen gehalten – gemartert werden, denke daran, daß man der hl. Kirche Gewalt antut! Denke daran, daß deine Priester und die Redakteure deiner Zeitungen vors Gericht geschleppt werden. Polnisches Volk! Du wirst gequält, mit Füßen getreten und in unerhörter Weise verfolgt, für die Tapferkeit deiner Kinder, für deine Treue und deinen Gehorsam gegenüber der Kirche. Morgen sollst du mit hunderttausenden Stimmen protestieren gegen die Gewalttaten und Schändlichkeiten, deren Opfer du bist.'"

(179) *Gazeta Gr.*, Nr. 13. v. 29. Januar 1907

„Die Antwort, welche das polnische Volk am 25. Januar (bei der Reichtagswahl; der Herausgeber) der preußischen Regierung und den preußischen Polenfressern gegeben hat, wird ihnen lange, lange Zeit ruhe- und schlaflose Nächte bereiten. Die polnische Volksgesamtheit hat dem ganzen Preußentum gezeigt, daß sie keineswegs daran denkt, eine Leiche zu sein. Die polnische Volksgesamtheit in dem preußischen Anteil hat gezeigt, daß sie ein lebendiger Teil der großen polnischen Nation ist, die trotz der Grenzpfähle leben, sich entwickeln und wie eine Nation für die großen Ziele wirken will, welche Gott der ganzen Menschheit gesteckt hat. Am 25. Januar haben die polnische Volksgesamtheit und besonders die breiten polnischen Massen gezeigt, daß sie nicht daran denken, der Dünger für das Preußentum zu sein!"

(180) *Gazeta Gr.*, Nr. 76 v. 25. Juni 1907

In Sachen der Antwort des Papstes auf die Adresse der im vorigen Jahre in Posen abgehaltenen allgemeinen polnischen Protestversammlungen schreibt die *Gazeta Grudzionska* u. a:

„Die preußischen polenfresserischen Blätter sind mit dieser Antwort des hl. Vaters sehr unzufrieden gewesen. Ba, die preußischen polenfresserischen ‚*blaty*' erwarteten doch, daß der hl. Vater aus Besorgnis vor der preußischen Regierung selbst überhaupt keine Antwort geben werde, und zwar deshalb, weil doch die Posener Versammlung gegen die durch die preußische Regierung an dem Gewissen der polnischen Kinder und Eltern begangenen Gewaltakte protestiert hat, und die an den hl. Vater abgesandte Petition ebenfalls ein Protest gegen diesen Gewaltakt war. Wie konnte er also nach Ansicht der preußischen Polenfresser auf ein geradezu gegen die preußische Regierung gerichtetes Schreiben eine Antwort oder gar eine wohlwollende Antwort geben! Und hier hat indessen der hl. Vater nicht nur geantwortet, sondern er hat in so wohlwollender und herzlicher Weise geantwortet, daß sich einem die Tränen in die Augen drängen. Der arme Gefangene im Vatikan hat, obwohl er selbst schwer bedrückt wird durch das nichtswürdige italienische Freimauertum, doch nicht auf die preußische Regierung Rücksicht genommen, sondern er hat dem leidenden polnischen Volke Worte des Trostes gesandt. Der hl. Vater hat die Treue des polnischen Volkes zur hl. Kirche ausdrücklich gelobt, die sie wiederum so offen und treffend in dem Kampfe gezeigt hat, den das polnische Volk zur Verteidigung des polnischen Religionsunterrichts führt. In diesem Lobe für die Treue des polnischen Volkes ist also ausdrücklich ein Lob für diesen Kampf enthalten, den das polnische Volk in der Verteidigung des polnischen Religionsunterrichts führt. Aber nicht genug, daß der hl. Vater diesen Kampf um den polnischen Religionsunterricht, der mit Ruhe und Überlegung geführt wird, lobt, er erteilt auch noch in besonderer Liebe allen Eltern seinen apostolischen Segen."

(181) *Gazeta Gr.*, Nr. 115 v. 24. September 1907

„Ein unerhörtes Urteil ist am Freitag in Stargard gefällt worden. Wegen Besprechung des Schulstreiks und Verlesung des Aufrufs der Geistlichen des Dekanats Löbau ist der Propst Olszewski aus Osiek mit 1 Jahr und 6 Monaten Gefängnis bestraft worden; er wurde sofort verhaftet. Dieses schreckliche Urteil wird das ganze polnische Volk bis aufs tiefste rühren und gewiß in der ganzen Welt einen ungeheuren Eindruck machen, denn es ist gewiß eine unerhörte Sache. Aber dieses Urteil wird die polnische Gesamtheit nicht entsetzen und ihren Geist nicht brechen, nein, aber es wird dazu beitragen, daß sich der Haß des polnischen Volkes gegen das Deutschtum tiefer einwurzeln wird als der schrecklichste Abgrund und als die feurigste und gefräßigste Flamme der feuerspeienden Berge. Es wird soweit kommen, daß das polnische Volk den deutschen Namen mit einem Fluch auf den Lippen aussprechen wird. (Geschieht schon seit Jahrzehnten: *psiakrew niemiec* = deutsches Hundeblut, das üblichste Schimpfwort auf die Deutschen; der Herausgeber). Aber angesichts des Stargarder Urteils wird sich das polnische Volk schwören, um so ausdauernder und um so eifriger die heilige katholische Religion und die geliebte polnische Sprache zu verteidigen! Und der Name des Priester-Märtyrers wird sich für immer mit feurigen Lettern in das Gedächtnis des polnischen Volkes einschreiben."

(182) *Gazeta Gr.*, Nr. 104 v. 29. September 1907

„Über die Zusammenkunft des deutschen Kaisers und Königs
von Preußen mit dem russichen Zaren.

haben wir seinerzeit einen längeren Artikel geschrieben. In diesem Artikel haben wir auch erwähnt, daß auf dieser Zusammenkunft wahrscheinlich auch die polnische Frage besprochen worden ist. Es zeigt sich also, daß wir Polen doch noch etwas bedeuten. Obwohl man uns die Freiheit gestohlen hat, obwohl man uns der politischen Selbständigkeit beraubt hat, so muß man doch mit uns rechnen, worüber wir stolz sein können. Also obwohl wir in drei Teile gerissen sind, trotz der mehr als hundertjährigen Bedrückung, die unter der preußischen und russischen Regierung besonders hart ist, trotz der preußischen Satanseinfälle, sind wir mit dem Willen Gottes und dank unserer inneren moralischen Kraft da, und so Gott will, werden wir bleiben trotz aller Königs- und Zarenzusammenkünfte, trotz aller Intrigen zu unserer Vernichtung. Mögen dort der Zar und der preußische König mit ihren Ministern beratschlagen und Pläne zu unserem Untergang vorbereiten, welche sie wollen, das erschreckt uns nicht im geringsten, wir blicken ruhig und furchtlos darauf und erzittern nicht einmal; wir sind nach 135jähriger Gefangenschaft, voll des schwersten Unrechts und der schwersten Verfolgungen, stärker denn je und wir spotten der Macht des preußischen Staates. Die preußische Regierung kann höchstens den ihm zu Diensten stehenden preußischen Landtag heißen, irgendein neues Ausnahmegesetz zu beschließen, was ihr soviel nützen wird, wie dem Verstorbenen Weihrauch. Und nach 10 oder 20 Jahren werden sich die preußische Regierung und die Horde der Polenfresser wiederum überzeugen, daß auch dieses neue Kampfmittel nichts genutzt hat. Mögen also der preußische König mit dem russischen Zaren beratschlagen, was ihnen auch immer gefällt. Wir blicken, im Vertrauen auf die Hilfe Gottes und unsere Kraft, mitleidig auf diese Beratungen, auf diese Bestrebungen, von preußischer Seite unsere Nation auszurotten.“

(183) *Gazeta Handlowo-Geograficzna* (Lemberg), v. 30. Jan. 1901

„In der auf dem polnisch-nationalen Verbandstage in Toleda (Amerika) angenommenen Resolution heißt es: ‚Indem wir die Nationalliga in Polen als rechtlich funktionierende Obrigkeit des polnischen Reiches und Erbin aller Gesetze anerkennen, welche durch die früheren Regierungen dieses Reiches gegeben sind, von den Königen und polnischen Landtagen ab bis zu den Regierungen nach der Teilung, deren Reihe die der breiteren Allgemeinheit bekannte Nationalregierung von 1863 beendigt, sprechen wir dieser Nationalbehörde unsern Glückwunsch, unsere Achtung und Dankbarkeit für ihre Arbeit für das Wohl der polnischen Nation aus. Indem wir den polnischen Nationalverband in Amerika für eine in den Angelegenheiten und Bestrebungen der Nationalliga in Europa gleichlaufende Institution ansehen, halten wir uns für die Vertreter der Nationalidee in der polnisch-amerikanischen Gesamtheit, ebenso als wie die Nationalliga in Europa als ihre Repräsentantin anerkannt ist. Indem wir den polnischen Nationalschatz in Rapperswyl als gemeinschaftliche Kasse des kriegführenden Polens ansehen, zu welcher jeder Pole obligatorisch Abgaben leisten sollte, bestimmen und empfehlen wir den Mitgliedern und Gruppen unserer Organisation, daß sie nach Kräften, recht reichlich und recht regelmäßig dies Institut kräftigen möchten'."

(184) *Gazeta Lecka* (Lyck), Nr. 30 v. 27. Juli 1883

„Auch wir wünschen, daß in Masuren die Kinder polnischer Eltern in der Religion in polnischer Sprache unterrichtet werden. Kann man in einer anderen Sprache, wenn die Kinder deutsch nicht sprechen können, ihnen ordentlich auseinandersetzen, was der Eid bedeutet? Es ist Dummheit, wenn jemand ersinnt, daß die Forderung an die Politik heranreicht und ausschließlich zur Unterstützung der Forderungen der Polen gestellt wird. Ein wahrhafter Freund des Volkes und wahrhafter Verehrer des Vaterlandes und der Regierung muß das verlangen."

(Die Hintermänner der *Gazeta Lecka* sind die Kentrzynskis (Kentrzynski, früher ein Deutscher, wurde Pole und ist seit langen Jahren Archivar in Lemberg) und Gesinnungsfreunde. Das Blatt stand also im Dienste der polnischen Agitation, die damals bereits unter den Masuren versucht wurde. Der Verfasser.)

(185) *Gazeta Narodowa* (Lemberg), Februar 1900

„1863, eine Ziffer wie jede andere ... für uns Polen hat sie jedoch eine besondere, heilige Achtung erweckende Bedeutung. Sie erinnert uns an den Feuerschein, der vor 37 Jahren ganz Polen übergossen, an das Rasseln der Säbel, zu denen die Heldenhand zum blutigen, ruhmreichen, aber sieglosen Kampfe griff; sie erinnert uns an Feuersbrunst und Trümmer und an die reichlich mit Blut der jungen Adler getränkte Wahlstatt. Ein solcher Gedenktag ist wie die wiederkehrende Flut, die auf ihrer Oberfläche die Worte des Dichters trägt: ‚Wenn der Freiheitskampf einmal begonnen, geht er mit dem Blute des Vaters stets auf den Sohn über.' An einem solchen Tage sollten wir vor den Altar des Herrn der Heerscharen hintreten, welcher in seiner Hand das Schicksal der Völker hält, und mit gefalteten Händen reumütig beten: ‚Das Vaterland, die Freiheit gib uns wieder, o Herr!'"

(186) *Gazeta Olsztynska* (Allenstein), Februar 1899

„Ist Franzose und Türke dasselbe, sind Deutsche und Russen Brüder? Wann werden wir Polen endlich es einsehen, wann werden wir die falsche Ansicht ablegen, daß der Katholik dem Katholiken gleich sei, daß Pole und Deutscher, wenn sie nur denselben Glauben bekennen, ein und dasselbe seien! Es wäre Zeit, zur Erkenntnis zu gelangen, daß uns Polen der evangelische Masure näher steht als der katholische Deutsche, denn Jener ist unser Bruder dem Blut und Knochen nach."

(187) *Gazeta O.*, Nr. 56 v. 12. Mai 1904

„Die polnische Pilgerfahrt nach Rom.

Obgleich der größte Teil der Pilger aus galizischen Brüdern bestand, waren in ihnen alle Landesteile unseres Vaterlandes vertreten, so daß man sagen kann, ganz Polen hat dem höchsten Oberhaupte der Kirche seine Huldigung dargebracht. Der herzliche, väterliche Empfang, wie er den polnischen Pilgern in Rom zuteil geworden ist, ist für uns keine geringe Linderung und Freude in diesen schrecklichen Qualen, die sich immerfort auf uns wälzen. Unser Mut, unsere Entschlossenheit und Ausdauer nehmen zu, wenn Gottes Segen auf uns ruht, der uns in so liebevoller Weise durch den Stellvertreter Christi auf Erden erteilt worden ist."

(188) *Gazeta O.*, Nr. 126 v. 25. Oktober 1904

„Lasset uns den Mut nicht verlieren!

Wenn wir nun im Glauben und in der Sprache unserer Väter ausharren, dann werden wir eine neue Veränderung des Antlitzes dieser Welt erleben. Mit der Zeit wird die (deutsche) Riesenmacht stürzen, wie das alte Rom gestürzt ist, und auf ihren Trümmern werden wir uns eine eigene Organisation aufbauen; nicht aber mit der Waffen- sondern mit der Lebenskraft, denn ein Baum frißt den anderen nicht auf, er wird nur von dem zäheren, ausdauernderen und jüngeren überlebt. So werden auch wir sie überleben, denn wir sind zäher, ausdauernder und jünger."

(189) *Gazeta O.*, Nr. 106 v. 7. September 1905

„Die ‚Sedans'-Verehrer.

Überall findet sich jetzt irgendein Patriot, der, um bekannt und in den deutschen Blättern gelobt zu werden, irgendeine deutsche ‚*fajer*' veranstaltet, zu dem sich leider, wie die Finsternis zum Licht, unsere ehrsame polnisch-katholische Bevölkerung drängt. Wenn sich aber diese Feiern in unsere polnisch-katholischen Dörfer einzuschleichen anfangen, dann müssen wir dem entschieden entgegentreten, denn es ist für uns Polen heute nicht die rechte Zeit, sich an preußisch-deutschen Feiern zu beteiligen, am allerwenigsten aber an der Feier von Sedan, nach welchem, wie bekannt, man der katholischen Kirche in Preußen ein zweites Sedan bereiten wollte, und heute bemüht man sich, uns Polen ein drittes Sedan zu bereiten."

(190) *Gazeta O.*, Nr. 150 v. 19. Dezember 1905

In einem längeren Artikel unter der Spitzmarke *Die Deutschen in der Angst* bespricht die *Gazeta Olsztynska* die Auslassungen der deutschen Zeitungen über eine eventuelle Autonomie für das Königreich Polen und knüpft daran folgende Ausführungen:

„Die Entwicklung der polnischen Kräfte im Königreich wird seinen Einfluß auch auf den preußischen Anteil ausüben. Die Polen im preußischen Anteil werden sich noch schärfer und energischer der antipolnischen Politik Preußens widersetzen, und die ihnen zustehenden Rechte sowie Gleichberechtigung fordern. Die Preußen irren sich gar nicht, denn es wird wirklich soweit kommen, daß das Königreich Polen die Autonomie erlangt; wir werden dann in unserer schweren Lage wenigstens einen moralischen Stützpunkt an dem autonomischen Königreich haben, aber auch von Petersburg wird zu den preußischen Hakatisten ein kalter Wind herüberwehen. Darum beeilen sich die Deutschen auch, um den Schraubstock der antipolnischen Politik noch fester anzuziehen. So ist ein Gesetz angekündigt, das uns die polnische Sprache in den Versammlungen verbieten soll. Die vom Reichskanzler bei Eröffnung des preußischen Landtages gehaltene Thronrede fordert die Deutschen in heißen Worten auf zur Rettung des ‚bedrohten Vaterlandes' in den polnischen Landesteilen. Und es wird einmal die Zeit kommen, daß unsere Arbeit, daß unsere Ausdauer und unsere Macht des polnischen Geistes alle Anstrengungen des Hakatismus zunichte machen und auf der ganzen Linie siegen werden."

(191) *Gazeta O.*, Nr. 42 v. 9. April 1907

Nach Wiedergabe der Mitteilung, daß, wie der Abgeordnete von Mizerski im Landtage ausgeführt habe, der Papst dem Schulstreik wohlwollend gegenüberstehe, schreibt die *Gazeta Olsztynska*:

„Wenn das Haupt der Kirche einen so klaren und offenen Standpunkt eingenommen hat, der als letztes Wort in dieser Angelegenheit angesehen werden kann, so beweist das, daß die gute Sache endlich gesiegt hat und das Opfer der polnischen Kinder nicht umsonst gewesen ist; im Gegenteil, es hat reiche Früchte getragen, denn die Aufopferung der Kinder im Posenschen wird auch den Erfolg haben, daß der Religionsunterricht sogar in den vom Streik gar nicht umfaßten Bezirken, wie bei uns in Ermland in polnischer Sprache wird erteilt werden müssen. Die ganze Verkehrtheit des Kardinals Kopp hat also nichts genützt. Der Vatikan ist in der polnischen Frage den Fußtapfen Pius IX. und Leos XIII. gefolgt und hat sich zur Verteidigung der Wahrheit und Gerechtigkeit gestellt, indem er die Versuche des hakatistischen Bischofs verurteilt hat."

(192) *Gazeta Opolska* (Oppeln O.-S) Nr. 62, 1898

Aus der *Gwiazdka Czieszynska*:

„In jedem Dörfchen müßte der Kampf um unser nationales Recht beginnen, welcher den engsten Zusammenhang mit der materiellen Entwicklung des polnischen Volkes hat. Unterstützt nicht die deutschen Advokaten, welche am Gerichte nur deutsch schreiben, sondern wendet euch an solche, welche polnisch schreiben und unserm Volk nicht feindlich gesinnt sind."

(193) *Gazeta Op.*, Nr. 97 v. 4. Dezember 1900

Zur Versammlung des *Ostmarken-Vereins* in Chropaczow O.-S. schreibt das Blatt:

„Nicht mehr und nicht weniger Märchen und Albernheiten war Vosberg imstande zusammenzubringen und in Chropaczow auszusprechen. Aus alledem kann man folgern, daß Vosberg geradezu und mit Absicht gelogen, oder daß er von der polnischen und schlesischen Geschichte so wenig Begriff besitzt wie der Wolf von den Sternen. Wir haben keine Lust, die Ausführungen Vosbergs zu widerlegen, denn das wäre erstens ein zu umfangreicher Stoff, und zweitens sind alle Polen und auch die mit gesunden Augen zuschauenden Deutschen überzeugt von der geschichtlichen Wahrheit, daß ganz Schlesien von Myslowitz bis Liegnitz seit undenklichen Zeiten slawisch und polnisch war und es auch zum großen Teile, trotz der verschiedenartigen nationalen Ereignisse und Katastrophen polnisch geblieben ist (!) ... Vosberg könnte sein Geschwätz im Archiv der Hakatisten als ein Zeugnis von Blödsinn und Falsch niederlegen."

(194) *Gazeta Op.*, Nr. 11 v. 28 Januar 1908

Eine Zuschrift aus Szczedryk beklagt:

„Bei uns trat schon in früheren Zeiten der ‚krigerferajn' ins Leben, und an seiner Spitze stand der verstorbene Herr Pfarrer Lubecki sowie der Dominialinspektor Bauer. Heute bedauert mancher, diesem Verein beigetreten zu sein, aber jetzt fällt es schwer, auszuscheiden. Wieviel Leute gibt es, die da sagen, sie hätten sich nie und nimmer als Mitglied eintragen lassen, wenn nicht der verstorbene Pfarrer Lubecki gewesen wäre. Hier liegt der Hund begraben: dem Beispiel des Pfarrers Lubecki folgend, bekamen sie Lust dazu, und heute bedauern sie es. Dem Pfarrer Lubecki haben die Herren es auch entgolten, denn wenn er in einer Versammlung etwas sagen wollte, entgegneten die Herren: dazu sind wir da. Was mich anbetrifft, so würde ich sagen: im ‚krigerferajn' ist kein Platz für Polen."

(195) *Gazeta Op.*, Nr. 12 v. 30. Januar 1908

„Ein Verein junger Kaufleute (*towarzystwo mlodziezy Kupieckiej*) wurde in Oppeln am 26. d. M. mit Hilfe des Verbandsdelegierten der kaufmännischen Vereine, Herrn Krajna aus Posen, gegründet."

(196) *Gazeta Ostrowska* (Ostrowo), Nr. 95 v. 10. August 1897

„Der Tod und Bisio" (Spottname für Bismarck)

"Tod: Ich wetze die Sense! Du siehst geängstigt aus – vermutest also wohl, an wen heut der *dies irae* gekommen ist. Deine Verworfenheit schadet der Welt.

Bisio: Herr des Lebens, ich bitte, flehe dich an, ich bin schon alt, bin unpaß. Reuevoll schlage ich an meine Brust. Laß' mich noch ein paar Jahre leben!

Tod: Das Urteil ist gefällt und unterschrieben. Für die Narben und Wunden, die du zugefügt hast: Marsch, zur Hölle, du gemeine, verbissene Hydra!

Bisio: Es geschehe, mit dem Leben ist es vorbei! Verzeih, verzeih, Volk der Piasten."

(197) *Gazeta Os.*, März 1899

„Wenn wir zusammenhalten und uns gegenseitig unterstützen werden, dann werden wir ein Ganzes bleiben. Auch auf den polnischen Kaufmannsstand und die polnische Industrie sind aller Augen gerichtet, deshalb ist es unsere heilige Pflicht, nicht nur mit allen Kräften unsere Kaufleute und Industriellen zu unterstützen, sondern auch die Unerfahrenen und Lästigen in leutseliger Weise zu belehren, daß jeder nur bei seinen Landsleuten kaufen dürfe. Bedenken wir, wie viel Geld doch aus unseren Händen in fremde (!) Hände übergeht und Gott soll uns dann nicht strafen, wenn er solche Leichtfertigkeit sieht? ... Ans Werk daher, ihr Brüder! Erachten wir es für unsere heilige Pflicht, den Kaufmannsstand, soweit es möglich ist, zu heben, bleiben wir in Taten und guten Absichten nicht hinter anderen Nationen zurück, verzeihen wir manchem Kaufmann, wenn er uns mit einem rauhen Wort verletzt hat, versetzen wir uns lieber in seine Lage und rufen wir: ‚Gottes Wille geschehe, ich werde nur in ein polnisches Geschäft gehen, denn so gebietet es mir mein Gewissen'."

(198) *Gazeta Os.*, Nr. 59 v. 22 Mai 1906

„Berufsvereinigungen sind heutzutage für die Arbeiter sehr erforderlich, für uns Polen aber gibt es nur eine Berufsvereinigung, der wir angehören dürfen – und das ist der polnische Berufsverband mit dem Sitze in Posen. Dieser versteht es, die Rechte des polnischen Arbeiters ebenso zu verteidigen wie die christlichen oder die Zentralverbände, und er bewahret dem Arbeiter die Muttersprache wie auch den ganzen polnischen Charakter!"

199 *Gazeta Polska* (Kosten), Nr. 9 v. 19. Januar 1904

„Kaufen wir bei den Unsrigen.

Das ist von allen Gründen der wichtigste, der dafür spricht, daß wir nur bei den Unsrigen kaufen sollten. Weil wir immer mehr Land verlieren, so muß sich unser gesellschaftliches Gebäude mehr und mehr auf ein anderes Fundament stützen: auf den Handel und auf das Gewerbe. Unvernünftig wäre der Mensch, welcher das Fundament des eigenen Hauses ruinieren würde, indem er die Bausteine aus ihm entfernen wollte; er würde eine schwere Sünde an den Bewohnern dieses Hauses begehen, wenn dasselbe über den Köpfen der Bewohner zusammenstürzte, weil das Fundament ruiniert worden ist. Jeder Pole, der nicht bei seinem Landsmanne kauft, sondern sein Geld dem Fremden hinträgt, ruiniert die Grundfesten unseres Daseins und begeht eine schwere Sünde an seiner großen Familie: an seinem Vaterlande."

(200) *Gazeta P.*, Nr. 16 v. 4. Februar 1904

„Das polnische Geld und die fremden Banken.

Nicht ein polnischer Groschen dürfte in die fremden Banken fließen, denn wir haben unsere eigenen Geldinstitute, welche dieselbe Sicherheit bieten wie die fremden."

(201) *Gazeta P.*, Nr. 63 v. 18. März 1906

„Mehr solcher! Ich sende der geehrten Redaktion zwei Mark für den in Kosten so sehr nötigen *Wahlverein*. Dieses Geld habe ich als ein von den Käufern abhängiger Kaufmann dadurch gespart, daß ich zur silbernen Hochzeit des Kaiserpaares nicht illuminiert habe."

(202) *Gazeta P.*, Nr. 205 v. 8. September 1906

In dem in der Zeitung zitierten Schreiben eines älteren Geistlichen heißt es u. a.:

„Jeder sieht, daß es sich nicht verlohnt, fernerhin zu protestieren, es bleibt somit nur noch das andere Verteidigungsmittel übrig – der Widerstand der Kinder. So lange aber dieser Widerstand nur ein vereinzelter sein wird, der sich nur hier und da offenbart, wird er den nötigen Erfolg nicht zeitigen, zum mindesten nicht für die Allgemeinheit der Gesamtheit. Deshalb ist es in der gegenwärtigen Situation erforderlich, daß die ganze Gesamtheit einmütig handelte. Wenn den Eltern, wie vielfach behauptet wird, das Recht zusteht, darüber zu bestimmen, in welcher Sprache die Kinder die Religion lernen sollen, dann müßten sie von diesem Rechte auch Gebrauch machen und allgemein beschließen, gleich nach den Michaelisferien in allen Schulen, in denen der deutsche Religionsunterricht eingeführt ist, den Kindern zu verbieten, auf die Fragen des Lehrers im deutschen Religionsunterrichte zu antworten und deutsch zu beten und die Kinder gleichzeitig aufzufordern, überall die deutschen Handbücher abzugeben. Ihr polnischen Eltern in Stadt und Land haltet zusammen wie ein Mann, je eher, desto besser, spätestens aber tretet nach Michaelis zum Kampfe um die letzten Reste unserer Muttersprache in der Schule, denn es handelt sich um die Seelen eurer eigenen Kinder, um unsere Zukunft und um die Zukunft ganzer Generationen. Zeiget euch tapfer und gehet nicht einen Schritt zurück, wenn man euch auch mit Strafen drohen und euch selbst in die Gefängnisse werfen sollte. Denket daran, daß gegenüber dieser heiligen Sache der Religion und des Vaterlandes zugleich, Gifte nichts bedeuten, nichts blutige Narben – man darf der Schmerzen nicht achten, nicht des Todes! Vor allem aber sind wir alle einmütig tätig, standhaft und beharrlich. Mögen sich in jedem Dörflein mit dieser Sache die tüchtigsten Familienväter befassen, und diejenigen, die sich dieser Einmütigkeit entziehen sollten, die möge man als Verräter unserer heiligsten Sache betrachten."

(203) Gazeta P., Nr. 265 v. 20. November 1906

„Der preußische König und die Polen.

Wer sich bis jetzt Hoffnung gemacht hat, daß der preußische Monarch sich seiner Untertanen polnischer Nationalität annehmen würde, der hat heute in dieser Hinsicht jede Hoffnung verloren. Vernünftige Leute waren schon längst der Ansicht, daß wir auf dem Gnadenwege nichts erhalten werden, deshalb waren sie auch dagegen, sich auf dem Wege der Bitten usw. um die Handhabung der Gerechtigkeit zu bemühen, ganz abgesehen schon von dem Umstand, daß diese Art und Weise sich mit dem Gefühl unserer nationalen Würde nicht vereinbaren läßt."

(204) *Gazeta P.*, Nr. 266 v. 23. November 1906

Als das außer der Selbstverteidigung vielleicht erfolgreichste Mittel, mit dessen Hilfe wir es erleben können, daß in der Schule Gerechtigkeit geübt wird, ist der Gedanke angeregt worden, Petitionen zu sammeln und eine Pilgerfahrt nach Rom anzutreten. Dies ist unseres Erachtens nach ein sehr glücklicher Gedanke, möge der heilige Vater aus unserem eigenen Munde das Unrecht erfahren, das uns angetan wird, möge er aus unseren Händen die Bitte entgegennehmen, die mit Hunderttausenden von Unterschriften von Gläubigen versehen ist, die ihn anflehen, sich unserer anzunehmen, damit man uns nicht mit Gewalt das teuerste, das wir besitzen, entreißt. Die preußische Intrige macht nicht einmal vor den Pforten des Vatikans Halt, und sie bemüht sich auf jede mögliche Art und Weise, die maßgebenden Kreise in der Umgebung des Papstes zu gewinnen."

(205) *Gazeta P.*, Nr. 276 v. 4. Dezember 1906

„Die Schule in Görchen wird von 300 Kindern besucht. Wenn aber jemand denken sollte, daß alle Kinder streiken, die polnische Eltern haben, der irrt sich gewaltig. Von 300 Kindern streiken kaum 17, und wo bleibt der Rest? – er schläft. Die Kinder, welche streiken, gehören zumeist armen Stadtbewohnern und Arbeitern an. Die Intelligenz dagegen versteckt sich irgendwo, als ob sie gar nicht da wäre, denn diese Herren fürchten sich vor ihrem eigenen Schatten. Es ist daher auch kein Wunder, daß der Streik immer mehr abflaut; die armen Leute belehrt in ihrem Kummer niemand; die Behörden beunruhigen sie fortwährend, deshalb kommen sie in Verzweiflung und verfallen am Geiste. So ist denn auch die Zahl der streikenden Kinder, welche anfangs 27 betrug, auf 17 herabgesunken."

(206) *Gazeta P.*, Nr. 283 v. 13. Dezember 1906

„Wie viele Slawen leben in der Welt?"

Nach einer Besprechung der Frage: Wie wird Europa in Zukunft sein: romanisch, germanisch oder schließlich slawisch? und der Angabe, daß in Europa 136 Millionen Slawen wohnen, heißt es:

„Der romanische Volksstamm hat seinen Höhepunkt erreicht, nachdem er mächtig geworden war, geriet er in Verfall und schwindet. Der germanische Volksstamm begann auf den Trümmern des romanischen Volksstammes zu wachsen, er hat in unseren Tagen seinen Höhepunkt erreicht. Es bleibt nun noch der slawische Volksstamm übrig, der sich allseits dem Wickelbande entwindet; er beginnt, sich in der Welt umzuschauen, und gelangt zu der Überzeugung, daß die Zukunft ihm gehört, denn trotz der Bedrückung und der ihm seitens des germanischen Volksstammes auferlegten Fesseln trachtet er nach neuem Leben, er reißt an den Fesseln und bahnt sich in seiner jugendlichen Begeisterung den Weg zur Freiheit!"

(207) *Gazeta P.*, Nr. 80 v. 7. April 1907

Die Saat geht auf?

"In der letzten Zeit hatten wir manchmal Gelegenheit, uns davon zu überzeugen, durch welch kräftiges und unzerreißbares Band die Geistlichkeit und das polnische Volk miteinander verbunden sind. Wir sahen und sehen auf den Anklagebänken alle Augenblicke unsere Priester und Familienväter dafür sitzen, daß sie die Rechte der polnischen Jugend verteidigt haben. Indessen erfahren wir heute, daß in manchen Ortschaften der Streik abflaue, weil die dortigen Geistlichen das Volk vom Streik abzubringen suchen. Wie konnte das geschehen? – Es drängt sich wider Willen der Gedanke auf, daß es der angeblich durch den Weihbischof Likowski an die Dekane zum Ausdruck gebrachte Wunsch sei, sie sollten auf die ihnen unterstellte Geistlichkeit dahin Einfluß ausüben, daß diese beginnen möchte, an der Niederdrückung des Schulstreiks zu arbeiten. Sollte etwa das gegenwärtige Auftreten mancher Geistlichen gegen den Streik die Folge hiervon sein, sollte diese Saat heute aufgehen? Können angesichts alles dessen und in einem solchen Augenblick die Geistlichen sich in Gegensatz stellen zu den Wünschen und dem Willen des Volkes?"

(208) *Gazeta P.*, Nr. 240 v. 19. Oktober 1907

Zu der von Turno'schen Versöhnungs-Broschüre bemerkt die *Gazeta Polska*:

„... Der Verfasser reicht also den Deutschen den Ölzweig des Friedens und der Eintracht und glaubt an die Möglichkeit dieser Eintracht. Wir können leider diese Auffassung nicht teilen. Welche Bedürfnisse und welche Wünsche wir haben, das weiß die Regierung sehr wohl, denn sie hat das wiederholt aus dem Munde unserer Abgeordneten erfahren, es aus den Spalten der polnischen Presse und aus den zahlreichen in Versammlungen gefaßten Resolutionen herausgelesen. Diese unsere Wünsche und Bedürfnisse werden nicht nur nicht berücksichtigt, sondern sie werden nur noch mehr beeinträchtigt. Bei dem heutigen in der deutschen Gesamtheit ausgebreiteten Hakatismus müßte man geradezu ein Schwärmer sein, um an die Möglichkeit eines friedlichen Zusammenlebens mit den Deutschen zu glauben."

(209) *Gazeta Torunska* (Thorn), Nr. 215 v. 19. September 1882

„In der in Czersk am 13. September abgehaltenen polnischen Volksversammlung hat der Reichstagsabgeordnete Leon v. Czarlinski-Zakrzewko u. a. erklärt: ‚Ich habe einen unerschütterlichen Glauben an unsere Zukunft, an die Wiedergeburt unseres Vaterlandes, und in diesem Sinne nehme ich ferner ein Mandat an.'"

(210) *Gazeta T.*, Nr. 225 v. 30. September 1882

Aus einem Wahlartikel:

„Wir sind Polen, ein Teil des polnischen Volkes, einer besonderen Nation, welche ihre Nationalität bewahrt und bewahren will und nicht aufhört, ein Polenreich zu erhoffen, bis sie es erlebt."

(211) *Gazeta T.*, Nr. 262 v. 14. November 1882

„Der verstorbene Pfarrer Gustav Gisevius in Osterode (1840-1848) schrieb für die Masuren im polnischen Geiste: ‚Wenn sich die Posener durch andere Slawen in Preußen verstärken würden, wenn auch nur hinsichtlich der Sprache, wenn sich in Masuren eine polnische Literatur wie in Posen bilden würde, so würde die Literatur der Posener mit der Zeit einen Einfluß auf die Masuren auch in politischer Hinsicht gewinnen, und würden daher ihre Partei und ihre Opposition stärken.' Daher hat man unter den Masuren die Abneigung gegen den katholischen Glauben auch verbreitet. Das Volk aber kann sich nicht aus sich selber retten und versteht es auch nicht, es ist dort Hilfe nötig, schleunige Hilfe. Mittel zur Rettung der Masuren vor der Anhäufung der Germanisierung wären folgende: 1. Ein Zentralwahlkomitee; 2. Herausgabe einer billigen polnisch-masurischen Zeitung und polnischer Volksbücher; 3. Ansiedelung guter Polen; 4. Anfeuerung für den katholischen Glauben."

(212) *Gazeta T.*, Nr. 169 v. 27. Juli 1883

„Zum Besuch der Kassubei rüsten sich einige Linguisten und Schriftsteller aus dem Königreich (Russisch-Polen) und aus Galizien, unter ihnen der bekannte Dichter Sienkiewicz aus Warschau, Advokat Parczewski aus Kalisch und Philologe Ramult aus Lemberg. Gestern und heute weilte in unserer Stadt Herr Stanislaus Windakiewicz, Student der Philologie an der Jagiellonschen Universität (Krakau), welcher sich ebenfalls zu wissenschaftlichen Zwecken (?) nach der Kassubei, diesem so interessanten, aber bisher so wenig erforschten polnischen Winkel begibt."

Die Kassubei wird von Zeit zu Zeit polnischerseits in Bearbeitung genommen. Nach der großen Bereisung durch die Herren Dr. Cejnowa aus Bukowiec, Kreis Schwetz, Ketrzynski aus Lemberg und den russischen Staatsrat Hilferding aus Moskau wurde 1883 wieder eine große Heerschau veranstaltet.

(213) *Gazeta T.*, Nr. 237, Oktober 1899

Aus der Beilage *Familia chrescianska*, Nr. 41:

„Hundert Jahre hindurch weckte der Schrei: ‚Noch ist Polen nicht verloren' in den Polenherzen den unaustilgbaren Glauben. Hundert Jahre ertönt er, wenngleich Polen durch Fluten Blutes watet; Städte sind in Trümmer gefallen, doch der Geist in der Nation ist nicht gefallen. Noch ist Polen nicht verloren! Gott wird es befreien, sobald wir es leibhaftig und ganz der Jugend Herzen einimpfen werden. Ehrenwerte Mütter und Meisterinnen! Brust an Brust, Hand in Hand werden Eure vereinten Kräfte diese Jugend vor der Seuche behüten, die heute aus der Welt unheilverkündend herüberweht, die Herzen erkältet, den Glauben erlöschen macht, die Hoffnung forttreibt ... Wiederholt es, ehrenwerte Mütter, rufet, ihr Meisterinnen: Noch ist Polen nicht verloren, und nie wird es verloren gehen, so lange wir getreu am Herde die Wacht halten, ist Polen am Leben und sicher, von der Gefahr unterzugehen, frei."

(214) *Gazeta T.*, Nr. 171 v. 29. Juni 1900

„Der größere Teil der Deutschkatholiken ist dem polnischen Element weit gefährlicher als alle Protestanten zusammengenommen. Die protestantischen Deutschen können uns das Vermögen nehmen, uns aus den Ämtern beseitigen, die polnischen Schulen schließen, aber sie können uns nicht die Sprache nehmen; denn die Kinder, die zu Hause und in der Kirche polnisch sprechen, bleiben Polen. Doch wenn Deutschkatholiken, besonders Geistliche, beginnen, sich anzuschließen und in den Kirchen Unterricht, Predigt, Beichte und Andacht für die polnischen Kinder in deutscher Sprache einzuführen, dann fahre wohl, Polentum. Deine letzte Stunde hat geschlagen! Darum wiederholen wir, daß die Polen sich vor den Deutschkatholiken mehr in acht zu nehmen haben als vor den Protestanten, ob das nun der *Germania* gefällt oder nicht!"

(215) *Gazeta T.*, Nr. 219 v. 23. September 1900

„Mit welchem Rechte werden in der Parochie Paderborn in überwiegend, sogar zu neun Zehnteln polnischen Parochien Pröpste angestellt, die kein Wort polnisch können, so daß polnische Kinder die heiligen Sakramente nicht eher empfangen können, als bis sie deutsch gelernt haben?"

(216) *Gazeta T.*, Nr. 229 v. 5. Oktober 1900

„Deutsche, welche der katholischen Kirche aufrichtig anhängen, sollten polnisch lernen und bei der durch und durch polnischen katholischen Nation Anlehnung suchen, obgleich sie ihre Muttersprache beibehalten. Dafür sprechen die Logik und der gesunde Menschenverstand."

(217) *Gazeta T.*, Nr. 241 v. 19. Oktober 1900

„Ein junger Lehrer war mit einer Polin verlobt. Als die Verlobte erfuhr, daß ihr Verlobter ein Bittgesuch um deutsche Predigten unterschrieben habe und bei einer deutschen Predigt zugegen gewesen sei, schrieb sie ihm kurz und bündig: ‚Lebe wohl: Wenn Du ein Deutscher bist, so suche Dir eine Deutsche!'"

(218) *Gazeta T.*, Nr. 294 v. 22. Dezember 1900

„Der Dekan Franz Scharmer in Danzig wurde von dem hochwürdigen Herrn Bischof zum Diözanvorsitzenden aller katholischen Arbeitervereine ernannt. Was bedeutet das? Der Dekan Scharmer ist ein Stockdeutscher und spricht, so viel wir wissen, nicht polnisch. Man kann von ihm keine eifrige Tätigkeit zwecks Hebung der polnischen Arbeitervereine, die aus lauter Katholiken bestehen und sich auf katholische Grundsätze stützen, erwarten ... Niemand kann verlangen, daß die polnisch-katholischen Vereine sich unter das Kommando eines Deutschen stellen sollen, und noch dazu unter dasjenige eines Mannes von der Gesinnung des Dekans Scharmer."

(219) *Gazeta T.*, Nr. 94 v. 25. April 1901

„In Sachen der Elisabetherinnen schreibt man uns aus Preußisch-Stargard:

‚... Wir haben hier fünf Schwestern, und deren Namen sind mit Ausnahme einer einzigen polnisch. Alle Schwestern ohne Ausnahme sprechen fließend polnisch, und den Artikel des verehrungswürdigen Korrespondenten der *Gazeta Grudzionska* verstanden sie sehr gut durchzulesen. Es ist dies das Verdienst unseres ehrwürdigen Herrn Propstes, des Vorsitzenden des Kuratoriums. Gleich bei der Bestellung der Schwestern erbat er sich polnische, und die Generaloberin in Breslau hat sich sogar in einem besonderen, von Herrn Bischof Rosentreter bestätigten Statut unserm Kuratorium gegenüber durch eigenhändige Unterschrift verpflichtet, nach Stargard polnische Schwestern zu schikken. Hätte man in Tuchel ebenso verfahren, so gäb es heute keine solche Mißhelligkeiten, aber übrigens kann man jetzt noch an die Generaloberin in Breslau schreiben, – sie wird billige Wünsche berücksichtigen. Im schlimmsten Falle muß man auch hier zur Selbsthilfe greifen. Möge im Falle der Not jeder von der Oberin-Schwester Karoline eine polnische Schwester verlangen. Erhält er eine solche nicht, so möge er sich auf irgendeine Weise zu helfen suchen, eine deutsche Schwester jedoch nicht annehmen. Sobald unsere Leute so verfahren haben werden, wird das, was man in einer Stadt durchgesetzt hat, auch in Tuchel gelingen, – bald werdet ihr polnische Schwestern haben."

(220) *Gazeta T.*, Nr. 155 v. 10. Juli 1901

„Von zwei Übeln muß man immer das kleinere wählen. Wahr ist ja allerdings, daß die Zentrumsleute mit ihrem Kandidaten Lieber in polnischen Wahlkreisen das Wasser trüben ... Zu dem Wahlkampf zwischen Zentrum und Nationalliberalen schreibt der polnische Propst Liß:

‚Es gilt, den Nationalliberalen, den ärgsten Feind, nicht in den Reichstag gelangen zu lassen und Herrn Rintelen zum Siege zu verhelfen, jedoch den Zentrumsleuten feurige Kohlen aufs Haupt zu sammeln, ihnen ihren Unverstand, ihren bösen Willen sowie ihre Fehler zu zeigen und energischere Hilfe und Verteidigung in berechtigten polnischen Angelegenheiten zu fordern. Den Wolf kann und soll man doch niemals in den Schafstall hineinlassen, und ebenso keinen Nationalliberalen, den geborenen Feind der katholischen Kirche, ins Parlament; dem Haushund aber, der das Haus nicht gehörig bewacht und beschützt, gebührt von Zeit zu Zeit eine Tracht Prügel, aber vom Hofe darf man ihn nicht jagen. So darf auch der Zentrumsmann nicht aus dem Parlament hinausgetrieben werden, wenn man ihn nicht durch einen Besseren ersetzen kann.'"

(221) *Gazeta T.*, Nr. 182 v. 10. August 1901

Der polnische Propst Liß erläßt gegen den Erzbischof Simar und das Zentrum folgende Erklärung:

„ ... Ich habe noch viel schwereres Geschütz; wenn ich dieses gegen das Zentrum auffahren lasse, dann werden die Zentrumsmänner in ihrer ganzen Blöße erscheinen. Die ganze Welt wird dann von ihnen mit Abraham a Santa Clara sagen: ‚Sie sind nicht wert, daß sie der Hund be...' Ich aber werde mit Abraham a Santa Clara ausrufen: ‚Ja, sie sind wert, daß sie der Hund be...' – Von ‚Beschimpfung', ‚Dreistigkeit', ‚Gehässigkeit', ‚Verdrehung', ‚Entstellung' usw. usw. zu reden, wie es das Zentrum tut, das ist einfach ‚so ein bißchen Sand in die Augen streuen.' Ich habe weder verlangt, noch verlange ich es jetzt, daß Erzbischof Simar in den Blättern mit mir polemisiert, aber ich fordere, daß kein Geheimsekretär nach dem Sprichwort *‚Si fecisti, nega!'* handelt. Fühlt sich der Erzbischof durch mich beleidigt, so möge er mich in Rom anklagen, ich werde gern mich dorthin begeben, um den väterlichen Urteilsspruch entgegen zu nehmen ...
Das Zentrum behandelt die Polen wie Heloten, so, als wenn ungefähr

die Nase für die Tabaksdose und nicht die Tabaksdose für die Nase vorhanden wäre. Wenn der *Kuryer Poznanski*, der nach seinem forschen Auftreten nun sich rückwärts konzentriert, ausgerechnet hat, das Zentrum verdanke den Polen 16 Mandate, so ist es noch lange keine Revolution, wenn die Polen endlich die Kinderschuhe ausziehen und eigene Abgeordnete wählen, anstatt sich von unsicheren Patronen und Vormündern wie Herrn Ballestrem und andere am Gängelbande führen zu lassen.
Zwischen den Polen und dem Zentrum kann Frieden nur auf folgender Grundlage bestehen: In der Religion: Einigkeit, in der Politik: Freiheit und in allem anderen: Liebe. Andernfalls wird sich das Wort bewahrheiten: ‚Wenn sich zwei zanken, freut sich und gewinnt der Dritte!'

Pfarrer Liß"

(222) *Gazeta T.*, Nr. 6 v. 9. Januar 1902

„Drängt sich nicht jedem – o Grauen! – die Frage auf: ‚Darfst du, katholischer Pole, angesichts alles dessen überhaupt noch das glauben, was du von einem deutschen katholischen Geistlichen hörst?' Möge sich jeder die Antwort darauf selbst geben, – denn ich glaube heute keinem deutschen Geistlichen mehr!"

(223) *Gazeta T.*, Nr. 299 v. 28. Dezember 1902

„Über 18 000 polnische Fibeln sowie mehrere Tausend Bücher, Broschüren und Flugschriften hat im Laufe eines Jahres unentgeltlich und postfrei der *Volksversammlungsverein*, dessen Sitz die Stadt Thorn ist, in die verschiedensten Gegenden Westpreußens und in die angrenzenden Kreise, namentlich aber in solche Gegenden versandt, welche von der Germanisierung am meisten bedroht sind." (Ostpreußen? Der Herausgeber.)

(224) *Gazeta T.*, Nr. 278 v. 3. Dezember 1904

„Etwas über unsere Vikare.

... Unsere deutsche bischöfliche Behörde (in Kulm) muß nämlich wissen, daß sie überhaupt nur wegen der gegenwärtigen abnormalen Verhältnisse besteht. Wenn die Kirche bei uns vollständige Freiheit hätte, dann wäre es eine Unmöglichkeit, daß in einer zu Dreiviertel polnischen Diözese ein deutscher Bischof, ein deutscher Generalvikar und ein deutscher Regens wirtschafteten, die doch unsere Bedürfnisse nicht gehörig empfinden können. Wenn daher diese Behörde jeglicher Erbitterung vorbeugen will, und sie muß ihr vorbeugen, wenn sie sich als die Nachfolgerin Christi erachtet und dieses Amt würdig verwalten will, so darf sie ihre polnische Diözese nicht mit ihrem deutschen Geiste reizen, sondern sie muß überall zur Verteidigung der Rechte des polnischen Volkes auftreten, sie muß die Geistlichen zur Arbeit für dieses Volk aufmuntern und diese Arbeit erleichtern und sie gegen die Angriffe der uns feindlichen Regierung verteidigen."

(225) *Gazeta T.*, Nr. 116 v. 22. Mai 1906

„Herr, bewahre mich vor Freunden.

So kann die *Straz* angesichts dessen sagen, was verschiedene Zeitungen aus Anlaß der bekannten Rundschreiben des hochwürdigsten Herrn Erzbischofs von Stablewski geschrieben haben. Die Posener *Praca*, die gewissermaßen das halbamtliche Organ der *Straz* ist, veröffentlicht in ihrer neuesten Nummer ein Gedicht unter dem Titel *Die Macht (Straz) und die Wächter*, in dem der Autor die Kritiker der *Straz* mit Hunden vergleicht, die einen durch das Dorf gehenden Bettler anbellen, und als den schlimmsten der Hunde stellt er die ‚Dogge des Pfarrers' (*brytana od plebana*) dar, den man mit dem Stocke nicht erreichen könne, weil er sich hinter dem ‚Rundschreiben' (des Erzbischofs von Stablewski gegen die Beteiligung der Geistlichkeit am *Straz*-Verein) verstecke. ‚Komm du nur her, du gemeiner Köter, ich werde dich schon ordentlich verhauen!' Wenn ein Organ so hervorragender „*Straz*"-Stützen das Oberhaupt einer katholischen Diözese einen ‚gemeinen Köter' nennt, der ‚ordentlich verhauen' werden muß, so ist es kein Wunder, daß die geistliche Behörde die Geistlichen dem Einflusse derartiger Elemente entzieht. Wir erwarten, daß entweder die Mitbesitzer der *Praca* dieses schmachvolle Pasquill verleugnen, oder aber daß die *Straz* sich öffentlich von diesen Herren lossagt. Das muß unbedingt und unverzüglich eintreten."

(226) *Gazeta T.*, Nr. 195 v. 26. August 1906

Zu der schon 1906 geplanten Enteignungsvorlage schreibt das Blatt:

„Kannibalische Einfälle. Manche Deutsche möchten dieses Land durchaus besitzen, aber sie wollen nicht den von den zum Kauf bereiten Polen geforderten Preis zahlen. Also nehme man es den Polen! Das wäre ja ganz schön, aber das Gesetz erlaubt es nicht! Es heißt fremdes Eigentum achten und die es eigenmächtig Antastenden bestraft es als Diebe. Doch wozu sind die Köpfe der Philosophen da? Sie sagen, daß man das Gesetz ändern müsse, damit die eigenmächtige Wegnahme des Grund und Bodens der Polen zu deutschen Ansiedelungszwecken nicht als Diebstahl bestraft werden könne, dann wäre alles in Ordnung. Zur Beruhigung des Gewissens von Leuten, welche die hakatistische Philosophie nicht kennen, könnte ja die Ansiedelungskommission den Polen den Grund und Boden bezahlen, indem sie allerdings für Rübenboden einen Preis zahlt, der gegenwärtig für den kassubischen Sandboden gezahlt wird. Die vorsichtigen Deutschen und besonders die Juden schreien dagegen, daß die Polen das für den Grund und Boden erhaltene Geld nach der Stadt tragen und dort entweder einträgliche Fabriken, Handelshäuser, Banken usw. von Deutschen kaufen oder gründen werden. Das ist doch nicht schlimm! Kann denn nicht später ein Gesetz beschlossen werden, welches gestattet, den Polen auch die Fabriken, Handelshauser und Banken fortzunehmen? Wenn die Polen Rechtsanwälte oder Ärzte werden, dann wird das Gesetz dahin geändert, daß es ihnen nicht erlaubt sein wird, die ärztliche oder Rechtsanwalts-Praxis auszuüben. Werden sie Droschkenkutscher, dann wird ein Gesetz beschlossen, das gestattet, ihnen die Droschken und Gäule fortzunehmen. Wenn dann nun sämtliche Polen in die Reihe der Arbeiter treten und anfangen werden, den deutschen Arbeitern Konkurrenz zu machen, dann kann ja ein Gesetz beschlossen werden, kraft dessen der auf der Bärenhaut liegende deutsche Arbeiter den Lohn nimmt und dem Polen nur soviel geben wird, damit er nicht des Hungers sterbe. Das alles wird nach dem Gesetze erlaubt sein, und ein Pole, der sich diesem Gesetz nicht fügt, wird ins Gefängnis wandern? Ob sie sich alle fügen werden? Wer kann es wissen? Vielleicht finden sich solche Verbrecher, solche Leute, die aller Achtung vor dem Gesetze in dem Maße bar sind, daß sie sich werden empören wollen. Angesichts des Umstandes, daß die staatlichen Gesetze dem Polen sogar mit dem Arbeiter nicht gleichberechtigt zu sein erlauben, wird dieser oder jener bereit sein, alle Achtung vor dem Gesetz zu verlieren und sich mit Leuten zu verbinden, die allen Staatsgesetzen und jeglicher staatlicher Ordnung offen den Krieg erklärt haben und nur im – Terror ihr Heil suchen. Die Moralität der mit Bomben und Dolchen kämpfenden Terroristen steht auf derselben Stufe wie die kannibalischen Gelüste derjenigen Leute, welche die zwangsweise Wegnahme des Grundes und Bodens der Polen empfehlen.“

(227) *Gazeta T.*, Nr. 248 v. 27. Oktober 1906

„Die Kinder im Kampfe für den Glauben.

Die katholischen Bischöfe und Erzbischöfe haben einmütig erklärt, daß nach den Grundlehren der hl. römisch-katholischen Kirche die Glaubenswahrheiten den Kindern in der Muttersprache gelehrt werden müssen, den polnischen Kindern also in der polnischen Sprache. (Das maßgebende Tridentiner Konzil kennt eine derartige Bestimmung nicht; der Herausgeber.) Wer also für die Verteidigung der polnischen Sprache im Katechismusunterricht und in der biblischen Geschichte kämpft, der kämpft für den Glauben, und wer aus diesem Grunde Verfolgungen und Widerwärtigkeiten erduldet, dem wird unser Herrgott die Leiden für den Glauben im Buche des Lebens verzeichnen.

Einige Tage hindurch waren (in Podgorz) die Lehrer ruhig, aber als heute die Kinder den in die Schule tretenden Lehrer mit dem polnisch-katholischen Gruß empfingen: ‚*Niech bendzie pochwalony Jezus Chrytus*‘, da begann – der Tag des Gerichts. Trotz der Ermahnungen des Lehrers wollten die Kinder nicht sagen: ‚Gelobt sei ...‘, sondern sie wiederholten: ‚*Niech bendzie ...*‘ Es begann also die Bestrafung. Ein Knabe, der die meisten Hiebe bekommen hatte, rief, sich stolz vor die Brust schlagend: ‚Hier schlägt dennoch ein polnisches Herz.‘ In ganz Podgorz herrscht jetzt große Erbitterung, denn unsere Kinder können nicht begreifen, weshalb sie dafür bestraft werden, daß sie Gott den Herrn in ihrer Muttersprache grüßen, da ihn doch unsere Vorfahren seit tausend Jahren so gegrüßt haben, und wir Eltern sind aufs höchste entrüstet, daß die Kinder bestraft werden, trotzdem sie nur den Befehl der Eltern erfüllen. Wir bitten die wohllöbliche geistige Behörde, doch zu geruhen, sich unserer und unserer Kinder anzunehmen, und zu Gott erheben wir das Gebet, uns und unseren Kindern Kraft und Stärke in unserem schweren Leiden zu gewähren.“

(228) *Gazeta T.*, Nr. 271 v. 25. November 1906

„Aus Lipnica schreibt man uns: ‚Herr Klimek, der Besitzer von Sokoligora, der zugleich auch Schulze ist, sendet seinen Sohn in die Schule von Lipnica. Nun fürchtete Herr Klimek, daß er wegen des Streikens seines Sohnes sein Amt verlieren könnte und versprach deshalb dem Lehrer, den Knaben zu bestrafen und ihn dazu zu bringen, in der Schule deutsch zu antworten. Indessen was geschah! Trotzdem ihn der Vater zu Hause gestraft hatte, antwortete der Knabe am nächsten Tage dennoch wieder in polnischer Sprache, und auf die Frage des Lehrers, ob der Vater es ihm verboten hätte, antwortete er, daß der Vater ihm allerdings befohlen hätte, deutsch zu antworten, daß er es aber als Pole nicht ansehen könnte, wie die anderen Kinder leiden, daß er also trotz des Befehls des Vaters und des Lehrers nicht deutsch antworten könnte, weil er mit den anderen Kindern zusammen für den heiligen Glauben leiden möchte. Die Schulknaben wollten ihren Kameraden ehren und hoben ihn in der Pause auf dem Schulhofe in die Höhe, indem sie riefen: ‚Es lebe Cäsar Klimek, solche gebrauchen wir!' In diesem Falle kann man leider sagen, daß der Sohn den Vater beschämt hat."

(229) *Gazeta Wielkiego Xiestwa Poznanskiego*, Nr. 3, 1846

(Polnische Ausgabe der *Posener Zeitung* in Posen,
älteste polnische Zeitung)

Der Redakteur Rymarkiewicz führt in einem Leitartikel in einem Rückblick auf die Vergangenheit der Zeitung und die maßgebenden Grundsätze für ihren Inhalt an:

„Sie hat z. Zt. der neuen religiösen Form, als die Gemüter bei der Unbestimmtheit der Folgen noch schwankten, diese Bewegung richtig beurteilt und sich, als von einem fremden Element, davon entfernt gehalten. Auch die Ideen des Kommunismus, der die Gemüter mit Unruhe erfüllte, habe sie in das Reich der Ideale verwiesen. Auch den Jesuitismus habe sie, als für Polen ebenso nachteilig, wie für andere Nationen, rücksichtslos bekämpft. Sie habe keine Gelegenheit vorübergehen lassen, den Asiatismus und die Ausländerei, wo sie das polnische nationale Leben zu erdrücken strebten, zu verwunden.
So habe sie ihre abwehrende Mission erfüllt und sich ihr negatives Gepräge begründet. Sie habe aber auch ihre politische Bestimmung durchaus nicht vernachlässigt, ... als polnische Zeitung habe sie sich bemüht, die Begriffe über die nationalen Elemente zu entwickeln, ha-

be den Abriß der ganzen nationalen Politik, namentlich der ohne politisches Dasein bestehenden Nationen gegeben, habe die Begriffe von Nationalität gezeichnet, den Zusammenhang des Glaubens und der Sprache mit der Nationalität erwiesen, das Verhältnis des Provinzialismus zur Nationalität vermerkt usw. Mit einem Worte, sie habe sich auf den nationalen Standpunkt gestellt. Endlich nicht vergessend, daß sie eine politische Zeitung sei, hat sie nicht nur Nachrichten vom Leben und Treiben in allen polnischen Ländern gegeben, sondern sich auch bemüht, die Zeitfragen anderer Länder von ihrem Standpunkt aus zu beantworten."

(230) *Glos polski*, Nr. 2. v. 5. Januar 1892

„In jenen Tagen teilte man uns aus der Kassubei mit, daß die Kassuben vor 23 Jahren sich noch beleidigt fühlten, wenn sie jemand ‚Polen' nannte, weil in dortiger Gegend ‚*poloch*' ein Nagel heißt, heutzutage betrachten sie es mit wenigen Ausnahmen als eine Ehre, wenn man sie Polen nennt. In Oberschlesien war vor 25 Jahren das polnische Selbstgefühl beim Volke sehr schwach und niedergedrückt. Gegenwärtig gibt es dort drei polnische gut redigierte Zeitungen.
Sowohl in Westpreußen wie in Oberschlesien fordert das polnische Volk jetzt den polnischen Sprachunterricht in der Schule. Aber auch ohne dies lernt das polnische Volk dort von selbst polnisch lesen und schreiben. Der *Katolik* veröffentlichte vor den Feiertagen eine große Anzahl von Büchern als Belohnung für diejenigen Kinder, welche wegen dieser Bücher einen polnischen Brief an die Redaktion schreiben werden. Ungefähr 1 000 polnische Knaben und Mädchen haben solche Briefe geschrieben. Der *Katolik* teilt in seiner Festausgabe ihre Namen mit und hat dazu einen Raum von 4 Spalten gebracht! Gott hat uns augenscheinlich nicht verlassen, wenn er in unserer Bevölkerung den polnischen Lebensgeist so lebhaft erweckt. Gott der Herr, wird uns auch nicht verlassen, wenn wir nur unsere Pflichten erfüllen."

(231) *Glos Slonski* (Gleiwitz), Nr. 166 v. 23. Juli 1904

„Daß eine jede Obrigkeit von Gott eingesetzt ist und daß wir aus dieser Veranlassung ihr gehorchen müssen, – das bezweifle ich sehr. Man kann dreist behaupten, ohne der Lehre der heiligen Kirche zu widersprechen, daß mitunter die Obrigkeit nicht von Gott eingesetzt ist, vielmehr nur im Einverständnis Gottes von jemand anders. Wir brauchen uns vor keiner Sünde zu fürchten, wenn wir in Sachen der Germanisierung uns der Obrigkeit widersetzen, um so mehr, als hinter der Germanisierung sich für unseren heiligen katholischen Glauben eine große Gefahr birgt, ‚denn hier gibt es keine Heiligkeit und keine Erlösung' (aus dem Gebet aus dem Jubiläumsgebetbuch vom Jahre 1901)."

(232) *Goniec Polski* (Paris), Nr. 12 v. 30. März 1901

In einem „offenen Brief an den preußischen Kultusminister Studt" heißt es:

„Die Verteidigung der eigenen Freiheit ist die Pflicht einer jeden Nation. Es versteht sich von selbst, daß diese Pflicht vor allem auf denjenigen Nationen lastet, die sich in Knechtschaft befinden. Sie lastet auf uns Polen. Darum werden wir unausgesetzt bis zum letzten Atemzuge um unsere Freiheit und Unabhängigkeit kämpfen, wir werden kämpfen wie bisher, bis wir sie wieder erlangen. Niemals werden wir loyale preußische Untertanen sein. Denjenigen, welche sich als solche gebaren, glaubet nicht, Ihr Herren! Das sind Hypokriten! Ja, diese polnischsprechenden Preußen sind Hypokriten, nicht aber Verräter ... Wir werden die von Euch auferlegte Knechtschaft so lange ertragen, als wir sie werden ertragen müssen, und das einzig in der Hoffnung, daß die Zeiten der Ungerechtigkeit, der brutalen Gewalt, des grausamen Fegefeuers einst enden werden."

(233) *Goniec P.*, Nr. 12 v. 20. Juni 1902

„Die ganze Welt ist in Erstaunen versetzt worden durch das in neuerer Zeit noch nicht dagewesene Faktum, daß ein konstitutioneller Monarch den einen Teil seiner Untertanen zu offenem Kampfe gegen den anderen aufruft. Diese Tatsache verwirklichte sich in der Rede, welche Kaiser Wilhelm II. am 5. Juni d. Js. in Marienburg hielt. Für uns und für die ganze zivilisierte Welt ist diese Rede in erster Linie nicht nur eine Vergewaltigung jedes Gesetzes aller politischen, konstitutionellen und diplomatischen Satzungen, sondern geradezu ein mit Füßentreten aller ethischen Grundsätze, welchen den höchsten Schatz aller zivilisierten Völker bilden sollten. Für uns ist sie außerdem ein unverschämter Aufruf zum Kampf, aus welchem wir siegreich hervorgehen müssen."

(234) *Goniec P.*, Nr. 1, 1903

„Das Alldeutschtum ist die Form des deutschen Imperialismus. Kaiser Wilhelm II. ist gewissermaßen der Vertreter des Alldeutschtums. Wir würden ihm vielmehr, mit Rücksicht auf seine Reise- und Redesucht, die Bezeichnung eines Reisenden (*commis voyageur*) für den Pangermanismus beilegen."

(235) *Goniec Wielkopolski* (Posen), Nr. 141 v. 23. Juni 1882

„In Ostrowo wird es besser, der polnische Handel und das polnische Gewerbe machen bedeutende Fortschritte. Vor 10 Jahren gab es hier nur drei polnische Handelsfirmen, jetzt haben wir schon gegen 20 polnische Geschäfte, außer einer bedeutenden Anzahl von Handwerkern. Die Vereine entwickeln sich; mit einem Worte, der nationale Geist ist in jedem Polen erwacht, und in jedermanns Augen kann man lesen: ‚Noch ist's (sc. Polen) nicht verloren!'
Wir sollten aber dabei nicht stehen bleiben, denn es fehlt uns noch an vielem. Im Gegenteil, wir sollten vor allem die böse Gewohnheit ablegen, bei Fremden Waren zu kaufen und fremde Handwerker anzunehmen, denn wir haben genug polnische Kaufleute für alle Zweige und ebenso tüchtige polnische Handwerker."

(236) *Goniec W.*, Nr. 174 v. 2. August 1882

„Der Landtagsabgeordnete Magdzinski hatte in seinem vor der polnischen Wählerversammlung in Opalenitza, Kreis Grätz, am 30. Juli 1882 gehaltenen parlamentarischen Rechenschaftsbericht u. a. die Äußerung getan, ‚die Wiener Verträge hätten Polen zu wenig Rechte zuerkannt, er seinerseits verlange mit aller Entschiedenheit den Wiederaufbau Polens'. Es freut uns sehr, daß Herr Magdzinski zu denjenigen Abgeordneten gehört, die den Wiederaufbau Polens für die Achse der europäischen Politik halten. Der geehrte Abgeordnete möge uns die Bemerkung verzeihen, daß es etwas anderes ist, in der Weise beiläufig zum Abgeordnetenhaus zu sprechen, und etwas anderes, einen bezüglichen Antrag zu stellen. Mag Herr Magdzinski im preußischen Abgeordnetenhaus den Antrag auf Wiederaufbau Polens stellen, und mag das Haus diesen Antrag annehmen. Die Geschichte des polnischen Abgeordnetenklubs lehrt, daß polnische Abgeordnete oft genug den

Wiederaufbau Polens in ihren Reden im Abgeordnetenhause verlangt haben. Dies hat namentlich auch der Abgeordnete Dr. Wladislaus von Niegolewski im Jahre 1861 getan. Er sagte damals, der Wiederaufbau Polens sei das politische Evangelium der Polen, aber einen ausdrücklichen Antrag wegen Wiedererweckung Polens stellte er an das Abgeordnetenhaus nicht, weil die Annahme eines solchen von dem Hause, das nicht einmal die durch internationale Stipulationen von ganz Europa und Verheißungen der preußischen Monarchie garantierten Rechte unterstützt, nicht erwartet werden kann.
Es stände schlecht um die Nation, wenn nur der Abgeordnete Magdzinski allein den Wiederaufbau Polens verlangen sollte. Wir alle verlangen diesen Wiederaufbau, und dies braucht uns Polen auf Wahlversammlungen nicht erst gelehrt zu werden."

(237) *Goniec W.*, Nr. 272 v. 28. November 1882

Aus der Gegend von Gnesen wird dem Blatte u. a. geschrieben:

„Wir schreiben und sprechen von der Notwendigkeit der Unterstützung des Handwerks, wir gründen Darlehns- und Sparkassen, und dann gehen wir – weiß Gott aus welchen Gründen – zu den Fremden, um unsere Bedürfnisse zu decken, die wir ebenso gut, ja vielleicht besser, bei den Unsrigen decken könnten."

(238) *Goniec W.*, Nr. 291 v. 21. Dezember 1882

Eine Zuschrift aus Schrimm besagt:

„Das bevorstehende Weihnachtsfest mahnt uns, unserer Kaufleute und Handwerker zu gedenken und sie den Landsleuten zu empfehlen. Namentlich hier bei uns ist dies eine dringende Notwendigkeit, weil wir immer mehr Schwachheit für die Fremden und immer weniger Vertrauen den Unsrigen gegenüber an den Tag legen. (Es folgt eine umfangreiche Liste polnischer Geschäfte aller Branchen.) Zum Schlusse bitten wir unsere lieben Landsleute, vor dem bevorstehenden Fest ihr Geld nicht den Fremden hinzutragen."

(239) *Goniec W.*, 13. März 1883

In einer Pressefehde mit dem *Orendownik* schrieb der *Goniec*, das Organ des Herrn Abgeordneten von Niegolewski und des Herrn v. Rzepecki:

„Ein Verbrechen aber ist es, die polnische Bevölkerung, die ohnehin schon unter der Gewalt der preußischen Gesetze seufzt, zu überreden, daß sie die Rechtmäßigkeit dieser Gesetze auch in ihrem Gewissen anerkenne. So ist es nicht und so kann es nicht sein. Gott befiehlt uns nur eine äußere Unterwerfung unter die Tatsache der Teilung Polens, unter die der Vermögens- und Blutsteuer, unter das Germanisierungssystem in der Schule, dem Gericht und in der Verwaltung, unter die ganze Reihe der Maigesetze und des Gesetzes über die diskretionäre Gewalt im Bereiche der Kirchenangelegenheiten. Aber Gott befiehlt uns nicht den inneren Gehorsam gegen diese Gesetze; denn nach göttlichen Gesetzen haben wir das Recht auf Unabhängigkeit, das Recht auf eine eigene Regierung, und unter der preußischen Herrschaft sogar das Recht auf die Freiheit der Sprache und des Glaubens, und dies alles auf Grund des Wiener Traktates. Wenn also der *Orendownik* nicht der Verführer der Leser sein will, die ihm noch Freundschaft bewahrt haben, so muß er den Polen das Recht der Unabhängigkeit wahren, seine Leser überreden, daß sie ‚in den Grenzen der preußischen Gesetze die Ausführung des Wiener Traktates', d. h. die Erfüllung der Bedingungen fordern, unter denen Preußen diesen Teil Polens vom Jahre 1772 erhalten hat. Befolgt der *Orendownik* diese Politik nicht, und wird er statt dessen andere polnische Blätter denunzieren, als ob sie nicht kennen oder nicht kennen wollen die ‚Grenzen der preußischen Gesetze', so wird ihn sehr bald auch der Rest seiner Leser durchschauen, denn mit der Zeit muß er erkannt werden. Die Polen unter preußischer Regierung müssen die Wiener Traktate kennen, d. h. die ‚Grenzen der preußischen Gesetze', um sie auszunützen, gleichzeitig müssen sie aber auch die Grenzen Polens vom Jahre 1772 noch besser kennen, weil es die Grenzen sind, innerhalb welcher uns Einheit, Integrität und Institutionen zur Wahrung und Pflege unserer Nationalität zustehen."

(240) *Goniec W.*, Nr. 162, Juli 1884

„Der von uns angeregte Gedanke, neue Kandidaten für das schwierige Amt eines Abgeordneten zu suchen, ist in der Provinz günstig aufgenommen worden, und es sind uns von verschiedenen Seiten zahlreiche

Briefe zugegangen, welche die Namen der Personen enthielten, die hierzu die erforderlichen Eigenschaften besitzen. Denjenigen denkenden Bürgern, welche diesen Gegenstand näher erwägen, empfehlen wir vor allem, sich zu überzeugen: ob der gedachte Kandidat an die künftige Unabhängigkeit Polens glaubt, ob er auf staatsrechtlichem Grund und Boden steht, mit anderen Worten, ob er unsere Rechte kennt und versteht, welche aus dem Wiener Traktate originieren, und ob er entschlossen ist, diese den Fremden wie den eigenen Landsleuten gegenüber in Berlin zu verteidigen. Diese beiden Bedingungen halten wir für unerläßlich, alles andere ist Nebensache. Es kommt vor allem darauf an, daß wir nach Berlin nicht gedankenlose Trabanten des Herrn Windthorst, sondern solche Männer senden, welche würdig sind zu sitzen neben so politisch gebildeten und unsere Rechte kennenden und anerkennenden Deutschen, wie Schorlemer-Alst, Geistliche Dr. Majunke, Dr. Schwarzenberg und Cronemayer. Es paßt ja doch nicht, daß unsere Abgeordneten schlechtere Patrioten wären als unsere deutschen Freunde."

So schrieb das Organ des Herrn von Niegolewski und von Rzepecki.

(241) *Goniec W.*, Nr. 244 v. 23. Oktober 1892

Zur Eröffnung des Landtages schreibt das Blatt:

„Wir wollen uns an den Aufruf Sr. Majestät des Königs vom 15. Mai 1815 halten.
Wir wollen nichts weiter beschwören, als dasjenige, was unsere Vorfahren beschworen haben, als der Fürst Joseph v. Poniatowski die denkwürdigen Worte sprach: ‚Gott vertraute mir die Ehre der Polen an, ihm werde ich sie wiedergeben'.
Es darf daher kein polnischer Abgeordneter auf die Größe Preußens oder auf die Macht Deutschlands schwören, denn weder die eine noch die andere geht unsere Abgeordneten etwas an. Mögen sie Polen bleiben, denn sie wissen, daß sie ein Teil von Polen bilden, und mögen sie dem Könige von Preußen dasjenige geben, was ihm nach dem Wiener Vertrage gebührt."

(242) *Goniec W.*, Nr. 281, 1893

„In unserer Stadt fehlt es an einer polnischen Tuchhandlung, wie ein hiesiges Blatt mit Recht hervorhebt. In Posen fehlen bisher: ein Geschäft weiblicher Handarbeiten, fertiger Damen- und Kindermäntel, sowie eine Tuchhandlung. Die Herren Industriellen wollen diese drei Unternehmungen in Erwägung ziehen."

(243) *Goniec W.*, Nr. 288, 1893

„Die *Posener Zeitung* teilt in hämischer Weise mit, daß wir unseren Lesern das Bier der polnischen Brauerei ‚Fortuna' in Miloslav empfohlen haben. Dies alles möge uns zurückhalten, Einkäufe zu machen bei den ...‚sohn' ...‚er' und ...‚mann'; machen wir aber lediglich Bestellungen bei den ...‚ski' und ...‚cki' und ...‚icz'."

(244) *Goniec W.*, Nr. 296 v. 30. Dezember 1893

Der *Goniec* wendet sich mit folgenden scharfen Worten an die ‚Versöhnungsparteiler':

„Das Königswort der Traktate ward gebrochen. Und doch gehört er (der Versöhnungsparteiler) zu der Handvoll Politiker, die ihre Hoffnung auf Monarchengunst bauen. Ihr habt das Recht, Euch auf Königliche Worte zu berufen, und zieht vor, um Gunst zu betteln. Schmach und Schande über Euch! Bisher wurden die Polen für eine patriotische Nation gehalten. Ihr Herren, ein zweites Tragowice befleckt unseren Namen und führt uns in den Schmutz und ins Verderben. Man braucht kein Feind des preußischen Staates zu sein – und kann dabei doch das polnische Vaterland lieben, sein Wiedererstehen anstreben, seine Rechte kennen und den Mut haben zu fordern, was uns gebührt. Wir ekeln uns vor Euch und mahnen Euch einzuhalten. Die Nation wird Euch im Stiche lassen!
Ihr Herren ‚Preußen polnischer Zunge' werdet es nicht erleben, daß es Euch gelingt, die heiße Liebe zu dämpfen, die jeder aufrichtige, wahre Pole für ein siebenmal geschlagenes Mutterland im Herzen trägt. Polen lebt im Herzen der Nation, und keine menschliche Kraft wird es herausreißen. Ihr Herren, streckt die Waffen, wenn Ihr es für gut befindet. Ihr werdet unsere Herzen nicht ändern, unseren Geist nicht beirren, werdet schließlich völlig bankerott und durch andere Personen ersetzt werden."

(245) *Goniec W.*, Nr. 297 v. 31. Dezember 1893

„Allen Lesern unseres Blattes und Gönnern unserer Grundsätze senden wir Glückwünsche zum neuen Jahre. Zu den vielen Gönnern rechnen wir alle diejenigen Polen, welche 1. an ein Polen glauben, und 2. treu an den Losungen des Patriotismus und der Nationalwürde festhalten, und 3. an der Wiedererstehung unseres Vaterlandes arbeiten.“

(246) *Goniec W.*, Nr. 295 v. 29. Dezember 1894

„Ich bitte Dich sehr, mein lieber *Goniec*, daß Du diejenigen polnischen Besitzer brandmarkst, welche auf ihren Gütern deutsche Wirtschaftsbeamte haben, denn ich irre nicht, daß man ihrer mehr denn hundert aufzählen kann!“

(247) *Goniec W.*, Nr. 1 v. 1. Januar 1895

Der *Goniec* bringt in seiner Neujahrsnummer unter Trauerrand einen Artikel, welcher der vor 100 Jahren erfolgten letzten Teilung Polens gewidmet ist und der wie folgt beginnt:

„Hundert Jahre sind seit der Zeit verflossen, wo das grausame Schicksal, eigene Schuld und der Raub der Nachbarn uns die Freiheit und Selbständigkeit entrissen haben. Das bittere Unrecht, welches die Teilungsmächte an unserer unglücklichen Nation verübten, die jahrelangen Invasionen, diplomatischen Gemeinheiten, die Veruntreuung der Bündnisse, die Gewalttätigkeiten und die brutale Übermacht sind gekrönt worden durch das Werk der Falschheit, Heuchelei und Lüge. ‚Auch Ihr habt ein Vaterland!‘ verkündete ein Monarch den Polen im Jahre 1815 und zerriß gleichzeitig zum vierten Male den Körper des dreimal geteilten Polens ...
Alle Nachbarstaaten, selbst alle Regierungen wissen, daß ohne ein freies Polen ein Friede in Europa nicht sein kann. Mit Gottes Gnade und Barmherzigkeit also wird Polen auferstehen, und dies wünsche ich Euch, meine Leser, zum neuen Jahr.“

(248) *Goniec W.*, Nr. 33 v. 9. Februar 1895

Eine Zuschrift aus der Provinz besagt:

„Der geehrten Redaktion erlaube ich mir, meine Zweifel bezüglich der politischen Erfolge der Versendung von Mitgliederverzeichnissen des H. K. T.-Vereins an die Genossen desselben auszudrücken; es wäre meiner Ansicht nach viel besser, die Namen derjenigen Polen in dem ganzen polnischen Lande öffentlich bekannt zu machen, welche trotz der nichtswürdigen polenfeindlichen Strömung deutsche Industrie und deutschen Handel unterstützen, obwohl sie Gelegenheit haben, polnischen Handel und polnisches Gewerbe zu fördern. Ich kenne einen polnischen Grafen im Kreise Bromberg, welcher vorwiegend in deutschen Läden seine Einkäufe besorgt, obwohl er dies alles in polnischen Läden erhalten könnte."

Der *Goniec* bemerkt dazu:

„Das Eine wie das Andere ist gut. Angesichts der antipolnischen Hetze dürfen wir nicht bei Fremden kaufen; wir werden daher auch die Namen derjenigen Polen veröffentlichen, welche die deutsche Industrie unterstützen."

(249) *Goniec W.*, Nr. 69 v. 23. März 1895

„Am 17. März fand in Berlin eine polnische Volksversammlung statt, in welcher über die zweckmäßige Erziehung der polnischen Kinder beraten werden sollte.
U. a. erklärte ein Redner, Schneidermeister Wladislaus Berkan:

‚Vor allem müssen wir uns darüber klar werden, wie unsere Kinder bis jetzt in der Fremde erzogen werden. Reicht die Erziehung der Kinder nicht aus, um unsere Religion und Nationalität zu erhalten, so müssen wir über Mittel und Wege, die dazu führen, nachdenken. Wenn jemand z. B. nach Berlin kommt, so hat er hier gewöhnlich irgendeinen Bekannten aus der Heimat. Nach eingezogener Erkundigung bei demselben muß er in einer polnischen Familie hier Wohnung nehmen und sofort einem polnischen Verein beitreten; dann muß er, insoweit es seine Beschäftigung gestattet, deutschen Umgang meiden.
Wir dürfen unseren Kindern nicht gestatten, daß dieselben untereinander oder mit uns auch nur ein deutsches Wort sprechen. Das Kind darf in Gegenwart der Eltern keine andere als die Muttersprache kennen,

trotzdem es eine deutsche Schule besucht. Wir müssen unsere Kinder in die Kirche, in polnische Predigten, späterhin in polnische Versammlungen und Vergnügungen führen und nur den Umgang mit polnischen Kindern erlauben. Wenn wir so verfahren werden, werden unsere Kinder sicherlich Polen bleiben.'"

(250) *Goniec W.*, Nr. 143 v. 26. Juni 1897

„Die Herren H.-K.-Tisten werden wieder sagen, dies sei ein Boykottieren der deutschen Industrie –, dies wird uns jedoch nicht abhalten, unsere Leser mit denjenigen hiesigen Industriellen bekannt zu machen, die mit Hilfe der *Ostmark* (Organ des *Ostmarkenvereins*) ihr Interesse fördern. Es sind dies die Herren: Gustav Engel, Otto Mutschall, H. Grüber, G. Fritsch, Max Hülse, O. Dümke, Hermann Schnabel, W. Tunmann, B. Altenberger in Posen und E. Kummerfeld in Bromberg."

(251) *Goniec W.*, Nr. 95, 1898

„Wie das Blatt berichtet, werden zum Gedächtnis der im Aufstande 1848 kämpfend gegen die preußische Staatsgewalt gefallenen Polen nicht nur in Xions und Miloslaw Trauergottesdienste abgehalten, sondern es soll sogar am erstgenannten Orte eine Gedenktafel im Innern der Kirche angebracht werden."

(252) *Goniec W.*, Nr. 146, 1898

„In dieser Nummer warnt das Blatt die Polinnen vor dem Feierabendhause, einer Heimstätte, die Posener Frauen für arbeitsunfähige Lehrerinnen gründen wollen. Da das Haus für Bedürftige ohne Unterschied der Konfession ein Asyl bilden solle und die Nationalität gar nicht berücksichtige, so sei für Polinnen darin kein Platz; diese müßten vielmehr einen ähnlichen, jedoch rein polnischen Verein bilden."

(Ein Beweis für die bekannte Zurückhaltung der Polen bei Wohltätigkeitsveranstaltungen, während sie selbst die öffentliche Wohltätigkeit am meisten, ja fast ausschließlich in Anspruch nehmen. Der Verfasser.)

(253) *Goniec W.*, Nr. 163, 1893

„Die Luft reinigt sich: wer Pole ist, wird zu den Polen gehen, wem in den preußischen Vereinen wohler ist, der mag dort bleiben. Polen, vorwärts zu den Eurigen! Haben wir doch keinen Mangel an Vereinen!"

(254) *Goniec W.*, Nr. 272 v. November 1899

„An die polnischen Mütter richten wir die Bitte, sie mögen ihre Kleinen im Kreise um sich versammeln und ihnen die Bedeutung des Aufstandes des polnischen Volkes ins Gedächtnis einprägen. Und warum sollen die Kinder die Bedeutung des Aufstandes kennen lernen? Weil es Pflicht eines jeden Polen ist, die Geschichte seines Vaterlandes zu kennen, weil sich in den Beispielen der Väter Edelmut und Vaterlandsliebe widerspiegelt: weil der Aufstand von 1830 der Welt gezeigt hat, daß wir frei werden wollen und imstande sind, für ein freies Polen das Leben zu opfern; endlich haben wir dieselbe Pflicht zu erfüllen und wollen dasselbe Ziel erreichen wie unsere Großväter mit dem Karabiner und dem Säbel in der Hand; unsere Wege sind aber anders. Herz, Gedanken und Hand sind unsere Waffen! Lieben und ehren wir die Vergangenheit. Seid alle fleißig, die Früchte eurer Arbeit aber lernt gut auszunützen. Vor allem vergeßt nie, daß wir alle für ein gemeinsames Vaterland arbeiten! Hoffen wir fest, daß Gott im Himmel uns gestatten wird, den Augenblick zu erleben, nach dem sich jeder brave Pole schon immer sehnt. Im Namen Gottes für Religion und Vaterland."

(255) *Goniec W.*, Nr. 1 v. 1. Januar 1900

„Was muß eine Polin am meisten erstreben? Das Glück des Vaterlandes, Ruhm, Größe und baldige Wiedergeburt desselben. Ich erstrebe Eintracht, Einigkeit und Liebe unter den Kindern Polens, in allen Ständen dieses Landes. Ich trachte nach Polens Glück in seinen früheren ausgedehnten Grenzen – vom Meer zu Meer!"

(256) *Goniec W.*, März 1900

„Die vernünftigere, von Liebe zu Gott und dem Vaterlande durchdrungene Geistlichkeit, die Stadt- und Landbewohner, die Jugend, alle haben denselben Wunsch, alle sind reif, die Tatsache unserer Erlösung, die Wiedererstehung Polens, zu schauen. Die heutigen Kaufleute, auf die deutsche Kundschaft der polnischen Idee wegen verzichtend, haben sich zum Wahlspruch gemacht: ‚Noch ist Polen nicht verloren'. Wie wir sehen, brauchen wir uns wegen der Lage unseres Landes nicht zu sehr zu grämen. Sorgen wir nur alle, die uns der Glaube an die Unabhängigkeit Polens belebt, dafür, daß ein jeder, soweit es ihm möglich ist, durch einmütige und fleißige Arbeit, wie es den ein und dasselbe Ziel erstrebenden Patrioten geziemt, diese bessere Zukunft vorbereite."

(257) *Goniec W.*, Juli 1900

„Die beiden ersten Paragraphen der Satzungen des polnischen Nationalschatzes in Rapperswyl:

§ 1. Der Nationalschatz ist ein Sammelfond, freiwillig angehäuft, mit dem Ziele, die polnische Sache finanziell zu unterstützen, ebenso wie die nationale Bewegung in ihren Bemühungen, die nationalen Rechte zu verteidigen und zu erringen.
§ 2. Der Nationalschatz hat den Zweck: a) unter der polnischen Volksgemeinschaft den Grundsatz, eigenen Kräften und Mitteln zu trauen, einzuimpfen, b) dieselbe Volksgemeinschaft an die Pflicht, eine nationale Steuer zu zahlen, zu gewöhnen, c) ähnliche nationale Gründungen mit festen Einnahmen zu alimentieren, d) im gegebenen Augenblick mit aller Kraft die entscheidende politische Aktion zu unterstützen."

(258) *Goniec W.*, Nr. 163 v. 28. Juli 1901

Zur Reichstagswahl im Wahlkreise Duisburg-Mühlheim-Ruhrort schreibt das Blatt:

„ Aus dem Grunde, weil die Zentrumsmänner ebenso Katholiken sind wie wir, können wir ihnen unsere Stimme nicht geben. Gerade deshalb, weil unsere Religionsfrage für uns eine nationale Frage geworden ist, haben wir einen eigenen Kandidaten aufgestellt."

(259) *Goniec W.*, Nr. 172 v. 8. August 1901

„Indem wir auf der Macht der nationalen Idee stehen, welche Mickiewicz, Slowacki, Krasinski, Cieszkowski und Szczepanowski verbreitet haben, werden wir danach trachten, daß unsere Nationalität durch keinerlei Nebenrücksichten Einbuße erleide, sondern daß die Nation ohne Abirrungen und Ausflüchte geraden Wegs nach ihrer Selbständigkeit und Unabhängigkeit strebe. Aus diesem Grunde werden wir rücksichtslos bekämpfen:

1. Die wohlüberlegte Versöhnung, weil die Erfahrung uns lehrt, daß es ganz ausgeschlossen ist, mit der Regierung in Verhandlungen einzutreten, und was noch wichtiger ist, weil die Versöhnungsgesinnung in uns unsere eigene Selbstachtung erniedrigt, die Neigung zur Selbstverteidigung und Selbsthilfe abstumpft, indem sie herbeiführt, daß wir uns niemals erfüllbaren Hoffnungen hingeben. Ein abschreckendes Beispiel mag für uns die Versöhnungstätigkeit Koscielskis und seiner politischen Anhänger sein.

2. Die Vorspiegelung von Loyalismus oder das Erklären vor der Regierung, vor der Welt und vor der eigenen Nation, daß wir für immer beim preußischen Staate bleiben und unsere Lose mit den seinigen verknüpfen wollen. Es ist das ein äußerst unpolitisches Verfahren; denn kein Preuße wird einem Polen dessen Behauptung glauben. Ein solcher erlogener Loyalismus unserer höheren Politiker erzeugt in den niedrigen Volksschichten tatsächliche Anhänglichkeit an die sie beherrschende Regierung. Loyalismus ist direkt Verrat der nationalen Sache und verdient rücksichtslose Verdammung und Ausrottung ...

3. Die Verbreitung der Russen- bzw. Zarenfreundlichkeit in der Nation ...

4. Wir werden die Abhängigmachung unserer wirtschaftlichen Interessen von denjenigen Preußens bekämpfen.

5. Wir werden auch jede feste Verbindung mit irgendeiner politischen deutschen Partei bekämpfen.

6. Wir werden alle Erscheinungen des internationalen Klerikalismus bekämpfen, des rücksichtslosen Gehorsams in weltlichen Angelegenheiten den geistlichen Behörden gegenüber, falls ihre Gebote im Gegensatz zu dem Wohl unserer Nation stehen sollten. Unser Losungswort wird sein: Wir wollen die Geistlichen in der Kirche bei der Verkündung der religiösen Wahrheiten und des Wortes Gottes hören. In weltlichen Angelegenheiten dagegen wollen wir sie lediglich vom Standpunkte der Bürger und Söhne der Nation aus behandeln. In Glaubenssachen daher Gehorsam, in nationalen und weltlichen Angelegenheiten Anwendung desselben Maßes, derselben Kritik, wie anderen Leuten gegenüber geübt wird.

7. Wir werden in rücksichtsloser Weise alle germanisatorischen Bestrebungen in der Schule bekämpfen, ebenso in der Kirche und wo sonst

noch immer solche von irgend jemandem unternommen werden sollten."

(260) *Goniec W.*, Nr. 175 v. 11. August 1901

„Wenn unsere polnische Kirche für unsern Feind eine uneinnehmbare Festung werden wird, wenn das Volk, welches sich gegen seine Bedrücker auflehnt, in seiner Mitte seine Kapläne finden wird, welche ihm das wahre Licht bringen, in ihnen Begeisterung und Liebe zur heimatlichen Sache wecken, dann wird die Fremdherrschaft über unser Vaterland in ihren Grundfesten erschüttert, und dieses wird durch seine Einigkeit mächtig werden. Die Nation wird dann den geraden Weg vor sich offen sehen, welcher zu einem freien, unabhängigen Vaterlande führt."

(261) *Goniec W.*, Nr. 4 v. 5. Januar 1902

„Die Wreschener Angelegenheit

hat in manchen Gemütern die erforderliche Nüchternheit des Urteils, die entbehrliche und unschätzbare Klarheit getrübt. Gegen diese vorübergehende Verblendung, welche den nationalen Gedanken auf Abwege bringen kann, protestieren wir (im Hinblick auf die viel schlimmeren russischen Zustände) energisch. Sie vergessen oder wissen nicht, daß die polnischen Kinder in Litauen gezwungen werden, an kaiserlichen Festtagen die griechisch-orthodoxen Kirchen zu besuchen. Und als vor einigen Jahren die katholische Geistlichkeit gegen diesen Kirchenbesuch der Kinder Einspruch erhob, wurden sechs Geistliche ohne gerichtliches Urteil nach Sibirien verschickt und die Proteststimmen verstummten. Sie vergessen oder wissen nicht, daß in Litauen bis auf den heutigen Tag das Verbot des polnisch Sprechens zu Recht besteht. Sie vergessen den im vorigen Jahre erlassenen Ukas, welcher jeglichen nichtamtlichen Unterricht verbietet. Sie wissen wahrscheinlich nicht, daß bei der genügenden Anzahl von Staatsschulen dieser Ukas Tausende von Kindern rücksichtslos zur Unwissenheit verurteilt.
Diejenigen, welche die preußische Grausamkeit tief erschütterte, vergessen die schreckliche, unglaubliche Sache, nämlich, daß im russischen Anteil alljährlich Hunderte von Urteilen gefällt werden, welche auf schwere Arbeiten, Verbannung oder Gefängnis lauten. Sie werden heimlich gefällt, ohne gerichtliche Verhandlung, ohne die Möglichkeit,

Verteidiger zu stellen oder die Sache aufzuklären; sie werden gefällt in der Stille russischer Festungswerke, in den von der Verbrecheratmosphäre erfüllten russischen Kanzleien. Diejenigen, welche von dem Schicksal der Familien der unglückseligen Wreschener ‚Verbrecher' tief ergriffen werden, wissen wahrscheinlich nicht, daß allein in Warschau alljährlich Hunderte von Arbeiterfamilien infolge von Verhaftungen brotlos werden, sie wissen wohl auch nicht, daß die Unterstützung der Familien politischer Gefangener ebenfalls ein politisches Verbrechen ist und gleichfalls mit Verbannung bestraft wird. Diejenigen, in deren Gemüt die Wagschale des Urteils zugunsten Rußlands ausschlägt, denken nicht an unsere ewig blutende Wunde von den vielen tausenden Uniten, an die Mordtaten in Krosche, an die von Verbannten bevölkerten Goldgruben Sibiriens, an die geheimnisvollen Todesfälle der Gefangenen, an den Übergang junger Leute direkt aus den Gefängniszellen in die Irrenanstalten, sie denken nicht an die von russischer Hand in unseren Landen ausgestreute Saat der Unkenntnis, Gemeinheit und des Verrats. Und derartige Dinge darf man heutzutage weder vergessen noch sie nicht wissen. Wir dürfen nicht gedankenlos auf den Leim der russischen Presse gehen, welche in einer schändlich heuchlerischen Weise das Los der Polen in der Provinz Posen bedauert, wir dürfen nicht auf Irrwege geraten."

(262) *Goniec W.*, Nr. 108 v. 11. Mai 1902

„Herr J. v. Koscielski als politischer Akrobat.

Wenn in unserer Nation auch nur ein Funken Stolz vorhanden wäre, müßte sie beim Anblick der Komödie, welche (der versöhnungsparteiliche) Herr v. Koscielski nach längerer Pause im Herrenhause zu spielen für geeignet erachtete, tief entrüstet sein. Wir möchten allerdings, obwohl wir Herrn von Koscielski guten, bürgerlichen Willen nicht absprechen, ihn als preußischen Informator nicht haben. Wir wünschen nicht, daß die Regierung und das außerhalb der Regierung stehende deutsche Volk nach den zwiefachen Informationen des Herrn von Koscielski die Überzeugung gewönne, daß wir gleichzeitig Preußen und Polen seien. Wie die ganze Welt, so mag auch das ganze deutsche Volk es wissen, daß wir nur Polen, nur auf Grund der Macht, vielmehr der politischen Übermacht Preußen zugeteilte Polen sind. Die Teilung des Vaterlandes haben die feindlichen Mächte bewirkt, aber die Teilung des nationalen Wesens, das unmöglich dreierlei Art sein kann, hat man nicht zuwege gebracht. Verleumden wir nicht das einheitliche, nationale Wesen durch Verkündigung solcher Lügen, daß wir uns eine Verschmelzung wünschen. Nein! Wir wünschen eine Sonderstellung, und zwar eine einheitliche, wir wollen für die Welt nur ein polnisches Antlitz haben, die Falschheit überlassen wir Herrn v. Koscielski. Mag er die falsche Komödie spielen, aber in seinem eigenen Namen, nicht in demjenigen der Nation!"

(263) *Goniec W.*, Nr. 243 v. 24. Oktober 1906

„Pudewitz, den 22. Oktober

Nach dem Arrest begaben sich die Kinder vor die Kirche unter das Kreuz Jesu und sprachen gemeinschaftlich Gebete, darauf begannen sie Lieder zu singen: ‚Verlasse uns nicht', ‚Herzliebe Mutter, Beschützerin der Menschen', ‚Wer sich unter Deinen Schutz' und viele andere; es war gerade Markttag, und die Kirche steht am Marktplatze. Lieber Leser! Und wenn Du ein Herz von Stein hättest, so hättest Du doch beim Anblick unserer Kinder, die zu Gott und unserer Mutter, der Königin Polens, Gebete emporsandten, und am Throne des Allmächtigen um Erbarmen flehten, aus Gram bittere Tränen vergießen müssen. Deshalb traten auch den Passanten bei diesem Anblick Tränen in die Augen, und alle Herzen waren äußerst gerührt. Seht, welch eine Ehre es ist, katholischer Pole zu sein! Wir können auf unsere Kinder stolz sein. Ihr Eltern könnt einst auf dem Sterbelager dreist behaupten, daß Ihr Eure Pflicht gegenüber den Kindern gewissenhaft erfüllt habt, und Gott wird Euch das zur Belohnung geben, was er allen versprochen hat, die seinen Namen gewissenhaft ehren und rühmen werden. Unsere Kinder sind fröhlich und sitzen gern den Arrest ab."

(264) *Goniec W.*, Nr. 256 v. 9. November 1906

„Der Streik hat aufgehört.

In Burkwitz, im Kreise Fraustadt, hat der Streik aufgehört, und zwar aus dem Grunde, weil viele ‚erfahrene' Bürger den Lehrern keine Unannehmlichkeiten bereiten wollen. Die Kinder haben sich angeblich ein Beispiel an den Kindern derjenigen Herren genommen, welche in den Banken, im Landwirtschaftlichen Verein usw. die hervorragenderen Stellen einnehmen. Da sie kein Beispiel fanden, streikten sie nicht. Der zwölfjährige Knabe eines gewissen hiesigen Bürgers, welcher bei seinem Vater die Ausstellung eines Verbots, deutsch zu beten, nicht auswirken konnte, sagte: ‚Was seid Ihr für Eltern, daß Ihr mich den Deutschen als Beute preisgebt'."

(265) *Goniec W.*, Nr. 256 v. 7. November 1907

„Was sollen wir tun, um unsere Nationalität in der katholischen Kirche zu retten?"

In Sachen der Petition der Polen an den Vatikan schreibt das Blatt:

„ ... Doch ist bis heutigentags ihr Erfolg ein nur sehr unbedeutender, ja, was noch trauriger ist, der heilige Stuhl, diese Mutter aller Völker und Nationen, ist diesen Klagen gegenüber taub! Vielleicht wird jemand fragen, aus welchem Grunde dies geschieht? Das ist sehr einfach. Der Vatikan oder der heilige Stuhl lebt ein Doppelleben: Das Leben des Katholizismus oder Christi und das Leben der Diplomatie oder der Politik. Für den heiligen Stuhl, der das Leben der Politik lebt, gibt es in der Welt keine Polen, da Polen politisch gestorben ist. Der Vatikan, welcher der Politik lebt, erkennt nur diejenigen an, welche politisch mächtig sind. Und so sehen wir, daß der politische Vatikan den Gelüsten der Feinde Polens Genüge tut und den ärgsten Unbilden des polnischen Volkes gegenüber taub bleibt. Das politische Rom hält den verbissenen Preußen im Kardinalpurpur, Kopp, für den hervorragendsten der Kardinäle nach der Kulturkampfzeit, der die Beziehungen zu dem Berliner Hofe erleichtere und zur Entwicklung des Katholizismus in Deutschland viel beitrage. Indes verwendet Kardinal Kopp die Lehren Christi zu politischen Zwecken. Mit voller Entschiedenheit behaupte ich das, denn ich habe mit eigenen Ohren gehört, mit eigenen Augen gesehen und sozusagen mit eigenen Händen gefühlt die Politik des ‚politischen Vatikans', daß ihn die polnische Frage in allen Landesteilen Polens nicht nur nichts angeht, sondern für ihn im Gegenteil geradezu kummervoll, lästig und unangenehm ist. Diejenigen Polen und polnischen Publizisten täuschen sich kindisch, welche meinen, der Vatikan interessiere sich für das Los der Polen lebhaft und empfinde ihr nationales Ungemach mit. Für den Vatikan gibt es heut überhaupt keine Polen, es gibt für ihn nur polnische Katholiken. Darum werden alle gewalttätig unterdrückten Bekundungen des nationalen Lebens der Polen in irgendeinem Landesteil Polens vom Vatikan als eine für die katholische Kirche kummervolle Frage und als unüberlegte Ausschreitung chauvinistischer polnischer Macher angesehen."

(266) *Goniec W.*, Nr. 7 v. 10. Januar 1908

„Die polnische Landtagsfraktion und der Abgeordnete Dr. von Dziembowski.

Mit Rücksicht auf das Auftreten des Abgeordneten Dr. von Dziembowski in der Landtagskommission, die über das Enteignungsprojekt berät, bewog die Landtagsfraktion den Abgeordneten Dr. von Dziembowski in der Sitzung dieser Kommission, die am 8. Januar zwecks Feststellung des schriftlichen Referates über die Kommissionsberatungen zusammengetreten waren, die nachstehende Erklärung abzugeben:

‚Im Namen meiner politischen Freunde stelle ich die Tatsache fest, daß nicht etwa einzelne Parteien, sondern die gesamte polnische Bevölkerung nach einem friedlichen Zusammenleben mit den deutschen Bürgern strebt, allerdings unter der Bedingung, daß man ihre nationalen und bürgerlichen Rechte nicht antasten wird. Die Maßnahmen der Königlichen Regierung gegen die Polen bilden die einzige Ursache dessen, daß in den polnischen Landesteilen friedliche Zustände nicht zur Herrschaft gelangen.'"

(Ein Vergleich dieser Erklärung mit den zahlreichen Äußerungen in Presse und Versammlungen, wohin das Ziel der nationalpolnischen Bewegung geht, und die zahlreichen Entrüstungen über diese „Politik der Lüge" – so drückt sich die polnische Presse aus – lassen den Zweck und Wert dieser obigen Erklärung nur zu offen erkennen. Der Verfasser)

(267) *Gornoslonzak* (Kattowitz), Nr. 1. v. 15. September 1901

„Gelobt sei Jesus Christus! Mit diesem Gruß unserer Väter auf den Lippen kommen wir zu euch, liebe Brüder und Schwestern, um zusammen mit euch in die Reihe der Kämpfer um unsre teuersten Schätze einzutreten: Für den Glauben und die Nationalität! ... In unserem Elternhause haben wir das Elend, das Unrecht und das Ungemach des polnischen Volkes in Schlesien kennen gelernt, und nachdem wir mit Gottes Hilfe uns auf den Universitäten unser Wissen, auf den höheren Schulen Kenntnisse angeeignet haben, und gestützt auf Lebenserfahrung, wollen wir unser Wissen euch zum Opfer bringen. Verachtet unsre bescheidenen Gaben nicht, sondern öffnet uns die Herzen und nehmet uns in euer Haus auf, wie man einen lieben Gast aufnimmt, wel-

chen man lange erwartet hat, der euch belehrt, erfreut, unterhält, welcher euch auch von den früheren Zeiten voller Glanz und Ruhm erzählt ... Indem wir sehen, daß auch bei uns in Oberschlesien dieser echt polnische Geist immer weitere Kreise unseres Volkes umfaßt, sind unsre Herzen mit jedem Tage mehr von dem Glauben erfüllt worden: daß wir existieren und nicht untergehen werden! Wir sind alle Kinder einer Mutter Polens; alle Brüder, darum sind eure Grenzen zwecklos, denn der Geist der Nation kennt keine Abgrenzung.
Fürwahr! so sieht heute unsere Geschichte aus! Trotz aller Verfolgungen, trotz der Bedrückungen, trotz unseres ganzen Mißgeschicks, trotz der so zahlreichen und empfindlichen Strafen, durch welche man uns niederdrücken will, wachsen unsere Kräfte und gewinnen von Tag zu Tag größere Macht, denn wir glauben unbedingt daran, daß die polnische Nation, eine Nation von 20 Millionen Köpfen, einst noch eine bessere Zukunft erleben wird. Diesen Glauben an eine bessere Zukunft wird uns niemand entreißen können, diesen Glauben kann uns niemand verbieten, diesen Glauben werden wir nicht verlieren, selbst nicht in Anbetracht der so drohenden und zahlreichen Anstürme und des Unwetters in Gestalt der Paragraphen des deutschen Strafgesetzbuchs!
Ein Pole, welcher diesen Glauben aufgegeben hat, hat aufgehört, sich zu unserer Nation zu zählen, und nimmt die ehrenvolle Bezeichnung, ein Pole zu sein, zu Unrecht für sich in Anspruch.
Das mit jedem Tage immer mehr zunehmende Gefühl der nationalen Einheit, das Wachsen unserer nationalen Kräfte und der Glaube an eine bessere Zukunft sind für uns ein Wegweiser, sind die Schwellen für unsere nationale Presse, bilden für uns ein Fundament und den Grund, auf welchem sich unser politisches Programm aufbaut.

Unsere politische Aktion!

In der Überzeugung, daß unser Volk, wenn es national aufgeklärt wird, seine nationale Sonderstellung lebhaft verspürt und politisch reif wird – die einzig Garantie für eine bessere Zukunft unserer Nation bildet, werden wir beständig und systematisch danach trachten, das schlesische Volk in nationaler Hinsicht aufzuklären und in der Politik auszubilden, damit es rascher auf seine eigenen Füße zu stehen kommt, selbst über sich entscheidet und möglichst bald das Joch seiner bisherigen Beschützer abschüttelt, welche es am Bändel führen. Als ein durch und durch nationales Blatt werden wir in gewissenhaftester Weise danach trachten, zu verhindern, daß die Deutschen oder Internationalen,

mögen sie sich nun Zentrumsmänner oder Sozialdemokraten usw. nennen, die Energie und Kräfte des polnischen Volks in Schlesien ausbeuten. Auf eigenem polnischen Gefilde ein selbständiges polnisches Volk – das ist unser Losungswort!
Um unsere nationale Einheit und die Gemeinsamkeit unserer nationalen Ideale darzutun, um umso leichter die wütenden Attacken des wahnsinnigen Hakatismus zurückzuschlagen, werden wir beständig und ununterbrochen daran arbeiten, daß die polnische Bevölkerung von Putzig bis Myslowitz eine einheitliche Repräsentation im preußischen Landtage und im deutschen Reichstage besitze, eine einzige polnische Fraktion, welche die polnische Nation des ganzen preußischen Anteils den Deutschen und ganz Europa gegenüber repräsentiert."

(Dieser Artikel ist insofern besonders bemerkenswert, als er das Programm des *Gornoslonzak* entwickelte, eines Blattes, das vom Abgeordneten Korfanty 1901 begründet und danach von ihm redigiert wurde. Der Verfasser.)

(268) *Gornoslonzak*, Nr. 1 v. 15. Dezember 1901

„An die Deutschen!

Wir würden lügen, wenn wir sagten, daß wir Euch Deutsche lieben. Wir hassen Euch, und zwar aus ganzem Herzen ... Eure Nation, Eure Gemeinschaft hassen wir aus tiefster Seele ... Ihr seid ohne Herz, ohne Seele, Barbaren, die sich mit dem Mantel der Kultur schmücken. Ihr habt von Euch die menschliche Bedeutung weggelöscht. Wundert Euch deshalb nicht, daß der Pole so denkt und fühlt, wie unser großer Dichter Sigismund Krasinski: ‚Mit der Milch habe ich eingesogen, daß Euch nicht zu leiden, schön und heilig ist. Und dieser Haß ist mein ganzes Gut'."

(269) *Gornoslonzak*, Nr. 2 v. 22. Dezember 1901

„Die preußische Erziehungskunst.

Die Preußen rühmen sich vor der ganzen Welt und meinen, ihre Volksschulen seien die besten. Die Wreschener Angelegenheit hat diese hochmütigen Ruhmredereien der Eingebildeten wieder einmal Lügen gestraft und die preußischen Pädagogen mit ewiger Schande bedeckt. Wenn die Preußen im allgemeinen eine Anschauung davon hätten, was bürgerliche und persönliche Freiheit zu bedeuten hat, wenn die Preußen nicht eine Nation von Sklaven wären, so würden sie solche Schulen, wie sie sie gegenwärtig besitzen, nie und nimmer leiden ... Der preußische Lehrer ist in den polnischen Landesteilen ein Werkzeug und er vollführt die Funktionen, welche im russischen Landesteile der Pope in den polnischen Dörflein zu erfüllen hat. Für ein gewissenhaftes Spitzeltum kann er stets einer Belohnung in klingender Münze oder in Gestalt einer besseren Stelle gewiß sein. Noch viele andere Eigenschaften der ehrenwerten Apostel der preußischen Kultur könnten wir anführen, für heute aber werden auch diese ausreichen. Wir wenden uns jedoch an alle polnischen Mütter: Schützt Eure Kinder vor dem Gift des Spionentums! Das ist die Erziehungskunst, welche die Lehrer in die Herzen unserer Jugend einimpfen."

(270) *Gornoslonzak*, Nr. 7 v. 1. Januar 1902

„Täglich sieht man junge Leute, sei es in der Kirche, zur Arbeit, zum Vergnügen oder auch zu ihrer Auserwählten in der Soldatenmütze gehen. Sage mir, mein Lieber, der Du diese Mütze trägst, was Du Dir dabei denkst. Vielleicht willst Du zeigen, daß Du die Ehre hattest, zwei oder auch drei Jahre beim preußischen Militär zu dienen. Bedenke, wie viel Mal Du mit den Zähnen geknirscht hast, und dies alles noch für eine fremde Sache ... Wenn ich ein Mädchen sein würde, würde ich ein solches Weib in Hosen mit der Militärmütze auf dem Kopfe verspotten, und ein Sprechen mit ihm würde für mich eine Ehrverletzung sein. Statt dessen nähme ich mir einen Burschen, aber nicht einen mit der Militärmütze, mit scheuem Blick und schwäbischer Tracht, sondern mit dem Blick des Sokols, dem Geschick und der Offenheit des echten Polen, der natürlich keine Soldatenmütze trägt. Deshalb ihr Brüder, weg mit den Soldatenmützen, polnische Mützen auf den Kopf, und ihr werdet Achtung bei den Eurigen und bei den Fremden finden."

(271) *Gornoslonzak*, Nr. 31 v. 8. Februar 1903

„Es bestätigt sich wiederum, was der geistige Leiter der *Kölnischen Volkszeitung*, Justizrat Dr. Julius Bachem, von der Zentrumspresse gesagt hat. In einer der Sitzungen des *Augustinus-Verbandes* für die katholische Presse sagte dieser ehrliche Deutsche von der Presse, welche die Grundsätze der Zentrumspartei bekennt, von der Presse also, deren mächtigster Pfeiler er heut am Rhein ist, folgendes: ‚Keine Presse ist so gemein, in keinen Zeitungen wird so verbissen gekämpft wie in dem größeren Teile der Zentrumspresse, welche da, wo es ihr an Beweisen mangelt, zu persönlichen Beschimpfungen und Verleumdungen ihre Zuflucht nimmt. Im Beschimpfen der Gegner überragt die deutschkatholische Presse alle übrigen Blätter.‘ Das bewahrheitet sich heute bei uns in Schlesien. Leider muß mit schmerzendem Herzen festgestellt werden, daß die Hetze in den Zentrumsblättern gegen uns Nationalgesinnte überwiegend von germanisierenden Geistlichen betrieben wird.“

(272) *Gornoslonzak*, Nr. 56 v. 10. März 1903

„Die Unverschämtheit der Zentrumsmänner.

Unsere Zentrumsmänner haben sich den Polen gegenüber immer durch eine rücksichtslose Unverschämtheit ausgezeichnet. Unverschämtheit ist es, wenn uns die Zentrumsabgeordneten, die wir Polen mit unserer Vertretung betraut haben, im Reichstage und im Abgeordnetenhause polnisch sprechende Preußen nennen. Eine Unverschämtheit ist es, wenn diejenigen, die aus dem polnischen Volke großes Kapital schlagen und von uns Liebe und Verehrung verlangen, uns in der Kirche unsere väterlichen Schätze: die Sprache und Sitten und Gebräuche entreißen. Eine Unverschämtheit ist es, wenn der deutschkatholische Geistliche sich erlaubt, unsere Geschichte und den Aufstand der polnischen Ritter: die Schlacht bei Grunwald und den König Jagiello öffentlich mit Schmutz zu bewerfen. Eine Unverschämtheit ist es, wenn der deutschkatholische Propst sich erlaubt, das preußische System zu verteidigen und die Germanisierung zu loben. Der Höhepunkt der Unverschämtheit sind die nichtswürdigen Verfolgungen des Wreschener Komitees, das sich der Lage der Wreschener Verurteilten angenommen hat. Man muß eine freche Stirn haben, um eine solche Unverschämtheit zu vollenden. Und das Blatt der deutschkatholischen Geistlichen, die *Gazeta Katolicka*, erdreistet sich, die Wreschener Tragödie einen politischen Skandal, den kurzsichtige polnische Politiker veranstaltet haben, zu nennen. Auf eine solche Frechheit und Unverschämtheit konnte nur die *Gazeta Katolicka* verfallen. Dieses Gesindel beansprucht den Namen als katholisches Blatt, und auf eine den Freimaurern und Hakatisten angenehme Weise erdreistet es sich, die Martern des katholischen Volkes für die katholische Religion einen politischen Skandal zu nennen. Dieses Gesindel, das ein zum Himmel reichendes Geschrei ausstößt, wenn ein polnisch-katholisches Blatt irgendeinen Hakatisten-Geistlichen angreift, bewirft die polnischen Geistlichen aus Galizien und dem Königreich Polen deshalb mit Schmutz, weil sie Polen sind. Dieses Gesindel beschimpft die polnische Nation schlimmer wie die Brüder vom H. K. T.-Verein."

(273) *Gornoslonzak*, Nr. 64 v. 19. März 1903

„Zwei polnische Rechtsanwälte können sich sofort in Oberschlesien in bevölkerten Orten niederlassen. Der eine Ort hat ein Landgericht und Amtsgericht, der zweite nur ein Amtsgericht. Wo? – sagt die Redaktion des *Gornoslonzak*.
In einem großen Orte im Industriebezirk kann sich ein polnischer Kaufmann niederlassen; auch ist unter günstigen Verhältnissen ein Hausgrundstück zu erwerben, in dem sich zwei Läden befinden. Anzahlung gering. Nähere Auskunft erteilt die Redaktion."

(274) *Gornoslonzak*, Nr. 94 v. 26. April 1903

„Die Kriegervereine und die katholische Kirche.

Polinnen! Liebe Schwestern! Gestattet euren Ehemännern nicht, den Kriegervereinen anzugehören. Ihr habt in unserer Gesamtheit den größten Einfluß, von euch hängt unser nationales und religiöses Dasein ab. Euere Anhänglichkeit an die heilige Kirche ist in der ganzen Welt bekannt. Schwestern! Zeigt, daß ihr gute Katholikinnen und Polinnen seid und gestattet euren Ehemännern nicht, diesen Vereinen beizutreten, denn ihr könnt euch selbst überzeugen, daß dort dem Glauben eurer Ehemänner Gefahr droht."

(In der Nr. 9 des *Dzwon Polski* und des *Straz nad Odra* befinden sich die gleichen Artikel. Der Verfasser.)

(275) *Gornoslonzak*, Nr. 144 v. 1. Juli 1903

„*Sursum corda!* Wir haben gesiegt! Es lebe unser nationaler Abgeordnete Herr Wojciech Korfanty! Fort mit den Zentrumsmännern aus Schlesien! Es lebe das oberschlesische polnische Volk! So ruft die Nation, so ruft das polnische Volk in Oberschlesien. Fürwahr, es ist Anlaß zur Freude vorhanden, denn wir haben die Zentrumsmänner in Schlesien geschlagen, denn wir haben gezeigt, daß hier polnisches Volk wohnt, daß hier die Erde polnisch ist, daß in dem polnischen Volke eine Riesenkraft steckt. Die verrückte Agitation und die schamlosen Lügen der Zentrumsmänner, die Verhöhnungen und Lügen der Germanisations-Geistlichen, die eifrige Fürsorge der preußischen Polizei haben nichts genützt! So ist es, Brüder, Landsleute! Die Zentrumsmänner sind an unserem Unglück und an unserer Quälerei schuld, deshalb müssen wir mit den Zentrumsmännern einen Kampf bis aufs Messer führen, deshalb müssen wir fortgesetzt unaufhörlich rufen: ‚Fort mit dem Zentrum aus Oberschlesien!' Einen Zentrumsmann haben wir hinausgejagt, wo er hingehört, und wir freuen uns darüber, und so Gott will, werden bei den kommenden Wahlen alle nationalen Kandidaten siegen."

(276) *Gornoslonzak*, Nr. 236 v. 16. Oktober 1903

„Wir legen hier nochmals unseren Standpunkt der Geistlichkeit gegenüber fest. Wir zollen der Geistlichkeit die ihr gebührende Ehre und Hochachtung, aber wir behalten uns das Recht der Kontrolle ihres politischen Vorgehens vor. Sobald ein Teil der Geistlichkeit und noch dazu in der Kirche eine solche Politik treibt, die der nationalen Sache und der Sache des Volkes Schaden bringt, werden wir rückhaltlos und uns nach niemandem umsehend diese Geistlichen als Politiker bekämpfen, und selbst wenn unter ihnen sich Bischöfe befinden sollten."

(277) *Gornoslonzak*, Nr. 78 v. 7. April 1907

„Vor dem Ende des Schulstreiks.

Deutsche Blätter suchen die Sache so darzustellen, als ob der Schulstreik gänzlich nachließe und als ob nur hier und da widerspenstige Kinder wären, die das deutsche Gebet nicht verrichten und die Religion nicht deutsch lernen wollen. In Anbetracht dessen stellt der *Dziennik Poznanski* fest, daß nach Berechnungen polnischer Blätter noch etwa 40 000 Kinder im Widerstand verharren. Es läßt sich nicht leugnen, daß der Schulstreik langsam nachläßt. Die Zahl der streikenden Kinder betrug seinerzeit etwa 120 000. Es sind also zwei Drittel abgefallen. Wir wundern uns darüber keineswegs. Auf die Streikenden wurde ein so starker Druck ausgeübt, daß sie ihn nicht ertragen konnten. Es irren aber diejenigen, die da glauben, wir hätten eine Niederlage erlitten. Wir haben nur materielle Verluste erlitten. Der moralische Sieg ist und bleibt auf unserer Seite. Denn die Welt hat erfahren, welche Verhältnisse bei uns herrschen, und sie verurteilte das uns feindselige System. Was aber die Germanisationsarbeit anbetrifft, so ist sie durch diesen Streik der Kinder um eine ganze Generation zurückgedrängt worden. Das wird wohl der verblendetste Hakatist nicht annehmen, daß diese Kinder, die für den Schutz ihrer religiösen und nationalen Rechte so mannhaft eingetreten sind, sich jemals germanisieren lassen werden. Weder sie noch die Generation, die sie einstmals hervorbringen werden, werden zu den Deutschen und Protestanten übergehen, das ist sicher. Die Nationen brauchen manchmal einen solchen Ansporn, damit sie nicht einschlafen. Und dieser Ansporn war der Schulstreik. Ob er länger oder kürzer anhalten wird, ändert an der Sache nichts."

(278) *Gwiazda* (Beuthen O.-S.), Heft 15, 1904

„Vor Unwetter, Hungersnot, Seuchen, Feuersbrunst, vor einem schnellen, bösen, unbußfertigen Tode und vor der Germanisierung bewahre uns Gott!"

(279) *Gwiazda*, Nr. 35 v. 28. August 1904

„‚Das bedrohte Deutschtum.‘

Deutsche Wirtschaft? Betrügereien nach Art der deutschen Bankkrache, Veruntreuung von Tausenden und Millionen? ... Es fällt uns nicht im Traume ein, dies von Euch anzunehmen. Euer Säbelrasseln und Euer Geschrei ekelt uns an. Kultur? ... Aber ihr besitzt doch *weniger* Kultur als wir! Deutsche Sprache? Gott sei Dank haben wir unsere eigene, die viel klangvoller und schöner ist! Eure Künste und Eure fadenscheinige Literatur brauchen wir gleichfalls nicht. Umgangsformen? Diese müßt Ihr erst von uns lernen. Deutsche Lieder? Ihr gesteht es ja selbst ein, daß die unseren schöner und melodischer sind. Was wollt Ihr denn schließlich, daß wir von Euch lernen sollen? Jeder aufgeklärtere und seiner Würde sich bewußte Pole muß darüber direkt lachen."

(280) *Iskra* (Gleiwitz), Nr. 14 v. Oktober 1903

„Wir schwören und geben unser Ehrenwort, daß wir von nun an bis an unser Lebensende vom Genuß berauschender Getränke einschließlich Bier, ebenso vom Tabakrauchen, Karten- und Lotteriespiel und der Ausschweifung ablassen werden, und daß wir mit allen würdigen Mitteln die oben genannten Gewohnheiten bekämpfen, auch daß wir das bisher für Getränke, Zigarren und Vergnügungen ausgegebene Geld ständig für nationalpolnische Zwecke überweisen.
K. in Oberschlesien, den 11. Oktober 1903."

(Es folgen die Anfangsbuchstaben der Unterschriften.)

(281) *Katolik* (Beuthen), Nr. 3 v. 1875

„Viele Katholiken Oberschlesiens beklagen sich, daß sie sehr viele Worte in unserer Zeitung nicht verstehen; es kommt dies daher, weil wir uns zum Druck nur richtig polnischer Ausdrücke bedienen. Die oberschlesische Sprache ist mit schlechten deutschen Worten vermischt, sodaß es höchst wünschenswert wäre, diese aus unserer schönen polnischen Sprache vollständig auszurotten. Zur Pflege der polnischen Sprache werden Vereine empfohlen, in keiner Stadt, in keinem Dorfe dürfte ein solcher fehlen."

(282) *Katolik*, Nr. 2 v. 13. Januar 1876

„Pius IX., der allergnädigste und geliebteste heilige Vater, hat in einer Audienz am 29. Dezember d. J. den Apostolischen Segen nicht nur dem Redakteur des *Katolik*, sondern auch allen Abonnenten und Lesern desselben erteilt. Nachdem er von der Tendenz und den Grundsätzen unseres Blattes Kenntnis genommen, hob er seine Augen gen Himmel und, den *Katolik* dem Schutze des Allerhöchsten empfehlend, betete er: ‚*Dominicus conservet eam gazetam*' (Gott erhalte diese Zeitung, d. h. den *Katolik*).
Geliebte Leser des *Katolik*! Der Segen des Stellvertreters Jesu Christi dem *Katolik*, seinem Redakteur und Euch, den geehrten Abonnenten und Lesern erteilt, erachten wir als die allergrößte Gnade und die höchste Auszeichnung, welche uns auf dieser Welt werden konnte. Der Apostolische Segen versüßt dem Hauptredakteur die traurigen Stun-

den des Gefängnisses und belohnt die Arbeiten, Mühen, die gerichtlichen Verfolgungen und die Gefängnisstrafen aller Redakteure unserer kleinen Zeitschrift. Der Apostolische Segen ergießt sich gleichfalls auf alle, welche als Korrespondenten, Abonnenten und Leser den *Katolik* in seiner mißlichen Lage unterstützen. Teilnehmer des Apostolischen Segens kann jeder Gläubige werden, welcher sich den *Katolik* verschreibt und für Verbreitung desselben sorgen wird. Unser Herz ist von Dankbarkeit gegen den allergnädigsten heiligen Vater tief gerührt, und wir sind überzeugt, daß auch ihr in diesem Augenblicke das Glück fühlen werdet, welches euch betroffen hat. Danket zugleich mit uns dem Stellvertreter Jesu Christi; nehmet in Demut seinen Apostolischen Segen auf und verkündet unser Glück in allen Dörfern und Hütten, damit alle mit uns freudig ausrufen können: ‚Es lebe der hochgeliebteste heilige Vater Pius IX., vivat, vivat, vivat!'"

(283) *Katolik*, Nr. 39 v. 26. September 1878

„In dem Bestreben, uns nach den Lehren des *Katolik* aus den Händen der jüdischen Schankwirte und Kaufleute zu befreien, welche unter uns sich bereichern und wie auf Hefe wachsen, während die Dörfer gleichzeitig verarmen – haben wir Konsum-Vereine zu gründen begonnen, um, anstatt fremde Eindringlinge, unsere eigenen Taschen zu bereichern. Solche Konsum-Vereine oder Volksläden sind in Kryer, Miserau und Polnisch-Weichsel errichtet worden. Die Bauern der Nachbarortschaften drehen sich, da sie sehen, daß es unseren Läden gut geht, wie sie nur können, um auch bei ihnen Konsum-Vereine zu gründen; Studzionka hat bereits am 30. d. M. einen Termin zur Gründung ihres eigenen Ladens angesetzt und andere Dörfer unseres Kreises werden uns auf dem Fuß folgen. Unsere Läden hat der Chefredakteur des *Katolik* gegründet."

(284) *Katolik*, Januar 1900

„Jeder denkende, jeder vernünftige Pole in Preußen weiß, ... daß er doch einmal als Pole geboren ist – es also auch bleiben muß. Er spricht deshalb polnisch, lernt polnisch lesen und schreiben, er liest polnische Zeitschriften und Bücher, macht sich mit der polnischen Literatur und Geschichte bekannt, er betet und spricht das Vaterunser in polnischer Sprache, und dies alles überträgt er auf seine Kinder, die er ebenfalls, wie Gott es befohlen hat, polnisch erzieht ... Wir müssen die Pflicht, die Gott uns auferlegte, erfüllen. Die polnischen Eltern mögen deshalb in erster Linie daran denken, daß ihre Kinder das Vaterunser polnisch aufsagen, polnisch beten und mögen sie auch die polnische Fibel nicht vergessen. Letztere dürfte in keiner polnischen Familie fehlen."

(285) *Katolik*, Nr. 12 v. 27. Januar 1900

„Albert: Ich war in der weiten Welt, war hier und dort, habe vieles gehört und gelesen und kam schließlich auch zu den Hakatisten.
Jakob: O weh! Zu den Hakatisten? Das sollen ja Menschenfresser sein! Es ist viel, daß Du noch gesund und heil bist.
Albert: Menschenfresser ist der Hakatist zwar nicht, denn wenn er dies wäre, so müßte er in einen Käfig wie ein Panther oder Tiger eingeschlossen werden. Daß es aber eine besondere Menschengattung ist, das steht fest.
Jakob: Albert, wie sieht so ein verflixter Hakastist aus? Ich hörte, er soll rote, nicht ausgeschlafene Augen haben, weil er in der Nacht nicht schlafe, sondern darüber nachdenke, wie er die Polen bedrücken könnte. Das Hörvermögen soll er gänzlich eingebüßt haben, denn er lauscht zu viel, die Nase aber ist von dem Spionieren hinter den Polen derartig angeschwollen, daß man nicht unterscheiden kann, ob es eine Nase oder Faust ist. Sieht man ihn aber an, so glaubt man den Bösen zu sehen ...
Albert: Mit Bestimmtheit kann ich es Dir nicht sagen, womit sich so ein Hakatist ernährt. Sollte er sich aber von lauter Schweinefleisch ernähren, so wäre er ein wirklicher Schweinefresser. Doch darum handelt es sich nicht, ob er sich mit Pferde- oder Schweinefleisch ernährt ...
Noch eins will ich Dir sagen: So wie Du das Böse und Schlechte durch das heilige Kreuz von Dir fernhalten kannst, so kannst Du den Hakatisten von Dir bannen, wenn Du polnisch beten wirst. Er wird von weitem knurren, aber nähern wird er sich nicht."

(286) *Katolik*, Juni 1900

„Jeder polnische redende Oberschlesier ist seiner Nationalität nach ein Pole und nur vorübergehend ein Bürger des preußischen Staates. Ein preußisches Volk gibt es nicht mehr, das haben die deutschen Ritter bis auf den letzten Kopf niedergemetzelt. Wer behauptet, daß der Oberschlesier ein Preuße sei, der irrt sich sehr."

(287) *Katolik*, Juni 1900

„Es ist schon soweit gekommen, daß man die Germanisierung mit kirchlichen Mitteln fördert. Die Gründung derartiger Vereine (*Cäcilienverein* zu Bogutschütz O.-S.) bedeutet eine Unterstützung der Germanisierung; und dies widerspricht dem göttlichen, natürlichen und übernatürlichen Gesetze. Die katholische Kirche verdammt die Germanisierung, weil sich dieselbe mit dem katholischen Glauben nicht vereinbaren läßt."

(288) *Katolik*, Nr. 26 v. 28. Februar 1901

Der Verein zur Verbreitung polnischer Fibeln in Oberschlesien unter dem Namen *Pfarrer Engel* erließ in der gesamten oberschlesischen polnischen Presse einen Aufruf, in dem es u. a. hieß:

„Das Ziel unseres Vereins ist, die Verbreitung polnischer Fibeln in ganz Schlesien zu ermöglichen und zu erleichtern. Im Namen Gottes beginnen wir mit unserer Tätigkeit in der Hoffnung, daß wir Unterstützung bei allen unseren Brüdern finden werden, denen es am Herzen liegt, daß ihre Kinder polnisch lesen und schreiben lernen. Unsere Lage ist klar und offen: In der Schule wird nicht polnisch gelehrt, und auch der Religionsunterricht wird unseren polnischen Kindern in deutscher Sprache erteilt. Darunter leidet die religiöse und polnisch-nationale Erziehung. Darüber klagen die polnischen Eltern, die polnische Presse ist voll von Klagen; unsere Abgeordneten haben dies im Landtage zur Sprache gebracht; und die gesamte oberschlesische Geistlichkeit hat in ihrer bekannten Petition vom Jahre 1899 unter Zustimmung des Kardinals Kopp zum Ausdruck gebracht, daß bei den heutigen Schulverhältnissen die religiöse Erziehung in Oberschlesien zurückgegangen und die Einführung der polnischen Sprache wenigstens beim Religionsunterrichte notwendig sei. – Da gibt es kein anderes Mittel, als mit allen Kräften zur Selbsthilfe zu greifen und die Kinder im Hause im polnischen Lesen und Schreiben zu unterweisen. – Dazu ist die polnische Fibel notwendig. Brüder, wenn euch die Zukunft eurer Kinder am Herzen liegt, wenn ihr ihnen die Muttersprache erhalten und nicht zugeben wollt, daß ihre religiöse Erziehung leide, dann vergesset nicht, ihnen die Schätze zu erhalten, die ihr von euren Vorvätern geerbt habt. – Darum erhaltet euren Kindern die polnische Sprache, die Sprache der Väter, lehret sie polnisch schreiben und lesen. Unser Verein mit dem Namen des Pfarrers Engel wird euch dies erleichtern."

Unterschrieben ist der Aufruf von Pfarrer Skowronski, J. N. Stenslicki, Dr. Skowronski-Beuthen, Joseph Kalus, Dr. Mielewski, J. Pisarczyk und Anton Sieron.

(289) *Katolik*, Nr. 131 v. 5. November 1901

In dem von den Redaktionen *Katolik, Dziennik Slonski, Gazeta Opolska* und *Noviny Reciborskie* veröffentlichten Aufruf heißt es in bezug auf die Wahlen in Oberschlesien:

„Die Angelegenheit der nächsten Wahlen in Oberschlesien ist nicht Angelegenheit einer Partei, sondern eine solche einzelner Personen! Nicht darauf kommt es an, das Zentrum zu zerschmettern und aus Schlesien hinauszutreiben, sondern darauf, was für Leute zu Zentrumsabgeordneten gewählt werden. Wenn es sich um die Aufstellung eines neuen Kandidaten in einem Kreise mit polnischer Bevölkerung handeln sollte, empfehlen wir auch, einen Mann zu wählen, welcher denselben Glauben und dieselbe Nationalität wie ihr besitzt und zu welchem ihr das Vertrauen habt, daß er weder das eine noch das andere verraten, noch sich desselben entäußern wird. Die Ortskomitees haben die Pflicht, sich den Wünschen der Wähler anzupassen, und wir hoffen, daß sie das zum Wohle der Sache tun werden."

(290) *Katolik*, Nr. 49 v. 24. April 1902

„In Miechowitz ist ein deutscher Turnverein gegründet worden. Nach dem Namen zu urteilen, sind das Söhne polnischer oder verdeutschter Familien. Die Germanisierung wird blühen. Agitieren wir gegen sie. In Scharley wird im Mai d. J. der zweite deutsche Familienabend stattfinden. Agitieren wir gegen ihn! Schicken wir unsere Kinder nicht dorthin! Mögen die Eltern diesen Unterhaltungsabend nicht besuchen, damit, wie im vorigen Jahre, keine Eltern im Saale, in welchem die katholischen Schulen germanisieren, anwesend sind."

(291) *Komar* (Posen-Krakau), Nr. 53 v. August 1905

„Gegen alle Verkäufer (sc. an die Ansiedlungs-Kommission) wird der *Komar* jetzt wieder scharf losgehen. Man kann keinen verleumden, denn man trifft nicht weit vorbei. Ob Fürst oder einfacher Mann, ob reich oder nicht, es ist alles gleichgültig: ‚Er hat gesündigt, her mit ihm! Über den Stuhl mit ihm! Und geschlagen muß er werden wie das Cymbal, ohne Barmherzigkeit!' Paßt nur auf, das Unkraut wird dann schon verschwinden."

(292) *Kraj* (St. Petersburg), Nr. 10 v. 8. (21.) März 1902

„Der Mitarbeiter der *Nowoje Wremja* äußert in seinem Blatt, daß er aus dem Munde von ihm bekannten Polen gehört habe, daß das polnische Volk (in Posen) die Ankunft des russischen Militärs herbeisehnt; daß die Polen nach Passieren der Grenze durch russische Soldaten die deutsche Mobilmachung stören würden, und zwar durch Zerstörung der Eisenbahnen und der Brücken; daß die polnischen Arbeiter sofort die Kohlengruben in Besitz nehmen und zerstören werden, daß die polnischen preußischen Reservisten sofort in die Reihen der Russen treten und so freiwillige Instruktoren derselben abgeben werden; daß das polnische Volk im allgemeinen die deutsche Militärmacht nicht zu hoch anschlägt, dagegen die russischen Soldaten als Muster von Ritterlichkeit und Tüchtigkeit ansieht ..."

(293) *Kraj*, Nr. 24 v. 17. (30.) Juni 1905

„Mögen die Deutschen den Verein *Straz* nicht geringschätzen und recht vorsichtig sein, denn es kann die Zeit kommen, in welcher die polnischen Anführer die Maske ablegen und mit Gewalt den Deutschen das zu nehmen versuchen werden, was sie als gestohlenes Gut bezeichnen."

(294) *Kurjer Polski* (Milwaukee), Nr. 198 v. 21. August 1907

„Die Enteignung.

Habet ihr eingehalten im wahnsinnigen Rasen
Dort, wo euch die Losung entgegen tönte: Enteignung?!
Und was habt ihr denn eigentlich berücksichtigt?
Hat sich vielleicht das preußische Gewissen geregt?
Vielleicht ertönte in dieser niederträchtigen Seele
Endlich dennoch eine empfindsamere Saite?!

Es kommt bisweilen vor, daß sich sogar regt
Eine so niederträchtige Seele, wie es die Seele des Teutonen ist.
Von dem vaterländischen Boden, aus dem väterlichen Gehöft
Will man uns hinausjagen, wie den Hund auf das wüste Feld!
Ins Unglück! Ins Elend! In den Hunger!
Dem allerelendesten Schicksal eines Bettlers will man uns aussetzen!
Man tritt mit den Füßen alles: Das Gesetz Gottes,
Das Recht zu leben! – Das verstehen die Henker:
Von dem Acker, der unsere blutige Arbeit ist,
Will man uns fortjagen! Aus der über alles geliebten Hütte!
Ein Mensch ist hierzu überhaupt nicht fähig!
Jeder hat doch schließlich eine Art von Herz!
Man hat gedacht: Das sind doch Menschen und nicht Schakale ...
Das ist falsch! Jeder Preuße, Teutone ist ein Mörder!
Schlimmer als jener, der den Körper tötet,
Der unsere Herzen mit dem Eisen durchbohrt –
Ihm ist das Morden etwas Gewöhnliches – eine geringe Sache!
Er will mit dem Körper auch zugleich die Seele töten
Und was ist geschehen, daß ihr mit dem herrlichen Werk
Noch eingehalten habt, zeitweilig eingehalten habt?
O, ich weiß es gut, was euch mit Schrecken erfüllt hat:
Ihr sehet das Schwert des Damokles über eurem Haupte!
Wir wissen, weshalb ihr in eurem Laufe eingehalten habt,
Worte werden euere Niederträchtigkeit nicht verbergen:
Ihr fürchtet das Zurückfluten der Sturmflut,
Die euch mit der gleichen Waffe erschlagen wird!“

(295) *Kuryer Poznanski* (Posen), Nr. 114 v. 18. Mai 1892

„Es ist uns der Umschlag seitens eines polnischen Uhrmachers in Jersitz (Vorstadt v. Posen) an den Vorstand der hiesigen St. Adalbertkirche gerichteten Briefes übersandt worden. Sowohl die Firma als auch die Adresse lauteten deutsch, obwohl der Kirchenvorstand der St. Adalbertgemeinde sowie deren Vorsteher Polen sind. Errötete denn der Briefschreiber nicht, als er den an einen Polen gerichteten Brief, zumal er selbst Pole ist, deutsch adressierte?“

(296) *Kuryer P.*, September 1896

„Auf diese Weise wird unser gefügiges Volk in die Vereine hineingezogen, um es dort zu germanisieren, an das Trinken zu gewöhnen und auszubeuten. Es ist die höchste Zeit, daß unser Volk die Hand zu küssen aufhört, die es ohrfeigt; es ist Zeit, daß es erkennt, was es in den berühmten Kriegervereinen zu erwarten hat, und daß es der Belehrung und Zerstreuung wegen sich unsern Vereinen, Bruderschaften, Sokol-, Industrie-, Handwerker- und Arbeiter-Vereinen anschließt. Möge jedes Dorf, jedes Städtchen seinen polnischen Verein besitzen. Wie lange werden wir noch zusehen, daß unser Volk unorganisiert oder, was noch schlimmer ist, in deutsch-protestantischen Vereinen zu Grunde geht?"

(297) *Kuryer P.*, Juni 1899

Der *Kuryer Poznanski*, das Organ der Dominsel und der sogenannten gemäßigten Partei, schreibt:

„Möge die *Deutsche Zeitung* sich merken, daß die Polen niemals Deutsche sein können, selbst wenn sie sogar ihre Sprache – was niemals eintreten wird – vergessen würden; denn auch dann würden sie keine Deutschen, sondern nur germanisierte Polen und Abtrünnige sein!"

(Vgl. die Wiederholung dieses Gedankens in Nr. 210 vom 8. Mai 1902. Der Verfasser.)

(298) *Kuryer P.*, September 1899

„Ein Blutsopfer brachten manche polnische Eltern dem deutschen Moloch dadurch, daß sie ihre Töchter an deutsche Männer verheiratet haben."

(299) *Kuryer P.*, Nr. 23 v. 15. Januar 1901

„Polnische Briefadressen:

Przeswietny Konsystorz Generalny Arcybiskupi w Poznaniu (Posen).
Przeswietny Konsystorz Arcibiskupi w Poznaniu (Posen).

Nicht befördert (der Herausgeber)."

(300) *Kuryer P.*, Nr. 41 v. 25. Januar 1901

„Die polnische Landtagsfraktion hat jetzt an Heinrich Sienkiewicz aus Anlaß seines Jubiläums eine Adresse nachstehenden Wortlauts gerichtet:

‚Verehrungswürdiger Herr!

Die polnische Fraktion im preußischen Landtage nahm und nimmt, wie in allen nationalen (sc. polnischen) Festlichkeiten, so auch an derjenigen, welche die polnische Gesamtheit Ihnen am Jubiläumstage Ihrer unvergänglichen Tätigkeit auf literarischem Gebiet bereitet hat, lebhaften Anteil ... Im Namen der ganzen Fraktion drücken wir Ihnen, geehrter Herr, unsere Ehrerbietung und Dankbarkeit für alle literarischen Arbeiten aus, in welchen Sie es verstanden, so glänzende Bilder aus Ihrer verflossenen und so oft verleumdeten vaterländischen Geschichte zu bieten, in die Seele der Nation einzudringen, sowohl in ihren gelegentlichen Kundgebungen als auch in den Dornenpfaden unserer Tage, der Nation geistige Kräfte zu wecken, zur Ausdauer in den Widerwärtigkeiten und den Glauben an eine bessere Zukunft aufrecht zu erhalten ... Sie haben bei der allgemeinen Würdigung den Namen Polens und der Polen erhoben. Dank sei Ihnen dafür hundertfach! ... Möchten Sie Ihr goldenes Jubiläum erleben, Ihnen zum Ruhm, Ihrer Nation zum Nutzen und zum Preis.
Für die polnische Fraktion im preußischen Landtage Dr. Szuman Vorsitzender, v. Grabski, Pfarrer Stychel Schriftführer.'"

(301) *Kuryer P.*, Nr. 65 v. 9. Februar 1901

„Die Krakauer kaufmännische Kongregation hat die Kaufleute in einem Aufrufe aufgefordert aufzuhören, ihre Waren vom deutschen Handelsmarkt zu beziehen und dafür engere Handelsbeziehungen mit anderen Ländern anzuknüpfen. In dieser Angelegenheit hat der Krakauer *Czas* nachstehendes Schreiben erhalten:

‚Nachdem ich in den Zeitungen die Resolution der kaufmännischen Kongregation gelesen, die zum Zweck hat, alle Handelsbeziehungen zu Deutschen abzubrechen und sich zwecks Versehens unserer Stadt mit englischen Artikeln direkt mit England in Verbindung zu setzen, schrieb ich sofort an die englische Zeitung *Standart*, um durch deren Vermittlung die Ausführung des von der kaufmännischen Kongrega-

tion gefaßten Beschlusses zu erleichtern. Als Antwort auf meinen Brief erhielt ich von einem Londoner Handelsagenten ein Schreiben, in welchem er um Aufklärung darüber ersucht, welche Waren auf dem Krakauer Markt und in der Umgegend am meisten begehrt seien. Sobald er durch meine Vermittlung nähere Einzelheiten erhalten haben werde, werde er mit Warenproben nach Krakau kommen. Ich ersuche die geehrten Mitglieder der kaufmännischen Kongregation, mir zwecks näherer Verständigung eine Liste der gewünschten Waren zukommen zu lassen.
Michael Heinrich Dziewicki, Lektor der englischen Sprache an der Jagellonischen Universität in Krakau'."

(302) *Kuryer P.*, Nr. 89 v. 23. Februar 1901

Die Antwort von Sienkiewicz in Warschau auf die Jubiläumsadresse der polnischen Landtagsfraktion, gerichtet an Dr. Szuman, lautet:

„... Die Ehrung, welche mir seitens derjenigen zuteil wird, welche als Repräsentanten einer bedrückten (?!) Nation mit solcher Mannhaftigkeit und Ausdauer die nationalen und menschlichen Rechte verteidigen, ist der höchste und liebste Lohn für meine Arbeit. Diese 25jährige Tätigkeit war nur ein Teilchen der zwecks Verteidigung der nationalen Seele unternommenen Kollektivbestrebungen, die zusammengenommen das einzige Ziel und die alleinige Aufgabe der heutigen Generation sind. Möchte Gott diese Anstrengungen, an welchen die polnische Fraktion in so hervorrragender Weise Anteil nimmt, segnen und den Kampf mit einem siegreichen Ausgang krönen! Mit tiefster Verehrung und Wertschätzung.
Warschau, den 11. Februar 1901 Heinrich Sienkiewicz."

(303) *Kuryer P.*, Nr. 282 v. 25. Juni 1901

Aus Dobrzyca, Kreis Krotoschin, schreibt man dem *Kuryer Poznanski*:

„Am 19. d. M. ist der dortige Bürgermeister Brandenburger in Begleitung eines Gendarmen in der Kirche erschienen, als gerade der Ortspfarrer Nizinski Beichtunterricht hielt. Der Bürgermeister habe erklärt, er komme im Auftrage des Landrats, da angeblich in der Kirche polnischer Unterricht erteilt werde. Der Propst habe gegen das Betreten der Kirche seitens der Polizei protestiert und mit den Kindern ein

Kirchenlied angestimmt. Während des Gesanges habe der Bürgermeister die Bücher revidiert und durchgesehen und diese sowie die Tafeln, welche die Kinder mitgebracht hatten, mitgenommen. Drei oder vier Knaben habe der Bürgermeister in der Kirche verhört. Die von der Polizei in der Kirche abgestattete Visite sei die Folge einer Denunziation gewesen. Man habe nämlich den Propst beschuldigt, in der Kirche eine geheime polnische Schule etabliert zu haben. Die Kinder hätten jedoch in Wirklichkeit wöchentlich zweimal Beichtunterricht erhalten. Als Beweis dafür, daß in der Kirche polnischer Sprachunterricht erteilt wurde, habe man die Tatsache angesehen, daß die Kinder außer den Katechismen auch Tafeln und polnische Fibeln mit sich führten. Das sei jedoch nur aus methodischen Gründen geschehen. Man habe die Kinder das im Beichtunterricht Gelernte, um dies dem Gedächtnis leichter einzuprägen, niederschreiben lassen. Auch die polnischen Fibeln seien nötig gewesen, um den Kindern die polnischen Buchstaben beizubringen, da diese nicht im Katechismus stünden, die Schule aber das polnische Lesen und Schreiben nicht lehre. Der Propst habe die Fortsetzung des Unterrichts nicht eingestellt; nur habe er künftig während des Unterrichts die Kirchtüren verschließen lassen."

(304) *Kuryer P.*, Nr. 210 v. 8. Mai 1902

„Wir hören aus dem Munde eines Polen (des versöhnungsparteilichen Herrn von Koscielski) im preußischen Herrenhause die Erklärung, daß heute die unter preußischer Herrschaft lebenden Polen von den politischen Leitgedanken der staatlichen Assimilation mit Preußen durchdrungen seien. Und damit bezüglich der Intention des Redners kein Zweifel bestehen bleibe, betont dieser ausdrücklich, dieser Gedanke sei der Ausdruck unserer äußersten Wünsche und Absichten. Der Passus betreffend die Assimilierung, wonach gemäß Herrn von Koscielskis Behauptung unsere Volksgesamtheit strebt, ist ein neuer schmerzlicher Schlag, womit Herr Koscielski nach so vielen anderen, in der Vergangenheit uns zugefügten heute unsere arme, bedrückte polnische Volksgesamtheit verwundet. Assimilation angesichts der preußischen Staatsidee – das ist eine unserem nationalen Geist zuwiderlaufende Idee."

(305) *Kuryer P.*, Nr. 449 v. 1. Oktober 1902

„Ein großer Überfluß an Champagner in der Redaktion des *Berliner Tageblatts*. Die geehrte Redaktion des jüdischen Tageblattes feierte gestern den sogenannten blauen Montag in überreichlichem Maße. Und da passierte ein Unglück. Einer seiner Redakteure erhielt nach überaus reichlichem Gelage eine gewiß von einem hebräischen Preußenschwärmer aus Warschau herrührende dumme Denunziation, die über einen unter der Leitung des früheren Marschalls von Galizien, Grafen Stanislaus Badeni in Posen gebildeten Geheimbunde Kunde brachte. Der angeheiterte Redakteur des *Tageblattes* nahm diese Nachricht in seine werte Zeitung auf und machte sie übertrieben lächerlich. Solche durch deutsche Schmierblätter losgelassenen Aufschneidereien sind nichts Neues, doch freuen sie uns insofern, als sie beweisen, auf welchem Niveau zum Teil auch die größten deutschen Zeitschriften stehen. Frechheit und Aufschneiderei, das sind die stärksten und allgemeinsten Waffen dieser Herren."

(306) *Kuryer P.*, Nr. 278 v. 4. Dezember 1904

Unter der Überschrift „Über unser Verhältnis zur deutschen Geistlichkeit!" schreibt das Organ des Erzbischofs v. Stablewski:

„Daß dadurch, daß Deutsche das Seelsorgeamt ausüben, für unsere Nationalität Schäden erwachsen, ist zweifellos. Ein deutscher Geistlicher wird die polnische Bevölkerung in nationaler Hinsicht nicht bewußt machen, er wird am polnischen Vereinsleben nicht teilnehmen, er wird die Eltern nicht anregen, ihren Kindern die polnische Sprache, das polnische Lesen und Schreiben zu lehren, er wird nicht dafür sorgen, daß kein Land aus polnischen in deutsche Hände übergehe. Schon das Bewußtsein, daß der Seelsorger ein Deutscher ist, muß auf passive, nichtbewußte polnische Elemente unvorteilhaft einwirken, selbst wenn dieser Seelsorger die polnische Sprache gut beherrscht. So ist es und so sollten wir diese Angelegenheit von unserem nationalen Standpunkt aus betrachten."

Nachdem der *Kuryer Poznanski* sein Erscheinen 1906 plötzlich eingestellt hatte, wurde später unter dem gleichen Namen ein Blatt demokratischer Richtung herausgegeben. Letzteres ist nicht Organ der Dominsel.

(307) *Kuryer P.*, Nr. 26 v. 19. Oktober 1906

„Dolsk, den 27. Oktober

Nach den Michaelisferien lobten die Kinder gleich am ersten Tage Gott in polnischer Sprache, als der Lehrer die Klasse betrat, und sie ließen sich durchaus nicht dazu bewegen, das Gebet in deutscher Sprache zu sprechen. Das gleiche wiederholte sich auch heute – Drohungen und Bitten des Lehrers halfen nicht, die Kinder berufen sich auf die Eltern und auf das letzte Rundschreiben des hochwürdigen Herrn Erzbischofs. Wir hegen die unerschütterliche Hoffnung, daß die Kinder die Pflicht des Gehorsams gegenüber den Eltern und der Kirche erfüllen werden, und daß sie durch nichts sich von dem Wege werden ablenken lassen, den zu beschreiten ihr heiliges Recht und ihre Pflicht ist.“

(308) *Kuryer P.*, Nr. 27 v. 30. Oktober 1906

„Kruschwitz. Die Haltung der Kinder ist ausgezeichnet und resolut, ein Knabe erklärte sogar, daß er von nun an überhaupt nur noch polnisch lernen würde; ein anderer begründete das Verbot seines Vaters mit den Worten: ‚denn ich bin ein Pole und kein Deutscher‘. Die Kinder, die im Besitze eigener deutscher Katechismen waren, zerrissen sie und warfen die Blätter auf die Straße.“

(309) *Kuryer P.*, Nr. 241 v. 19. Oktober 1907

„Die Broschüre des Herrn von Turno.

Wenn das Aufwerfen der Parole der Aussöhnung ein schwerer Fehler ist im Verhältnis zur preußischen Regierung, so ist es das nicht minder im Verhältnis zur polnischen Gesamtheit. Ist uns doch heute mehr als je Eintracht, innere Geschlossenheit, Gleichmäßigkeit des Handelns nötig. Die Volksgesamtheit wird mit Ausnahme einer kleinen Handvoll utopistischer Politiker das in der Broschüre enthaltene politische Programm nicht als ihr, sondern als ein fremdes Programm ansehen. Aber das verringert den Fehler nicht, welcher seitens des Verfassers durch Veröffentlichung einer solchen Enunziation begangen worden ist. Fremd muß der Volksgesamtheit das einen grellen Loyalismus atmende Programm des Autors sein.

Der Verfasser der Broschüre verfällt in denselben Fehler, den die alte

Versöhnungspartei begangen hat; er zieht keine Grenze zwischen dem Loyalismus und dem Legalismus. Nicht nur unsere Abgeordneten, sondern die Volksgesamtheit selbst haben unzählige Male öffentlich erklärt, sie stünden auf legalem Standpunkt, sie erfüllten ihre Pflichten, welche die Verfassung und die staatliche Zugehörigkeit ihnen auferlegten. Der Verfasser der Broschüre, der nach der Erneuerung der Versöhnung strebt, verfällt in den denselben Fehler der alten Versöhnungsparteiler, wenngleich in anderer Form, er macht gleichfalls Versprechungen, die er nicht halten kann. Wenn er den Loyalismus wenigstens in seinem und vielleicht seiner politischen Freunde Namen manifestierte! Dann würden wir zu Gunsten des Autors annehmen, er spreche nicht aufrichtig, er diplomatisiere. Da er jedoch loyale Empfindungen öffentlich der Volksgesamtheit zuschreibt, hat diese das Recht und die Pflicht, dagegen unzweideutig Protest zu erheben. Dabei kann sie sich auf die Worte eines Deutschen, des Prof. Delbrück, berufen, der in dem Vorwort zu der Broschüre ausdrücklich schreibt, heute sei es unmöglich, von den Polen Staatsanhänglichkeit zu erwarten. Etwas anderes predigt der Autor der Broschüre, ein Pole. Er sagt, der polnischen Gesamtheit könne man die Eigenschaft des Loyalismus nicht absprechen."

(310) *Kuryer P.*, Nr. 287 v. 14. Dezember 1907

„Heinrich Sienkiewicz und die Enteignung.

Wir erhalten aus bestimmter Quelle die Nachricht, daß unser hervorragender Schriftsteller eine Enquete in ganz Europa organisiert in Sachen der Enteignung. Die technische Durchführung hat H. Sienkiewicz dem Vorstand des Pariser Pressebureaus übertragen."

(311) *Kurjer Slonski* (Kattowitz), Nr. 60 v. 11. Dezember 1907

Boykott deutscher Waren.

„Die unerhört kränkenden Ausnahmegesetze (Enteignungsvorlage und Reichsvereinsgesetz), welche die Preußen gegen uns durchzuführen beabsichtigen, haben unsere Landsleute in Galizien und im Königreich Polen zu energischen Schritten gegen die Deutschen veranlaßt. Die polnische Fraktion in Wien hat zuerst eine antipreußische politische Bewegung, die für Deutschland weittragende Bedeutung hat, in

Angriff genommen. Aber unsere Landsleute begnügen sich damit nicht, sondern sie fangen an, noch andere Verteidigungsmittel, – namentlich auf wirtschaftlichem Gebiete – ausfindig zu machen. Man hat begonnen, den Boykott der deutschen Industrie und des deutschen Handels zu organisieren, und dieser Boykott nimmt immer greifbarere Gestalten an. Mit der Organisierung des Boykotts deutscher Waren in größerem Maße wurde im Königreich Polen der Anfang gemacht. Vorgestern fand in Warschau eine Mitgliederversammlung des Techniker-Verbandes unter Leitung des Ingenieurs Kasimir Obrembowicz statt, die sich mit dieser Angelegenheit befaßt hat. In der Versammlung wurden Telegramme verlesen, die der Verbandsausschuß den polnischen Fraktionen in Berlin und Wien übersandte. Alsdann ergriff im Namen der zur Organisierung der Boykottaktion berufenen Kommission Herr Adamiecki das Wort und verlas einen Kommissionsbericht, der in einem endgültigen Antrag die Bildung einer *Liga zur Verteidigung von Landeserzeugnissen* (*Liga obrony wytworczsci Krajowej*) vorschlägt."

(312) *Kuryer Warszawski* (Warschau), Nr. 184 v. 6. Juli 1906

„Der Jahrestag von Sadowa.

Österreich hat keine andere Stütze mehr: Entweder verkündet es den Staatsbankrott und fällt an mehrere benachbarte Staaten, oder es wird an der Spitze der großen slawischen Föderation stehen und ein neues Reich gründen, in welchem allerdings für ein deutsches Übergewicht kein Platz mehr sein wird. In welchem Umfange die föderativ-slawische Politik Österreichs sich einst entwickeln kann, das vorauszusagen trauen wir uns nicht, denn jede Diskussion über dieses Thema würde mehr oder weniger einer politischen Phantasie gleichen. Wir zeigen nur in groben Umrissen den einzigen Weg, der aus dem Chaos führen und es auf den Weg der Wiedergeburt leiten kann. Österreich muß slawisch werden, oder es wird aus der Reihe der europäischen Staaten verschwinden."

(313) *Kuryer W.*, Nr. 243 v. 31. August 1906

„Traurige Reflexionen.

Wahrhaftig, er irrt sich, denn der Preuße fürchtet sich auch nicht vor Gott. Aber, ohne im Himmel zu suchen, gibt es auch auf Erden Mächte, an die zu denken sich sogar in Berlin lohnen würde. Diese Macht ist – das Selbstwußtsein und die Solidarität der polnischen Nation. Berlin hat vergessen, daß im Königreich Polen viele Deutsche Verdienst und Vermögen finden, daß das Königreich in Deutschland Millionen Ellen und Millionen Pud an Waren kauft, daß unsere Jugend, die sich in Deutschland ausbildet, die Fäden der intellektuellen Interessen zusammenknüpft und – das wir die moralische Macht haben, alles dies zu boykottieren."

(314) *Kuryer W.*, Nr. 254 v. 14. September 1906

„Bischof Kopp.

Posener Zeitungen berichten, daß der Breslauer Bischof Kopp den preußischen Oden vom schwarzen Adler erhalten hat, mit dem der Adel und ein Jahresgehalt von über 14 000 Rub. verbunden sind. Die *Oberschlesische Volkszeitung* fügt hinzu, daß dieser höchste preußische Orden Kopp wegen seiner großen Verdienste für Preußen und die preußische Regierung verliehen worden ist.
Auf polnisch heißt das: Der Bischof, früher Kopp, jetzt von Kopp hat den höchsten preußischen Orden für die kräftigen Bemühungen erhalten, die er angewandt hat, um die oberschlesischen Polen zu germanisieren. In dem Bischof ist der Hakatist belohnt worden."

(315) *Kuryer W.*, Nr. 291 v. 21. Oktober 1907

„Was hat also Herr Stanislaus von Turno mit seiner Broschüre getan? Zunächst hat er den Zankapfel unter seine eigene Volksgesamtheit geworfen, die auf dem besten Wege war, sich zu einigen und in wichtigen Angelegenheiten gemeinsam vorzugehen. Einem bedeutenden Teile der polnischen Nation muß das Programm des Herrn von Turno als eine schreiende Loyalität vorkommen, die durch nichts begründet ist, die dem eigenen Wesen fremd, ja sogar feindlich ist. Die polnische Volksgesamtheit geht immer und überall loyal vor, zettelt keine Verschwörungen an, erregt keine Aufstände, zahlt Steuern, dient im Heere, aber – loyale Untertanen werden und können die Polen nicht sein."

(316) *Kuryer W.*, Nr. 329 v. 28. November 1907

Gegen den Dreibund.

„Infolge der Einbringung der Gesetzvorlage betreffend die Enteignung der Polen im Landtage durch die Regierung hat die polnische Fraktion im österreichischen Parlament beschlossen, zum ersten Male gegen das Staatsbudget zu stimmen. Es wird eine gegen das österreichisch-deutsche Bündnis gerichtete Aktion sein. Sämtliche polnischen Mitglieder des Herrenhauses werden sich dieser Aktion anschließen. Das Antipolen-Gesetz der preußischen Regierung rief auch in anderen slawischen Parteien des österreichischen Parlaments große Aufregung hervor."

(317) *Kuryer W.*, Nr. 335 v. 4. Dezember 1907

Der Boykott der deutschen Waren.

„Die Boykottbewegung gegen die deutschen Waren hat auch unter den Bauern begonnen. Die landwirtschaftlichen Vereine im Königreich Polen haben bereits begonnen, an die landwirtschaftlichen Syndikate ihre Beschlüsse zu senden, die dahin lauten, landwirtschaftliche Waren, Maschinen, landwirtschaftliche Geräte und schließlich künstlichen Dünger nicht mehr bei deutschen Fabrikanten zu kaufen. Gleiche Beschlüsse werden in Kürze die landwirtschaftlichen Bezirksvereine fassen. Die Dampf- und Mähmaschinen kauft die Korporation in England und Amerika. Jene Maschinen, die man bisher in Deutschland gekauft hatte, will die Korporation von den Tschechen kaufen. Von anderer Seite wurde der Gedanke angeregt, daß als Erwiderung auf die neuen gegen unsere Rechte gerichteten Anschläge ein Boykott der deutschen Großgrundbesitzer organisiert werden müsse. Es soll eine Aktion unternommen werden, um die Saisonarbeiter aus dem Königreich und aus Galizien davon abzuhalten, in Deutschland Arbeit zu suchen; statt dessen muß für diese Arbeiter eine andere Arbeitsquelle ausfindig gemacht werden."

Weiterhin soll nach der Ausgabe dieses Blattes vom 8. Dezember 1907 der *Warschauer Pharmazeutenverein* den Boykott der deutschen chemischen Fabriken, Arzneiwaren und Heilmittel, Mineralwässer und Spezialmittel beschlossen haben. Ebenso sollen die ‚Meister' der Fabriken Warschaus den solidarischen Beschluß gefaßt haben, alle deutschen Waren zu boykottieren."

(318) *Kuryer W.*, Nr. 354 v. 23. Dezember 1907

„Die Boykottangelegenheit.

Die *Liga zur Unterstützung der Industrie in Galizien* hat im ganzen Lande einige hunderttausend Erklärungen in Sachen des Boykotts der preußischen Waren verbreitet. Diese Deklarationen lauten:

‚Ich versichere auf mein bürgerliches Wort ganz entschieden, daß ich von heute ab immer und überall die Einfuhr preußischer Waren ins Land bekämpfen werde, ebenso auch das Unterhalten irgendwelcher Beziehungen zu preußischen Firmen, und daß ich nach Kraft und Möglichkeit an der Entwicklung der heimischen Industrie arbeiten werde. Zum Beweise für meine Verpflichtung unterzeichne ich dies eigenhändig'."

Seine Zweifel an einem Erfolg drückt das Blatt in dem Satz aus:

„Wir erwarten, daß jene, die diese Deklaration unterschrieben haben, auch ihr Wort halten werden."

(318a) *Kuryer W.*, Nr. 1 v. 1. Januar 1908

„Aber es kommt die Zeit, welche vernichtet, was der ‚Wille zur Macht' geschaffen. Viel kann man von den Polen erreichen, durch Gefügigkeit und Schmeichelei, doch die Offenbarung des ‚Pathos für Entferntes' weckt ihn aus seinem Schlummer. Es scheint, als ob der Augenblick gekommen wäre, mit dem das Erwachen beginnt. Das polnische Volk im Posenschen hat auf Grund chronologischer Aufstellungen die Überzeugung gewonnen, daß die preußische Herrschaft in diesem Lande im Jahre 1913 (!!) ihr Ende erreicht. Das unsinnige Vorgehen der preußischen Regierung scheint darauf hinauszulaufen, die Hoffnungen des gemeinen Volkes zu bestätigen. Die allgemeine, in sämtlichen Ländern, ja selbst Deutschland nicht ausgeschlossen, laut gewordene Stimme der Entrüstung ist beredtes Zeugnis dafür, daß es heute nicht mehr möglich ist, die elementaren Grundsätze für Recht und Gerechtigkeit zu vergewaltigen, indem man sich hinter das Prinzip der Nichteinmischung in fremde Angelegenheiten steckt. Für uns jedoch kann und müßte sich dieser Augenblick als ein Moment der Schöpfung, als ein Augenblick des Erwachens und der Wiedergeburt auf ökonomischem Gebiet darstellen."

(319) *Kuryer W.*, Nr. 27 v. 27. Januar 1908

„Die polnische *Straz*.

Gestern fand im städtischen Rathaussaal in Krakau eine Versammlung statt, die den Zweck hatte, einen ‚polnischen *Straz*verein' zu gründen. Den Zweck des projektierten Vereins und die Tätigkeitsmittel kann man aus den ersten vier Paragraphen des Statuts, die wir hier anführen, ersehen: § 1. Der Verein erhält den Namen *Straz polska*. § 2. Die *Straz polska* hat ihren Sitz in Krakau, dehnt dagegen ihre Tätigkeit auf alle im Reichsrate vertretenen Länder aus. § 3. Der Zweck der *Straz polska* ist, die geistigen und materiellen national-polnischen Interessen zu behüten und zu verteidigen, die polnische Volksgesamtheit über ihre nationalen Pflichten aufzuklären und darüber zu wachen, daß die Mitglieder des Vereins sie auch eifrig erfüllen. Ferner erstrebt der Verein das Erlangen der wirtschaftlichen Selbständigkeit, er ist bestrebt, Institutionen mit ähnlichen Bestimmungen zu unterstützen, besonders aber solche, die die Verteidigung der Grenzmarken sich zum Ziel gesteckt haben. § 4. Die Mittel zur Erreichung dieses Zweckes sind: a) Hebung des nationalen Wohlstandes durch eifriges Unterstützen der heimischen Industrie und des heimischen Handels, durch Gründung von Geschäften, Werkstätten, Fabriken, Finanzinstituten, Sparkassen, Kredit-, Gewerbs- und Wirtschaftsinstituten. b) Unterstützung jener Kaufleute, die sich der Kontrolle der *Straz polska* daraufhin unterwerfen, daß sie nach Möglichkeit fremde Waren durch Erzeugnisse der heimischen Industrie ersetzen. c) Beschützen des Rechts der polnischen Sprache. d) Anknüpfung von Handelsbeziehungen mit anderen polnischen Ländern. e) Öffentliche Versammlungen und Zusammenkünfte, Vorlesungen und Erzählungen, szenische Vorstellungen und Volksunterhaltungen. f) Das Veranstalten von Nationalfeiern. g) Das Arrangieren von belehrenden Volksausflügen nach sehenswerten Orten in den polnischen Ländern. h) Die Gründung und Erhaltung von Volkshäusern zur Abhaltung von Versammlungen und zum Unterbringen der Ausflügler. i) Die Herausgabe und das Subventionieren zweckentsprechender Werke, Zeitschriften und sonstiger Publikationen. k) Die Herausgabe einer eigenen Zeitschrift, die den Angelegenheiten des Vereins gewidmet ist. l) Andere erlaubte Tätigkeitsmittel."

(320) *Lech* (Gnesen), Nr. 159 v. 16. Juli 1897

„Zwei Wege standen den Polen offen nach dem Verfall ihrer Unabhängigkeit, um sich eine glückliche Zukunft zu vergewissern. Der eine war der bewaffnete Aufstand, der andere ruhige Friedensarbeit.
Nicht mit Blut, sondern durch Schweiß haben wir die Erlösung des Vaterlandes zu erkaufen.
Die Polen haben es verstanden, ihr Leben und ihr Besitztum für die Güter der Nation zu opfern, aber sie verstanden und verstehen es angeblich nicht zu leben und für das geliebte Vaterland zu arbeiten. Der Friedensweg, d. h. die ruhige Arbeit ist zwar langwierig und nicht so verlockend wie der bewaffnete Kampf, aber dafür ist er sicher und führt gefahrlos zum Ziele.
Auf polnischer Erde waren die hervorragendsten Verfechter ruhiger Friedensarbeit zwei Großpolen: Stanislaus Straszyc, mit dem ehrenvollen Namen ‚Vater der Nation' bezeichnet, und Karl Marcinkowski. Diese beiden edlen und opferfreudigen Männer trugen viel zur Rettung der polnischen Nationalität bei. Marcinkowski schuf durch die Gründung eines Vereins zur Unterstützung der Wissenschaften eine Brustwehr für die polnische Intelligenz, welche im preußischen Anteil dazu berufen ist, anstelle des immer mehr schwindenden Adels zu treten. Karl Marcinkowski, welcher sah, daß es in Polen fast gar keine tüchtigen Kaufleute und Industrielle gab, machte sich mit Eifer daran, diesem Bedürfnis abzuhelfen. Er war der erste, welcher aus anderen polnischen Landen arme Schneider, Schuster, Zuckerbäcker, Kaufleute usw. herbeiführte."

(321) *Lech*, Nr. 212 v. 19. September 1900

„Auf den Tafeln derjenigen Wagen, welche auf unsere Märkte kommen, lesen wir ‚Propstei N. N.', weshalb nicht ‚Probostwo N. N.'? Eine Bestimmung, wonach die Tafeln an den Wagen deutsch seien, existiert nicht, und wir protestieren entschieden dagegen, daß in Anbetracht der allgemeinen Verfolgungen unserer Sprache überflüssige und entbehrliche Zugeständnisse zum Nutzen der ‚unterdrückten' deutschen Sprache gemacht werden."

(322) *Lech*, Nr. 16 v. 19. Januar 1901

Zu der Nichtbeförderung einer Postanweisung: „*Wielmozny Pan Dr. Boleslaw Kapuscinski w Posnaniu* (Posen)" bemerkt das Blatt:

„Nicht die deutschen Adressen schreiben, noch jene 10 Pfennig (Porto) zahlen, sondern nur energisch die Rückzahlung des Geldes verlangen, weshalb man sich im Weigerungsfalle eventuell an die Oberpostdirektion wenden muß."

(323) *Lech*, Nr. 16 v. 19. Januar 1901

In einem Schreiben aus Strelno heißt es:

„Ich machte ein Paket zur Absendung fertig und adressierte dasselbe, ebenso wie die Postpaketadresse in polnischer Sprache, wie ich es immer getan habe, und sandte meinen Boten mit diesem Paket fort. Der Postpaketträger wollte dasselbe auf der Post nicht annehmen, weil die Adresse polnisch geschrieben war ... Als mir mein Bote das mitteilte, empörte mich das sehr, denn das Paket mußte noch heute durchaus abgehen, und ich wollte den Wünschen und Gelüsten unserer Busenfreunde nicht nachgeben. Was war da zu tun, um nicht ihren, sondern meinen Willen durchzusetzen. Ich schrieb also auf ein weißes Stück Papier und eine Postpaketadresse die Adresse französisch, nahm das Paket und begab mich mit demselben auf die Post, indem ich entschieden forderte, daß dasselbe mit der polnischen Adresse angenommen werde, aber auch mir gegenüber wurde das entschieden verweigert, wobei mir bedeutet wurde, daß das Paket durchaus deutsch adressiert sein müßte. Hierauf erwiderte ich ihnen, daß die das nicht erleben würden, daß ich Pakete und Briefe deutsch adressieren würde, ich nahm darauf die Karte mit der französischen Adresse aus der Tasche, bat um Kleister, der mir auch gegeben wurde, worauf ich auf die polnische Adresse die französische aufklebte. Nachdem das geschehen war, wurde das Paket in aller Ruhe angenommen, und ich war insoweit zufrieden gestellt, als sie ihren Willen nicht durchsetzen konnten. Ich möchte wünschen, daß auch andere so verfahren und deutsche Adressen nicht schreiben."

(324) *Lech*, Nr. 26 v. 31. Januar 1901

„Bei dem preußischen Jubiläum haben folgende Herren (in Bromberg) illuminiert: Dr. Stanislaus Warminski, der Vorsteher der hiesigen polnischen Intelligenz, Rat Dr. von Czarlinski, Dr. jur. Haillant und der frühere Vorsitzende der hiesigen *Sokols* Casimir Gonczerzewicz. Dafür werden den Polen in Bromberg, wie mir gesagt wurde, große Zugeständnisse gemacht: Sie werden ihre Kinder in allen Sprachen unterrichten lassen dürfen, selbst in der chinesischen, mit Ausnahme der polnischen! Es lebe die Loyalität!"

(325) *Lech*, Nr. 49 v. 28. Februar 1901

„Der Vorstand der deutschen Gewerkvereine, welcher seinen Sitz in Berlin hat, hat kategorisch die Erlaubnis dazu versagt, daß bei den Beratungen dieser Gewerkschaften in Posen die polnische Sprache angewandt werde, trotzdem die Mitglieder sich aus technischen Arbeitern polnischer Nationalität zusammensetzen. Aus diesem Grunde sind die Polen massenhaft aus der deutschen Berufsorganisation ausgetreten, und weil diese Organisation einen ausgesprochenen sozialdemokratischen Charakter besitzt, richtet sich die Erbitterung der polnischen Arbeiter über eine solche Intoleranz der polnischen Sprache gegenüber vor allem gegen die Sozialdemokratie."

(326) *Lech*, Nr. 287 v. 18. Dezember 1904

„Eine Liste der ‚Freunde unserer Feinde'.

Wir erinnern unsere Damen an die Pflicht, namentlich in der gegenwärtigen Zeit bei den Unsrigen zu kaufen. Weil wir jedoch erfahren, daß unsere Aufforderungen wenig helfen, so bitten wir unsere geehrten Leser, denen das Wohl der Gesamtheit am Herzen liegt, uns die Namen aller derjenigen Personen mitzuteilen, die ihre Weihnachtskäufe bei den Fremden besorgen. Wir werden eine Liste der Freunde unserer Feinde aufstellen, die wir zu den Festtagen zu veröffentlichen gedenken. Es ist wohl möglich, daß dies Verfahren manch einem unangenehm sein wird, und deshalb machen wir vornweg darauf aufmerksam, daß wir keinerlei Rücksichten üben werden."

(327) *Lech*, Nr. 261 v. 13. November 1905

„Die öffentliche Meinung regt sich gegenüber den Verkäufern. Du arglistiger Hund, der Du die Erde unseren Feinden verkauft hast. Daß

Dich das Gewissen stets quälen wollte, daß Du unter dem Zaune krepieren möchtest wie der Verräter, der Gott verkauft hat. Scham und Schande sollst Du haben, überall da, wo Du Dich bewegst. Möchte sich niemand mit Dir einlassen; daß doch Dein Schwiegervater mit Dir zusammen krepieren wollte, und zwar, wie es Gott haben will, denn ein Verräter lebt nie lange, sondern er kommt elendiglich um, als ob er falsch geschworen hätte. Um Jesu Wunden willen, – wozu die Habgier nach dem eitlen Gelde! Du Ungläubiger, daß Dich die Hölle verschlänge zugleich mit dem, der Dich anspornte! Schande Deiner ganzen Familie! Gott wird Dich strafen, Du Bösewicht, Totschläger, Lump, denn Du bist schlimmer als der, der am Kreuze des Herrn spottete. Du unflätiger Lump, ein Hund ist besser als Du. Daß Dich der Wurm peinigte, daß Dich das Gewissen quälete, daß Du von Deinen Kindern schlecht traktiert würdest, daß Dir, Verkäufer, niemand mehr Land verkaufte, daß Du gleich krepiertest, sobald Du Land für den Handel kaufest, daß Dich Gott nicht segnete, denn wer unser Vaterland verkauft, der ist weder bei Gott noch bei den Menschen etwas wert, er muß sich herumschlagen, wie der Satan auf der Welt, wie ein toller Hund. (Hier folgen Ausdrücke, die wir nicht wiedergeben können.) Einen Strick muß man Euch beiden geben, damit Ihr Euch in der Scheune erhängtet, der eine am Balken, der andere am Windmühlenflügel. Daß doch Eure Kadaver nicht auf unseren Kirchhöfen verfaulten, sondern daß sie die schwarzen Raben in fremden Wäldern zerstreuten. Das wünscht Euch der, der den Glauben und die Erde liebt.“

(328) *Lech*, Nr. 271 v. 26. November 1905

An den Galgen mit Bischof Sedlak.

„Ich erwähne, daß dem Bischof Sedlak in Pelplin in Anerkennung seiner Germanisation in der Kirche eine Schlinge und ein Haken in einer Schachtel gesandt wurden.
Ein Pole, der das Unrecht spürt, das uns von den deutschen Geistlichen angetan wird.“

(329) *Lech*, Nr. 9 v. 13. Januar 1906

„Im Interesse der katholischen Sache muß der Fortschritt des Deutschtums in Schlesien aufgehalten werden. Daß die protestantische Regierung den Fortschritt des Deutschtums fördert, ist zwar zu verurteilen, doch erklärt sich dies durch die gegenwärtig herrschenden Strömungen. Unverständlich erscheint es, weshalb die Kirchenoberen die Germanisierung unterstützen. Es ist unschwer festzustellen, daß der deutsche Bischof und die deutsche Geistlichkeit in Schlesien die katholische Sache nicht nur schädigen, sondern auch kompromittieren können, wenn nicht bald eine gründliche Umwandlung stattfindet. Der künftige Bischof von Breslau (!) muß deshalb ein Pole sein, um den Katechismus zu schützen. Wir würden es nicht nur als eine Leichtfertigkeit, sondern geradezu als eine Provozierung des polnischen Volkes ansehen, wenn nach dem Rücktritt Kopps wieder ein Deutscher den Bischofsstuhl in Breslau erhielte. Die Völker sind ein Werk Gottes, und es ist nicht erlaubt, ihre Rechte (in Breslau doch wohl die Rechte des deutschen Volkes!, der Herausgeber) anzutasten."

(330) *Lech*, Nr. 11 v. 16. Januar 1906

„Gott sei Dank hält die Allgemeinheit unserer polnischen Geistlichkeit treu zum Glauben und zur Sprache unserer Völker und wird sich niemals zum Werkzeug der Germanisierung unseres Volkes gebrauchen lassen, wenn auch von oben her der größte Druck auf sie ausgeübt werden sollte. Unsere Geistlichkeit wird das polnische Volk mit Hingebung aller Kräfte und des Lebens vor der kreuzritterlichen Vernichtung schützen. In der Geistlichkeit ruht heute unsere einzige Hoffnung. Von unserer Schlachta (niederer polnischer Adel, der Herausgeber) können wir heute gar nichts mehr erwarten."

(331) *Lech*, Nr. 100 v. 4. Mai 1906

„In Sachen des ‚schwarzen Buches'.

Unsere Gesamtheit bemühte sich mit Recht darum, daß diejenigen, welche für Judasgroschen ihr Land den Händen der Ansiedelungskommission überliefert haben, in einem besonderen Buche namentlich unter gleichzeitiger Angabe der Größe und des Namens der veräußerten Bodenfläche aufgeführt würden, damit unsere Nachkommen, welche die tugendlosen Taten dieser Vaterlandsverräter und zugleich die Worte der Entrüstung und Verachtung, die unsere Gesamtheit diesen Verrätern gegenüber zum Ausdruck bringt, sich davor hüten, durch ähnliche Taten ihre Namen und ihr polnisches Herz zu beflecken. Nur schade, daß in dem ‚schwarzen Buche' nicht die Bildnisse jener Verkäufer enthalten sind. Wenn wir ihre Bildnisse vor Augen hätten und uns so ihre Gesichtszüge einprägen könnten, würden wir sehr leicht wissen, wem wir aus dem Wege zu gehen haben, vor wem wir ausspucken können und wem wir nicht die Hand reichen dürfen, denn diese Lumpenfiguren, die unserem lieben Vaterlande eine solche Schande bereitet haben, verdienen nichts anderes."

(332) *Lech*, Nr. 160 v. 18. Juli 1906

„Ein gewisses Fräulein aus Gnesen, deren Trauung in einigen Wochen stattfinden soll, kaufte das Brautkleid bei einem Fremden. Ihre Eltern kauften auch nur bei Hakatisten und deren Freunden. Den Hochzeitsgästen raten wir, sich heut schon auf den Knoblauchgeruch während der Hochzeit vorzubereiten."

(333) *Lech*, Nr. 175 v. 4. August 1906

Über die Beteiligung polnischer Pfarrer an den Begräbnissen der ‚Verkäufer' (sc. an die Ansiedlungs-Kommission) schreibt der *Lech* u. a.:

„Wir erinnern daran, daß die Geistlichen unseres Dekanats sich verpflichtet haben, zu den Begräbnissen der Verkäufer nicht mehr zahlreich zu erscheinen. Dieser Beschluß ist der Nachahmung wert, denn das Beispiel der Geistlichen, die eventuell in den Trauerreden die Tugenden der Verkäufer preisen und durch ihr zahlreiches Erscheinen deren Begräbnis verherrlichen, verbreitet unter dem Volke die schlimmste Demoralisation!"

(334) *Lech*, Nr. 210 v. 16. September 1906

„Aus Gnesen wird der *Gazeta Grudziondzka* geschrieben, daß sich hier die Angelegenheit betreffend die Religion sehr traurig darstelle, denn alle Kinder hätten sich zum deutschen Religionsunterricht ‚bekehrt'. Wir müssen dem Korrespondenten leider recht geben, und wir müssen uns fürwahr der Gnesener Eltern schämen, die sich nicht verpflichtet fühlen, ihre Kinder vor der moralischen Niederlage, welcher sie durch den Religionsunterricht in der fremden Sprache ausgesetzt sind, zu verteidigen."

(335) *Lech*, Nr. 238 v. 16. September 1906

Eine polnische Mutter.

„Eine ehrwürdige Landbewohnerin kehrte gerade aus der Stadt heim. Da ich wußte, daß ihr Sohn seine Wirtschaft an einen Polen verkauft hatte, fragte ich sie nach den näheren Einzelheiten. O Herr! sie haben ihn ganz ungeheuerlich in Versuchung geführt, und diese Ansiedlungskommission wollte viel bezahlen, aber ich sagte:

‚Sohn, wenn Du sterben solltest, wenn Du krepieren solltest, dann werde ich nicht zu Deinem Begräbnis kommen, wenn Du an die Ansiedelungskommission verkaufst. Siehst Du denn nicht, wie viel Ketzerei sich schon um uns herum breit macht? Es ist schon genug von dieser Ketzerei, ich gebe Dir hierzu nicht meine Erlaubnis.‘

Und der Sohn verkaufte, denn er mußte verkaufen, aber er verkaufte an einen Polen, trotzdem dieser nicht Tausende gab. Dies ist ein Muster für unsere Polinnen. Wenn wir nur solche Polinnen hätten, dann würde viel Grund und Boden in unseren Händen bleiben. Wehe den Polinnen, die den väterlichen Acker der Taler wegen der Ketzerei ausliefern. Die Taler werden sie nicht mit ins Grab nehmen. Wie andere, werden auch sie nur vier Bretter ins Grab bekommen, aber dort vor dem Richterstuhle wird man ihnen die schwarzen Flecke der Ketzerei auf der Karte des Reiches Gottes zeigen. Der Name dieser würdigen polnischen Mutter verdient ein ewiges Andenken. Ich werde ihn mir merken und niederschreiben in dem ‚goldenen Buche‘ des polnischen Volkes.“

(336) *Lech*, Nr. 248 v. 31. Oktober

„Die Rede des Propstes Piotrowicz, die in der Sonntagsversammlung gehalten werden sollte, lautet:

‚Meine Herren! Die Gerechtigkeit, das Recht und die Wahrheit sind mit uns! Hinter uns steht die ganze zivilisierte Welt! Hinter uns alle edlen Herzen. Gegen uns steht einzig ... , gegen uns steht nur das, was verabscheuungswert, was ohne Charakter, was ohne Ehre, was ohne Gewissen ist! Dies möge uns stärken. Wir kämpfen mit einem mächtigen Feinde. Außer unserem Recht und der Gerechtigkeit haben wir Armen nichts – auf jener Seite dagegen befinden sich Bajonette, Polizei, Gefängnisse und Arreststrafen. Aber wir glauben dennoch an den

Sieg! Wir werden siegen! Einst belagerten die deutschen Ritter Heinrichs V. Glogau. Die Glogauer Bürger verteidigten sich als treue Untertanen des polnischen Königs Boleslaus Krzywonsty mutig, bis sie, erschöpft von dem Kampfe, um Waffenstillstand baten. Auf den Edelmut Kaiser Heinrichs V. vertrauend, übergaben sie ihm ihre Kinder als Geiseln. Sie glaubten, daß jetzt Frieden sein würde. – Aber höret nur! Der verräterische Feind band die Kinder an die Maschinen und Belagerungstürme, um noch leichter zu siegen, denn durch das Geschrei der Kinder glaubte er die Belagerten von der Verteidigung abhalten zu können. (Eine *pia fraus* (eine fromme geistliche Lüge), der Herausgeber.) Aber die Glogauer wollten lieber ihre Kinder opfern, als ihre Sache verraten. Sieh, o Vater, sieh, polnische Mutter! Vielleicht wirst Du sagen: ich will schon meine Kinder opfern, um nur nicht Unannehmlichkeiten und Kämpfe zu haben. Mögen sie schon die Religion deutsch lernen, wenn ich nur meine Ruhe habe. Glaubst Du denn, daß Du durch das Aufopfern Deines Kindes, daß Du durch das Verkaufen Deines Kindes Ruhe und Freiheit erringen wirst? Dieses Dein Kind wird gerade Dein Verderben sein. Das feindliche System wird Dich zermalmen und Dein leibliches Kind wird einst Dein Verderben werden, der Nagel zu Deinem Sarge. Also, Vater, Mutter, harre aus!!!! Es ist besser, daß Dein Kind leidet, als daß Du unsere Sache verrätst – die Sache der Kirche und der Nation.‘‘‘

(337) *Lech*, Nr. 251 v. 4. November 1906

„Woher stammt die Kraft des Märtyrertums?

Tränen treten einem in die Augen, wenn man von dem Mute und der Entschlossenheit unserer Kinder liest, die für den heiligen Glauben und für die Muttersprache Schläge und Arreststrafen erdulden. Und jeder nur ein wenig überlegende Mensch fragt sich selbst: Woher schöpfen diese armen Kinder die Kraft, so viele Leiden zu ertragen? Wir wissen es sehr gut, von wo diese kleinen Märtyrer die nötige Kraft schöpfen, so viele Leiden ertragen zu können, – denn wir verstehen es selbst zu beten. Dort, am Fuße des Kreuzes, die Augen auf den an ihm hängenden Heiland gerichtet, schöpfen die Kinder die nötigen Kräfte, um diese Behandlung, die sie seitens der Lehrer erfahren, ertragen zu können. Dort am Fuße des Kreuzes bringen sie die für den heiligen Glauben erhaltenen Schläge als Opfer dar und empfangen dafür die göttliche Zusage: ‚Harret aus, und Gott wird euch erretten.‘‘‘

(338) *Lech*, Nr. 259 v. 14. November 1906

„Petitionen an den Kaiser.

Der *Goniec Wielkopolski* bringt den Text der Petition an den Kaiser, die in der Provinz verbreitet wird. In ekelhaft weinerlicher Form fleht sie den Kaiser an, den polnischen Religionsunterricht einführen zu lassen. Der Text der Petition, der in beiden Sprachen abgefaßt ist, wurde in der St. Adalbertdruckerei gedruckt. Wahrscheinlich von dieser hat in der Versammlung in Koschmin der Prälat Jazdzewski gesprochen. Wir glauben, daß niemand seine Unterschrift für dieses Elaborat hergeben wird, als höchstens ein Versöhnungsvampyr. Wir verlangen die uns zustehenden Rechte, um Gnade flehen wir nicht."

(339) *Lech*, Nr. 267 v. 24. November 1906

„Briefe unserer Kinder.

Geliebter *Lech*! Ich übersende die Lösung der Aufgabe aus Nr. 3 der Beilage *Dla naszej dziatwy*, welche ‚Hahn' ist. Geliebter *Lech*! Ich bitte dich um Verzeihung, daß ich diesmal in der Kultursprache an dich adressiere, aber ich habe es aus dem Grunde getan, weil schon einige Briefe, die ich an dich mit polnischer Adresse gesandt habe, die Post nicht an dich bestellt hat. Ich weiß dies ganz sicher. In meiner Klasse (III.) streiken hier 32 Kinder, und wir müssen täglich zwei Stunden Arrest absitzen. Aber das wird den preußischen Lehrern nichts helfen, denn wir fürchten weder Arrest, noch Schläge, noch auch ihre Karabiner (sic!). Wenn ich könnte, dann würde ich meinen letzten Blutstropfen für den heiligen Glauben hingeben. Mein Bruder hat mir folgende Worte gesagt, die mir sehr gefallen haben: ‚Süß und ehrenvoll ist es, für das Vaterland zu sterben.' O! Es ist süß, für den Glauben und für die Sprache zu leiden! O Gott, erbarme dich unser! Ich grüße den geliebten *Lech* und endige hiermit, denn ich habe nicht länger Zeit, ich muß zum Arrest gehen. Ein treuer Leser. P. K."

Es folgt noch eine Reihe ähnlicher angeblicher ‚Kinderbriefe' in derselben Nummer.

(340) *Lech*, Nr. 31 v. 7. Februar 1907

„Herr Szczepanowski in Lubcz, der seines Amtes als Schulvorstandsmitglied enthoben worden ist, weil er den Schulstreik unterstützt haben soll, sandte dem Herrn Landrat in Znin ein herzliches Dankschreiben für diese Auszeichnung. – Sehr richtig, denn die Amtsenthebung für eine solche Sache bedeutet für einen Polen soviel wie ein Orden.“

(341) *Lech*, Nr. 287 v. 15. Dezember 1907

„Eine Schande des 20. Jahrhunderts.

Schon gestern konnten wir unseren Lesern durch ein Extrablatt die Nachricht geben, daß die Enteignung beschlossen sei! Der Reihe der die Geschichte der Menschheit schändenden Flecke tritt noch eine Schande, und zwar nicht die geringste, hinzu. Das Altertum hatte seine Christenverfolgung, das Mittelalter die Inquisition und die Hexenverbrennung, das 20. Jahrhundert hat dagegen die preußische Enteignung! Ein Schrei des Entsetzens und des Schmerzes entspringt der Brust des bedrängten polnischen Volkes, erschallt von Putzig bis zu den Karpathen und findet lauten Widerhall in den Herzen unserer außerhalb der Grenzen wohnenden Brüder sowie in den Herzen der zivilisierten europäischen Völker.“

(342) *Lech*, Nr. 15 v. 19. Januar 1908

„Illuminieren oder nicht illuminieren?

Aus Kreisen der Kaufleute erhalten wir zahlreiche Anfragen, ob am Geburtstage des preußischen Königs illuminiert werden solle oder nicht. Darauf antworten wir: Wer in der heutigen Zeit unentschlossen ist und nicht weiß, was er tun soll, der hat sich bereits selbst gerichtet. Die preußische Regierung hat in diesem Augenblick die Axt an das nationale Dasein der Polen gelegt. Wer dennoch die Absicht hat, seinen preußischen Loyalismus zu bekunden, der hat schon den Rest des nationalen Empfindens eingebüßt. Möge sich nur niemand damit entschuldigen, daß er eventuell materiellen Schaden erleiden könnte, da die Zugeständnisse auf Kosten seiner Nationalität mit Geld nicht bezahlt werden können. Heute tobt der Kampf auf der ganzen Linie, und jeder Kampf erfordert Opfer. Nicht das Wohlergehen einzelner entscheidet über die Zukunft der Nation, sondern die Rücksicht auf das allgemeine Wohl des Volkes. Was kann es eventuell der polnischen Nation helfen, wenn dieser oder jener Pole 1 000 oder 10 000 Mk. jährlich mehr verdient, sobald dadurch das gesamte nationale Niveau herabgedrückt wird.“

(Die polnischen Gewerbetreibenden in Gnesen sind von der deutschen Beamten- und Ansiedler-Kundschaft abhängig, daher das ‚loyale' Verhalten an Kaisers Geburtstag. Ein Artikel ähnlichen Inhalts veröffentlichte der *Lech* auch im Januar 1905 und 1906 und verspottete in einem Artikel am 6. März 1906 über die Illumination bei der Silberhochzeit des Kaiserpaares das Lied ‚*Dojczland iber ales*'. Der Verfasser.)

(343) *Lech*, Nr. 21 v. 26. Januar 1908

„Herr Dzierzykraj von Morawski, der einzige Kammerherr polnischer Abstammung, der bekanntlich in der Hoflivree während des Kaiserbesuches auf dem Markte in Posen gestanden hat, figuriert nunmehr unter einem Aufruf, durch den die Bürgerschaft der Stadt Lissa zu einem Festessen am Geburtstage des Kaisers eingeladen wird. Ja, ja, die Lakaienkarriere bringt heute recht viele Verpflichtungen mit sich."

(344) *Nadwislanin* (Posen), Nr. 5, 1862

„Straßburg i. Pr. Am 1. Juli kaufte der würdige Vertreter unseres Glaubens und unserer Nationalität, Herr Martin Willich aus Berent, das bisher dem Kaufmann Heger gehörige Hotel nebst zwei anstoßenden Häusern für 17 000 Taler, wozu ihm von mehreren Gutsbesitzern des Straßburger Kreises ein bedeutendes Darlehen gewährt wurde. In diesen Häusern soll ein Hotel, ein Material-, Wein- und Zigarrengeschäft sowie eine Eisenhandlung, verbunden mit einer Niederlage landwirtschaftlicher Maschinen, angelegt werden. Unser aller Pflicht ist, dies Werk aus allen Kräften zu unterstützen, um so mehr, als wir von gegnerischer Seite auf harte Konkurrenz und boshafte Maschinationen gefaßt sein müssen. Schimpf und Schande werden den Entarteten treffen, der fortfahren sollte, seine Bedürfnisse bei der uns abgeneigten Bevölkerung einzukaufen, da er sie an der heimischen Quelle schöpfen kann."

(345) *Nadwislanin*, Nr. 81, 1862

„Jede Nummer des *Nadwislanin* ist voll lauter Mahnungen an die Polen, daß sie vom Fremdentum sich losmachen, die polnischen Handwerker durch Kundschaft unterstützen und bereichern. Doch alle diese

Mahnungen, Bitten und Vorschläge sind wirkungslos. Die Korrespondenten schreiben, aber unsere Junker, alte wie junge, achten nicht auf die Stimme der öffentlichen Meinung und kaufen von Fremden nach wie vor. Dennoch findet die Agitation des *Nadwislanin* für Isolierung der Polen auf dem gewerblichen Gebiet vielfach Anklang."

(346) *Nadwislanin*, Nr. 78, 1862

In einer Besprechung der Schrift ‚*Rocznik ewanielicki poswiecony rzeczon Kosciela i szkoly*" (Evangelisches Jahrbuch, gewidmet den Angelegenheiten der Kirche und Schule) heißt es:

„Ich möchte bei dieser Gelegenheit die Aufmerksamkeit auf die äußerst wichtige und doch bisher so sehr vernachlässigte Frage in betreff der evangelischen Polen im preußischen Staate lenken. Unser großer Lelewel sagt: ‚Willst Du den Feind überwinden, so entreiß ihm die Waffe und kämpfe damit.' Brüder in Großpolen und Westpreußen! Ihr klagt über Germanisierung, zu der auch das evangelische Bekenntnis ein mächtiger Hebel ist. Aber wendet Ihr alle Mittel an, um die Wege aufzuhalten, die das heimische Element zu verschlingen droht? Warum seid Ihr nicht bemüht, wenn auch nicht das evangelische Bekenntnis zur Verbreitung der polnischen Nationalität zu benutzen, so doch seinen entnationalisierenden Einfluß zu schwächen? Lebt nicht eine halbe Million Polen (?) des evangelischen Bekenntnisses in Ostpreußen, Schlesien und Posen? Wie sehr würde unsere Hoffnung sich steigern, wenn wir diese schlummernde Macht für unsere Sache gewinnen könnten? Es ist barer Unverstand von uns, diese halbe Million für das Polentum verloren zu geben. Leider ist die Kluft zwischen den katholischen und den evangelischen Polen groß geworden. Dennoch ließe sich noch viel machen. Österreich-Schlesien kann bei diesem Unternehmen sehr behilflich sein."

(347) *Nadwislanin*, Nr. 120, 1862

„Überall in Westpreußen bemühen sich die Gutsbesitzer und Geistlichen um Gewährung von Volksbibliotheken, um durch gute und nützliche Bücher die Bildung unter dem Landvolke zu heben. Diese Bemühungen verdienen gewiß allen Beifall. Nicht minder zeitgemäß ist aber auch der Gedanke der Gründung einer öffentlichen Bibliothek. Als Ort desselben dürfte sich Kulm empfehlen. Der Anfang könnte damit gemacht werden, daß jeder Besitzer einer Bibliothek diejenigen Bücher, die weniger Wert für ihn haben, zu dem öffentlichen Zwecke hergibt."

(348) *Naprzod* (Krakau), Nr. 223 v. 12. Dezember 1900

„Ziel der polnischen Jugend soll eine freie und unabhängige Republik sein. Die ganze Tätigkeit der Jugend muß nach diesem Ziele trachten."

(349) *Naprzod*, Nr. 90 v. 2. April 1907

„Versammlung in Zakopane.

Am 25. März fand in Zakopane eine Versammlung in Sachen des preußischen Anteils statt. Dabei sagte ein Redner: Man müßte zur geheimen Konspiration seine Zuflucht nehmen, da die Mittel der offenen Verteidigung, die durch Ausnahmegesetze gelähmt seien, sich als unzulänglich erwiesen hätten. Das Königreich müßte als Muster dienen, wo die durch Arbeit, Leiden und eine Reihe von Opfern Jahre hindurch aufgestapelte Energie des Volkes bei der ersten Gelegenheit ausgebrochen sei, die Gitter des erstickenden Gefängnisses gesprengt und aus ihrem Schoße eine Legion von Helden zur Welt gebracht habe. Über Worte lache der Hakatismus, die Tat würde das schamlose Gelächter zum Aufhören bringen. Manche dieser Dinge seien indessen noch eine Frage der Zukunft, im gegenwärtigen Augenblicke fordern wir alle heiß empfindenden Polen auf, für die geschädigten Kinder im preußischen Anteil Gaben zu sammeln, gegen den Dreibund zu agitieren, wir senden den Kämpfenden Worte der Anerkennung und des Trostes und wenden uns mit einem diesbezüglichen Appell an den edelmütigen Teil der Bevölkerung."

(350) *Naprzod*, Nr. 352 v. 16. Dezember 1907

„Die *polnische sozialistische Partei* (revolutionäre Fraktion) im Dombrower Kohlenrevier (Königreich Polen) hat nachstehendes Schreiben an den Vorstand der *polnischen sozialistischen Partei* im preußischen Anteil in Kattowitz gerichtet:

Liebe Genossen! In den schweren Augenblicken, die ihr gegenwärtig durchlebt, in der Zeit, in welcher die hakatistische preußische Regirung beabsichtigt, euch mit Hilfe neuer Ausnahmegesetze, neuer Gewalttaten zu zermalmen, seid ihr Zeugen einer herrlichen Manifestation der Einigkeit der polnischen Nation, der Einigkeit des polnischen arbeitenden Volkes gewesen. Wahr sind die Worte des Lemberger Abgeordneten Genossen Josef Hudec, die er auf der Rednertribüne des Wiener Reichsrates gesprochen hat, ‚die polnische Nation ist ein Ganzes, trotzdem man sie in drei Teile gerissen hat. Die Leiden und Freuden des polnischen Volkes in Österreich, Deutschland und Rußland sind auch unsere Leiden und unsere Freuden.' Um so mehr teilen wir, die polnischen Bergleute und Hüttenarbeiter des Dombrower Kohlenreviers, dieses Teils des polnisch-schlesischen Kohlenreviers, das das Zarat an sich gerissen hat, eure Leiden und eure Schmerzen mit euch. Haltet aus, ihr Brüder und lieben Genossen. Wir stehen in dem Kampfe, den ihr führt, bei euch. Wir kämpfen mit euch für das eine Ziel, für die Freiheit. Und Schulter an Schulter kämpfend, wird die Arbeiterklasse in Polen, die Klasse, die es einzig und allein versteht, für erhabene Gedanken zu kämpfen, die soziale und nationale Unabhängigkeit erringen. Liebe Genossen! Im Namen der organisierten und zielbewußten Bergleute vereinigen wir uns mit euch und rufen mit erhobener Stimme: Fort mit den preußischen Gewalttaten! Es lebe der Sozialismus! Es lebe das freie polnische Volk!"

(351) *Nowa reforma* (Krakau), Nr. 223 v. 2. Oktober 1894

„Möchten doch die Deutschen aller politischen Schattierungen einmal begreifen wollen, daß wir Polen den unumstößlichen Glauben an die Wiederherstellung des Vaterlandes unter keiner Bedingung aufgeben können. Wenn wir, wie es von uns verlangt wird, einmal sagen sollten: vor allem sind wir treue Untertanen Österreichs, Deutschlands oder Rußlands und dort suchen wir einzig und allein unsere politische Zukunft, zugleich mit den Deutschen oder mit den Russen, dann würden wir vor allen Dingen aufhören, das zu sein, was wir jetzt sind und wofür wir gehalten werden. Wir stehen auf dem Gebiete der Kunst, Literatur und Bildung selbständig da; wenn die Politik von diesen Erscheinungen nationaler Selbständigkeit das polnische Merkmal verwischen sollte, dann würden wir aufhören, eine Nation zu sein, denn ein unabhängiges politisches Dasein besitzen wir nicht. Sehen denn die Deutschen das nicht, daß alles, was bei uns Erzeugnisse des Geistes sind, wie unsere Poesie, unsere Kunst und Literatur, seine Kraft und Begeisterung aus der unumstößlichen Überzeugung schöpft, daß dies eine Arbeit für das künftige, unabhängige Polen ist? Mit dem Augenblick, in welchem wir unsere Zivilisation von diesem Glauben an die Zukunft trennen, hören wir auf, eine Nation zu sein."

(352) *Nowa reforma*, Nr. 269 v. 29. November 1894

„Aus einem Aufruf an die Polen in Amerika:

‚Eins habt Ihr vergessen, Landsleute, daß es sich nicht darum handelt, in Amerika ein neues Polen zu gründen, sondern darum, das alte Polen in Europa wiederherzustellen ... Wollen wir uns würdig auf eine entscheidende Lösung unserer politischen Frage vorbereiten, so müssen wir einen mächtigen Nationalschatz schaffen, der den europäischen Polen in derselben Form materiell eine Stütze sein muß, wie die amerikanischen Irländer die Freiheitsbestrebungen ihrer europäischen Mitbürger unterstützen.'"

(353) *Nowa reforma*, Nr. 34 v. 10. Februar 1895

„Die Fonds des Nationalschatzes in Rapperswyl, welche, wie bekannt, unter Aufsicht des Vorstandes des dortigen polnischen Museums stehen, haben neuerdings eine bedeutende Verstärkung in Höhe von 30 000 Franken von der *Vereinigung der Polen in New York* erhalten."

(354) *Nowa reforma*, März 1897

„Geben wir unseren Feinden nichts zu verdienen! Weisen wir der Bande verhungerter Reisender die Tür, welche sich im ganzen Lande herumtreibt und den Polen preußische Waren aufdrängt!"

(355) *Nowa reforma*, Juli 1899

„Die preußischen Schulen sind eine Einrichtung, welche an die einstige, mit der Anwendung der Tortur verbundene Inquisition erinnert. Wie man einst von den menschlichen Seelen das Geständnis erpreßte, woran sie glaubten oder zweifelten, so greift die preußische Schule heute in die Tiefen der menschlichen Gemüter hinein, um vermittels amtlicher Secaturen und des Stockes aus den jungen polnischen Gene-

rationen jeden nationalen Trieb hinauszuscheuchen. Heute geschehen ebensolche Rechtswidrigkeiten und Gewalttätigkeiten unter dem Einfluß eines entarteten nationalen Fanatismus, wie einst unter der Einwirkung von religiösem Fanatismus. Man hat die Mittel etwas geändert, doch der Gegenstand der Verfolgung und der Peinigung ist derselbe geblieben, die menschliche Seele ...
Ist nicht schon die Art der Qualifizierung der Nationalität des Kindes im Augenblick seines Eintretens in die preußische Schule eine barbarische Tortur höchsten Grades? ... Stellen wir uns vor, welche Tortur ein sechsjähriges Kind durchmachen muß, wenn es unter die Fuchtel eines deutschen Schulmeisters gerät! Es darf kein einziges Wörtchen polnisch reden, und man unterrichtet es in einer Sprache, die es nicht versteht. Es sitzt also da, als wenn es ein türkisches Gebet anhört. Bei dieser Methode spielt der Stock die Hauptrolle. Denn gewiß ist es noch nicht jedermann bekannt, daß der Lehrer in den preußischen Schulen die Kinder mit dem Stocke schlagen darf, und von diesem Privileg macht der preußische Pädagoge so ausgiebigen Gebrauch, daß die Kinder dank dieser ihnen zuteil werdenden humanitären Behandlung die preußische Gesittung mit dem Leben bezahlen (!!) ... Die preußische Schule hört unter diesen Verhältnissen auf, ein Institut der Gesittung zu sein, sie wird vielmehr ein Inquisitionsraum, eine Mordstätte (!!), in welcher man mit Stock und Faust kindlichen Seelen eine Kultursprache einpaukt und auf die weichen Schädel von Knaben preußische Pickelhauben stülpt. Daher platzen manchmal die Schädel, und die Seelen werden gebrochen."

(356) *Nowa reforma*, Nr. 19 v. 23. Januar 1901

„Kaufen wir nicht bei den Deutschen!

Einen wichtigen Beschluß brachte die Krakauer *Kaufmännische Kongregation* in ihrer Sonnabend-Sitzung wieder in Erinnerung. Sie erneuerte ihn, denn schon früher wurde seitens der Kongregation der Beschluß gefaßt, daß die Krakauer Kaufleute ihre Waren nicht von deutschen Kaufleuten beziehen, sondern daß sie eine Genossenschaft bilden sollten, welche die Kolonialwaren aus erster Hand von englischen Firmen bezöge, wodurch sogar ein materieller Vorteil erreicht würde ... Galizien ist von deutschen ‚Reisenden', die unsern Kaufleuten und Handwerkern aus Deutschland stammende Erzeugnisse und Waren aufdrängen, überschwemmt – und die erste Geige spielen in dieser

Bande die preußischen Agenten. Der ganze Kolonialhandel in Galizien stützt sich auf die großen Handelsfirmen in Breslau, Hamburg und Bremen; eine riesige Menge von Fabrikerzeugnissen kommt aus Preußen zu uns. Wir schreiben und fordern zum Schutz den Deutschen gegenüber auf ... Es gibt keinen Polen, in dessen Adern nicht das Blut gerinnen würde bei der Treibjagd, welche die preußischen Deutschen auf die Polen veranstalten. ‚Das ist eine Barbarei‘ sagen wir – ‚das ist geradezu eine Gemeinheit!‘ Wenn sich aber der erste Entrüstungssturm gelegt hat, greifen wir in unsere Taschen nach dem sauer erworbenen Groschen, um ihn durch Vermittlung unserer polnischen Kaufleute in die feuersicheren Geldspinden derselben preußischen Deutschen wandern zu lassen, die mit den Händen klatschen und vor Freude brüllen, wenn von Bülow, Studt und v. Rheinbaben uns ganz kaltblütig im preußischen Landtage den Kampf auf Leben und Tod ankündigen. Wir haben daher das Recht, von unseren Kaufleuten und Industriellen zu verlangen, daß sie uns von der Zahlung dieser Steuer an unsere erbittertsten Gegner befreien ... Mögen unsere Kaufleute vor allen Dingen nicht ihren fachmännischen Beruf als außerhalb der Grenzen der nationalen Zwecke liegend betrachten. Im Gegenteil, derselbe wird sich – ohne Nachteil für dessen wirtschaftliche Seite – in hervorragender Weise für unsere nationalen Aufgaben ausnutzen lassen. Weshalb traktieren uns unsere Kaufleute mit preußischer Ware? Wenn sie sich das gehörig überlegen möchten, würde es sich herausstellen, daß sie sich ohne die Breslauer, Bremer und Hamburger Großhändler begehen und dabei noch ein gutes Geschäft machen könnten; es würde sich zeigen, daß sie den größten Teil der Ware aus polnischen Fabriken Galiziens, Preußens, namentlich aber Rußlands beziehen können ... Unser Losungswort müßte heißen: ‚Kaufen wir nicht bei den Deutschen!‘ Die Kongregation der Krakauer Kaufleute könnte also in unserm nationalen Leben eine ehrenvolle und denkwürdige Rolle spielen, wenn sie ihren letzten Beschluß auf das ganze Land und auf sämtliche aus Preußen bezogenen Waren ausdehnen möchte ...“

(357) *Nowa reforma*, Nr. 269 v. 22. November 1901

„Die Lumpenkerle!

Es ist etwas durch seine Grausamkeit Ungeheuerliches geschehen. Sie haben eine arme, unglückliche, kranke Mutter zu zwei und einem halben Jahre Gefängnis dafür verurteilt, weil sie wie eine Löwin ihrem von den preußischen pädagogischen Schinderknechten gemißhandelten Kinde – gemißhandelt, weil es eine ihm fremde Sprache nicht sprechen wollte – zu Hilfe geeilt war. Gefesselt und ins Gefängnis geschleppt haben sie die Väter, welche sich ihrer eigenen Kinder annahmen und sie den Krallen solcher kreuzritterlicher Renegaten, wie Koralewski, und solcher Berufsschinder, wie der Inspektor Winter, entreißen wollten. Das Blut erstarrt in den Adern eines jeden ehrlichen Menschen, wenn er das von dem preußischen Gericht in Gnesen vorgestern gegen die Beteiligten an dem von dem preußischen Pädagogen hervorgerufenen (!) Wreschener Straßenkrawall gefällte Urteil liest. Wer den Verlauf dieser Sache, den Verlauf dieses von Anfang bis zu Ende tendenziösen Prozesses verfolgte und wer schließlich sich den Inhalt dieses zynisch-grausamen Urteils näher betrachtet, der muß, gleich viel ob er Pole, Franzose, Schwede, Russe oder sogar nicht hakatistischer Deutscher ist, wenn er nur nicht aufgehört hat, ein Mensch zu sein, die Zähne zusammenbeißend mit Entrüstung zischen: die Lumpenkerle! ... Was aber gegenwärtig in Preußen geschieht, das übersteigt das Maß menschlicher Verwilderung. Hier wurde aus niederen, menschlichen Leidenschaften der Grund für das Religionssystem geschaffen, hier wird an der der Anzahl nach schwachen Nation in raffinierter Weise, kühl und konsequent, die Wut ausgelassen; sie reißen die Haut in Streifen von ihrem Opfer und horchen, ob der Nationalgeist in ihm noch nicht erstorben ist, und wenn sie das Herz noch schlagen hören, gehen sie erneut mit der Amtsmiene an ihre Henkeroperation ... ‚*usque ad finem*'. Aus den schmutzigsten menschlichen Trieben, aus der Bestialität der menschlichen Natur wurden ein politisches Programm und System geschaffen und ihnen das Amtssiegel, das Siegel des ‚Staates der Gottesfurcht' aufgedrückt. Die Schule wurde mit den Füßen getreten, die Lehrer wurden in Schinderknechte verwandelt. Ein solcher Koralewski, ein preußischer Schulmeister, von Geburt ein Pole, ist in den Dienst des preußischen Hakatismus übergegangen, er brüstet sich vor dem Gericht damit, daß er die Muttersprache bereits vergessen habe, daß er Belohnungen für erfolgreiche Erteilung des deutschen Unterrichts erhalten habe. Und wie erteilte er ihn? Er griff mit der besudelten Hand des Renegaten in den Mund der polnischen Kinder, zog und zerrte ihnen die Zunge heraus, welche die Worte des Vaterunsers nicht deutsch sprechen wollten; er schlug die Kinder, die aus demselben nationalen Stamme wie er emporgeschossen waren. Das ist ja kein Pädagoge, das ist ein Henkersknecht, ein roher, des Namens eines Menschen unwürdiger Geselle ... Es fällt einem Polen schwer, seine Gedanken zusammenzunehmen und die Ereignisse, die sich vor seinen

Augen abspielen, kühl zu analysieren, auf seine Lippen drängt sich nur das eine Wort: die Lumpenkerle!"

(358) *Nowa reforma*, Nr. 285 v. 11. Dezember 1901

„Das Märtyrertum polnischer Kinder.

Es fehlen uns einfach die Worte, um die Hölle zu beschreiben, in welche sich die preußische Schule für die polnischen Kinder verwandelt hat. Das sind keine Erziehungsanstalten mehr, das sind Höhlen, in welchen die Henkersknechte die armen Kinder zu Tode martern (!!). Wreschen steht nicht vereinzelt da. Anderswo geschieht dasselbe, ja vielleicht noch Schlimmeres. Wir führen hier die nackten Tatsachen an, die dem Kreuzrittertum durch ihre Ungeheuerlichkeit ein unauslöschliches Merkmal aufdrücken und doch wohl einen genügenden Beleg dafür liefern, daß Europa im Interesse der Zivilisation dieses brandenburgische Nest vernichten müßte (!!). (Es folgt die Beschreibung des Vorfalles mit dem Knaben Joseph Hetman in Bendzikow; der Verfasser) ... Es muß die Zeit kommen, wo Europa im Namen der Zivilisation die Preußen ausrotten (!!) wird, ähnlich wie wilde Tiere ausgerottet (!!) werden."

(359) *Nowa reforma*, Nr. 293 v. 28. September 1902

„Die Entwicklung unserer Genossenschaften, welche gleichzeitig unsere Sparkassen bilden, ist tatsächlich großartig. Vor 30 Jahren hatten wir 43 Genossenschaften mit 7 660 Mitgliedern, heute besitzen wir deren 134. Die bei ihnen niedergelegten Gelder stiegen von 3 300 000 Mark auf über 53 Millionen Mark, die schlesischen Genossenschaften, deren es bereits 6 oder 7 gibt, mit beinahe 11 Millionen Mark Kapital, nicht mit eingerechnet. Dies ist die Frucht der ehrlichen Arbeit!"

(360) *Nowa reforma*, Nr. 12 v. 16. Januar 1903

„Seit langer Zeit beklagen sich die Deutschen darüber, daß sie nirgends Sympathien besäßen, trotzdem treten sie im Bewußtsein ihres militärischen Übergewichts auch heute noch überall so auf, als ob ihnen geradezu daran läge, daß man sie nicht gern habe. Heute verwandelt sich dieser Mangel an Sympathie immer offenkundiger in ein gefährliches Gefühl des Hasses. Eines schönen Tages kann also ein Sturm entstehen, welcher trotz der zwei Millionen Bajonette der Germanen ihren Übermut und Verrat zermalmen wird. Dann aber wird zwischen uns und den Deutschen der Augenblick gründlicher Abrechnung gekommen sein."

(361) *Nowa reforma*, Nr. 212 v. 18. September 1903

„Wilhelm II. in Wien und der Dreibund

Für uns kommt nur die Sorge in Frage, daß die Leiter der auswärtigen Politik in Wien ihre nüchternen Ansichten behalten und nicht gestatten, daß Österreich-Ungarn zum Nachteil für die slawischen Volksstämme der Monarchie, sich an Deutschland noch enger anschließe. Dies könnte nämlich die innere Spaltung in der Monarchie noch vergrößern und einen viel größeren Schaden anrichten als ein eventueller völliger Bruch des Bündnisses mit Deutschland. Eine derartige Politik, welche Österreich-Ungarn in Deutschlands Dienst stellen möchte, könnte unsere parlamentarische Vertretung trotz ihrer ganzen Loyalität dem Monarchen gegenüber nicht unterstützen."

(362) *Nowa reforma*, Nr. 196 v. 27. August 1904

„Aus dem preußischen Anteil

Die Regierung erfährt heute zu ihrem wahrscheinlich nicht geringen Erstaunen, daß sie nicht nur nicht vermochte, die polnischen Kapitalien zu verringern, sondern daß diese im Gegenteil in den Genossenschaften in einem Jahre um 9 Millionen gestiegen sind! Diese günstigen Erfolge unserer Finanzwirtschaft beschränken sich nicht allein auf die Depositen. In ähnlicher Weise nämlich stiegen auch die Anteile der Mitglieder in den polnischen Genossenschaften, nämlich von 9 200 000 Mark auf 10 846 000 Mark, d. h. um über anderthalb Millionen. Gleichzeitig vermehrten sich aber auch die Reservefonds der polnischen Genossenschaften um 600 000 Mark und betrugen am Ende des abgelaufenen Jahres die ansehnliche Summe von 4 239 000 Mark. Das preußische Attentat gegen die polnischen Finanz-Anstalten hat also ein vollständiges Fiasko erfahren."

(363) *Nowa reforma*, Nr. 18 v. 22. Januar 1905

„Am Jahrestag des Januar-Aufstandes (1863).

Eine schwere Krisis macht wieder derjenige Landesteil unseres Vaterlandes durch, in welchem unser letzter Nationalkampf geführt wurde. Es ist gut, daß zu den Überlieferungen der Nationalfeste auch unser letzter Waffengang gehört. Er verdient es, daß er den jüngeren Generationen als eine Art politischen Testaments überliefert wird, daß die in der Heldenrolle dargestellt werden, welche unter den schwierigsten Verhältnissen bereit waren, auf dem Altar des öffentlichen Wohles ihr Leben, ihr Hab und Gut zu opfern. Wir greifen heute nicht zu den Waffen, aber wir dürfen nicht vergessen, daß wir stets genügend stark, mutig und geistig gesund sein müssen, um, wenn die Stunde der Freiheit schlägt, uns unter die Nationalfahne zu stellen."

(363a) *Nowa reforma*, Februar 1905

„Die ‚Revolution' der Gymnasiasten in Russisch-Polen

Ein beachtenswertes Symptom der Lage im Königreich Polen ist die Agitation unter der Jugend der mittleren Lehranstalten, die polnische Schulen fordern. Die Petrikauer Schüler haben der Schulbehörde ein Memoriale mit folgenden Forderungen überreicht:

1. Die Schule soll eine polnische sein, d. h. die Unterrichts- und Verwaltungssprache soll die polnische Sprache sein.
2. Die Lehrer sollen Bürger des Königreichs Polen (!) sein.
3. In die Schule sollen die Kinder aller Bürger, ohne Unterschied des Bekenntnisses und der Abstammung, aufgenommen werden.
4. Polnische Sprache und polnische Geschichte sollen obligatorische Lehrgegenstände für alle sein.
5. Das Polizeisystem und die mit ihm zusammenhängenden Einrichtungen sollen aufgehoben werden.
6. Kein Schüler darf aus politischen Motiven entfernt werden können.
7. Es soll eine gefahrlose Kontrolle der Allgemeinheit über die Schule eingerichtet werden.
8. Das Schulgeld soll herabgesetzt werden, damit aus der Schule ein möglichst weiter Kreis Nutzen ziehen kann.

Die unmittelbare Folge der Veröffentlichung dieses Memorials war, daß das Gymnasialgebäude und das Internat in Petrikau mit Hilfe von

Polizei und von Militär in der Stärke von einem Bataillon geschlossen wurde, und daß der ‚pädagogische Rat' alle wirklichen und mutmaßlichen Teilnehmer an dem Vorgehen relegierte. Von den Vätern der Schüler wurde eine Erklärung gefordert, daß sie sich mit diesen Forderungen ihrer Söhne nicht identifizierten. Alsdann sollten diese wieder aufgenommen werden. Bis jetzt haben sich erst zwei Väter gefunden, die die von der Schulverwaltung gewünschte Erklärung gaben."

(364) *Nowa reforma*, Nr. 212 v. 17. September 1905

„Polnisches von jenseits des Ozeans.

Unter den polnischen Organisationen in Amerika vollzieht sich zur Zeit eine Bewegung, welche bezweckt, die zersplitterten Kräfte mehr zu konzentrieren und nur einen großen Nationalverband, etwa nach der Art eines ‚Trusts' polnischer Vereine zu schaffen. Die größte polnische Organisation in den Vereinigten Staaten war bis jetzt der über 40 000 Mitglieder zählende *Polnische Nationalverband*; er bildet denn auch heute die Triebfeder dieser Bewegung. Unlängst schloß sich ihm der Verband der Sokolvereine an, seinem Beispiel folgte der Verband der Gesangvereine. Jetzt wendet sich der *Verband junger Polen* an sämtliche Kadettenvereine, damit diese sich mit ihm der gemeinsamen Arbeit anschlössen, ein gemeinsames Band bildeten."

(365) *Nowa reforma*, Nr. 14 v. 9. Januar 1907

„Ankündigung weiterer Bedrückung.

Ähnlich wie in den letzten Jahren enthält die Thronrede des Königs von Preußen bei der Eröffnung des Landtages eine Ankündigung weiterer Bedrückungsmittel gegen die Polen. Die Regierungskreise in Berlin legten in dieser Hinsicht nicht nur jegliche sittlichen Skrupel, sondern auch die Rücksichten des einfachen Anstandes ab. Unverhüllt, immer offener und schamloser werden dort bei solchen Reden sogar Losungen der brutalen Übermacht und der wilden barbarischen Vergewaltigung der nach einigen Millionen zählenden Staatsbevölkerung gegenüber lediglich aus dem Grunde verkündet, weil diese Bevölkerung den Expansivbestrebungen der herrschenden Nation im Wege steht. Dieselbe Regierung, welche aus dieser Bevölkerung schwere Opfer an Gut und Blut herauspreßt, mobilisiert offen alle Staatskräfte, um sie vollständig auszurotten (!!). Ebenso erfolglos erwies sich jetzt der ganze Rest der antipolnischen Ausnahmegesetze. In rechtlicher und sittlicher Hinsicht hat Preußen schon längst die Sache verloren. Die preußische Regierung sieht das offenbar ein und nimmt deshalb keinen Anstand, noch einen Schritt weiter zu gehen und mit den letzten Rücksichten der Zivilisation und Kultur zu brechen. Das nämlich, was jetzt noch kommen kann, wird schon den letzten Ausdruck der Ungesetzlichkeit bilden, wird schon ein offener Raub sein. Darin liegt sogar eine gewisse Größe des staatlichen Banditentums, welches mit der öffentlichen Meinung ehrlicher Menschen und ehrlicher Nationen nicht mehr rechnet. Auch noch in anderer Hinsicht ist die gegenwärtige Taktik der preußischen Regierung derjenigen der ‚Raubritter' ähnlich."

(366) *Nowa reforma*, Nr. 186 v. 23. April 1907

„Das lästige Bündnis.

Das Bündnis mit Preußen oder mit Deutschland war stets und für alle Staaten und Nationen, welche die Notwendigkeit oder eine falsche politische Berechnung zu einer derartigen Kombination führte – eine äußerst lästige, ja sogar gefährliche Sache. Davon hat sich Polen überzeugt, davon überzeugt sich heute auf Schritt und Schritt auch Österreich-Ungarn. Kein Staat hat nämlich seine Bundesgenossen zu seinem eigenen Vorteil derartig ausgenutzt – ohne ihnen dafür etwas zu bieten – wie dies stets Preußen getan hat und wie dies jetzt Deutschland unter preußischer Führung tut. Heute genießt die Freude Italien in vollstem Maße. Es ist daher kein Wunder, daß sich auch dort eine starke Reaktion gegen die allzu fürsorgliche, aber unangenehme Vormundschaft des deutschen Bundesgenossen zu regen beginnt. Endlich empfindet auch Italien, daß das Bündnis mit Deutschland ihm unerträglich wird. Armer Dreibund!"

(367) *Nowa reforma*, Nr. 487 v. 23. Oktober 1907

„Mit Recht ist denn auch die ganze Posener Presse, mit Ausnahme leider des *Dziennik Poznanski*, scharf gegen die Versöhnungs-Broschüre des Herrn von Turno aufgetreten. ‚Der Leser kommt – so schreibt der *Kurjer Poznanski* – zu der Ansicht, daß die Erfahrungen der Vergangenheit dem Verfasser nichts gelehrt haben. Es muß ihm als ein um so größerer politischer Fehler angerechnet werden, daß er die Versöhnungslosung gerade jetzt erläßt, in dem Augenblick, wo man für den Landtag die Gesetzesvorlage, betreffend unsere gewaltsame Verdrängung von der väterlichen Scholle, und für den Reichstag das Projekt der gewaltsamen Verschließung unseres Mundes im öffentlichen Leben vorbereitet. Die Versöhnungslosung in diesem Augenblick muß von der Regierung als ein Zeichen der Furcht und der Schwäche verstanden werden, und sie wird auch als solches von unseren Feinden zu unserem Schaden ausgenutzt werden – vor allen Dingen in der Enteignungsfrage. Unsere Feinde werden sie für einen Beweis dafür halten, daß unter der polnischen Gesellschaft Verwirrung und Furcht Platz zu greifen anfange.‘ Eine derartige Furcht und Verwirrung gibt es – wie der *Kurjer Poznanski* versichert – im allgemeinen nicht, im Gegenteil, es gibt ein Zielbewußtsein, einen Glauben an die eigene Kraft, trotzdem aber kann die Broschüre des Herrn von Turno in der Gesellschaft großen Schaden dadurch anrichten, daß sie sie inneren Zwistigkeiten und Uneinigkeiten preisgibt. ‚Dieses Programm muß‘, so schließt der *Kurjer*, ‚unserer Gesellschaft fremd bleiben.‘ Fremd – ja geradezu widerlich ist es dem ganzen polnischen Volke. Wir geben uns auch der Hoffnung hin, daß die an der Spitze der Nationalpolitik im preußischen Anteil stehenden Kreise bald so viel Energie beweisen werden, um die unwürdigen Versuche und Furchterscheinungen der schwachen Geister im Keime zu ersticken.“

(368) *Nowinny* (Krakau-Podgorze), Nr. 230 v. 24. August 1906

„Kettenfunde.

Es brachte die *Arbeiter-Zeitung*, das offizielle Hauptorgan der Sozialdemokratie, in ihrer Nr. 223 vom 14. August eine Privatkorrespondenz aus Lemberg, die betitelt war: ‚Vorbereitungen für die neuerliche gewaltsame Erhebung‘, aus der wir nachstehend folgende ‚Denunziationen‘ bringen:

‚So wurde auch unter anderem der Sitz des ausländischen Komitees des ‚Bundes‘ von Genf etappenweise nach Rußland verlegt. Während des ganzen Monats Juli hatte das Komitee seinen Sitz in Galizien, wobei achtzehn Tage auf den Aufenthalt in Krakau und zwölf auf den Aufenthalt in Lemberg entfallen. Das Komitee hat in dieser Zeit nicht nur revolutionäre Schriften, sondern auch eine Unmenge verschiedener Waffen über die Grenze nach Rußland geschafft, wobei diese in ganzen

Kisten hinübertransportiert wurden. Bei dem Waffenschmuggel haben nicht nur Mitglieder des ausländischen Komitees des ‚Bundes' mitgeholfen. In den letzten Tagen sind in Krakau und Lemberg aus allen Ortschaften, wohin die Proklamationen und Waffen geschmuggelt wurden, Briefe eingetroffen, welche das glückliche Eintreffen der Transporte avisieren.'"

Korrespondent der *Arbeiter-Zeitung* in Lemberg ist Nathan Kolkies, Mitglied der P. P. S. (*Polnisch-sozialistische Partei*).

(369) *Nowinny Raciborskie* (Ratibor), Nr. 78 v. 30. Juni 1895

„Einem Bergmann ist eine Taschenuhr verlorengegangen. Binnen kurzem wurde festgestellt, daß ein achtjähriges Mädchen die Uhr entwendet hat. Auch dieses ist eine neue Frucht des gegenwärtigen Schulsystems."

Das Blatt führt noch einen zweiten Diebstahl an mit der gleichen Begründung.

(370) *Nowinny R.*, Nr. 5 v. 10. Januar 1901

In der Versammlung des landwirtschaftlichen Vereins in Gleiwitz O.-S. hatte Pfarrer Grund die oberschlesische Bevölkerung „polnisch sprechende Preußen" genannt, dazu bemerkt das Blatt:

„Auch uns polnischen Landwirten mißfiel der Anfang der Rede, denn wir sind keine polnisch sprechenden Deutschen, sondern unter deutscher Herrschaft lebende Polen. Wenn man mir auch hundertmal sagen wird: ‚Du bist ein Deutscher', so werde ich tausendmal darauf antworten: ‚Ich bin ein Pole'."

(371) *Nowinny R.*, Nr. 66 v. 10. Juni 1902

„Und nun noch eines! Achtet darauf, daß Eure Kinder untereinander nur polnisch sprechen. Wenn in eine polnisch sich unterhaltende Kinderschar sich ein deutsches Kind hineinmischt, gleicht blökt die ganze polnische Herde deutsch. Die Galle will mir platzen, wenn ich das sehe. Mag doch solch ein deutsches Balg polnisch sprechen lernen, wenn es mit polnischen Kindern spielen will. In den meisten Fällen sprechen die

Kinder polnisch, nur weil sie in der Schule gezwungen werden, deutsch zu sprechen, gewöhnen sie sich daran auch außerhalb der Schule. Wir mußten deshalb schon von früh an den Kindern beibringen, daß sie polnische Kinder sind und nur polnisch sprechen dürfen."

(372) *Orendownik* (Posen), Nr. 36 v. 8. März 1883

In einem längeren, mit „Im Interesse unserer Handwerker" überschriebenen Artikel heißt es u. a.:

„Wir fordern die Zeitungen zur Unterstützung der eigenen Industrie auf, dort bei einem Essen bringt wieder jemand einen warmen Toast auf dieses Thema aus. Mein Gott, denkt mancher, es ist eine Schande, zum Juden zu gehen, man muß doch schon etwas für die eigene Industrie tun."

(373) *Orendownik*, Nr. 119 v. 2. August 1883

Zu dem Mangel an polnischen Geschäften in den kleinen Städten führt der *Orendownik* u. a. aus:

„Solche Geschäfte müssen unverzüglich angelegt werden. Der Schuhmacher kann ein Geschäft neben der Werkstatt einrichten, in dem er das Leder direkt aus der Fabrik bezieht. Ebenso kann der Schneider ein Tuchgeschäft einrichten, der Tischler ein Holzgeschäft, in dem er das Holz auf den Auktionen kauft, und der Klempner, der gleichzeitig ein Galanteriegeschäft führen kann usw. Daß solche Geschäfte den Nichtpolen den Verdienst nehmen und diesen den polnischen Taschen zuführen werden, wer würde das nicht einsehen? Mangels Kapitals kann eine Genossenschaftsbank begründet werden. Vertrauen, Gewissenhaftigkeit und Ehrlichkeit müssen hier das Übrige tun und den Neid beseitigen. Denn jeder muß doch dem Landsmann mehr wünschen und vertrauen als einem Fremden."

(374) *Orendownik*, Nr. 163 v. 14. Oktober 1884

Zur Ausstellung in Pleschen schreibt das Blatt:

„Was uns der Jude in Form des Schnapses in den Hals gießt, das gießen wir dem Juden in Form des Geldes in die Tasche wieder. Der Jude fa-

briziert den Schnaps, nimmt ihn bekanntlich aber nicht in den Mund, – der Pole trinkt alles weg. Kolossale Summen werden bei der Schnaps- und Likördestillation umgesetzt – alles fließt in die jüdische Tasche. Jener seltene polnische Destillateur ist Herr A. Kropaczewski. Er hat sein Fach im Auslande, nämlich in Hamburg, gut gelernt.
Wenn der Kreis Pleschen nicht in Polen, sondern in Böhmen oder in Italien z. B. in der Nähe von Venedig läge, dann würden sich die Czechen und Italiener sicherlich das Versprechen geben: Von jetzt ab werden wir Schnäpse und Liköre nur aus der Destillation unseres Kropaczewski beziehen!"

(375) *Orendownik*, Nr. 217 v. 25. Dezember 1884

„Der Vorstand des Vereins der jungen Gewerbetreibenden (*Towarzystwo mlodych Przemyslowcow*) erläßt einen Aufruf, in welchem er die Herausgabe eines Jahrbuchs ankündigt. Dieses Jahrbuch soll unter anderem enthalten:

1. einen industriellen Führer, der die Firmen und Adressen der polnischen Gewerbetreibenden sowohl in der Provinz als auch in Posen selbst enthalten soll; denn das polnische Publikum beklagt sich, daß es oft nicht wisse, wo es tüchtige polnische Gewerbetreibende suchen soll;
2. ein Verzeichnis der Ortschaften, in welchen es an diesen oder jenen polnischen Handwerkern oder Kaufleuten fehlt und in welchen sie auf ein gutes Fortkommen rechnen könnten. Dieser Teil hat den Zweck, daß eine Verständigung hinsichtlich der Niederlassung von Gewerbetreibenden erfolgen könne, denn manchmal fehlt es in dieser oder jener Gegend an einem polnischen Bäcker, Schmied, Glaser, Kaufmann usw., in anderen aber entsteht wieder eine zu große Konkurrenz und Überfüllung.

In dem Aufruf heißt es u. a. weiter:

Wir wenden uns an alle polnischen Industrievereine und ihre Vorstände mit dem Ersuchen:

1. durch Vermittlung der Vorstände Angaben darüber einzureichen, wo sich ein Gewerbetreibender mit Vorteil niederlassen könnte, d. h. wo es an einem polnischen Bäcker, Glaser, guten Schuhmacher, Schneioder usw. fehlt;
2. Annoncen einzusenden, in denen sich Gewerbetreibende ausführlicher empfehlen möchten.'

Der Aufruf ist unterzeichnet: Der Vorstand des Vereins junger Gewerbetreibender in Posen, Dr. Jarnatowski, Vorsitzender, Stefan Chociszewski, Schriftführer."

Das Jahrbuch ist tatsächlich auch erschienen.

(376) *Orendownik*, Nr. 46 v. 26. Februar 1885

„Aus einem Vortrage des Kaufmanns Bendlewicz in Pleschen, gehalten am 15jährigen Stiftungsfeste des dortigen polnischen Industrievereins:

‚... Darauf sollten wir am meisten achten, daß wir uns gegenseitig unterstützen, daß wir kein Geld ins Ausland schicken oder es den Fremden geben, sondern daß wir die Bedürfnisse bei den Landsleuten befriedigen, so werden wir schon damit unser Nationalvermögen vergrößern.'"

(377) *Orendownik*, Nr. 275 v. 30. November 1895

Die Losung: „Kauft bei den Euren!" will der *Orendownik* vor 10 Jahren darum ausgegeben haben, weil er die Befolgung dieses Grundsatzes damals im Interesse seiner Landsleute für nötig angesehen habe. Niemals habe jedoch das Blatt die Parole ausgegeben: „Kauft nicht von den Deutschen!", da es anerkenne, daß eine rücksichtslose Durchführung dieses Grundsatzes Handel und Gewerbe des Polentums nur schädigen könnte. Wie vor 10 Jahren, so bringe der *Orendownik* auch heute seinen Lesern in Erinnerung, daß die polnischen Kaufleute und Gewerbetreibenden unter den Deutschen einen großen Kundenkreis besäßen. Wer von den Polen in dieser Beziehung Zweifel hege, solle in den Geschäften der Landsleute in den größeren Städten der Provinz Nachfrage halten oder hier in Posen zuschauen, wie sich in den polnischen Geschäften die Türen öffneten, eine Deutsche nach der anderen hineinträten, kauften und gut bezahlten. Trotz alledem sei heut die Losung: „Kauft bei den Euren!" zur Notwendigkeit geworden. Solange das polnische Publikum und die Presse desselben nicht direkt die Losung: „Kauft nicht bei den Deutschen!" ausgebe, werde die andere: „Kauft bei den Polen!" gerechtfertigt und nötig sein.

(378) *Orendownik*, Juni 1899

„An die Regierung schreibe man kurz, klar, einfach, daß in der Schule deutsch gebetet werde, und daß die Bürger wünschten und verlangten, daß der religiösen Erziehung der Kinder wegen das Gebet in deren Muttersprache gehalten werde. In solchem Schreiben darf man nur von katholischen, nie aber von polnischen Bedürfnissen sprechen, da letzteres nur die Verteidigung des polnischen Gebetes erschweren würde. Man schreibe selbstverständlich ruhig und anständig, wie es einer öffentlichen Behörde gegenüber sich ziemt; auch sage man, daß man in völligem Vertrauen schreibe, wenn man auch innerlich keineswegs Vertrauen hat."

Eine herrliche Moral!

(379) *Orendownik*, Juli 1899

„Der konservative *Czas* wie dessen Gegnerin, die liberale *Reforma* und andere galizische Zeitungen, die systematisch in das Horn des lärmenden Patriotismus stoßen, gestehen voll Trauer und Schmerz zu, daß die Vorsehung Galizien 39 Jahre hindurch Selbstverwaltung gegeben habe, ohne daß dieses Land während dieser Zeit etwas für sich und aus sich selbst heraus fertig gebracht hätte. Wenn der *Czas* darauf hinweist, daß die Herren und der Adel Galiziens sich mit allem befaßten, nur nicht mit der Arbeit und der Wirtschaft, daß sie nur in der Welt herumführen, um zu vergeuden, was sie aus dem Lande mit fortnehmen, ohne etwas vom Ausland in die Heimat zurückzubringen – so charakterisiert die *Reforma* die gegenwärtig in Galizien herrschenden Verhältnisse folgendermaßen: Das Volk unten kann nicht lesen und stirbt vor Hunger, in den oberen Sphären aber weiß die Nation nicht zu arbeiten und sie führt ein Leben über den Stand hinaus."

Der *Orendownik* erklärt rund heraus, daß eine solche Volksgesamtheit kein Recht habe zu existieren, und bemerkt weiter:
„Es handelt sich hier darum, festzustellen, ob die Polen bei einiger politischer Freiheit fähig sind, etwas durch sich und für sich auszurichten. Die jetzigen galizischen Vorkommnisse verneinen diese Frage, ja, sie lassen das Urteil zu, daß das polnische Element in hohem Grade unfähig ist, sich in sozialer und politischer Hinsicht zu organisieren."

(380) *Orendownik*, Nr. 237 v. Oktober 1899

„Sobald die Eröffnung jenes Saales (Mustersaal für Handwerker in der Baugewerkschule zu Posen) bekannt gegeben sein wird, mögen unsere jungen polnischen Handwerker und Industriellen ihn scharenweis aufsuchen, im eigenen und im nationalen Interesse (!), und das mit der selbstbewußten Haltung, daß dort auch Platz für sie sein muß, daß ihnen dort ein Platz gebührt von rechts wegen. (!) Mögen sie sich dort das erforderliche Wissen aneignen und damit ihren Erwerb und Wohlstand vermehren! Mögen sie mit den Deutschen zugleich in Wettbewerb treten bei der Hebung der Industrie im Osten. Wir regen sie warm dazu an, denn dieser Wettbewerb wird jetzt den Gehalt unserer Tätigkeit bilden, die wir zwecks Erhaltung sowohl unserer materiellen auch auch unserer nationalen Existenz zu entfalten haben, den Hauptgehalt unserer nationalen Politik."

(381) *Orendownik*, Nr. 20 v. 26. Januar 1900

„Was unsere Landsleute im Königreich im Geheimen versteckt tun (Aufruf der *Liga polska* in Warschau), das tun wir unter dem preußischen Szepter öffentlich, und zwar unter Zunutzemachung der preußischen Verfassung, der Landesgesetze und der staatlichen Einrichtungen (sic!). Überall streben wir dahin und arbeiten wir daran, die nationale Sonderstellung aufrecht zu erhalten und diesen unseren Charakter mit den Pflichten gegenüber dem Staate, dem wir angehören, in Einklang zu bringen. Hier unter preußischem Szepter geben wir also öffentlich diese Losung aus, wir treten frei auf und scharen uns unter die nationale Fahne. Wir kommen zwar von Zeit zu Zeit in Konflikt bald mit der Polizei, bald mit dem Staatsanwalt, wir streiten uns mit den Verwaltungsbehörden herum, bei allen diesen Zufälligkeiten aber rufen wir unbekümmert kühn und laut: ‚Hier in Preußen haben wir ein Recht auf nationale Sonderstellung.' Und wir leiten verschiedene Argumente daraus her. Ob uns dieses Recht zugestanden wird oder nicht, so werden wir uns so einrichten, daß wir uns sozial entwickeln, erstarken unter Erhaltung der nationalen Sonderstellung. Unter preußischem Szepter brauchen wir weder eine Nationalliga noch geheime Aufrufe. Hier bildet Gott sei Dank unsere Volksgemeinschaft, die gesamte Nation eine Nationalliga, die nicht übel aufmarschiert ist. Solche Aufrufe aber, wie jener geheime Warschauer, erlassen wir öffentlich in den Zeitungen, in Volks- und Wählerversammlungen und ähnlichen

Veranstaltungen. Die preußische Verfassung gibt uns hierfür den Boden unter die Füße. – Mögen nicht etwa unsere Fanatiker glauben, daß wir die ‚preußischen Zeiten' preisen, indem wir dies hervorheben. Sagen wir doch alle, daß der polnische Gedanke die ganze Nation umfassen und sich nicht in einem Landesteile verbarrikadieren dürfe. Wenn es aber so ist, so müssen wir uns sagen, wie wir hier unter der preußischen Regierung, in Galizien und unter der russischen Regierung politisch eingerichtet sind. Dann erst, wenn wir uns mit den anderen vergleichen, werden wir ein Maß zur Würdigung der im Königreich herrschenden Verhältnisse gewinnen. Wir unter preußischem Szepter vollziehen die innere Arbeit an der Stärkung und Entwicklung unserer Nationalität offen, öffentlich und legal, nur kraft dessen, daß uns für diese innere nationale Arbeit die preußische Verfassung den Rechtsboden bietet (!!)."

(382) *Orendownik*, Nr. 209 v. 14. September 1900

In einer Polemik gegen die *Nationalliberale Korrespondenz* heißt es:

„Was die Losreißung des Großherzogtums und Preußens bei einem künftigen – natürlich unglücklichen – Kriege für Preußen anbetrifft, so erlauben wir uns, den Artikel der Berliner ‚N. L. C.' zu vervollständigen. In einem solchen Falle wird nicht nur das Großherzogtum und Westpreußen, sondern auch ganz Oberschlesien und sehr wahrscheinlich auch Ermland und ganz Masowien in Ostpreußen bis Gumbinnen losgerissen werden, und zwar mit demselben Recht, mit welchem das Großherzogtum und Westpreußen losgerissen wurden. Überall vervollständigt sich das polnische Element und richtet sich in sozialer Beziehung auf, d. h. es nimmt zu an Zahl, Wohlstand, Aufklärung, Kultur – und gleichzeitig an bürgerlichem Bewußtsein. Auf Grund dessen kann durch ein künftiges Traktat – wer weiß, ob dieses nicht in Warschau auf einer gemeinsamen Konferenz der europäischen Mächte geschlossen werden wird – von dem heutigen Preußen nicht nur das Großherzogtum und Preußen losgerissen werden, sondern auch gleichzeitig das ganze Gebiet von Putzig bis Myslowitz. Das wird von der politischen Rolle abhängen, zu welcher jener Krieg, welchen die ‚N. L. C.' voraussieht, das heutige Preußen degradieren wird ... Niemand und nichts in der preußischen Monarchie ist heute imstande, den Puls des nationalen Lebens des polnischen Elementes zu unterbinden, denn heute dienen tausend Mittel der Gesetzgebung und preußischer Einrichtungen der sozialen Entwicklung und allgemeinen Kultur den Polen im preußischen Anteil und verhelfen ihnen zum Wohlstand und zur Entwicklung ihrer nationalen Kraft (!!)."

(383) *Orendownik*, Nr. 236 v. 16. Oktober 1900

„... Wer sich der üblen Folgen bewußt ist, welche die Germanisierung durch die Kirche unter unseren nach der Teilung obwaltenden Verhältnissen namentlich in Deutschland herbeiführt, der muß zu der Überzeugung kommen, daß eine Reform der nationalen und politischen Erziehungsgrundsätze unabweisbar ist. Diese Grundsätze können in Zukunft nur rein nationaler Natur sein. Unsere Kirche aber kann nur polnisch sein, wie sie es bisher gewesen ist, also genau den Bedürfnissen der Nation angepaßt. Nur in einer solchen Kirche liegt unsere Rettung, sonst gehen wir mit Mann und Maus unter. Das Volk muß lernen, diese Kirche als die seinige anzusehen, in welcher man es die Glaubensgrundsätze auf polnisch lehrt und in welcher man es aus einem polnischen Gebetbuch beten und seine Gesänge in polnischer Sprache vor Gottes Thron schicken heißt."

(384) *Orendownik*, Nr. 58 v. 10. März 1901

Von polnischer Seite wird bekanntlich stets behauptet, daß die großpolnische Agitation erst veranlaßt worden sei durch die Maßnahmen der preußischen Regierung oder gar durch die Tätigkeit des *Ostmarken-Vereins*. Darum ist folgendes Geständnis des *Orendownik* sehr wertvoll:

„Die polnische Agitation in der preußischen Monarchie existiert zugleich mit dem polnischen Element, und sie findet ihre Quelle in den angeborenen Rechten der polnischen Nation und in den Faktoren der allgemeinen Kultur und Gesittung. Ihre Hauptquelle ist keineswegs das auf das polnische Element in Anwendung gebrachte preußische System. Dieses System ist nur ein anregender Umstand; denn, wenn auch keine politische Hintansetzung vorläge, so würde das angeborene Streben nach wirtschaftlicher, nationaler und kultureller Entwicklung im polnischen Element ebenso tätig sein, wie es heute mit rührigem Pulsschlag infolge des preußischen Systems arbeitet ..."

An anderer Stelle heißt es weiter:

„Hier ist nichts zu verdecken, im Gegenteil, wir Polen haben überall offen und öffentlich zu erklären, daß wir an der Entwicklung dieser Bewegung (großpolnische Bewegung) sowohl in Ermland als auch in Oberschlesien arbeiten. Selbstverständlich haben wir kein lärmendes, marktschreierisches, noch aufdringliches Auftreten im Sinne, was, wir leugnen es nicht, in unserer Presse gleichfalls vorkommt, sondern ein wohlerwogenes, des angeborenen Rechtes sich bewußtes Sichäußern, das dabei mit den unvermeidlichen Forderungen des preußischen Staates rechnet. In der Gleiwitzer Versammlung vom vorigen Sonntag hat einer der Redner diese Frage klargestellt, indem er sagte: ‚Eine polnische Agitation ist bei uns in Oberschlesien vorhanden, sie muß und wird da sein!' Daß der Pfarrer Dr. von Jazdzewski sich im Landtage dem Zentrum gegenüber feierlich dafür verbürgt hat, daß das polnische Volk die Zentrumsabgeordneten weder in Oberschlesien noch in Ermland ausrotten werde, ist ebenfalls ohne praktische Bedeutung, ja sogar politisch unbegründet. Darüber wird das polnische Volk, das immer mehr nationales Bewußtsein und bürgerliche Selbständigkeit angeeignet hat, selbst entscheiden und nach der Meinung der Abgeordneten dabei nicht fragen."

(385) *Orendownik*, Nr. 59 v. 12. März 1901

„Daß die nationale Volksbewegung für das Zentrum in Ermland und in Oberschlesien ein Hindernis sein kann, begreifen wir; aber gemäß der momentanen Politik und Bequemlichkeit des Zentrums kann das polnische Elementz seine nationalen Angelegenheiten nicht regeln, noch seine berechtigten Bestrebungen eindämmen, noch seine Tätigkeit an seiner nationalen Entwicklung aufhalten.

1. Im ganzen polnischen Element, also auch in Oberschlesien und Ermland wird daran gearbeitet, in den Volksmassen ein deutliches hervorragendes Nationalbewußtsein und bürgerliche Selbständigkeit herauszubilden.
2. Unter dem ganzen polnischen Element, also auch in Oberschlesien und Ermland wird danach gestrebt, die Bedingungen für die wirtschaftliche und nationale Entwicklung zu erlangen, indem man von der Gesetzgebung und von den Staatseinrichtungen Gebrauch macht, ungeachtet der antipolnischen Gesetze ... Das gesamte polnische Element, das sich durch den eignen Selbsterhaltungstrieb leiten läßt, wird an der Verstärkung seines Nationalbewußtseins arbeiten.

3. Aus dem oben Gesagten geht wiederum nach dem natürlichen Verlauf der Sache das Bestreben und die Arbeit an der Herausbildung der politischen nationalen Einheit des gesamten polnischen Elements im preußischen Landesteil hervor ...
4. Angesichts dieses aus dem angeborenen Recht und aus der allgemeinen Kultur resultierenden Bestrebens, aus der Kultur, von der sich das polnische Volk nährt, obgleich es nur die Brosamen empfängt, die vom Tische glücklicher und mächtiger Nationen fallen, wird das Zentrum auf sein Sichfestsetzen in Oberschlesien verzichten müssen, und es werden die Bischöfe und der katholische Klerus auf die traditionelle Führung des polnischen Elements in nationalen und politischen Angelegenheiten verzichten müssen. Das polnische Volk wird es nicht lange dulden, daß die Geistlichen es in nationalen Angelegenheiten am Leitseil führen, an dem Leitseil, welches das preußische Systen den Geistlichen in die Hand gibt.

So stellt sich – nicht etwa in der Theorie, sondern in der Praxis – das dar, was die deutsche Regierung ‚großpolnische Agitation', die Zentrumsabgeordneten ‚extrempolnische Bewegung' und Pfarrer Dr. v. Jazdzewski unter dem Beifall der polnischen Kollegen ‚Arbeit der zwecks Broterwerb nach Schlesien ziehenden polnischen Redakteure' nennen ..."

(386) *Orendownik*, Nr. 65 v. 19. März 1901

„In Oberschlesien macht sich eine dreifache Volksbewegung bemerkbar:

1. die örtliche, urwüchsige, nationale Bewegung, die eng mit der katholischen Kirche verbunden ist. Die Organe dieser Bewegung sind die bekannten oberschlesischen Blätter, insbesondere das älteste derselben, der *Katolik*. Gegner dieser Bewegung ist die *Gazeta katolicka*, die von den geistlichen Germanisatoren in Oberschlesien unterhalten wird;
2. gibt es eine polnisch-sozialdemokratische Bewegung, deren Organ die Berliner *Gazeta Robotnicza* ist;
3. es gibt noch eine dritte Bewegung, die wir in dem vorliegenden Artikel die Bewegung x nennen werden.

Organ dieser Bewegung x ist der *Dziennik Berlinski*. Dieses Blatt hat vor etwa Jahresfrist die Losung: ‚Ein freies, unabhängiges Polenreich' ausgegeben. Später merkte es, daß ein solches Unnützlichführen des

Namens ‚Freies Polen‘ im nationalen Dekalog gleichfalls eine Sünde sein kann. Ferner verkündigt das Blatt unausgesetzt die Losung der allpolnischen Idee. Diese Idee schließt das Streben in sich, daß die Polen ohne Rücksicht auf die politische Teilung der gesamten Nation den nationalen Kollektivgedanken, eine nationale Einheit, schaffen sollten. Diese Idee ist begründet nicht nur in der Rassengemeinschaft der Nation, sondern auch in ihrer tausendjährigen, zum Teil ruhmvollen Geschichte. Auch ist die Idee eng verknüpft mit der Entwicklung der polnischen Volksbewegung. Aus deren Entwicklung wird die allpolnische Idee in der ganzen Nation wie eine Blume aus dem Boden emporschießen.“

(387) *Pielgrzym* (Pelplin), Nr. 110 v. 23. September 1882

„Die Heilige Jungfrau von Czenstochau nahm die goldenen, vom hl. Vater geweihten Kronen gern an. Tausendmal angenehmer war aber der Mutter Gottes der Anblick der zahlreichen Polen aus allen Ständen, von den Bischöfen und Senatoren bis zu dem ärmsten Bettler herab. Als die Mutter Gottes diese Tausende von Leuten sah, dachte die Königin Polens: ‚Diese meine treuen Untertanen, sie sind meine teuerste Krone.‘ Und daß es so war, dafür ist Beweis, daß die Czenstochauer Mutter Gottes das Rufen des treuen Volkes: ‚Königin der Krone Polens, bete für uns‘, erhört hat, denn sie erbat bei Gott die Hilfe zur Besiegung der Feinde Polens.“

(388) *Pielgrzym*, Nr. 86 v. 18. Juli 1903

„Laßt uns die Unsrigen unterstützen.

Manch wohlhabender Pole, besonders der mittlere und Großgrundbesitzer, gibt bei verschiedenen Bedürfnissen den Deutschen Arbeit, anstatt einen Polen aufzusuchen.
So z. B. werden Wirtschaftsgeräte, Pflüge, Maschinen, Wagen – alle solche Dinge werden bei Deutschen gekauft – wiewohl man diese Gegenstände sehr gut von Polen beziehen kann. Sehr leicht kann jeder erfahren – wo er einen entsprechenden Polen findet – wenn er nur Umfrage hält, in die Zeitungen hineinblickt, erfahrenere Leute und die Zeitungen um Rat fragt. Oder so mancher läßt Dächer, Ställe, Stallungen, Häuser ausbessern. Wenn er sich nur umschauen, nachfragen

wollte, mit Leichtigkeit fände er oft einen guten, polnischen Handwerksmeister oder Unternehmer. Herren, wir bitten euch, seid in diesen Dingen aufmerksamer und strenger. Betrachtet geradezu als Lebensgrundsatz, als eine der größten Pflichten, bei Fremden nicht zu kaufen, keine Arbeit zu bestellen, so lange – bis ihr euch nicht gründlich überzeugt habt, daß es keinen entsprechenden Polen gibt. Bedenket nur, welchen Schaden ihr der Volksgesamtheit und euch selbst bereitet."

(389) *Pielgrzym*, Nr. 143 v. 29. November 1904

„Die Nationalliga.

Die obige Bezeichnung hat sich der im Verborgenen und Geheimen arbeitende Bund derjenigen Polen gegeben, die der Ansicht sind, daß ein bewaffneter Aufstand ihnen im Königreich Polen und in den durch Rußland weggenommenen Ländern die Freiheit und Selbständigkeit wiedergegeben werde. Diese Ligisten wollen auch heute noch auf den Weg zurückkehren, der zum endgültigen Ruin der polnischen Nation führt. Mögen sie auch den Umstand genau überlegen, daß ihr bewaffneter Aufstand nur einzig und allein dem ‚traditionellen Freunde' Rußlands zum Vorteile gereichen würde. Wenn der Aufstand vom Jahre 1863 irgendeiner der drei Teilungsmächte wirkliche Dienste leisten konnte, so war es Preußen. Das hat der damalige preußische Minister und spätere Reichskanzler Fürst Bismarck sehr wohl begriffen."

(390) *Pielgrzym*, Nr. 73 v. 20. Juni 1905

„Aus Masuren.

Man schreibt uns: ‚... Damit nicht etwa die älteren Kinder die Kleinen um diese süßen Wohltaten beneiden, erhalten sie in der Schule Gebetbücher, aber nur darin liegt der Hund begraben, daß es deutsche Bücher sind. Und was ist mit ihnen zu machen? In die Kirche nehmen und daraus beten? Da würde wohl der Herr Jesus das deutsch betende Kind nicht verstehen. In die Schulbank legen? Das wäre schade, denn schließlich würden sich noch die Motten an diesem deutschen Geschenk delektieren. Was also tun? Die Sache ist einfach; damit der Wolf satt wird und das Schaf heil bleibt, tauscht man sie eben gegen polnische Bücher um. Ist das nicht ein guter Ausweg? Vielleicht würde die geehrte Redaktion den polnischen Kindern bei diesem Umtausch behilflich sein! Wir könnten diese deutschen Bücher waggonweise schicken, und die Redaktion würde uns dafür solide polnische Bücher geben.

(Anmerkung der Redaktion: Indem wir für das Gedenken des *Pielgrzym* danken, bemerken wir, daß wir die deutschen Gebetbücher alle den polnischen Kindern in Masuren gern gegen polnische Gebetbücher umtauschen, die uns die geschenkten deutschen Bücher zum Umtausch einsenden.)“

(391) *Pielgrzym*, Nr. 24 v. 23. Februar 1907

„In Sachen der Petition an den Papst.

Der *Pielgrzym* fordert die Polen aus der Diözese Kulm und Ermland auf, parochialweise eine Petition folgenden Inhalts an den Papst abzusenden: ‚Heiliger Vater! Der Petition der gläubigen Katholiken aus den Diözesen Posen-Gnesen schließen sich auch die Polen der Diözesen Kulm und Ermland an. Heiliger Vater! Gebiete den polnischen Kindern die Religion und überhaupt dem polnischen Volk das Wort Gottes in der Muttersprache zu verkünden! Die Polen in der Parochie ... in der Diözese ...“

(392) *Pokraka* (Posen), Nr. 46 v. 12. November 1905

Antisemitischer Boykott und Denunziation.

„Herr Friseur Lehmann kaufte einen Paletot, eine Weste und einen Hut in einem jüdischen Magazin. Runde 60 Mark ließ er einem Fremden, trotzdem er sich einen guten Polen nennt.

Eine jüdische Fensterscheibe ließ sich Herr Wali in der Ritterstraße einsetzen.

Kohlen vom Juden kauft Herr Parczewski, der Güter hinter Schrimm der Ansiedelungskommission verkauft hat.

Herr Muth und Herr Kaiser aus Dembsen haben ihren Töchtern in einem semitischen Geschäft Kleider gekauft. Sind denn nicht zu wenig polnische Magazine vorhanden? (Dembsen ist ein polonisiertes ‚Bamberger Dorf‘ bei Posen; der Herausgeber).

Fräulein W. Kolasinska aus Jersitz kauft ihren sämtlichen Putz bei

Fremden. Frau Grzegorz und Fräulein Marie Pazdz wurden gleichfalls bei Jerusalemiten gesehen; die letztere kaufte einen Winterhut. – Herr Anton K. geht mit seinen Freunden in das Automatenrestaurant, um etwas Warmes zu sich zu nehmen. Kann das jüngere Fräulein Koch auch den Landsmann von dem Fremden unterscheiden?
Zum Vergnügen des *Kriegervereins* am 15. Oktober gingen auch einige polnische Damen wie Budziak, Sawicka, Schröder, Dolata, und das Töchterchen des Tischlermeisters Mal trat sogar im Theaterstück auf."

(Unter 14 Namen sind 8 deutsche! Der Herausgeber.)

(393) *Pokraka*, Nr. 8 v. 25. Februar 1906

„Rawitsch. Gewisse hiesige Damen, ehrenwerte Polinnen, begaben sich am vorigen Sonntag in Gesellschaft von Herren nach Sarne zum Kaffee. Sie glauben, daß ihnen der Kaffee mit Sahne beim HKT. besser schmeckt als beim Landmann. Wenn das noch einmal vorkommt, werden wir die Namen angeben. Herrn Helwig hat man in einer hakatistischen Konditorei gesehen. Ebenso geht Paschura zum Kaffee zu Juden.
Pleschen. Der Herr Apotheker S. liebäugelt mit der jerusalemitischen Edeldame Fräulein K. Weshalb hat Herr Pawl ... Trauringe beim ‚Hasen' (Deutschen) gekauft? Hat er solche beim Polen nicht bekommen können? Auch Fräulein K. hat sich beim Polen keine Stiefeletten aussuchen können, sondern sie hat solche beim Fremden gekauft. Fräulein T. von der Posener Straße geht nach Fleisch zum Fremden, und an dem Polen geht sie vorüber.
Strelno. Der Molkereibesitzer und der Fahrradfabrikant gehen zum hakatistischen Bier. Hübsch!"

(394) *Pokraka*, Nr. 23 v. 10. Juni 1906

„Herr A. K. hat bei einem Israeliten Stiefel gekauft, während wir hier zwei polnische Geschäfte haben. Hatte Herr Zintk ... keine Zeit, Herrn Ceg... die Photographie einzurahmen, so daß er zum Juden gehen mußte?
Milozlaw. Fräulein G., welche in Kujawien erlernt hat, jedes dritte Wort deutsch zu sprechen, kauft aus diesem Grunde bei Fremden ein. Herr Johann Stasinski ist kaum einige Wochen nach der Trauung und führt schon sein Frauchen zu den Juden hin.

Es bildete sich hier ein Klub sogenannter Beobachter, dessen Aufgabe es sein soll, auf diejenigen aufzupassen, die bei Fremden und Andersgläubigen kaufen. Eines der Mitglieder hat bemerkt, daß viele Damen ihre Waren aus Berlin beziehen, und von wem, das läßt sich erraten. Die Fräuleins J. und K. K. pilgern alle Tage auf der Chaussee nach dem jüdischen Himmel mit Juden. Geziemt für solche Fräuleins der Name guter Polinnen? Ist dies ein Beweis der Trauer um die unlängst verstorbene Mutter?
Herr Franz Wal. verbringt seine freie Zeit vorwiegend beim jerusalemitischen Adel. Bonbons und Getränke sind ihm lieber vom Hasen als vom Kaninchen. Er geht auch zum Handel zu Fremden."

(395) *Pokraka*, Nr. 44 v. 4. November 1906

„Kosten. Und Herr Anton, von wem hat er die schöne Krawatte gekauft; sie hat allerdings nationale Farben, ist aber beim Fremden gekauft.
Gnesen. Fräulein Fruzia von der Post, was hat sie beim Juden gemacht? – Von wem hat Frau Kabas vom Markte den Hut? – Fräulein Bisia geht abends mit Judenjungen.
Tremessen. Die Damen Pr. und Mr. fahren fast jeden Sonntag nachmittag nach Gnesen. In dieser Zeit sind die Läden geschlossen. Wonach fahren sie also? – Fräulein Po. holt sich Seidenzeug vom Hebräer und Fleischwaren vom Hasen; finden sie denn ihrerseits ebenfalls Unterstützung?"

(396) *Pokraka*, Nr. 5 v. 3. Februar 1907

„Labischin. Am Geburtstage des Kaisers haben sich unsere Polen hier vortrefflich ausgezeichnet, denn sie haben sich bei einer glänzenden Beleuchtung lustig amüsiert. Viele von ihnen gehören auch dem *Industrieverein* an und so manche von diesen Herren tragen sogar adelige Titel.
Krotoschin. Auch hier ist wenig Aufklärung, denn die Polen haben so beleuchtet, daß es schien, daß die Fenster verbrennen würden. Am hellsten war die Weinhandlung beleuchtet, welche die Deutschen fast gar nicht betreten, es wäre besser gewesen, diese Ausgabe für Volksbibliotheken zu verwenden!"

(397) *Pokraka*, Nr. 36 v. 8. September 1907

„Posen. Frau W. von der Grabenstraße, eine bekannte gute Polin, besucht mit ihrem Töchterchen die Läden von Lockenträgern und Deutschen. Fürwahr ein wahrhafter Skandal!
Ein gewisser Pflastertreter P. hat sein Mündel statt in ein polnisches Geschäft in den Laden eines jüdischen Schlachzigen-Schuhmachers nach Schuhen geführt, obgleich er in der Nähe auch ein polnisches Geschäft hatte.
Grätz. Die noch wenig bewußt gewordenen Herren Cz. und W. kaufen alle Konfekte in jüdischen Läden.
Schwersenz. Frau M. P. kauft, obgleich sie ihre Existenz nur Polen zu verdanken hat, die Stoffe zu Anzügen nur bei Krummnasen. Also Besserung, damit nicht Gleiches mit Gleichem vergolten werde.
Recklinghausen-Süd. Eine bekannte junge Ehefrau, die Gattin eines Sokols aus Herne, meidet, wie schon mehrere Male wahrgenommen wurde, die polnischen Geschäfte und kauft bei Juden und Deutschen. Ebenso handelt ihre Mama. Merkwürdig, daß eine junge Frau keine Liebe zu polnischen Läden gewonnen hat, obgleich sie in solchen längere Zeit als Verkäuferin gearbeitet hat."

(398) *Polak* (Krakau), Oktober 1897

In einem Artikel über die *Sokol-Vereine* heißt es:

„Heute haben fast alle erwachsenen Polen in fremden Armeen gedient, aber in jeder Armee ist das Kommando ein anderes. Man sollte für eine einheitliche Exerzierordnung mit polnischem Kommando sorgen, was in dem entsprechenden Augenblick die Gründung eines polnischen Heeres erheblich erleichtern würde. Niemand weiß, wann dieser Augenblick eintritt, aber wir müssen uns bei Zeiten auf einen solchen Fall vorbereiten."

(399) *Polak*, Nr. 7 v. 7. Juli 1900

„Wohlan! Du polnisches Volk, Du Schar im Bauernkittel, an der Weichsel und Warthe, an dem Som und dem Bug, wirst Du ein besseres Los mit dem Pfluge schaffen? Werden die heiligen Funken in Deiner Brust entflammen? Wirst Du mit der Sense in den Krieg und die Strapazen ziehen, um Dein uraltes Erbe wieder zu gewinnen? Dereinst wird in den Dörfern Alarm geschlagen und das Volk wird sich sammeln und die Sensen schärfen, bis sie rings herum in luftiger Höhe erglänzen! ... Die Kugeln werden sie zerfetzen und der Pulverdampf wird sie schwärzen, doch die russischen Heere werden stutzen und die Deutschen werden erschrecken und, vor Unruhe zitternd, uns die entrissenen Lande und Dörfer wiedergeben, denn unsere Macht ist niemand zu brechen imstande. Wohlan, Du polnisches Volk! Von Dir hängt heute unseres Vaterlandes Zukunft und Ruhm ab, denn Deinen Händen hat es sein Los anvertraut. Dein Glaube und Deine Liebe wird alles Schlechte besiegen. Und Du wirst es aus dem hundertjährigen Grabe erstehen lassen, wenn Du stark und Deiner Kräfte bewußt ans Werk gehst ...“

(400) *Polak*, Nr. 8, August 1900

„Wenn wir auch in Sklaverei leben, so wollen wir doch nicht Sklaven sein. Eine Gemeinheit wäre es, Liebe zu heucheln, die wir in unserem Herzen nicht empfinden. Wir müssen den Deutschen offen erklären, daß wir sie mit Recht hassen, daß ihre Niederlage unsere Siege, ihre Trauer unsere Freude, ihr Untergang unsere Rettung sein werden. Auf dieser polnischen Erde, in welche sie sich anfänglich hinterlistig einschlichen und die sie uns später mit Gewalt raubten – gibt es keinen Raum für zwei Nationen, und entweder werden dereinst sie dieselbe verlassen oder wir untergehen müssen. Wir werden aber nicht untergehen, denn auf unserer Seite ist das göttliche und menschliche Recht auf diese Lande, auf unserer Seite der Glaube an den künftigen Sieg und die Macht, die keine Übermacht beugen wird.“

(401) *Polak*, Nr. 9, September 1900

„Selbst wenn eine fremde Regierung mit uns Polen linder verführe, so wollen wir sie doch nicht haben, denn wir haben ein heiliges Recht, Herren in unserem Hause, auf unserem Boden zu sein, eine eigene polnische Regierung zu haben ... Wir haben unseren gesunden Bauernstand und unsere gesunde Bauernfaust, wir haben Glauben an die Zukunft und sind uns unserer Kraft bewußt. Das reicht für uns bis zu gelegener Zeit hin, wenn wir durch Gottes Gnade und aus eigenem Willen das, was uns fremde Gewalt entrissen hat, mit Gewalt wieder holen werden. Die deutschen Zeitungen schreien jetzt, daß die Polen sich von

Preußen losreißen wollen, daß die Nationalliga nicht nur in russischen, sondern auch in preußischen Landesteilen für die Unabhängigkeit Polens arbeite. Früher haben die polnischen Blätter beteuert, daß die Polen nicht an die Losreißung von Preußen dächten, daß sie treue Untertanen des preußischen Königs seien und bleiben wollten. Jetzt haben sie sich davon überzeugt, daß diese lügenhaften Versicherungen nichts helfen und uns Polen nur Schande machen. Daher entgegnen die polnischen Blätter auf die von den deutschen Zeitungen erhobenen Vorwürfe dreist, ja sogar höhnisch, wenn den Preußen der Fuß ausgleitet und sie einen Krieg verlieren, wird nicht allein Posen und Westpreußen, sondern auch Masuren und Oberschlesien abfallen ... Wir sind Polen, fühlen unsere Kraft und wollen ein eigenes Vaterland, ein freies, unabhängiges Polen haben. Ob das den Preußen gefällt oder nicht, wir werden für dieses künftige Polen arbeiten. Heut wäre es vorzeitig, an die Losreißung von Preußen zu denken, aber wir sollten alle wissen, daß Polen unabhängig sein muß, wenn wir Polen dies wollen. Um dies Polen zu erringen, müssen wir unsere Kräfte stärken und eine passende Gelegenheit abwarten, von der wir ohne Zweifel Gebrauch machen werden ... Der Verlust, den der preußische Staat erleidet, wenn jene Landesteile (gemeint sind: Posen, Westpreußen, Masuren und Oberschlesien) einst von ihm abfallen werden, wird doppelt groß sein."

(402) *Polak*, Nr. 1, Januar 1901

„Als die polnischen Abgeordneten Mizerski und Pfarrer Jazdzewski sich im preußischen Landtage über das ungerechte Umgehen der Behörden mit den Polen beschwerten, erwiderten ihnen der Reihe nach drei Minister – der Finanzminister, der Minister des Innern und der Kultusminister – die Hakatisten handelten im Sinne der Regierung und unter deren Hut, und diese Regierung denke nicht daran, den nationalen Bestrebungen der Polen gegenüber Nachsicht zu üben, da die Polen die Deutschen haßten und sich von Deutschland losreißen wollten. Offen, unverschämt taten diese Minister dar, die Regierung geht selbst aggressiv gegen die Polen vor. Der Minister des Innern verlas Auszüge aus polnischen Zeitungen, u. a. aus unserem *Polak*; damit wollte er beweisen, daß die polnische Nation die deutsche hasse. Ganz recht, sie liebt die Deutschen nicht; sie wird dem Gedanken nicht entsagen, den Deutschen unser uraltes, niederträchtig geraubtes (!) Eigentum wieder abzunehmen (!). Aber die polnische Nation ist eine christliche, und hat ein gutes Herz, sowie große Geduld sind ihr angeboren (!!) Bisher sagte und sagt sie demnach den Preußen im Guten: ‚Gebt Ihr Spitzbuben wieder, was Ihr uns gestohlen habt, und schert Euch zu allen deutschen Teufeln!‘ Aber da auch die polnische Geduld ein Ende hat, beginnt auch unsere Nation Wut gegen die Deutschen zu empfinden, und nur ihr politischer Verstand hemmt die wachsende Entrüstung, damit sie nicht vorzeitig zum Ausdruck gelange.“

(403) *Polak*, Nr. 3, März 1905

„Das Bestreben aller Polen ist die Erlangung politischer Unabhängigkeit des Polenreiches. Wir wünschen also alle, die drei Teile unseres zerrissenen Vaterlandes von der Fremdherrschaft zu befreien, um sie zu einem das Polenreich bildenden Ganzen zusammenzufügen. In diesem Staate könnten wir die Herren spielen und uns so einrichten, wie dies das Wohl unserer Nation erheischt. Dieses unser Bestreben wird sich verwirklichen können, wenn wir hierzu kräftig genug sein werden und die äußeren Verhältnisse sich dementsprechend gestalten. Deshalb haben wir mit dem Beginn des Krieges (in Ostasien) die Leiter der polnischen Politik erwogen, ob nicht gerade dieser Augenblick der geeignete sei, daß die polnische Nation ihre uralten Rechte reklamiere und an die Wiederherstellung ihres Vaterlandes herantrete. Diese Erwägungen ergaben, daß wir noch nicht genügend Kräfte besitzen, und daß die internationalen Verhältnisse sich ungünstig für uns gestalten. Angesichts dessen hat die Nationalliga gleich zu Anfang des Krieges die Überzeugung ausgesprochen, daß auf eine Grenzverschiebung der Staaten, zu welchen die polnischen Lande gehören, nicht zu rechnen sei, daß allen den Staaten an der Erhaltung des Friedens gelegen sei und vor allen Dingen diejenigen Staaten, welche Polen geteilt haben, alles aufbieten würden, um dessen Wiederherstellung nicht zuzulassen.“

(404) *Polak* (Kattowitz), Nr. 48 v. 15. August 1905

„Die Rede Wilhelm II.

Interessant ist die Anrede des preußischen Königs an die Geistlichkeit in Gnesen. Es scheint, als ob Kaiser Wilhelm glaube, daß die polnische Geistlichkeit ihre Macht und die Kirche zur nationalen Agitation mißbrauche, daß das polnische Volk die Überzeugung habe, Polentum und Katholizismus sei ein und dasselbe, denn anders kann seine Versicherung, daß unter seiner Regierung jeder Katholik Freiheit des Bekenntnisses habe, nicht verstanden werden. Es ist schwer anzunehmen, daß sich der verstorbene heilige Vater in dieser Weise zu dem Herrscher Preußens geäußert habe. Er müßte denn hinzugefügt haben, die preußische Regierung solle aufhören, die Polen mit Ausnahmegesetzen zu bedrücken und der polnischen Nationalität Freiheit zu gewähren, denn der heilige Vater wußte genau, welches unsere Lage unter preußischer Herrschaft sei. Übrigens hatte der heilige Vater nicht das mindeste Recht, uns Polen vorzuschreiben, welche Politik wir in politischer und nationaler Hinsicht betreiben sollen. Der heilige Vater ist einzig und ausschließlich in religiösen und kirchlichen Angelegenheiten unser Oberhaupt. Unsere Ansicht bestätigt übrigens auch die katholische *Kölnische Volkszeitung*. Im übrigen haben die Preußen selbst, insbesondere aber die preußische Regierung, niemals den Päpsten eine solche Macht zuerkannt, daß sie den preußischen oder deutschen Bürgern politische Weisungen erteilen könnten. ‚Diese veralteten und oft wiederholten Mittelchen, uns in diesen politischen und finanziellen Angelegenheiten mit dem Papste zu drohen, machen auf uns nicht den geringsten Eindruck.‘ Was den deutschen Katholiken erlaubt ist, steht auch den polnischen Katholiken frei.“

(405) *Polak K.*, Nr. 44 v. 12. April 1906

„Eine polnische Zeitung in Schlesien behaupet sich nur durch Annoncen, und zwar durch deutsche und jüdische Annoncen. Wenn irgendeins unserer Blätter jüdische und deutsche Annoncen nicht annehmen wollte, so könnte es sofort den Konkurs eröffnen. Kein polnisches Blatt kann sich ohne diese Annoncen von Kaufleuten fremder Nationalität behaupten. Wir Verleger polnischer Blätter verdienen an den polnischen Kaufleuten so gut wie nichts. Möge der *Postemp* die Spalten der polnischen Blätter in Oberschlesien durchsehen und die Bekanntmachungen polnischer Kaufleute zählen. Er wird sich dann selbst überzeugen, daß unsere Blätter gar keine Annoncen hätten.“

(406) *Polak K.*, Nr. 135 v. 10. November 1906

„Das Volk ist fest davon überzeugt, daß der Herr Kardinal Kopp nur aus politischen Gründen, nur um sich der preußischen Regierung gefällig zu erweisen, den Geistlichen das Abhalten der Versammlung verboten hat: das Volk betrachtet seinen Bischof als einen Verbündeten der deutsch-lutherischen Beamten und als seinen Gegner. Möge sich also der Herr Kardinal Kopp nicht wundern, daß seine ganze kirchliche Politik, der jetzt durch das Verbot der Versammlung die Krone aufgesetzt wird, das Vertrauen des polnischen Volkes zu ihm ganz und gar untergraben hat. Wenn heute in Polnisch (!)-Schlesien eine allgemeine Abstimmung darüber stattfinden würde, ob Herr Kardinal Kopp fernerhin unser Bischof bleiben soll, dann würde ohne Zweifel der Herr Kardinal eine so geringe Anzahl von Stimmen erhalten, daß er zum Wohl der Kirche dem Breslauer Bistum entsagen würde. Alle Fäden des Vertrauens zwischen dem oberschlesischen Volke und seinem Bischof sind zerrissen, und infolgedessen müssen alle Bemühungen, alle Arbeiten des Herrn Fürstbischofs von Breslau zum Besten seiner polnischen Diözesanen erfolglose bleiben, vergebliche sein. Die polnischen Diözesanen glauben heute ihrem Bischofe nicht mehr. Das sind die Folgen seiner Politik. Bei seinen Diözesanen hat er das Vertrauen eingebüßt. Er hat in ihren Herzen einen nicht zu lindernden Schmerz entfacht."

(407) *Polak K.*, Nr. 61 v. 25. Mai 1907

„Ausflug nach Krakau.

Unsererseits spornen wir unsere polnische Jugend zur zahlreichen Beteiligung an dem Ausflug an. Unsere Jugend, deren polnische Seele von frühester Kindheit mit dem Eifer der Germanisation in den Kinderbewahranstalten, in der Volks- und Fortbildungsschule, in den Werkstätten, in den verschiedenen Vereinen und bei germanisierenden Spielen vergiftet wird, diese Jugend fahre scharenweise nach unserem polnischen Rom, nach Krakau. Möge jeder unsere Jungfrauen und Jünglinge und besonders diejenigen anspornen, nach Krakau zu fahren, die sich in der Gefahr befinden, ihre Nationalität zu verlieren. Solche Ausflüge kann man unserer Jugend, der das Deutschtum überall nachstellt, nicht genug empfehlen. Unsere Jugend ist die Zukunft unserer Nation. Möge sie also Gelegenheit haben, unsere herrliche geschichtliche Vergangenheit kennen zu lernen, die sich in den schönen weltlichen und religiösen Denkmälern abspiegelt, wie sie Krakau besitzt. Das wird die polnische Seele unserer Jugend wachrufen, sie lieben lehren, was unser ist. Dort wird sie die Pflichten kennen lernen, die ihr, als der späteren Vorhut der großen polnischen Nation, obliegen, gegen welche die entfesselten germanischen Wogen anprallen. Fahren wir also, wer kann, nach Krakau, um den Geist zu weiterem Kampfe um unsere nationale Existenz zu stärken, und nehmen wir unsere Jugend mit."

(408) *Postemp* (Posen), Nr. 160, 1898

„Im September wird in unserer Stadt eine Zusammenkunft deutscher Juristen stattfinden. – Zur Leitung dieser Versammlung gehören nicht nur Deutsche, sondern auch Polen, und zwar die Herren Motty, Glembocki, Trompczynski u. a. Die Zusammenkunft soll, ebenso wie die Zusammenkunft der deutschen Sänger, zur Befestigung des Deutschtums in den Ostmarken beitragen. Angesichts der jetzt herrschenden Verhältnisse sollten polnische Richter an dieser Zusammenkunft und namentlich an deren Leitung sich nicht beteiligen."

(409) *Postemp*, Oktober 1899

„In Oberschlesien fehlen der polnische Handwerker und die selbständige polnische Kaufmannschaft. In früheren Zeiten kamen Handwerker öfter aus dem benachbarten Kongreßpolen nach Oberschlesien, und es haben viele von ihnen ein bedeutendes Vermögen erworben oder sie führten ein sorgenloses Leben. Infolge des Ausweisungsgesetzes aber nehmen die Handwerker aus Kongreßpolen und auch aus Galizien keinen ständigen Wohnsitz in Oberschlesien. Die Auswanderung der polnischen Handwerker und Kaufleute aus dem Großherzogtum Posen muß sich daher mehr Oberschlesien zuwenden, wodurch den Auswanderern und auch unseren nationalen Sachen größerer Vorteil erwachsen würde. Dieser Gedanke muß immer weiter verbreitet und langsam zur Tat werden."

(410) *Postemp*, Nr. 276 v. 30. November 1902

„In einer für den Verdienst im Handel und Gewerbe so wichtigen Zeit (wie der Weihnachtszeit) ist das polnische Volk verpflichtet, gewissenhaft darüber nachzudenken, bei wem man seinen Bedarf decken muß. Und wenn wir darüber gründlich nachgedacht haben, dann werden wir zu der Überzeugung kommen, daß wir verpflichtet sind, unsere Weihnachtseinkäufe in gegenwärtiger Zeit ausschließlich und allein bei unseren polnischen Kaufleuten und Gewerbetreibenden zu machen."

(411) *Postemp*, Nr. 293 v. 21. Dezember 1902

„Ein Feind der Polen ist der Hakatismus und der Jude. Doch braucht man heutzutage den Hakatismus und den Juden nicht totzuschlagen (sic!), sondern es genügt, wenn man sich nicht ausbeuten läßt; man darf nicht zulassen, daß sie das Mark aus den polnischen Knochen aussaugen. An diese nationale Pflicht möge jede polnische Familie denken und möge sie sich dessen bewußt sein, daß man jeden Agenten, der z. B. Maschinen von Fremden anzupreisen kommt, oder irgendwelche andere fremde Erzeugnisse, zu Tür hinauswerfen muß."

(412) *Postemp*, Nr. 13 v. 17. Januar 1904

„Jüdische Demoralisation.

Wer auch nur oberflächlich seine Aufmerksamkeit darauf gelenkt und Erkundigungen darüber eingezogen hat, wie sich die Demoralisation in jüdischen Unternehmungen ausbreitet, der möchte es manchmal nicht glauben, augenfällige Tatsachen aber überzeugen den Ungläubigen. Wieviele Hunderte von christlichen und man könnte behaupten, fast ausschließlich von polnischen Mädchen gehen in diesen jüdischen Herden der Demoralisation zugrunde. Ebenso ist eine bekannte Tatsache ein offenes Geheimnis, wie in einem jüdischen Geschäft mit polnischen und deutschen Mädchen wahrhafte Orgien gefeiert wurden. Die Sache hatte einen solchen Grad erreicht, daß die Staatsanwaltschaft eingreifen mußte. Beim Erzählen dieser Vorgänge stehen einem die Haare zu Berge. Dort gehörte nicht nur ein einziger Jude, sondern eine ganze Clique zu diesen Orgien. Wie viele polnische Mädchen sind doch dort für die Volksgesamtheit gänzlich zugrunde gegangen. Am wollüstigsten ist nämlich bekanntlich die jüdische Natur, und es ist merkwürdig, daß die jüdischen Wollüstlinge verbotenen Umgang nicht mit Jüdinnen pflegen, sondern ausschließlich mit Christinnen, und in unseren Gegenden mit Polinnen. Es trägt dieses Publikum in die großen jüdischen Warenhäuser sein Geld, es bereichert die jüdischen Unternehmer, und diese Juden verwenden einen Teil dieses Geldes zur Entsittlichung polnischer Mädchen. Hat denn das polnische Publikum schon darüber nachgedacht, besonders aber unsere Frauen, welche so gern die jüdischen Geschäfte aufsuchen, daß sie durch diese so freiwillige Unterstützung jüdischer Warenhäuser in hohem Maße zum Fall vieler polnischer Mädchen beitragen? Das ist keine unbedeutende Sache, sie gehört vielmehr zu einer der wichtigsten unserer Fragen."

(413) *Postemp*, Nr. 108 v. 11. Mai 1904

„Der erste polnische Pilgerzug bei Pius X.

Gestern berichteten wir über den Empfang des überwiegend aus Landsleuten Galiziens und Kongreßpolens bestehenden polnischen Pilgerzuges; heute teilen wir weitere Einzelheiten mit: Die dem heiligen Vater überreichte Adresse lautet in der Übersetzung wie folgt:

‚Ihres Schutzes und Ihrer Fürsorge bedürfen wir heut mehr als in den verflossenen Jahrhunderten. Gegenwärtig quälen uns Kämpfe und Mißgeschick anderer Art als ehemals. So ist unser heiliger katholischer Glauben, der Glaube unserer Vorfahren, gewaltsamen Anschlägen derartig ausgesetzt, daß er schon schwere Verluste und Einbußen erlitten hat; wo einst von unsern frommen Vätern erbaute und geschmückte Heiligtümer standen, dort halten jetzt Andersgläubige ihre Zeremonien ab. Überdies werden wir mit Gewalt und durch ungerechte Gesetze unserer eigenen Scholle enterbt, und sogar die Sprache, das Erbe unserer Voreltern, will uns der Haß der Feinde entreißen.‘

Zum Erzbischof Theodorowicz, den er ebenfalls in besonderer Audienz empfing, sagte der hl. Vater: ‚Die Polen sind ein sehr armes und unglückliches Volk.‘ – Über diese letzten Worte des hl. Vaters entrüsten sich schon hakatistisch-deutsche Blätter und schreiben, die Polen hätten den Papst geradezu belogen, daß ihnen im preußischen Anteil Unrecht widerfahre, weil in Preußen niemand die polnische Sprache verfolge, noch den Polen in Religionssachen ein Unrecht zufüge. Auf eine solche Niederträchtigkeit und Lüge der hakatistischen Blätter kann man nur ausspeien; diese Blätter werden in ihrer Lüge noch einmal traurige Berühmtheit erlangen.“

(414) *Postemp*, Nr. 179 v. 8. August 1906

„Über alles in der Welt

Als ich mit meinem Freunde bei einer Schule des Bismarckchen Systems vorüberging, hörten wir, wie der durch Zulagen bezahlte Pädagoge den ‚jungen Polen‘ obiges stolzes Hasenlied einübte. Mißgestimmt sage ich zu meinem Kollegen, einem ehemaligen Matrosen der deutschen Flotte: ‚Hörst Du? Man wird uns schließlich ebenfalls verdeutschen.‘ Darauf erhielt ich die Antwort: ‚Nie und nimmermehr! Wenn Du wüßtest, wie andere Nationen die Deutschen leiden mögen, dann hättest Du eine ganz andere Vorstellung. Ich hatte als Matrose mehrmals die Gelegenheit, mich von der außerordentlichen Achtung für Deutschland ‚in der Welt' zu überzeugen. Kamen wir nach einem russischen Hafen, so wurden die Deutschen von den Russen scheel angesehen, und ich hörte oft die Worte: ‚Bismarcker', ‚*proklataja sobaka*' (verfluchter Hund), ‚*rebratny czort*' (knochiger Teufel) usw. In England wurden wir tituliert: ‚Tom Mechel' (dummer Michel), in Spanien und Frankreich: ‚*diablos*', ‚*cochons*' (Teufel, Schweine) usw. Überall werden die Deutschen wie Verbrecher behandelt. Ganz anders wird man von denselben Soldaten behandelt, wenn man ihnen sagt, daß sie nicht mit einem Deutschen, sondern mit einem Polen sprechen. Sie drücken einem herzlich die Hand, und Du hörst Worte des Mitgefühls und des Mitleids: ‚*Polak eto Brat*' (der Pole ist unser Bruder), ‚*Bon Polonais*' (guter Pole) usw. Auf der ganzen Gotteswelt sind die Germanen sehr verhaßt, und man verachtet sie bei jeder Gelegenheit. Sollte es einmal zum Kriege kommen, so wird es den Deutschen sehr – und sehr schlecht ergehen, da sie von allen isoliert sind.'

Polus."

(415) *Postemp*, Nr. 29 v. 26. September 1906

„Preußische Mützen und Bilder!

Im Herbst jeden Jahres wird eine ganze Schar Preußen vom Militär entlassen, und da wir den Preußen dienen müssen, so kehren auch unsere Landsleute nach Hause zurück, sofern ihnen die Länder, in welchen sie beim Militär gedient, nicht gefallen haben. Die vom Militär Entlassenen kann man an drei Sachen erkennen: a) an der Militärmütze, b) am Stock (Stock mit Troddel) und c) an der über die Schulter gehängten Flasche; überall glänzen dort weiße und schwarze Farben und preußische Medaillen. Geziemt es sich für uns Polen, daß wir uns diese Farben aneignen, geziemt es sich für einen Polen, wenn er frei ist, in einem preußischen Waffenrock zu gehen? Nein, das geziemt sich nicht, das ist eine Hauptsünde, welche gegen Polen, unser Vaterland, begangen wird. Insbesondere rechnen es sich die Leute vom Dorfe für eine ‚große Ehre' an, wenn sie sich damit rühmen können, daß sie beim preußischen Militär gewesen sind; wenn sie sonntags oder an einem Feiertage die Militärmütze auf ein Ohr setzen, dann tritt an einen solchen kecken Kerl ohne Stock nicht heran! Das muß bekämpft werden; es ist nötig, daß schon das Kind in Gemeinschaft mit den Eltern solche

Leute verspottet. Man muß diese preußische Mode verekeln. Wir haben kein Bedürfnis, wir haben keine Ursache, diejenigen zu ehren und zu preisen, die uns bedrücken, diejenigen, welche unsere weißrote Farbe konfiszieren und uns gegebenenfalls mit Strafen beglücken.
Kaum daß der Pole zur Welt kommt, so muß er schon von den Preußen und ihrer Regierung leiden; geht er zur Schule, so wird ihm dort mit Hilfe des Stockes die ‚Liebe' zum preußischen *‚faterlandu'* eingeprägt. Ehe das Kind die Schule verläßt, so haßt es alles, was preußisch und gut ist und so geht es weiter, bis es zum Militär eintritt, überall wirst du schikaniert, überall verfolgt man dich, Bruder, und wie viele Beleidigungen hast du beim Militär als Rekrut gehört, wie viele Schimpfwörter warf dir der Deutsche entgegen, und wie oft hat dich der Unteroffizier und der Leutnant ‚dummer Pole' genannt, wie hat er die polnische Nation verhöhnt, wie hat er unseren heiligen Glauben, unsere heilige Kirche, unsere ehrwürdige Geistlichkeit verspottet? Das ist Gott bewußt verhöhnt und diejenigen, die beim Militär gedient haben. Und für dieses alles prahlen wir damit, daß wir beim preußischen Militär gewesen sind. Ei! schämen wir uns dessen! Und für alle ‚diese Wohltaten', welche die Polen ‚von der Wiege bis zum Grabe' von den Preußen als ‚Gabe' alle Tage erhalten, trägst du diese preußische Mütze, welche dich an so manche Träne erinnert?! Ei, Bruder, schäme dich vor dir selber. Ich gehe weiter. In wie vielen Häusern gibt es keine nationalen Bilder, es gibt weder den ‚Bauernfeldherrn' Kosciuszko noch Poniatowski, man hat nicht den Liederkönig Mickiewicz, es denn ein kleines Bildchen aus dem Kalender oder aus einer Zeitung und noch dazu nicht eingerahmt, weil es kein Heiliger ist, aber für sogenannte Reservebilder da sind ein paar Mark vorhanden, und wir hängen sie am ersten Platz auf. Handeln etwa so Nationalgesinnte? Nein! so handeln Renegaten, so handeln Abtrünnige von der Nation. Schaffen wir uns ein nationales Bild an, und wir werden keine Verräter unseres lieben polnischen Heimatlandes sein."

(416) *Praca* (Posen), Nr. 19 v. 23. Januar 1907

„Aus dem Brief einer polnischen Mutter.

Das eigene Kind würde ich verleugnen, sollte dasselbe jemals seine Lippen mit dem deutschen Vaterunser besudeln, denn wir sind nicht weniger verpflichtet, uns unsere Nationalität, wie auch unseren Glauben zu erhalten. Möge es deshalb so viele, wie nur möglich geben, die auf der Wacht der Nationalität stehen, die das Gewissen der Nation bilden und die uns zurufen werden: ‚Es ist eine Sünde, wenn ein polnisches Kind deutsch betet.‘

Eine Großpolin.“

„*Czolem* * vor einer solchen Mutter!“ setzt die Redaktion hinzu. (Czolem heißt wörtlich: „mit der Stirn“. Es ist dies das Losungs- und Begrüßungswort der polnischen „Sokols“.)

(417) *Praca*, Nr. 17, 1898

„Seit dieser Zeit schmiedet eine Engelsschar
In dem Berge die polnische Krone aus dem Felsen.
Für das neue Polen eine neue Krone.
Schmieden sie Tag und Nacht aus Stein ...
Wenn Maria die vergossenen Tränen gesammelt,
Verwandelt sie die Engelsschar in Perlen.
So oft in Polen Tränen fließen,
Maria sammelt sie und trocknet die Augen,
Die Engel fassen sie gleich in die Krone ein.“

(418) *Praca*, Nr. 42 v. 16. Oktober 1898

„Wenn wir uns die berüchtigte Arbeit der nicht allein unter dem preußischen Zepter, sondern auch in ganz Deutschland lebenden Hakatisten ansehen, eine Arbeit, die auf der rohen Ausrottung (!) nicht nur des polnischen Lebens, sondern auch des polnischen Gedankens beruht, fällt uns unwillkürlich die Lage jenes Ärmsten ein, der auf ein fremdes Gehöft geraten, sich von einer Schar Hunde umringt sieht, die in sinnloser Wut, mit klaffendem Rachen ihm nach dem Gesicht springen, ihm mit ihren scharfen Zähnen die Kleider in Fetzen reißen, sodaß er erschrocken sich vor der wilden Meute wehrt und ängstlichen Blikkes nach dem Ausgange aus dem Kreise der rasenden Bestien sucht. In einer solchen, wenn nicht in einer noch schlimmeren Lage befinden wir uns den preußischen Hakatisten gegenüber. Als Vorwand gilt hier allerdings das angeblich unterdrückte Deutschtum, so sagen wenigstens die Hakatisten, indem sie sich dabei nach der Logik jener Meute richten, die um so rasender angreift, je ärmlicher die Kleidung des Bedauernswerten ist und je mehr er sich gegen die Zähne derselben zu wehren sich bemüht. Der Geschichtsschreiber jenes Kampfes um das bedrückte Deutschtum wird einem reichen Schatz von Tatsachen vorfinden, die zusammengenommen das schandvollste Blatt in der Geschichte des Unterganges der Zivilisation der Deutschen am Ende des 19. Jahrhunderts bilden werden."

(419) *Praca*, Oktober 1899

„Solange auf dem Boden unserer Ahnen noch ein Pole lebt, solange ist dieser Boden ein polnischer und kein anderer. Wenn also Dr. Rakowski aus einem anderen polnischen Landesteile hier zuzog, so ist er hier zu seinen Landsleuten auf seinen polnischen Boden gekommen und hatte nicht nötig, um deutsche Gastfreundschaft zu bitten. Die Deutschen sind die ungebetenen Gäste hier in diesem Lande, die, ohne um Gastfreundschaft gebeten zu haben, sich hier breit machen!"

(420) *Praca*, Nr. 14 v. 1. April 1900

„‚Wir Polen sind weder treu noch loyal'. Diese gegenteilige Behauptung ist eine jener Lügen, die einen Kurs haben, obwohl sie für niemanden einen Wert besitzen. Möge die Regierung von der parlamentarischen Rednerbühne herab von unseren Abgeordneten lieber die nackte Wahrheit hören, dies kann sowohl ihr als uns zum Vorteil gereichen.
Wozu erst sich selbst und andere täuschen? Können unsere Beteuerungen der Loyalität, der Treue bei den Regierungsvertretern etwas anderes, als das Gefühl des Mitleids mit unserer freiwilligen Erniedrigung wachrufen? Können wir (Polen) in unsere gegenwärtige Lage irgendwie Treue und Loyalität gegenüber Preußen empfinden? Kann unsere in raffinierter Weise gemarterte und gefolterte Gesellschaft auch nur einen Funken dieser Loyalität und Treue in sich fühlen? Möge doch nur ein Pole im preußischen Anteil sich finden, der – Hand aufs Herz – sagen kann, daß wir der preußischen Regierung gegenüber loyal und treu sein können. Man zeige uns diesen Mann! Nein, Loyalität und Treue können wir nicht empfinden! ... Wir Polen empfinden für eine solche Regierung (wie die preußische) auch nicht *einen* guten Wunsch in unserer Seele.
Diese Beteuerungen unserer Loyalität und Treue und Untertänigkeitsgefühle, die wir dem Könige und der Regierung gegenüber haben, werden bei jeder Gelegenheit, in jeder Rede unserer Abgeordneten oder

in den unsere politische Lage behandelnden Artikeln der polnischen Presse wiederholt. Es lohnt sich wirklich, darüber nachzudenken, ob diese Versicherungen, daß wir – trotz alledem – loyale und treue Untertanen sind, wahr und angemessen sind. Es scheint, daß sie in unserer Lage weder wahr noch angebracht sind.“

(421) *Praca*, Nr. 23 v. 3. Juni 1900

„Wir sind der Ansicht, daß es Pflicht eines jeden heranwachsenden Schülers sei, polnische Zeitungen zu lesen, sich für öffentliche Angelegenheiten zu interessieren, sich mit älteren Personen über diese Dinge zu unterhalten und auf dem Gebiet der Volksbildung aktiv tätig zu sein. Denken wir doch nur, wieviel unserer Sache dadurch genützt würde, wenn jeder Primaner während der Ferien zu Hause einige Kinder der Ackerwirte oder Handwerker im polnischen Lesen und Schreiben unterrichten würde. Wieviel Nutzen würde für beide Teile mit einer solchen Arbeit entstehen! ... Von der lernenden Jugend, welche unser Blatt gern liest, wissen wir, wie das Interesse für polnische Bücher, für Literatur wächst, wie schnell sich der Begriffsumschwung für ‚unsere Sache‘ vollzieht. Jetzt, wo diese Erscheinung wahrgenommen und amtlich durch die ungewöhnlichen Schritte der preußischen Behörden bekannt gemacht worden ist, können wir offen darüber sprechen. Und gerade jetzt, unter dem frischen Eindruck der Revisionen und Ausweisungen unserer Jugend aus den Gymnasien, ergreifen wir die Feder, um der Jugend zuzurufen: ‚Lasset Euch dadurch nicht abschrecken, Ihr wandelt einen guten Weg! Wir sehen Euch lieber, die Ihr unter Euren Büchern eine polnische Geschichte und Literatur, ein Mieckiewicz und Slowacki und andere polnische Werke habet, als solche, mit denen man nur über Goethe und Schiller, über Lessing und Heine sprechen kann – denn außer diesen kennen sie nichts anderes ...‘ Ihr wandelt einen guten Weg! Wecket Euch selbst und andere! Seid aber vorsichtig!“

(422) *Praca*, August 1900

„Breslau, die Hauptstadt Niederschlesiens, einst eine polnische Stadt (!), bewahrt bis heutigen Tages unverwischbar das Charaktermal seiner Herkunft. Mehr als die Hälfte der Namen der Bürger hat slawischen Klang (sic!), und sie belehren uns beredt darüber, welcher Puls früher hier schlug. Es wundert mich sehr, daß hier in der Universitätsstadt

Breslau, wo stets etwa 100 polnische Akademiker weilen, wo slawische Literatur gelehrt wird, wo ein Sokolverein besteht, in einer Stadt, die etwa 10 000 polnische Bewohner aufweist, darunter einige vermögende Familien, schon aus praktischen, materiellen Gründen keine polnische Buchhandlung vorhanden ist. Daß angesichts so günstiger Verhältnisse hier auch eine polnische Zeitung bestehen müßte, versteht sich von selbst. Ein zweiter Vorschlag: Der niederschlesische Boden, ein wahrer Garten von Fülle inmitten der Ostmarken, wartet nur darauf, daß irgendein polnischer Käufer irgendein Stück aus deutschen Händen auskaufe und es mit polnischen Leuten bevölkere. Wenn Leute, die ihr Gut an die Ansiedlungskommission verkauft haben, hier ein Gut aus deutschen Händen kaufen und hier polnische Leute, die aus dem Posenschen verdrängt sind, ansiedelten, so würden sie nicht nur den an ihren Namen haftenden Fleck auswaschen, sondern sich mit dem Schimmer eines Verdienstes umgeben. Überhaupt wäre es sehr zu empfehlen, daß unsere Landerwerber ihre Aufmerksamkeit auf Niederschlesien richten."

(423) *Praca*, Nr. 35 v. 26. August 1900

„... Jeder neue Schritt der Regierung, welcher sich gegen unsere nationalen Rechte und gegen unseren Glauben richtet, rächt sich unverweilt an der Regierung selbst. Jedes Attentat auf unsere Religion, auf unsere Sprache breitet die antimonarchischen Anschauungen immer mehr aus, weckt den Haß gegen diese – fremde Regierung und Abneigung gegen diese – fremde herrschende Dynastie. Wer wird besser dabei fahren, Preußen oder das Polentum?"

(424) *Praca*, Nr. 38 v. 16. September 1900

„An einem künftigen Polenreich zweifelt niemand von uns ... Ob unter dieser oder jener Form, ob unter diesen oder jenen Bedingungen muß das Polenreich dereinst erstehen; durch die Polenteilungen oder durch die Wiener Verträge ist die Polenfrage in Europa nicht erledigt worden, das ist uns allen recht gut bekannt ... Wir glauben daher an eine bessere Zukunft Polens, sei es früher oder später, aber kommen muß sie jedenfalls. Wir müssen diesen Glauben in uns erhalten, damit wir Polen im preußischen Anteil dann, wenn die große Stunde geschlagen haben wird, noch Polen sind, damit wir bis dahin ausharren und mit unseren Stammesbrüdern uns vereinigen. ... Möge uns alle der tiefe Glaube durchdringen, daß uns noch eine freie, glänzende Zukunft bevorsteht, denn wir besitzen in uns die Kraft und mit ihr das Recht zum Leben in der Zukunft."

(425) *Praca*, Nr. 44 v. 28. Oktober 1900

„In Preußen geht es tatsächlich so zu, als ob die Gerichte die ausführenden Organe der Polizei wären und als ob die Polizei die die Urteile fällende Behörde wäre, in Posen, in dem sich eine Schar von Fremdlingen so gastlich eingerichtet hat, als ob sie zu Hause wären, und indem diese Fremdlinge behaupten, sie seien die Sendboten der Zivilisation ... Man sollte es nicht für möglich halten, daß diese Nation, welche sich frech die Nation der Denker zu nennen wagte, zu solcher Schande, zu solcher Geringschätzung des menschlichen Geistes herabsinken würde. Sie sollte sich vielmehr die Nation der Sklaven und Polizisten nennen ..."

(426) *Praca*, Nr. 44 v. 28. Oktober 1900

„Bis jetzt geschieht es fast immer, daß es die polnischen Eltern aus Unkenntnis oder aus Furcht vor Konflikten mit den Gerichten erlaubten, daß ihre Kinder bei verschiedenen national-germanischen Festen den Deutschen als Relief dienen, daß sie ‚Deutschland, Deutschland über alles' und ‚Heil Dir im Siegerkranz' singen und daß sie verschiedene Spaliere für Minister bildeten. Polnische Kinder gehören nicht dahin. Unterricht ist Unterricht, aber um die Dekorationen zu bilden bei Sedanfesten und im Chore deutsche Nationallieder zu singen, dazu sind polnische Kinder zu gut. Polnische Eltern! Wachet darüber, daß über die Lippen Eurer patriotisch gesinnten Kinder nicht etwa selbstrühmende Worte von Hymnen zur Ehre Germaniens kommen, welche nur ihre jugendlichen Herzen vergiften können. Polnische Kinder sollten sich an Schulfesten nicht beteiligen und nicht ‚Hoch' schreien."

(427) *Praca*, Nr. 49 v. 2. Dezember 1900

„Die polnische Jugend kann nicht ‚Heil Dir im Siegerkranz' singen, noch kann sie, ohne daß ihr die Schamröte der Entrüstung ins Gesicht steigt, die Bücher lesen, die ihr germanische Pädagogen aufdrängen. Denn aus jeder Seite dieser Bücher weht ein Geist, der vergiftet ist durch das Gift des Hasses gegen unsere teuersten nationalen Ideale, gegen unsere Vergangenheit, die unserer Jugend heilig sein sollte. Als wir vor kurzem aufdeckten, welchen Schaden das Germanisierungssystem unserer Jugend zufügt, und als wir die Geheimnisse der Gymnasialklassen vor das Licht der Öffentlichkeit zogen, der Geheimnisse, die wahre Torturen für den nationalen Sinn unserer Jugend sind, trafen uns dafür schmerzhafte Vorwürfe ... Die Gesamtheit fühlt nicht, daß dieses ‚Nichtaufreizen der Jugend' nur ein Übertragen des bekannten versöhnungsparteilichen Grundsatzes: ‚die Regierung nicht zu reizen', in lokale Verhältnisse ist, jenes Grundsatzes, in dessen Namen die Versöhnungsparteiler die Seele unseres Volkes vergiften und ihm geboten haben, alles ohne Protest zu ertragen, um nur die Regierung nicht zu reizen ... Wir machen aus der Überzeugung kein Opfer, sondern werden mit vernehmlicher Stimme den Alarmruf ausstoßen: ‚Schützt die Gymnasialjugend vor der Germanisierung!' ‚Schützt die polnische Jugend vor der Germanisierung!'"

(428) *Praca*, Nr. 53 v. 30. Dezember 1900

„Zum ersten Male seit 4 Jahren, d. h. seit der Gründung der *Praca* fühlen wir uns veranlaßt, öffentlich zu beichten, das Haupt mit Asche zu bestreuen, das Fell der loyalen und treuen preußischen Untertanen umzuhängen und alle Verfehlungen zu bekennen. Die erste Verfehlung ist die schlimmste. Nicht einen Augenblick haben wir der Hoffnung und dem Glauben an die Zukunft der polnischen Nation entsagt, wir werden es auch niemals tun. Wir glauben, daß aus dem Elend und der Demütigung, aus dem Lande der Tränen und der Traurigkeit der Aar einer besseren Zukunft herniederkommen, und daß dessen siegverheißender Flug weder durch den Hakatismus, noch durch kaiserliche und ministerielle Edikte, noch durch die Eingriffe der preußischen Zügellosigkeit – der Reptilienpresse aufgehalten werden wird ... Tausende unserer Bürger haben wir belehrt, daß sie von Geburt Polen und gezwungene preußische Untertanen sind und daß es daher ihre Pflicht ist, stets und überall zum Nutzen unseres in drei Teile zerrissenen polnischen Vaterlandes und nicht zum Vorteile des preußischen Staates oder des Deutschen Reiches zu arbeiten, welches uns nicht allein fremd, sondern welches für uns auch feindlich tätig ist ... Aus preußischen Bürgern, aus loyalen und treuen Untertanen, aus polnisch sprechenden Preußen haben wir zum Verluste und zum Schaden des preußischen Staates Tausende unseren nationalen Traditionen treue Polen gemacht (!). Die preußische Macht wird sie und ihre Kinder nie mehr gewinnen, sie sind für den preußischen Staat für ewig verloren."

(429) *Praca*, Nr. 2 v. 13. Januar 1901

„In allen Reden, welche der verstorbene Abgeordnete (Motty) gehalten hatte, finden wir nicht einen einzigen Ausspruch, dessen er sich heute vor dem Gericht Gottes und dem Urteil der Geschichte schämen müßte. Diejenigen Leute aber, welche Phrasen verkündeten, wie: ‚Bei Dir, Majestät, stehen wir und wollen treu bei Dir verharren', oder ‚Wir sind polnisch sprechende Preußen' – erröten heutigen Tages offen oder im Geheimen, wenn sie daran erinnert werden." (Gemeint sind die Versöhnungsparteiler; der Verfasser.)

(430) *Praca*, Nr. 5 v. 3. Februar 1901

„Wir streben danach, eine solche Wandlung in den Anschauungen unserer Mitbürger hervorzurufen, daß es jeder Pole im preußischen Landesteile, ohne Rücksicht darauf, ob er aus dem Großherzogtum, aus Preußen oder aus Schlesien stammt, verstünde, daß die Preußen unsere natürlichen Feinde sind, und daß die Schritte dieser Feinde, welche auf die Vernichtung unserer Nationalität abzielen, paralysiert werden müssen mit Hilfe der Verbreitung des nationalen Selbstbewußtseins, mit Hilfe der Erziehung der jungen Nachkommenschaft in der Anhänglichkeit an das Polentum, mit Hilfe der Unterstützung der Unsrigen auf wirtschaftlichem und mit Hilfe der Solidarität auf politischem Gebiete. Was soll uns die Revolution, wenn wir so viele noch nicht ausgenützte Mittel der Verteidigung, konstitutionelle Mittel, gegen Euch haben? Mit ihrer Hilfe können wir, ohne von dem Boden der Konstitution abzuweichen, mittels unserer nationalen Sonderstellung, die Ihr nicht anerkennen wollt, eine Kugel am Beine Eurer äußeren Politik sein; wir können Euch stets zu dem Gedanken zwingen, wie gefährlich es ist, zwei Tagemärsche von Berlin entfernt, drei Millionen Volkes zu haben, dem es gleichgültig ist, ob die Grenzlinie bei Kalisch oder bei Küstrin vorüberführt.
Es ist gewiß, daß den Ministern heute unsere polnischen Besitzungen wie ein Knochen im Halse stecken (wörtlich: daß ihnen unsere polni-

schen Hörner heute höllisch im Halse stecken) empfindliche Schmerzen bereiten. Mögen sie sich mit den Worten des großen deutschen Dichters trösten: ‚Das ist der Fluch der bösen Tat ...‘. Wir sind die Herren in dem seit Menschengedenken uns eigenen Hause und lassen uns aus demselben nicht vertreiben! Nicht wir sind zu euch, sondern ihr zu uns gekommen, und unter unserm Dache genießt ihr Gastfreundschaft. Wer sich hier nicht wohl fühlt, der möge sich von dannen scheren-! ... Die preußische Geschichte lehrt, daß Friedrich der ‚Große‘ nach der Gunst der Polen getrachtet und daß er diese Gunst mit falschen Talern erkauft habe. Wohl gibt es noch andere, uns durch die Preußen erwiesene Gnaden und Wohltaten, so zum Beispiel gefälschte Aufrufe, welche in den Staatsdruckereien gedruckt und den Posener Bürgern zugeschickt worden sind und die das Volk zum Aufstand aufgefordert haben ... Die ewige Gerechtigkeit hält unsere Hoffnung aufrecht, nährt unsere Kräfte und heißet uns glauben, daß ‚trotz zarischer Drohungen‘ zum Tort der ministeriellen Aussprüche auf unserer polnichen Erde, in dem uralten Landesteile der Piasten, in alle Ewigkeit das Lied erklingen wird:

Noch ist Polen nicht verloren,
Solange wir noch leben!“

(431) *Praca*, Nr. 8 v. 24. Februar 1901

„Wenn der *Orendownik* behauptet, daß unsere Artikel die Preußen kränken, so möge er sich mit ihrer Geschichte näher bekannt machen, möge er sich in die Geschichte des Verrates, der Falschheit, der Hinterlist und der Gesetzwidrigkeit vertiefen und er wird unsere Worte bestätigt finden ... Weshalb sollte es (das Volk) nicht die geschichtliche Wahrheit über die Preußen erfahren? Die Wahrheit schadet niemals, uns aber hat diese Wahrheit aus dem preußischen Untertan einen polnischen Bürger gemacht.“

(432) *Praca*, Nr. 9 v. 3. März 1901

„Ein polnischer Knabe in Westpreußen hatte in der Schule geäußert: ‚Wilhelm II. ist nur deutscher König, unser polnischer König heißt Wladislaus, und er lebt jetzt nicht mehr.‘
Hierzu machte die *Praca* folgende Bemerkung:
Dieser an seinen König Wladislaus, an den polnischen König glauben-

de Knabe ist ein Beweis dafür, daß sich die Natur selbst sträubt und mit lebendiger Kraft dagegen protestiert, daß wir loyale und getreue polnisch-sprechende Deutsche sein könnten ..."

(433) *Praca*, Nr. 11 v. 17. März 1901

„Mit einer gewissen Art Stolz schreitet jeder Pole zum Lesen der Geschichte seiner Nation nach der Teilung. Es ist das eine der schönsten Perioden unserer Geschichte und eine der glänzendsten Seiten der Geschichte der Menschheit ... Die Geschichte kennt keine Nation, die ihre Unabhängigkeit mit solchem Mut und mit solcher Hingabe verteidigte, wie dies die polnische Nation tut. Dieser unausgesetzte Kampf mit einem dreifachen Feinde, ein schwerer blutiger (?) Kampf, der testamentarisch vom Vater auf den Sohn übergeht, ist eine der herrlichsten Erscheinungen in der Geschichte der Neuzeit. Die ununterbrochene Fortdauer dieses Kampfes, sein regelmäßiges Sicherneuern in jeder Generation weckt Bewunderung und Achtung in dem gleichgültigen Zuschauer, Schrecken aber und Beunruhigung im Feinde. Von der dritten Teilung ab bis auf die heutigen Zeiten hat es nicht eine einzige Generation gegeben, welche nicht ihre Opfer auf dem Altar des Vaterlandes niedergelegt hätte ... Die ganze Reihe einzelner Aufstände, Verschwörungen und Manifestationen, aus welchen sich unsere Geschichte nach der Teilung zusammensetzt, ist eigentlich ein großer Kampf, der, nach der zweiten Teilung begonnen, bis heutigen Tages andauert und fortdauern wird, bis zum Augenblick des Sieges. Die zweite Erscheinung ist die Tatsache, daß die Periode unseres Kampfes um die Unabhängigkeit gleichzeitig eine Periode des unablässigen, stufenweisen Sichhebens Polens aus dem Verfall, eine Periode beständigen Wachstums und beständiger Entwicklung ist ... Weshalb dachte die polnische Nation seit so vielen Jahren an die Wiedergewinnung der verlorenen Unabhängigkeit und weshalb denkt sie unausgesetzt daran? Weshalb spart sie nichts, weshalb läßt sie sich durch Widerwärtigkeiten nicht abschrecken, weshalb schenkt sie den verräterischen Einflüsterungen weder ihrer Feinde noch falscher Freunde kein Gehör? Darum nicht, weil sie eine lebende und selbständig existierende Nation ist, welche leben und sich selbständig entwickeln will ... Unser hundertjähriger Kampf um die Unabhängigkeit ist also ein Beweis dafür, daß wir eine lebende und gesunde Nation sind ..."

(Das ist durchaus richtig und der Stolz der Polen auf diese Entwicklung berechtigt, auch wenn diese Entwicklung einige chauvinistische und auf Geschichtsfälschungen und Verhetzungen fußende Züge aufweist, die dann in der polnischen Politik nach 1918 vorherrschend wurden, siehe die nachfolgenden Veröffentlichungen des Verlags zu dem Thema. Der Herausgeber.)

(434) *Praca*, Nr. 44 v. 3. November 1901

„Heute versteht ihr uns nicht, denn ihr seid blind und taub, denn eure Herzen sind voll barbarischer Grundsätze. Vielleicht werden eure Nachkommen nach einigen Jahrhunderten uns verstehen, wenn der in eurem Staate der ‚Ordnung und Gottesfurcht' herrschende Barbarismus der wahren Zivilisation Platz gemacht haben wird. Lügen würden wir, wenn wir euch sagen sollten, daß wir euch lieben. Wir können euch nicht leiden, wir hassen euch von ganzem Herzen. Eure Nation, eure Volksgesamtheit hassen wir aus der Tiefe unserer Seele ... Saget, wofür sollen wir euch lieben? ... Dafür, daß ihr unsere Kaufleute und Handwerker boykottiert und an deren Stelle Landstreicher der allerschlimmsten Sorte ins Land bringt? ... Sollen wir eure Beamten lieben, die brutal und verächtlich unsre heiligen Empfindungen beleidigen? ... Oder eure Geistlichen, welche, um der Regierung zu gefallen, sich anstrengen, uns mit Hilfe der Kirche, der Schulen und Bewahranstalten zu verdeutschen, die so sehr von Barbarismus durchdrungen sind, daß sie die Dreistigkeit besitzen, uns ein verkommenes Volk zu nennen? ... Oder eure Gelehrten, die fürwahr mit gauklerischer Winkeldreherei die volksfresserischen Instinkte eurer Regierung in Lumpen der Wissenschaftlichkeit kleiden? .. Für das Gerechtigkeitsgefühl gibt es unter euch keinen Platz, denn ihr seid ohne Herz, ohne Geist, ihr seid Barbaren, welche sich äußerlich mit Lumpen der Kultur schmücken. Ihr habt die Zeichen der Menschlichkeit von euch abgewischt ...

Vester".

(435) *Praca*, Nr. 49 v. 8. Dezember 1901

„... Wir sind keine Preußen; wir können es nicht sein, weil wir Polen sind ... Deswegen ist für jeden ehrbaren Polen die Bezeichnung ‚Preuße' ein ‚Schimpfwort', welches die nationale Ehre schwer beleidigt ... Wenn ‚Preuße' soviel als ‚preußischer Untertan' bedeuten soll, dann ist dies keine Beleidigung, denn die Hand der Geschichte hat uns an den preußischen Staat geschmiedet. Jedoch haben die von einem Polen zu einem Polen ausgesprochenen Worte ‚Du bist ein Preuße' immer die obige beleidigende Bedeutung, denn die Auslegung: ‚Du bist preußischer Untertan' würde unter diesen Umständen vollständig unverständlich sein."

(436) *Praca*, Nr. 24 v. 12. Juni 1904

Nachdem eingangs die von den Japanern in dem Kriege mit den Russen bewiesene Tapferkeit und Entschlossenheit bewundert und gepriesen worden ist, fährt die *Praca* fort:

„Sobald jedermann den Sieg herbeiwünschen wird, werden wir siegen. Alle teutonischen Mächte werden zerbröckeln, wenn sich die ganze polnische Nation der heldenmütigen Abwehr unterziehen wird. Die Machinationen einer Clique und besoldeter Mietlinge werden gleich künstlich aufgeführten Schanzen zu schanden werden, die antipolnischen Gesetze werden zum toten Buchstaben herabsinken, wie die Befehle russischer Generäle in den mandschurischen Gebirgen, erfolglos werden die Wurfgeschosse von dem Schilde des polnischen Geistes zurückprallen. Jeder Pole ziehe eine Lehre aus dem japanisch-russischen Kriege, möge er beseelt sein von dem Heldentum der Soldaten, welche ihr Leben auf dem Altare des Vaterlandes opfern. Sie sterben für ihre Mutter, auch wir sollen für sie leben und die Glut echt polnischen Lebens an unsere Nachfolger auf diesem Posten vererben."

(437) *Praca*, Nr. 40 v. 2. Oktober 1904

„Judensalza.

Es ist geschehen, was man erwarten konnte. *Jnowrazlaw* hat aufgehört zu existieren, es ist (durch Umtaufung in Hohensalza) zum Tode verurteilt worden durch den Hakatismus, der mit der modernen Verblendung behaftet ist, und durch die Diener des Judentums, das sich immer an den Stärkeren anklammert – dieses Judentums, das sich an kujawischem Brote gemästet hat, und das noch heute von Seiten der Gleichgültigen Unterstützung findet. Die Juden haben den Polen eine Lehre gegeben, die sie nicht werden unbeachtet lassen. Ihre Stimmen waren maßgebend; sie konnten die Waagschale des Sieges auf diese oder jene Seite lenken. Dies Judentum, das als Auswurf der Menschheit durch ganz Europa zerstreut ist, fand eine Zuflucht zu Füßen des Wawel, dies Judentum, das Polen durch Jahrhunderte genährt hat, verließ die Polen und tat sich mit bezahltem Polenfressertum hervor, indem es natürlich eine Belohnung dafür beansprucht. Von diesem Elemente, das überall die Eingeborenen verdrängt, von diesen Blutegeln kann man etwas anderes nicht erwarten, jedoch muß man sich dies gut merken. Die Kriechereien der jüdischen Kaufleute sollten nicht mehr uns verlocken, und unsere Kaufleute sollten mit doppeltem Eifer bemüht sein, in jeder Hinsicht auf der Höhe zu stehen. Das Verdienst der Juden gegenüber der hakatistischen Sache ist ungeheuer, daher könnte das gekräftigte Deutschtum zur Ehrung dieses Verdienstes Hohensalza in Judensalza umtaufen."

(438) *Praca*, Nr. 32 v. 6. August 1905

„Gefährliche Ambitionen Deutschlands.

Daß das Zusammenscharen aller von den deutschen Ambitionen bedrohten Monarchien im Interesse der Polen in allen drei Landesteilen liegt, unterliegt keinem Zweifel. Darum fordert das *Slowo Polski* auch die polnische Fraktion in Wien zu einer Aktion auf, die eine Annäherung Österreichs an das Bündnis gegen das deutsche Kaiserreich zum Zweck hat. Alles, was jetzt sich vor unseren Augen ausbreitet, ist ein großes Spiel zwischen Deutschland und England, ein Spiel, mit dem das Los und die Angelegenheiten unserer Nation eng verknüpft sind. Die polnische Repräsentation in Wien sollte mithin demgegenüber nicht gleichgültig sein und sich nicht in rein inneren Angelegenheiten Österreichs erschöpfen. In dem Augenblick, wo die unsterbliche, wie ein *deus ex machina* auftauchende polnische Frage auf der politischen Bildfläche erscheint, ist es Pflicht dieser Körperschaft, welche Freiheit des Handelns und die entsprechenden Voraussetzungen besitzt, die allgemein polnischen Interessen zu berücksichtigen. Und das Interesse der polnischen Nation heischt imperativisch eine Niederlage des größten, uralten Feindes – eine Niederlage Deutschlands, das sich nicht begnügt, mit der ganzen Anstrengung seiner Staatsmaschine und seiner Kräfte nach der Ausrottung der Polen (sic!) zu streben, sondern durch sein Beispiel und seine Diplomatie in Rußland, in Österreich und überall unseren Einfluß zu unterbinden und die Polen ohnmächtig zu machen, auszurotten sucht. Die Niederlage Rußlands ist für uns kein geringes Wohl. Das haben sogar die unheilbaren Posener Busenfreunde begriffen. Aber die Niederlage Deutschlands wäre für uns ein noch hundertfach größeres Wohl. Sie ist sogar die unabweisbare Vorbedingung der tatsächlichen Wiedergeburt der polnischen Nation. Erst dann, wenn Deutschland wie Rußland seine Schlacht bei Mukden und Tschuschima schlagen wird, wird die polnische Brust aufatmen! In dieser Überzeugung nehmen die Polen gegenüber dem Streben der englischen Politik eine wohlwollende Stellung ein und sie vertrauen darauf, daß die jetzt zutage tretenden Ambitionen Deutschlands sich als das Grab der deutschen Größe erweisen werden."

(439) *Praca*, Nr. 37 v. 10. September 1905

„Briefe aus Westfalen.

Horsthausen, 3. September 1905. Als in Polen der Verein *Straz* gegründet wurde, begrüßte ihn die ganze polnische Nation mit voller Begeisterung und mit Freudengeschrei. Und dies tat nicht nur die Volksgesamtheit im preußischen Anteil, sondern die ganze Nation insgesamt. Kein Wunder, da für uns keine Grenzpfähle existieren. Wie sehr freuen wir uns im preußischen Anteil über jede unserer Brüder im Königreich und Galizien, mit welcher Freude begrüßten wir neulich die Wiedererlangung des Wawel, wie eifrig verfolgten wir die Vorgänge im Königreich; dies sind alles Beweise dafür, daß wir auch nach hundert Jahren der Unfreiheit uns als Kinder einer Mutter – Polens – fühlen."

(440) *Przeglond Wszechpolski* (Lemberg), Nr. 10, 1898

„Wenn wir im russischen Anteil diejenigen Rechte hätten, welche die preußische Konstitution der polnischen Bevölkerung in den westlichen Grenzgebieten zusicherte (sic!), dann könnten wir der Gefahr leichten Herzens ins Auge schauen. Dann würden wir der Tätigkeit der Regierung und der herrschenden Nation, welche die Vernichtung unseres Elements zum Ziele hat, einem gesetzlich organisierten Widerstand entgegensetzen. In den westlichen Grenzgebieten besitzen wir ein starkes Mittel, das uns nicht nur um unsere nationale Existenz zu kämpfen, sondern diese auch erfolgreich zu verteidigen gestattet – dieses Mittel ist die preußische und deutsche Verfassung (sic!).
In jedem Falle sichert uns die preußische Konstitution jedoch solche bürgerlichen Freiheiten zu, welche die Organisierung eines nationalen Widerstandes ermöglichen. Vor allem ermöglichen sie die Entwicklung

der politischen Selbständigkeit des Volkes, seines Nationalbewußtseins, und dieses eine schon allein vergrößert unsere Stärke zehnfach (sic!)."

(441) *Przeglond W.*, Nr. 1 v. Januar 1899

„Das Erhalten der östlichen Provinzen, in denen die polnische Bevölkerung ansässig ist, bildet für die preußische Monarchie das größte Interesse, ist für sie geradezu eine Lebensfrage. Ein mächtiger Staat kann sich mit der, und sei es auch in der fernsten Zukunft liegenden Möglichkeit des Verlustes eines bedeutenden Landesteiles mit etwa 7 Millionen Einwohnern, darunter über 3 Millionen Deutsche nicht aussöhnen. Mit dem Augenblick, als die polnische Nationalbewegung sich auf die Volksmassen erstreckte und sich über anscheinend längst germanisierte Provinzen verbreitete, als das Nationalbewußtsein auf der ganzen weiten und breiten Linie von Myslowitz bis Putzig erwachte, mußte die preußische Politik sich zwei Ziele stecken; die Verdeutschung der polnischen Bevölkerung innerhalb der Grenzen Preußens und die Verhinderung der Gründung eines selbständigen polnischen Staates, überhaupt der Regelung des Verhältnisses der Polen zu Rußland. Es hat sich herausgestellt, daß die polnische Bevölkerung sich schneller vermehrt als die deutsche und daß die Macht des polnischen Volkes nicht nur ziffernmäßig, sondern auch in kulturell-politischer und wirtschaftlicher Beziehung wächst; das polnische Element ist in jeder Beziehung jetzt stärker in Preußen, als es vor 30 oder sogar 50 Jahren war (sic!). Es hat nicht nur den Fortschritten des Deutschtums in den Ostmarken Einhalt getan, sondern auch die verlorenen Positionen wiederzugewinnen, ganze Landesteile, wie Oberschlesien und das preußische Masowien zu erobern (sic!) begonnen, ja es ist sogar auf dem Gebiete wirtschaftlicher Verhältnisse durch Bildung von polnischen Arbeiter-Ansiedlungen in der Hauptstadt von Preußen und Deutschland aggressiv (sic!) vorgetreten ... Die preußische Politik ist der polnischen Bevölkerung gegenüber in eine Lage ohne Ausweg geraten. Durch Zugeständnisse an das Polentum kann sie sich das Besitztum der östlichen Provinzen nicht sichern, denn wenn sie auch die polnische Ortsbevölkerung für sich gewinnen sollte, würde sie das natürliche Streben unserer Nationalpolitik nicht aufhalten, nämlich die Vereinigung aller früher polnischen Landesteile. Preußen oder gar Deutschland kann nicht freiwillig auf die östlichen Provinzen verzichten, nicht nur mit Rücksicht auf die dort ansässigen 3 Millionen Deutsche, sondern mehr noch mit

Rücksicht auf seine territoriale Lage. Der Verlust dieser Gebiete würde ein Todesstoß für die Macht Deutschlands sein ... Die polnische Frage hat nicht nur für Preußen, sondern auch für das ganze vereinte Deutsche Reich den Charakter, wie wir ihn oben schilderten. Eine Politik, deren Quintessenz das Programm der Hakatisten bildet, hat in Sachsen, Bayern und am Rhein eifrige Anhänger. Wir müssen also nicht nur mit Preußen, sondern auch mit ganz Deutschalnd, nicht mit einzelnen Parteien, sondern mit der ganzen deutschen Gesellschaft einen Kampf führen, einen Kampf auf Tod und Leben. Das Lebensinteresse beider Nationen kommt hier in Betracht, der Kampf wird um unsere nationale Zukunft und um diejenige der deutschen Macht geführt ... Deutschland kann sich mit dem Gedanken an den Verlust der östlichen Gebiete der preußischen Monarchie mit einigen Millionen deutscher Bevölkerung nicht vertraut machen, und da es wohl weiß, daß, wenn es die Entscheidung darüber der natürlichen Entwicklung der Dinge überlassen würde, diese in Zukunft den Polen den Sieg verschaffen würde, so muß es mit allen Mitteln dahin streben, *per fas et nefas*, das Polentum zu schwächen, oder wenigstens ein gewisses nationales Gleichgewicht zu erhalten. Von diesem Standpunkte aus betrachtet, ist die deutsche Politik eine defensive (sic!), obwohl sie sich aggressiver Mittel bedient ... Das Deutschtum wird in den Ostmarken nicht unterdrückt, aber es wird darin, was es auf Grund der Annektierung besitzt, bedroht. Diesen defensiven Charakter der deutschen Politik stellen wir um so lieber fest, als sowohl in der Politik als auch im Kampfe mit bewaffneter Hand gewöhnlich derjenige verliert, welcher sich verteidigt ...
Die Erhaltung des nationalen Gleichgewichts im preußischen Anteil würde mit der Aufhaltung unserer Entwicklung gleichbedeutend sein, denn alles, was sich entwickelt, muß wachsen. Unsere politische Tätigkeit muß daher nicht nur sichernde, sondern auch das Wachstum (sic!) des polnischen Elements beschleunigende Bedingungen schaffen. der Kampf aber, der an unseren Westmarken geführt wird, ist nicht Sache eines Teiles, sondern der ganzen Nation. ‚Dumm ist Polen ohne Posen.' Armselig würde tatsächlich das künftige Polen, für das wir leben und handeln, das Polen, welches wir sicherlich nicht erleben, welches aber unsere Kinder und Enkel schauen werden – nicht nur ohne Posen, sondern auch ohne Schlesien (sic!), ohne Zutritt zum Meere, also ohne Danzig und Königsberg sein (sic!) ... Wir bilden eine Kraft, die da wächst und eine wirkliche Gefahr für die Macht des deutschen Staates, wenn auch nicht jetzt, so doch für die Zukunft darstellt ... Wir müssen solche Arten des Kampfes vermeiden, in denen das ziffernmäßige

Übergewicht und die staatliche Organisation den Sieg sichern. Wir müssen daher für unsere Nationalsache auf gesetzlichem, im Rahmen der preußischen und deutschen Verfassung, so lange dies möglich ist (!), sich bewegenden Boden vorgehen. Die jetzt zu Preußen gehörenden Provinzen bilden eine notwendige Bedingung für das Erstehen des Polenreiches, so wie sie heute die Hauptbedingung für die Erhaltung der deutsch-preußischen Macht sind. Von einem Kompromiß in dieser Sache kann bei uns keine Rede sein. Wir dürfen es nicht bei jeder Gelegenheit wiederholen, doch fest und stets daran glauben, daß Polen ohne diese Landesteile nicht bestehen kann, daß es, wenn es auch in anderen Grenzen entstehen sollte, zur Wiedergewinnung dieser Provinzen Schritte tun müßte (sic!) ..."

(442) *Przeglond W.*, Nr. 7, Juli 1900

„ ‚Noch ist Polen nicht verloren, so lange wir leben.' Wir finden in diesem Liede, der Schöpfung eines bekannten Staatsmannes, die einfache und klare Formel für den politischen Wegweiser in Sachen der Unabhängigkeit Polens: ‚Was uns fremde Gewalt entrissen hat, werden wir mit Gewalt zurückholen!' Diese unsere Worte enthalten die Quintessenz aller Bestrebungen unserer aktiven Politik. Der Glaube an die künftige Unabhängigkeit des Vaterlandes steckt tief in dem Boden einer jeden polnischen Seele', sagt ein Publizist, der seine Worte genau auf die Waagschale legt, ein eifriger Bekenner des Programms einer ausschließlich legalen nationalen Tätigkeit. Dieser Glaube, daß Polen unabhängig sein muß und werden wird, besteht bewußt oder unbewußt versteckt in allen unseren politischen Programmen, selbst die versöhnungsparteilichen nicht ausgenommen. Hätten wir diesen Glauben und diese Hoffnung nicht, so würden wir bald aufhören, Polen zu sein. Wir haben schon wiederholt nachgewiesen, daß die Unabhängigkeit Polens für uns alle ein durchaus notwendiges Postulat unserer nationalen Existenz ist, nicht nur ein Glaubensartikel, der keiner Begründung bedarf, sondern das logische Ergebnis eines angeborenen Rechts, aufgefaßt in seiner derzeitigen realen Bedeutung ... Wir haben mehrfach hervorgehoben, daß unterjochte Nationen nur mit Blut und Eisen die Unabhängigkeit wiedergewinnen. Die Geschichte liefert uns keine anderen Beispiele, die gesunde Vernunft weist uns keine anderen Wege. Selbst der Triumph der Gerechtigkeit und Humanität wird nicht vom Himmel fallen, nicht aus den Herzen und Köpfen der Menschen herausspringen, sondern muß mit Blut und Eisen vollzogen werden. Außer Aufstand und Krieg unter Mitbeteiligung diplomatischer Bemühungen ist die Unabhängigkeit auf keine andere Weise wiederzugewinnen."

(443) *Przeglond W.*, Nr. 8, August 1900

„Unsere Vorbereitung für diese Eventualitäten (eine internationale Verwicklung) bedeutet keineswegs, daß wir von ihnen unsere innere Politik, unsere organische oder sogar revolutionäre Nationalarbeit abhängig machen. Vor allem beruht sie darauf, daß der öffentlichen Meinung eingeimpft werde, daß die unterjochten Völker nur mit Blut und Eisen ihre Unabhängigkeit wiedererlangen können, und daß die Sache der Wiedererlangung der Unabhängigkeit Polens ebenso abhängig ist von dem günstigen Zusammentreffen der internationalen Verhältnisse als von unserer eigenen Kraft. Mit anderen Worten, die Wiedererlangung der Unabhängigkeit Polens kann lediglich die Folge eines Krieges sein (sic!), sei es zwischen den Teilungsmächten, sei es zwischen einem oder zweien derselben mit anderen Staaten und eines mit diesem Kriege in Verbindung stehenden nationalen Aufstandes, und zwar eines so mächtigen, daß man in der Folge mit ihm rechnen müsse ... Das Aufmerksammachen der intelligenten Kreise der polnischen Gesellschaft auf die Notwendigkeit der Bildung eines Heeres oder doch wenigstens der ersten Anfänge einer militärischen Organisation erachten wir als eine Aufgabe von großer Bedeutung und als eine solche, die mit Rücksicht auf die Veränderlichkeit und Zufälligkeit der Lage der internationalen politischen Verhältnisse keinen Aufschub duldet ... Als der Krieg in Afrika ausgebrochen war und das Gerücht von einer Intervention ruchbar wurde, ebenso wie jetzt infolge der Chinawirren, entstand unter dem Volke im russischen Anteil, in welchem die Überlieferung von einem aktiven Vorgehen in der nationalen Sache am stärksten ist – eine dumpfe Gärung. Unsere mit dem Volke in nähere Berührung kommenden politischen Freunde im Königreich wurden, als sich das Gerücht von der Einberufung der Reservisten verbreitete, mit Bitten und Fragen, was zu tun sei, förmlich überschüttet; man wußte nicht, ob man ins Ausland flüchten oder sich verborgen im Lande aufhalten solle, in der Erwartung, zum Kampf für die Unabhängigkeit Polens einberufen zu werden. Das Volk ist fest davon überzeugt, daß mit dem Ausbruch eines großen europäischen Krieges ein solcher Kampf unvermeidlich sei ..."

(444) *Przeglond W.*, Nr. 9, September 1900

‚Ausschließlich von uns hängt es ab, die bisherige Widerstandstaktik in eine Taktik der Angriffspolitik zu verwandeln. Von allen polnischen Blättern im preußischen Anteil machten in bezug auf die Abonnentenzahl die Posener *Praca*, der schlesische *Katolik* und die westpreußische *Gazeta Grudziondzka* die größten Fortschritte. (Die *Praca* und *Gazeta Grudziondzka* sind die radikalsten der polnischen Zeitungen. Der Verfasser.) Wo ist die Ursache dieser Erscheinungen zu suchen? Das gemeinsame Merkmal dieser Blätter ist die flinke Verwaltung. Die *Praca* und die *Gazeta Grudziondzka* besitzen alle Merkmale einer aktiven Nationalpolitik ... Allen, die mit dem Volke unmittelbare Beziehungen haben, ist es bekannt, welchen gewaltigen Eindruck auf manchen die Nachricht macht, daß ‚bereits Geld für Polen gesammelt werde.‘ (Der Nationalschatz) Die Nachricht oder die Gewißheit, daß ‚ein polnisches Heer zusammengebracht werde‘, ist und bleibt die reellste Nationalpolitik dem Volke gegenüber ... Auch unser unbeholfenes und notleidendes Volk, kurz alle werden die Legionen als das Feld der Ehre und Auszeichnung begrüßen. Das Wort ‚aktiver Nationaldienst‘, welches in den letzten Jahren aus unserem Wörterbuch vollständig verschwunden ist, wird wieder zu früheren Ehren und zu früherem Ansehen gelangen.“

(445) *Przeglond W.*, Nr. 1, Januar 1902

„Der polnische Durchschnittsgymnasiast im Königreich Polen ist so gesinnt, daß er in jedem Augenblick bereit wäre, den ersten besten seiner russischen Vorgesetzten zu beschimpfen, wovon ihn fast einzig die Furcht vor den Folgen zurückhält. Der russische Lehrer in Polen ist, abgesehen davon, daß er ein Fremdling ist, der da herkommt, um die Stelle des einzig zur Erziehung unserer Jugend berufenen polnischen Lehrers einzunehmen, durchschnittlich eine Kanaille, begabt mit den Eigenschaften eher eines Spions und Henkers als eines Pädagogen. Er ist ein Barbar, der erbarmungslos an der Jugend sein Mütchen kühlt. Die Jugend kann eine Politik nicht verstehen, deren Vertreter über die nationale Bedrückung im preußischen Landesteil entrüstet sind, sie aber im russischen Landesteil demütig tragen; sie kann den falschen und heuchlerischen Versicherungen betreffend das russische Wohlwollen nicht glauben, denn sie wird selbst niederträchtig auf barbarische Weise gemartert und moralisch, sogar physisch verfolgt und in ihrem nationalen Empfinden, in ihrer Menschenwürde beschimpft. Die Wreschener Affäre, welche die ganze Nation in Bewegung versetzt hat, mußte dies auch bei der polnischen Jugend im russischen Landesteil zuwege bringen. Dem Gedanken folgte das – wahrhaft politische – Handeln, denn erst *Siedlec* vervollständigt Wreschen und verleiht ihm die rechte Bedeutung im Leben der Nation. Jetzt kann die durch die Affäre Wreschen geweckte Bewegung nicht mehr zu unserem Schaden ausgenutzt werden, jetzt erst wird die ganze polnische Gesamtheit auf beiden Fronten in Kampfbereitschaft treten müssen ..."

(446) *Przeglond W.*, Nr. 2, Februar 1902

„In dem Nationalkampfe kann die Parole nur lauten: ‚Wir oder Ihr'. Dies ist wirklich ein Kampf auf Leben und Tod, denn es ist kein Polen denkbar ohne Oberschlesien, ohne Posen, ohne Westpreußen, auch sogar ohne Ostpreußen; für den preußischen Staat bedeutet der Verlust dieser Provinzen, deren Grenzen nur wenige Meilen von Berlin entfernt liegen, gleichsam Vernichtung, Umsturz seiner Macht, sogar Verlust seines Namens (sic!) ... Preußen verlöre den vierten Teil seiner Bevölkerung und würde zum Standpunkt und zur Benennung ‚Brandenburg' zurücksinken (sic!) ... Wir können nicht zugeben, daß man uns aus der Wiege unseres Landes und unserer Nation herausdrängt (sic!) und uns verhindert, an das Meer zu gelangen, eine für die Entwicklung einer großen zeitgemäßen Nation unumgängliche Bedingung. Diesen Landstrichen, welche sich heute unter preußischer Herrschaft befinden, kann Polen um keinen Preis entsagen. Bülow meint, die preußische Regierung verstände keinen Spaß in der polnischen Angelegenheit, aber auch wir kennen keinen Spaß in der Frage um unser Sein, um unsere Zukunft."

Auch wird hier wieder der Erwartung Ausdruck gegeben, daß der russische Nachbar die allpolnischen Bestrebungen unterstützen werde:

„Nicht umsonst treiben im Posenschen und in Schlesien private Agenten der russichen Politik unter der Masse von Zeitungskorrespondenten ihr Wesen."

Für den Fall aber, daß diese russiche Hilfe ausbleiben sollte, wird der ‚Befreiungskampf' von den Polen auch allein geführt werden:

„Wie in der Schlacht bei Grunwald wird das ganze polnische Volk im preußischen Teile Polens einmütig aufbrechen, schwer atmend und

stöhnend, sich auflehnend, die Hände ballend und mit Sehnsucht, aber zugleich mit wahrhaft bäuerlicher, bewunderungswürdiger Geduld wartend auf den Augenblick, wenn vernehmlich das siegreiche Losungswort erschallen wird: ‚Schlagt los auf die Hundekerls!'
Wir fürchten uns es laut auszusprechen, daß unsere nationale Kraft die Grundlagen des preußischen Staates abbröckelt, daß das, was wir erobern, sie verlieren müssen, daß dort, wo wir uns ausbreiten, sie weichen müssen. Wir fürchten uns, dies auszusprechen, um unsere Gegner nicht zu reizen, um sie nicht aufzuklären und zu warnen. Aber heutzutage wissen die deutschen Politiker besser als wir, worum eigentlich gekämpft wird. Es verstand dies Bismarck, es verstehen dies seine Nachfolger, ebenso die preußischen Regierungskreise als auch diejenigen, welche die wirkliche deutsche Meinung in nationalen Angelegenheiten aufrichtig aussprechen, nämlich die Hakatisten."

(447) *Przeglond W.*, Nr. 2, Februar 1902

„Der preußische Landsteil

Es liegt auf der Hand, daß die Anzahl des polnischen Volkes im Gegensatz zur Einwohnerzahl Deutschlands oder auch nur Preußens nicht schwerwiegend ist; ob wir 3, ob 4 Millionen stark sind – dies ändert im Grunde an der Sachlage nichts. Wir bleiben immer im Vergleich zur deutschen Macht gering an Zahl; und wenn wir uns auch doppelt so schnell vermehren könnten als die Deutschen, so könnten wir ihnen doch niemals in bezug auf die Anzahl gefährlich werden. Und dennoch hat die Anzahl der Polen eine weittragende politische Bedeutung, keine solche aber, wie sie im allgemeinen das Verhältnis zweier Zahlen darstellt. Das numerische Anwachsen des polnischen Volkes ist für den National-Charakter der östlichen Provinzen des preußischen Staates ausschlaggebend. Das Territorium, auf welchem gegenwärtig das polnische Volk wohnt: Oberschlesien, ein Teil von Mittelschlesien, das Posensche, Westpreußen, Ostpreußen und der östliche Abschnitt von Pommern – nimmt einen Flächenraum von ungefähr 110 000 Quadratkilometern ein und zählt rund 7 300 000 Einwohner. Die polnische Bevölkerung bildet also 51 bis 52 Prozent aller Einwohner (in Wirklichkeit ist die Zahl erheblich niedriger, der Herausgeber). Wenn die nationale Bewegung Ostpreußen ergreifen würde, und dies muß eintreten, wird es sich zeigen, daß auch diese Provinz mehr polnisch ist, als es heutzutage erscheint. Gegenwärtig zählt man in Ermland ca.

400 000, manche behaupten sogar 500 000 protestantische Masuren. In jedem Falle muß das polnische Element (es beträgt ca. 30 Prozent (in Wirklichkeit sind es unter ein Prozent, vgl. die Abstimmung vom 11. 7. 1920, der Herausgeber)) auch diese Provinz, obgleich sie niemals zu Polen gehört hat, in unser nationales Gebiet einverleibt werden."

(448) *Przeglond W.*, Nr. 10, Oktober 1903

„Aus dem Programm der *national-demokratischen Partei* im russischen Anteil.

Der aus der Lage unserer Nation sich ergebende politische Hauptzweck ist die Erreichung der Unabhängigkeit und die Gründung eines selbständigen Polenreiches. Als das wichtigste, den Wert und die Kraft der Gesellschaft hebende und ihrer politischen Aktion Konsequenz verleihende Mittel der Tätigkeit erachtet die *national-demokratische* Partei die Bildung von politischen, offenen und legalen Organisationscadres in den beiden Verfassungsstaaten und nicht legalen und geheimen in Rußland."

(449) *Przeglond W.*, Nr. 8, August 1904

„... Von diesem Standpunkt aus müssen die Sympathien unserer Nation unbedingt auf seiten Japans sein. Sein Sieg, das ist der Anfang des Sieges unserer Sache, und es ist nur zu bedauern, daß wir keine ernste Möglichkeit haben, unsererseits dazu beizutragen. Von diesem Gesichtspunkt aus würde jede freiwillige Unterstützung Rußlands in diesem Kriege durch uns ein nationales Verbrechen sein. Wenn wir auch nicht in der Lage sind, die Verbesserung unseres Loses durch die Tat bedeutend zu beschleunigen, so bedeutet das doch nicht, daß irgend jemand von uns berechtigt sei, sie durch Handeln zu verzögern. Es unterliegt keinem Zweifel, daß sowohl in den Städten als auch in den Fabrikanlagen und Dorfgemeinden sich viele Leute finden ließen, welche leicht zu überzeugen wären, daß gerade jetzt die günstigste Zeit, wenn nicht zu einem Aufstand gegen Rußland, so doch wenigstens zur Veranstaltung von Unruhen sei."

(450) *Przyjaciel ludu* (Kulm, später Thorn), Nr. 18, 1862

„Am meisten kränkt uns, daß die Juden, an die wir doch solche Anhänglichkeit haben, daß wir kein einziges Glas Bier oder Wein anderswo trinken, als bei ihnen, so gegen uns sind. Wenn wir gescheit wären, Brüder, Bauern, so würden wir so fest zusammenhalten wie sie und unser Glas Bier oder Wein nur bei den Unsrigen trinken. Warum sollen wir unser Wohlwollen nicht vorzugsweise den Unsrigen zuwenden? Ich denke, es müßte jeden schmerzen, wenn er unsere Brüder in den Städten so herunterkommen sieht. Daher geben wir uns das Wort, daß wir, soweit es sich tun läßt, den Unsrigen alles zuwenden wollen, damit sie zu Wohlstand kommen. Aber dem Wort muß auch die Tat folgen."

(451) *Przyjaciel l.*, Nr. 19, 1862

„Wie manchen sauer erworbenen Groschen läßt der polnische Bauer den Juden! Der eine ist sogar dadurch zu Vermögen gekommen, daß mehrere polnische Bauern ihm Geld geliehen oder in Verwahrung gegeben haben. Würde so ein dummer Mensch nicht besser tun, sein Geld dem Geistlichen in Verwahrung zu geben oder es einem anderen ehrlichen Menschen zu borgen? Mag mancher dieser Unbesonnenen die Undankbaren Verstand lehren und ihnen zeigen, wieviel sie verlieren, wenn wir von ihnen nicht mehr kaufen werden. Haben wir nicht polnische Kaufleute genug?"

(452) *Przyjaciel l.*, Nr. 146/147, v. 7./8. Dezember 1899

„Sehr unrecht handeln die Polen, die unsere Polinnen gering schätzen und deutsche Jungfrauen heiraten. Solche Jünglinge sind nicht wert, daß unsere polnische Gesamtheit sie mit dem Namen Polen bezeichnet, denn sie tragen zum Falle unseres Vaterlandes mit bei, und daher stehen sie mit dessen Verrätern auf gleicher Stufe ... Schande der Polin, die ihre Hand einem Deutschen darbietet und ihr Herz, das für unser Vaterland schlagen sollte, einem Feind verkauft. Schande dem polnischen Jüngling, der sich eine Deutsche zur Frau nimmt und dadurch ein Diener unserer Feinde wird."

(453) *Przyjaciel l.*, Oktober 1900

„Die Deutschkatholiken, besonders diejenigen, welche unter den Polen wohnen oder mit ihnen in Berührung kommen, sind vom hakatistischen Geiste so durchdrungen, daß sie oft verbissener sind als die lutherischen Hakatisten; sie sind Feinde alles dessen, was polnisch ist ... Sehr unrecht handeln daher diese Polen, welche unsere Polinnen geringschätzen und deutsche Jungfrauen heiraten. Solche Jünglinge sind nicht wert, daß sie unsere polnische Gesamtheit mit dem Namen Polen bezeichnet, denn sie tragen zum Fall unseres Vaterlandes mit bei, und daher stehen sie mit dessen Verrätern auf gleicher Stufe. Man muß sich nur wundern, daß besonders solche Leute noch die Frechheit besitzen, von der polnischen Gesamtheit Unterstützung zu fordern ... Solche Mischehen, geschlossen zwischen Polen und Deutschkatholiken sind ein Unglück nicht nur für unsere Nationalität, sondern auch für unseren heiligen Glauben. Die Folge hiervon ist, daß das Volk mit der Zeit gleichgültig im Glauben wird.
Wer ist daran schuld? Zum größten Teile die polnischen Jungfrauen und die polnischen Jünglinge, welche Ehen mit Deutschkatholiken eingehen. Solche Leute begehen ein doppeltes Verbrechen: Ein Verbrechen gegen den heiligen Glauben und ein solches gegen unsere Nationalität. Schande daher der Polin, die ihre Hand einem Deutschen darbietet und ihr Herz, das für unser Vaterland schlagen sollte, einem Feinde verkauft! Schande dem polnischen Jüngling, der sich eine Deutsche zur Frau nimmt und dadurch ein gemeiner Diener unserer Feinde wird!“

(454) *Przyjaciel l.*, Nr. 109 v. 12. September 1905

„An unsere Kinder!

Ihr müßt euch der Kinder, die noch nicht polnisch zu lesen verstehen, annehmen und ihnen das polnische Lesen beibringen. Der Lehrer, ein Mitglied der Redaktion, verspricht euch, daß jeder von euch, der seinem Brüderchen oder Schwesterchen oder irgendeinem anderen fremden Kinde das polnische Lesen beibringt, als Belohnung ein prächtiges Gebetbuch erhält. Aber denket daran, geliebte Kinder, daß ihr euch nicht dem Lehrer oder irgendeinem anderen Deutschen verratet, daß ihr irgendeinem Kinde polnischen Leseunterricht erteilt, denn sie könnten euch hierbei stören. Aber fürchtet euch nur nicht! Geschlagen dürft ihr hierfür nicht werden, wenn ihr nur eure Aufgaben macht und wenn der Unterricht zu Hause stattfindet."

(455) *Przyjaciel l.*, Nr. 123 v. 14. Oktober 1905

„Mit Gottes Gnade wird uns die Stunde der Freiheit schlagen
Und die helle Sonne wird über dem weißen Adler erstrahlen,
Zugleich auch über dem litauischen geharnischten Reiter
  und dem heiligen Michael,
Und wir werden den Platz unter den Nationen wieder einnehmen
  in früherer Würde."

(456) *Przyjaciel l.*, Nr. 114 v. 22. September 1906

„Der Widerstand gegen den deutschen Religionsunterricht begann heute bei uns in Wirsitz. Traurig ist, daß bisher nur fünf Kinder aufgehört haben, die Religion deutsch zu lernen, während der Rest, welcher sich, ich weiß nicht wovor, fürchtet, in alter Weise das ‚Vaterunser' herspricht. Wir haben jedoch die Hoffnung, daß auch die übrigen Kinder in der Schule erklären werden, daß sie mit Gott nur polnisch sprechen wollen und werden."

(457) *Przyjaciel l.*, Nr. 112 v. 19. September 1905

„Die Unverschämtheit der preußischen Juden.

Als der preußische Minister des Innern, Herr v. Bethmann-Hollweg, in der vergangenen Woche in Posen war, besuchte er auch unseren Herrn Erzbischof. Er besuchte das erzbischöfliche Palais in Begleitung des Herrn Oberpräsidenten von Waldow. Der Besuch war bereits längst angesagt und eine reine Höflichkeit, wie sie sich hochstehende Personen gegenseitig erweisen. Deshalb kann man diesem Besuch auch keine besondere Bedeutung beilegen. Anders dachte jedoch der Jude, der für das *Berliner Tageblatt* schreibt. Er schrieb, daß der Herr Minister den Herrn Erzbischof besucht hätte, um mit ihm die Angelegenheit seines Erlasses, betreffend den Vorbereitungsunterricht zu den heiligen Sakramenten, zu besprechen. Sein Geschreibsel schloß er mit den Worten: ‚Wir erwarten, daß der Herr Minister von Bethmann-Hollweg den Erzbischof daran erinnert hat, daß er gehorsam sein müßte.' Zunächst ist er Jude, und ihm ist schon von seinen Vorfahren der Haß gegen die Kirche Christi und seine Diener eingeimpft. Ferner weiß jeder Jude, daß man sich den Polen gegenüber alles herausnehmen darf. Tausende von Polen, große und kleine, werden diese Beleidigung ihres Erzbischofs lesen, werden sich darüber heftig ärgern und werden dann, möglicherweise geradewegs aus der Kirche, mit dem Gebetbuch unter dem Arm zu seinen Landsleuten, den Itzigs und Abrahams gehen und ihnen die schwer verdienten Groschen hintragen. Schließlich weiß jeder Jude, daß der Herr Erzbischof sich ungestraft von dem ersten besten Kulturmenschen aus der Meute der jüdisch-polenfresserischen Zeitungsschreiber anrempeln lassen muß. Warum soll er nicht seinem jüdischen Haß gegen die Geistlichen der katholischen Kirche und seiner Wut gegen die Polen freien Lauf lassen? Und nun möchten wir in der Sache selbst dem Juden vom *Berliner Tageblatt* einige Worte erwidern: Zunächst setzen wir voraus, daß der Herr Minister von Bethmann-Hollweg so vorsichtig war, sich nicht in Sachen einzumengen, die ihn nichts angehen. Denn in Seelenfragen der Katholiken hat einzig und allein nur der legale kirchliche Würdenträger das Recht, Anordnungen zu treffen. Nur ihm sind wir in katholischen Glaubensfragen Gehorsam schuldig, nicht aber den weltlichen Behörden. Wenn also der Herr Minister, was wir allerdings nicht erwarten, so vorgehen sollte, wie es der Jude des *Tageblatts* erwartet, dann erwarten wir, daß ihm der Herr Erzbischof gesagt hat, er könne mit solchen Ermahnungen zu seinen Superintendenten und Oberrabbinern gehen, aber nicht zu einem Geistlichen der katholischen Kirche, denn weder dem preußischen König noch der preußischen Regierung ist der katholische Erzbischof in Glaubenssachen Gehorsam schuldig, sondern einzig der heiligen Kirche und ihrem Stellvertreter in Rom."

(458) *Przyjaciel l.*, Nr. 113 v. 20. September 1906

„Geliebte polnische Kinder!

Schwer ist euer heutiges Los, liebe Kinder! Die Eltern verbieten euch die Religion zu lernen und zu beten in der fremden deutschen Sprache, dagegen befiehlt man euch in der Schule, deutsch zu beten und zu lernen. Wenn ihr den Eltern gehorcht, dann setzt ihr euch dem Arrest und Schlägen aus. Wenn ihr dagegen der Schule gehorcht, dann begeht ihr eine Sünde gegen Gottes viertes Gebot. Ihr habt also die Wahl: entweder Arrest und Prügel oder eine schwere Sünde. Und was sollt ihr nun wählen? Diese Frage wird euch die hl. Schrift, also Gottes Wort beantworten, welches von heiligen, vom hl. Geist inspirierten Männern niedergeschrieben wurde."

Es folgt die Schilderung der babylonischen Gefangenschaft der Juden und deren Widerstand gegen die Syrier, die sie zum Abfall von ihrem Glauben bewegen wollten. Das Blatt fährt dann fort:

„Es war auch eine gewisse Frau, welche sieben Söhne hatte, von welchen die jüngsten noch im Kindesalter waren. Auch sie forderten die Syrier auf, sie möge Schweinefleisch mit ihren Söhnen essen. Aber jene Frau tat dies nicht, sondern sie feuerte ihre Söhne an, sie möchten geduldig die Qualen ertragen. Die Syrier mordeten in furchtbarster Weise alle sieben Söhne und zuletzt noch die Mutter hin, aber keines von ihnen hat den Glauben verleugnet.

Fürchte dich nicht vor Qual noch Pein,
Darnach folgt Freude für die Seele!

Und jetzt liebe Kinder, werdet ihr wissen, welche Wahl ihr zu treffen habt, wenn euch einerseits Arrest und Prügel drohen und andererseits die Sünde des Ungehorsams gegen die Eltern und das Gesetz Gottes."

(459) *Przyjaciel l.*, Nr. 125 v. 18. Oktober 1906

„Zu dem Hirtenbriefe des Erzbischofs von Stablewski.

Der Hirtenbrief unseres Herrn Erzbischofs ist nicht so klar, wie ihn sich so mancher gewünscht hätte, und dennoch ist er ein sehr entscheidender Schritt zur Verteidigung der Grundlehren der heiligen Kirche gegen die preußische Schule. Denn in ihm drückt der Herr Erzbischof deutlich aus, daß gemäß den Grundlehren der Kirche der Religionsunterricht in den Schulen in der Muttersprache der Kinder erteilt werden muß. Also, dies geht aus dem Schreiben des Herrn Erzbischofs hervor, handelt die heutige preußische Schule, indem sie den polnischen Kindern den Religionsunterricht in der deutschen Sprache aufdrängt, gegen die Grundlehren der heiligen Kirche, und sie richtet sich nach nicht-katholischen Grundsätzen. Weiter geht aus dem Briefe des Herrn Erzbischofs hervor, daß jener deutsche Unterricht, zu dem die Schule die polnischen Kinder zwingt, nicht der wahre Unterricht des Glaubens im Sinne der heiligen Kirche ist, da die Art und Weise der Erteilung desselben eine verkehrte ist. Deshalb haben die polnischen Kinder auch nicht die Verpflichtung, diese Religion zu lernen, und die

Eltern können und müssen ihnen dies verbieten, in der gerechtfertigten Befürchtung, daß sie in der fremden, unverständlichen Sprache sich irgendwelche falschen oder verkehrten Begriffe von Gott und dem heiligen Glauben aneignen. Daher sind für alle jene, die sich bisher nach dem Herrn Erzbischof umgesehen haben, gegenwärtig alle Zweifel behoben. Der Herr Erzbischof als unser Hirte hat den Religionsunterricht in fremder Sprache als unverträglich mit den Grundlehren der heiligen Kirche verdammt, und hierdurch hat für uns Katholiken dieser Unterricht aufgehört, ein wahrer katholischer Religionsunterricht zu sein. Und jetzt bleibt uns allen nur übrig, der Stimme unseres Herrn Erzbischofs zu folgen und unseren Kindern zu verbieten, in der Schule in fremder Sprache die Religion zu lernen, Gebete zu sprechen und Lieder zu singen. Denken wir an das, was der Herr in der heiligen Schrift sagt: ‚Wer der Kirche nicht gehorcht, der gehorcht mir nicht'."

(460) *Przyjaciel l.*, Nr. 137 v. 15. November 1906

„Lied der polnischen Kinder

Mutter Christi, allerheiligste Maria,
Mit Tränen treten wir an deinen Altar.
Dein wehrloses Volk erschlägt der wilde Feind,
Er peinigt das polnische Volk, beschimpft deine Kirche.
Dein Erbarmen flehen wir mit Tränen an,
Königin Polens, verwende dich für uns.
Zu dir flehen wir, o unsere heilige Jungfrau,
Die du uns vor der Macht des Schweden beschirmt hast;
Heute, wo uns die deutschen Tyrannen quälen,
Möge deine Gnade die Kinder nicht fallen lassen.
Dein Erbarmen flehen wir mit Tränen an,
Königin Polens, verwende dich für uns.
Gott, dessen gerechter Arm
Mit eisernem Zepter die Herrscher der Welt zermalmt,
Vernichte die schädlichen Absichten der bösen Feinde,
Gib unserer polnischen Seele die Hoffnung wieder zurück.
Vor deine Altäre tragen wir das Flehn,
Geruhe, o Herr, uns den polnischen Religionsunterricht wiederzugeben."

(461) *Slowo polskie* (Warschau), Juni 1903

In einem Artikel zum Lemberger Sokoltage schreibt das Blatt:

„Unlängst noch wollte ein jeder im Heere General sein, und es fehlte an Leuten, welche die Reihen ausfüllen sollten; heute bildet sich das Ideal eines Gemeinen in der nationalen Frage. In Ermangelung einer eigenen Armee lernen wir Disziplin im Sokoltum. Die ganze Nation organisiert sich von neuem, nach neuen Grundsätzen. Leider entsendet der größte polnische Landesteil keine Sokolkameraden nach Lemberg. Die russische Regierung duldet keine Turnverbände, keine kameradschaftlichen Vereine. Dagegen kommen die Landsleute aus dem preußischen Anteile zu uns, sie kommen mit Schweiß bedeckt von dem Felde des Kampfes um unsere gemeinsame nationale Existenz. In ihnen laßt uns die Vertreter des kämpfenden Polens ehren.“

(462) *Slowo p.*, Nr. 53 v. 2. Februar 1904

„Den Preußen ins Stammbuch

Sehet Euch, Ihr Elenden, mit vor Wahnsinn irrem Blick
Die Geister Eurer Poeten und Dichter an:
Schande, Schande bedeckt ihr Antlitz der Nation wegen,
Denn es ist Schande, eines solchen Volkes Poet zu sein.
Höret die Worte Goethes, Schillers!
Ihr Geist spricht heute aus dem Lande der Schatten
Und stirbt, Euch ansehend, zum zweitenmal
Bei dem Gedanken, daß er einem solchen Volksstamme entsproß.“

(463) *Slowo p.*, Nr. 120 v. 10. März 1904

„Die Polen in Amerika und der russisch-japanische Krieg.

Für uns ist es mehr als interessant zu wissen, was unsere Landsleute in den Vereinigten Staaten Nordamerikas denken und fühlen. Über die Gesinnung der 2 Millionen polnischer Auswanderer den ostasiatischen Kriegs-Ereignissen gegenüber gibt uns einen Maßstab der an mich seitens des *Verbandes polnischer Jugend in Amerika* gerichtete Brief:

‚Chicago, den 16. Februar 1908

Herrn Z. Milkowski, Vertreter der National-Liga. Hochgeehrter Herr

Oberst! Angesichts der politischen Wirren Rußlands mit Japan im Fernen Osten ist es sehr leicht möglich, daß die so viele Jahrzehnte in der Knechtschaft lebende polnische Nation zu den Waffen greift, um sich von der Knute des Despoten zu befreien. Wir, der *Verband polnischer Jugend in Amerika,* möchten als treue Söhne Polens, in dem Augenblick, in welchem der Freiheitskampf zur Tatsache geworden, die ersten in den Reihen der Kämpfenden sein, wir wollen, daß man uns nicht vergißt, sondern zur rechten Zeit in Kenntnis setzt. Wir wenden uns deshalb an Sie, hochgeehrter Herr Oberst, als den einzigen öffentlichen Vertreter der National-Regierung, mit der Bitte, uns nach dieser Richtung hin zu informieren, und zwar: Ob es zur Zeit möglich ist, daß in Polen eine Revolution ausbrechen könnte? Auf welchem Wege wir aus Amerika nach Polen gelangen könnten und wessen Befehlen wir gegebenenfalls gehorchen sollen?"

(464) *Slowo p.*, Nr. 185 v. 19. April 1904

„Aus einem Brief aus Amerika

‚Die Kunde von dem Ausbruch des russisch-japanischen Krieges elektrisierte unsere ganze Auswanderung viel lebhafter als unsere Landsleute in der Heimat. Kein Wunder daher, daß die von Sehnsucht bedrückten Herzen lebhafter zu schlagen anfingen, daß unbestimmte Hoffnungen wachgerufen wurden und viele sich fragten, ob denn schon die Zeit, der Augenblick gekommen sei, wo nach dem Beispiele der Väter dem Vaterlande der blutige Zins abgetragen werden müsse und daß der Verband junger Leute sich mit der amtlichen Anfrage an den Oberst Milkowski wendete, auf welchem Wege man wohl am besten Polen mit bewaffneter Hand zu Hilfe kommen könnte. Der Krieg interessiert uns in seinem weiteren Verlauf ungeheuer. Ich brauche wohl nicht erst zu bemerken, daß unsere Sympathien voll und ganz auf seiten Japans sind und daß in der Wachrufung derselben die amerikanische Presse mit der polnischen wetteifert.'"

(465) *Slowo p.*, Nr. 322 v. 13. April 1905

„Gegen Preußen.

Mit Recht erinnert Anton Plutynski daran, daß der Zusammenschluß Frankreichs, Englands und Österreichs gegen Preußen ein Ziel bildet, an dessen Erreichung jedem liegen müßte, welcher nicht will, daß Europa von diesem Staate verschlungen werde. Die Polen aller drei Teilungsmächte, namentlich die Polen in Österreich, welche die größte Freiheit besitzen, müssen tatsächlich aktiv vorgehen, um Österreich-Ungarn auf die Seite der antipreußischen Koalition herüberzuziehen. Derartige Pläne sind weder Trugbilder noch etwas, was nicht in Erfüllung gehen könnte. Der Schöpfer der antipreußischen Koalition ist König Eduard VII."

(466) *Slowo p.*, Nr. 130 v. 18. März 1907

„Die Polendebatte

Berlin, 15. März. Heute nachmittag 3 Uhr wurde die Polendebatte im preußischen Landtage geschlossen. Zwei Tage, den 14. und 15., wurde im preußischen Abgeordnetenhause der Schulstreik erörtert ... Der allgemeine Eindruck war meines Erachtens der, daß etwas zu kühl gesprochen wurde, es war dies mehr die Stimme eines in der Wüste Rufenden. Die preußischen Redner erhielten nicht die Antwort, welche ihnen gebührte. Und der berühmte v. Studt?! Hoho, er triumphiert, er ist der Held des Tages. Alle Hakatisten haben ihn nach seinen beiden gestrigen Reden gefeiert. Der 14. März wurde als der Studttag bezeichnet. Aber mit vollstem Unrecht. Heute ist sein Tag, heute, den 15. März 1907 nach Christi Geburt. Heute ist sein Triumph. Heute hielt er nach Mizerski eine Rede, er sprach, er las nicht, ich betone es ausdrücklich, drei Minuten! Heute hielt er eine Rede, deren Schluß ihm ein ‚Hoch!' einbrachte. Mizerski schloß seine Rede mit den Worten: ‚Auf Ihrer Seite ist die Macht, auf unserer das Recht', und Herr v. Studt erwiderte: ‚Wir haben Macht, also haben wir Recht!' Nachdem er dies gesprochen, setzte sich der Held. Ich kenne keinen Ort in Europa, welcher eine größere Schande der Zivilisation, ein größerer Schlag ins Gesicht für die ganze Kultur, für das, was wir *‚humanité'* nennen, wäre als das preußische Abgeordnetenhaus. Was sind das für Schakale, für gefräßige Geier, für Hyänen! Wenn sie es könnten, würden sie wahrscheinlich die polnischen Leichen aus den Gräbern herauszerren, damit sie kein Zeugnis ablegen, damit sie nicht rufen: ‚Das sind polnische Lande!' Wer diese Augenblicke, deren wir gestern Zeuge waren, nicht mit durchlebt, wer die egoistischen Versicherungen, deren Zweck die Tötung einer Nation ist, nicht gehört, wer nicht Augenzeuge war des Angriffs gegen den Abgeordneten Korfanty um seines Rufes willen, daß die Polen niemals Preußen würden, der wird niemals eine Vorstellung davon haben, was eine barbarische Furie, was eine bestialische Wut und Verbissenheit toller Hunde unter der Marke ‚*homo sapiens*' ist. Unserer Sprache fehlt es wahrlich an Worten, um, sei es auch nur zum Teil, das rohe Selbstbewußtsein wiederzugeben, welches auf der ehernen Stirn des unflätigen Preußentums in dem Augenblick zu lesen war, als sie verkündeten, daß die polnischen Söhne schon bald etwas anderes sein würden als ihre heutigen Väter. Diese ‚*rabies borussica*' betäubte einen der freisinnigen Abgeordneten, als er etwas von menschlicher Rücksicht erwähnte, verhöhnte den Zentrumsvertreter, Grafen Praschma, welcher zur Mäßigung mahnte. Kurz: so viel teuflischen Übermutes, so viele Triumphe der Lüge und der rohen Gewalt, daß sich unwillkürlich bei dem Anblick dessen die Fäuste ballten und der Gedanke sich aufdrängte: Gibt es denn keinen Gott mehr?!"

(467) *Slowo p.*, Nr. 597 v. 23. September 1907

„Paderewski in Amerika.

Paderewski hatte unlängst in Buffalo in Amerika ein Konzert gegeben. Die große ‚Convertion Hall' war natürlich überfüllt. Nach dem Konzert wurde der Pianist von unserem Landsmann, dem stellvertretenden Stadtphysikus Dr. Fronczak, bei dem sich etwa 25 Polen, Freunde des Gastgebers, versammelt hatten, empfangen. Während des Festes hielt Paderewski eine Rede auf die Polen in Amerika. Er überbringt ihnen Grüße von den Polen an dem San und dem podolischen Dniepr, an der schlesischen Oder und der Königin unserer Flüsse, unserer Weichsel, von den Bewohnern des Tatragebirges und den Kassuben an der Ostsee. ‚Ich bin (so führte er aus) berechtigt, so zu sprechen, denn ich glaube daran, daß in naher Zukunft alle diese Landesteile ein einziges, freies, unabhängiges Vaterland bilden werden und daß die Polen in Amerika durch ihre Arbeit, Betriebsamkeit, warme Liebe zu dem Heimatlande, durch ihre sittliche und materielle Hilfe zur baldigen Verwirklichung unserer Träume und Ideale beitragen werden.'"

(468) *Sokol* (Posen), Nr. 8, 1892

„In Punitz ist ein Frauenturnverein gegründet worden; unter dem Protektorat des *Sokolvereins* turnen gegenwärtig 10 Damen, welche bereits gleichmäßige Turnanzüge besitzen. Wir haben es daher schon auf

6 Frauenabteilungen gebracht, und zwar in Charlottenburg, Posen, Pleschen, Schildberg, Kempen und Punitz. Es lebe der nächste Frauenturnverein."

(469) *Teka* (Zeitschrift f. d. Jugend, Lemberg)

Motto jeder Nummer: „Aus moskowitischer, österreichischer und preußischer Knechtschaft befreie uns, o Herr!"

(470) *Teka*, Nr. 2, Februar 1899

„Heute, wo die Liebe zu den ‚öffentlichen Angelegenheiten' die Sorge um möglichst hohe Vervollkommnung in sozialer Beziehung bei uns den spontanen Charakter von auf die Wiedergewinnung der selbständigen nationalen Existenz abzielenden Bestrebungen angenommen hat, muß dies Streben der gesamten Jugend eingeimpft werden, als die Leitidee des gesamten Lebens, als der einzige Ansporn zu allem Tun."

(471) *Teka*, Nr. 9 v. September 1899

„Wir glauben heilig und fest daran, daß uns der Freiheitsstern aufgehen wird, daß der von den Fesseln befreite weiße Adler sich wieder stolz über unserm freien, gleichen, unabhängigen Vaterlande erheben wird."

(472) *Teka*, Nr. 10 v. Oktober 1899

„Wenn wir auch nach dem Jahre 1863 für längere Zeit die Schilderhebungen von dem nationalen Programm gestrichen haben, so haben wir keineswegs darauf verzichtet, die politische Unabhängigkeit anzustreben ...
Ich erwähnte bereits, daß alle unsere Bemühungen, unsere ganze Arbeit nur einen Endzweck haben kann, nämlich die nationale Unabhängigkeit. Auf eine Intervention und ein Erbarmen der Mächte haben wir längst zu rechnen aufgehört; wir fühlen alle, daß wir nach dieser Richtung hin lediglich eine eigene Aktion unternehmen können, indem wir uns auf unsere eigenen Kräfte verlassen."

(473) *Teka*, Nr. 1 v. Januar 1900

„Es ist die Pflicht der polnischen jungen Leute, aus allen Vereinen auszutreten, in welchen die deutsche Sprache und deutsche Sitten herschen. Statt dessen müssen wir überall eigene Vereine gründen. Wir brauchen mehr Kräfte als die Deutschen, um das Haus von dem Kehricht zu säubern ..."

(474) *Teka*, Nr. 8 v. August 1900

„Im Posenschen sind die Zeitungen in der heutigen Lage Alles. Sie sind Universität, Volksschule, politische Organisation, nationales Parlament und Regulator aller gemeinsamen Bestrebungen. Trotz der für den polnischen Geist unglücklichen Verhältnisse ist die Zahl der Leser von 75 000 auf 200 000 gewachsen (übrigens ein Beweis, wie klein die Zahl der bewußten Polen in Posen war, der Herausgeber). Nachdem der polnische Arbeiter und Handwerker einige Jahre ununterbrochen ein polnisches Blatt gelesen hat, wird er ein begeisterter Patriot. Einen gleichermaßen wirkungsvollen und kräftigen politischen Faktor wie die Presse gibt es im Posenschen nicht."

(475) *Teka*, Nr. 4 v. Januar 1902

„Man kann von Menschen, deren Ideale der seinem Glauben abtrünnig gewordene Kurfürst ‚der Große' und – der durch seine Brutalität – nicht minder große Bismarck sind, nicht verlangen, daß sie die edlen Figuren wie: Batory (Stephan Batory, polnischer König), Sobieski, Kosciusko verstehen und würdigen können sollen."

(476) *Teka*, Nr. 8/9 v. August/September 1904

„Ein Telegramm an die Japaner.

Auf die Nachricht von dem Siege der Japaner über die russische Armee schickte der Vorstand des Verbandes polnischer Studenten-Verbindungen in Österreich *Ognowo* zu Händen der japanischen Botschaft in Wien ein Telegramm folgenden Inhalts ab:

‚Im Namen der polnischen Gesamtjugend, die einer Nation angehört, welche als erste in der Welt die seitens der unersättlichen Eroberungssucht Rußlands drohende Gefahr erkannt hatte und dreihundert Jahre gegen dasselbe kämpfte, bevor sie unter sein rohes Joch gelangte, drückt der Verbindungsverband der studierenden Jugend *Ognowo* im Augenblick der Niederlage der russischen Heere bei Liaujang seine begeisterte Solidarität mit der wackeren japanischen Nation und seine Bewunderung für deren heldenmütige Armee aus. Die polnische Jugend kann sich ihres lebhaften Bedauerns darüber nicht enthalten, daß das Schicksal und die politischen Verhältnisse ihr nicht gestatten, sich an dem Kampfe gegen ihren schrecklichen Feind zu beteiligen, um die Greueltaten der jahrhundertelangen Knechtschaft zu rächen, die auf dem barbarischen System der Sklaverei und Bestechung gegründete Macht zu brechen und endlich den Weg zur Freiheit der unterdrückten Nationen und zum Fortschritt der Menschen zu öffnen'."

(477) *Wiarus Polski* (Bochum), Nr. 12, 1900

„Lied der Polen in der Fremde.

„Schwer knechtet das neidische Schicksal die Polen, deshalb müssen sie in der ganzen Welt herumirren; aus der polnischen Erde herausgestoßen, wie Vögel aus dem Nest, wendet das Lechitengeschlecht seinen Blick beständig nach den polnischen Gegenden. Es schaut und schaut, ob die Morgenröte der Freiheit nicht aufleuchtet, welche dic Polen brauchen; ach, laß diese Freiheit, Gott, zurückkehren!
Jeder Pole möchte mit den Vögeln in sein Vaterland zurückkehren, aber unter den Fremden muß er Pole bleiben."

(478) *Wiarus Polski*, Nr. 31 v. 12. März 1900

„Eine Deutsche will ein aufrichtiger Pole nicht haben, er zieht immer eine brave Polin vor und achtet nicht darauf, wenn auch Herr von Rheinbaben eine Höllenwut zeigt. Die Gustes, Berthas, Herthas sind keine Frauen für die Polen. Ich ziehe ein Kasia, Wladzia, Stasia vor; mögen die Schwaben die Herthas nehmen. Der Herr Minister hat sich darüber geärgert, daß unser Wiarus ruft: ‚Polinnen, heiratet keinen Deutschen!' Ein Fremder kann kein Glück bringen. Die Polinnen denken stets daran, daß von ihnen die Zukunft Polens abhängt, deshalb eifern sie der Wanda nach, welche keinen Deutschen haben wollte. Polnische Jungfrauen und Kavaliere schwören wir heute: ‚mit den Fremden wollen wir uns nicht verbinden, eher ins kalte Grab!‘ Denken wir immer daran, daß, solange die Welt existiert, der Deutsche niemals der Bruder der Polen war und sein wird. Wir wollen nicht Preußen werden; selbst wenn man uns hängen sollte, werden wir Polen bleiben!“

(479) *Wiarus Polski*, Nr. 152 v. 22. Dezember 1900

„In Bremen beschlossen die dortselbst wohnenden Landsleute, einen Fonds zur Erbauung eines polnischen Altars in der katholischen Kirche zu sammeln. Auf dem Altar sollte das Bild der Muttergottes von Czenstochau, und an dessen Seite sollten die Figuren des heiligen Adalbert und Stanislaus Aufstellung finden. In kurzer Zeit wurden 5 000 Mark gesammelt. Da tauchte auf einmal das Gerücht auf, daß statt eines polnischen ein deutscher Altar errichtet werden sollte. Es wurde deshalb eine Deputation an den Pfarrer abgesandt, welcher jedoch entschieden erklärte, daß der Bau eines polnischen Altars nicht zustande kommen könnte. Infolgedessen fand am 4. Dezember eine polnische Versammlung statt, in welcher mit Stimmenmehrheit der Antrag angenommen wurde, daß das Geld, soweit sich die Spender desselben noch erinnern, an dieselben zurückgezahlt werden soll, der etwa übrigbleibende Rest wurde für die Volksbibliothek bestimmt.“

Der gleiche Vorfall passierte in Bankau bei Herne in Westfalen, vgl. *Wiarus Polski*, Nr. 4 v. Januar 1901.

(480) *Wiarus Polski*, Nr. 154 v. 28. Dezember 1900

„Kein Pole darf einem deutschen Verein angehören, mag er sich ‚Arbeiterverein‘, ‚Turnverein‘ oder sonst wie bezeichnen. Die Polen sind in den Vereinen überflüssig, statt dessen muß jeder Pole in der Fremde dem polnisch-katholischen Verein beitreten. Am Schluß rufen wir: ‚Fort mit den Polen aus deutschen Vereinen!‘“

(481) *Wiarus Polski*, Nr. 31 v. 12. März 1901

„Wecken wir den Geist.

Sehr richtig sagt der Dichter, daß ‚nichts Sibirien, nichts die Knuten bedeuten, daß aber der größte Schmerz aller Schmerzen der vergiftete Geist einer Nation ist‘.

Wenn sich ein Pole seiner polnischen Sprache schämt, so ist sein Geist vergiftet!
Wenn er sich von polnischen Vereinen fernhält, so ist sein Geist vergiftet!
Wenn er eine Deutsche, oder eine Polin einen Deutschen heiratet, so ist sein Geist vergiftet!
Wenn ein Pole nicht die Absicht besitzt, obwohl es die Umstände gestatten, nach Polen zurückzukehren, so ist sein Geist vergiftet!
Wenn er sich dessen schämt, daß ihn eine polnische Mutter geboren hat und als Deutscher gelten will, so ist sein Geist vergiftet!
Wenn ein Pole in seinem Hause keine polnischen Zeitungen besitzt, dagegen sein Geld für die deutschen ‚Blätter' ausgibt, so ist sein Geist vergiftet! ...
Hieraus folgt die Lehre, daß wir alle bei unseren Landsleuten in der Fremde den nationalen Geist und das Pflichtbewußtsein wecken müssen, welches sie mit Bezug auf den katholischen Glauben und unsere polnische Nationalität besitzen müssen.
Noch einmal wiederholen wir: Wecken wir den Geist, denn der nationale Geist fürchtet nicht die preußische Fuchtel! Streben wir danach, daß in einem gesunden Körper ein gesunder Geist sei!
Heiße Liebe zum Glauben und zur Sprache!
Wecken wir daher den Geist!"

(482) *Wiarus Polski*, Nr. 94 v. 6. August 1901

„Auf dem am 4. August stattgehabten *Polentage* zu Bochum wurde eine Resolution gefaßt, in der es u. a. heißt:

‚Damit wir den Anfechtungen unserer Versucher widerstehen und unsere Kinder für Glauben und Kirche erziehen können, begehren wir Pfarrer und werden immer solche begehren, welche nicht nur die fertige Kenntnis der polnischen Sprache besitzen, sondern auch fähig sind, unsere nationalen Bedürfnisse zu verstehen und gebührend zu berücksichtigen...'"

(483)
Wiarus Polski, Nr. 67 v. 5. Juni 1902

„Unser Propst, welcher als heftiger Gegner der Polen bekannt ist, will es durchaus durchsetzen, daß die Polen mit den Deutschen zusammen eine Feier zum Andenken an das Jubiläum des Papstes Leo XIII. veranstalten. Die Mehrzahl der Polen ist aber dem entgegen, denn was könnten die Polen davon haben, wenn sie mit den Deutschen zusammen den Festsaal betreten? Will aber der Propst in seinem Widerwillen gegen die Polen dies nicht tun, so werden die Polen unter keiner Bedingung mit den Deutschen zusammen an dem Fest teilnehmen, sondern sie müßten die Feier auf ihre eigene Hand veranstalten, wie dies schon anderswo der Fall gewesen ist."

(484) *Wiarus Polski*, Nr. 86 v. April 1902

Das Blatt bringt einen langen Bericht aus Bitterfeld, dessen Verfasser sich scharf über den dortigen katholischen Pfarrer beschwert; dazu bemerkt das Blatt:

„Jeder Germanisator aber und in Sonderheit jeder germanisatorische Geistliche arbeitet nicht für Gott, sondern für den Teufel, er stößt in die Hölle und in die Verdammnis diejenigen, welche er zu Gott, zum Himmel führen sollte. Gegen solche Leute ohne Glauben und Ehrfurcht vor der Kirche – denn ein Mensch, welcher an Gott glaubt, treibt keine Germanisation – wird der *Wiarus Polski* immer energisch kämpfen oder, wie die Leute sich ausdrücken: das polnische Volk aufreizen."

(485) *Wiarus Polski*, Nr. 262 v. 13. November 1903

„In einem gewissen Ort des Kreises Gelsenkirchen ist ein seit vielen Jahren bestehendes, gutgehendes Kolonialwarengeschäft unter äußerst günstigen Bedingungen zu verpachten oder zu verkaufen. – Eine gute Gelegenheit bietet sich somit einem Polen, der die Absicht hat, sich niederzulassen. Näheres ist zu erfahren in der Expedition des *Wiarus Polski* in Bochum.

Achtung! Den geehrten Landsleuten teile ich hierdurch mit, daß ich mich in Oberhausen, Steinstr. 18, als polnische Hebamme niedergelassen habe. Ich empfehle mich zu allen in mein Fach schlagenden Diensten. Balbine Kaube.

Den geehrten Landsleuten in Wattenscheid und Umgegend empfehle ich mich als polnischer Fleischer. Ich bin der erste polnische Fleischer am Orte, und deshalb rechne ich auf die zahlreiche Unterstützung von seiten der geehrten Landsleute. Die Bedienung ist schnell und solid. G. Siekierski."

(486) *Wiarus Polski*, Nr. 264 v. 15. November 1903

„Dem geehrten polnischen Publikum in Wanne und Umgegend teile ich mit, daß ich mich als polnischer Schneider niedergelassen habe. Ich empfehle mich zur Anfertigung von Anzügen, Paletots, Beinkleidern nach Maß und Garantie guten Sitzes. Mit Hochachtung Dionysius Warsczynski, polnischer Schneider in Wanne."

(487) *Wiarus Polski*, Nr. 232 v. 8. Oktober 1907

„Ein Verein der Polinnen in Wanne

wurde am vergangenen Sonntag in einer abgehaltenen Versammlung gegründet, auf der außer dem Vorsitzenden die Frau und der Herr Palinski aus Bochum ausführlich referierten und der Herausgeber des *Wiarus Polski*, der Abgeordnete Herr Jan Brejski, ein kurzes Referat hielt. Als Vorsitzende wurde die Frau Zmyslona gewählt. Als Mitglieder haben sich 134 Landsmänninnen aufnehmen lassen. Nähere Einzelheiten werden wir später berichten. Dem neuen Verein wünschen wir die denkbar beste Entwicklung. Glück auf!"

(488) *Wielkopolanin* (Posen), Nr. 13 v. 14. Februar 1883

„Wie können wir das Vaterland wieder aufbauen, wenn wir kein Kapital in Händen haben? Nehmen wir z. B. an, daß Rußland in einem in kurzem ausbrechenden Kriege Preußen besiegt, oder umgekehrt, und ein demnächst stattfindender internationaler Kongreß stellt Polen wieder her. Gut, aber woher nehmen wir Geld zur Errichtung der polnischen Armee, zur Dotierung der polnischen Beamten, für Schulen, Kirchen und andere Institutionen?"

(489) *Wielkopolanin*, Nr. 4 v. 6. Januar 1885

„Wieviel Geld ist von uns in fremde Taschen geflossen für Weine, Arak, Zigarren, Spitzen, Seidenzeuge usw. Hätten wir alle diese Dinge von Polen gekauft, so würde uns wenigstens der Trost bleiben, daß vielleicht ein Teil des gezahlten Kaufpreises als Reingewinn in den polnischen Taschen geblieben ist.“

(490) *Wielkopolanin*, September 1898

„In unserer polnischen Stadt veranstalten heute abend die deutschen Einwanderer zu Ehren Bismarcks eine politische Demonstration; ein echt christliches Empfinden dürfte nach dem Verlust geliebter Personen lediglich in der Kirche zur Geltung kommen, es darf aber keineswegs im Singen patriotischer, das hier ansässige Publikum aufreizender Lieder seinen Ausdruck finden.“

(491) *Wielkopolanin*, Nr. 112 v. 17. Mai 1899

„Die Rede des Herrn Bovenschen über die polnische Geschichte war so sinnlos, solch unzusammenhängendes Geplapper, daß jeder vernünftige Mensch denken mußte: Dieser Mensch ist betrunken oder er hält seine Landsleute für vollendete Dummköpfe.“

(492) *Wielkopolanin*, September 1900

„Überlegen wir uns, was daraus entstände, wenn alle polnischen Kinder sich weigern würden, zum deutschen Religionsunterricht zu gehen, ferner, was der Lehrer tun könnte, wenn keines von den Kindern auf die in deutscher Sprache ihnen im Religionsunterricht gestellten Fragen zu antworten wüßte? Wäre die Polizei imstande, alle Kinder herbeizuholen? Hätten die Eltern Zeit genug, die Kinder zwangsweise zur Schule zu bringen, um Schulstrafen zu vermeiden? Können die Eltern dem vorbeugen, daß das Kind hinter die Schule geht?– Wir reden nicht zur Widersetzlichkeit auf. Gott bewahre! Wir stellen die Sache nur so hin, wie sie sich entwickeln kann (und, wie jeder denkfähige Mensch schließen muß, nach dem stillen Wunsche des *Wielkopolanin* sich entwickeln soll und 1901 in Wreschen und 1906 im Schulstreik auch entwickelt hat; der Verfasser). Wir raten sogar, obgleich wir eine solche Widersetzlichkeit begreifen und obgleich wir in einer ähnlichen Lage vielleicht selbst nicht anders verfahren würden, davon ab, indem wir Nachdruck darauf legen, daß das Elternhaus, die Familie, überhaupt jeder Erwachsene das korrigieren soll, was der Ministerialerlaß verderben könnte; aber vorbeugen kann man solchen Vorkommnissen nicht, denn sie entspringen aus einer Entrüstung, die mit den möglichen Folgen nicht rechnet."

(493) *Wielkopolanin*, Nr. 16 v. 19. Januar 1901

„Postanweisung:
‚Wielmozny Pan Promelski, Kuchmstrz w Poznaniu, Wyspa Tumska, palac Arcybiskupi'.

Paketsendung:
‚Kwiatowski, Hotel Franzuski, Poznan (Posen) ul. Wilhelmowska'.
(Nicht befördert.)"

(493a) *Wielkopolanin*, Nr. 23 v. 27. Januar 1901

„Eingeschriebener Brief:
‚Bank Parcelacyjny, Poznan Piekary 18'.
‚Wielmozsny X Proboszcz w Skokach, Skoki, powiat Obornicki'.

Postanweisung:
‚Pan Dankowski Poznan (Posen) Wilhelmowska (Wilhelmstraße 20)'.

Postkarte:
‚K. Nowacki, Poznan (Posen) Bismarcka 4'.
(Nicht befördert.)"

(493b) *Wielkopolanin*, Nr. 53 v. 5. März 1901

„Paket:
‚Szanowny Pan Michael Konieczny w Watenberg, Kastanienstraße Nr. 8. Westfalia, Kr. Essen'.

Paket:
‚Szanowny Pan Konkolewski w Dalchausen, Ruhr, Bezirk Nr. 17, Kr. Hatingen, Westfalia'.
(Dem Absender wieder zugestellt.)"

(493c) *Wielkopolanin*, Nr. 63 v. 16. März 1901

„Brief:
‚Wielmozny Pan K. Wierzychowski, Miejska Gorka w miejscu'.
(Befördert; Miejska Gorka soll Görchen bedeuten.)"

(494) *Wielkopolanin*, Nr. 40 v. 17. Februar 1901

Ebenso veröffentlichte das Blatt eine Zuschrift aus Mogilno, der zufolge der Absender zwei Postanweisungen mit polnischen Adressen aufgeben wollte:

„Bei den Bestimmungsorten Poznan und Bydgoszcz waren in Parenthesen Posen und Bromberg hinzugesetzt. Der Postbeamte gab mir diese Postanweisungen zurück und verlangte von mir, die polnischen Aufschriften durchzustreichen und an deren Stelle deutsche zu setzen, was ich jedoch nicht tat; ich gab ihm vielmehr zu verstehen, daß die Orte Poznan und Bydgoszcz seit vielen Jahren diese Namen trügen und auch weiterhin tragen würden, und wenn die Herren Deutschen diese Namen umänderten, so müsse man das sehr bedauern. Zwar habe ich lange mit jenem Beamten gestritten, doch bestand ich auf meinem Willen; was aber jener später damit gemacht hat, das weiß ich nicht."

(495) *Wielkopolanin*, Nr. 26 v. 31 Januar 1901

„Die Postangelegenheit sollte auch in den Versammlungen, welche demnächst stattfinden werden, berührt werden. Verschiedenen Nachrichten zufolge sind auch schon kleinere Agenturen vom Hakatismus angesteckt worden. Die Teilnehmer der Versammlungen sollten in kurzen Worten darüber belehrt werden, daß sie stets nur polnisch adressieren und nur infolge Zwanges unter gleichzeitiger Protestierung die Adressen gemäß der Phantasie des Beamten ändern sollten. Wachen wir nur stets über unsere Rechte (!?) und lernen wir bei jeder Gelegenheit!"

(496) *Wielkopolanin*, Nr. 30 v. 6. Januar 1901

Zur Verfügung der Oberpostdirektion Posen betr. Nichtbeförderung von Sendungen mit polnischer Aufschrift, für welche die Post die Verantwortung übernimmt (Pakete, Postanweisungen, Wert- und eingeschriebene Briefe) bemerkt das Blatt:

„Wir aber sagen: Adressieren wir wie bisher polnisch! ... Wer ist wohl imstande, alle diese Umgestaltungen der altpolnischen Namen zu behalten! Für uns bedeutet die mit deutschem Namen bezeichnete Ortschaft so viel, als wäre sie auf dem Monde gelegen. Manchmal opfern wir mehrere Minuten an Zeit, um zu erfahren, was irgend ein ...felde, ...aue, ...tal, ...heim usw. bedeuten soll."

(497) *Wielkopolanin*, Nr. 95 v. 7. März 1902

„Eine fürchterliche Entdeckung hat die Gnesener Polizei gemacht; es ist ihr gelungen, eine geheime Verbindung polnischer Gymnasiasten zu entdecken. Vorsitzender jener geheimen Verbindung war der Sekundaner Grodzki, Grzeszkiewicz und 17 Gymnasiasten waren Mitglieder. Ihre eigentlichen Namen schienen ihnen nicht ausreichend zu sein, deshalb hatte sich jeder noch einen altslawischen Namen beigelegt. In der Kasse befanden sich 45 Mark! und auch diese wurde mit Arrest belegt. Der jährliche Beitrag betrug 1 Mark. Diese Verbindung veranstaltete – o Grauen! literarische Abende, an denen die Mitglieder Vorträge aus der polnischen Literatur und Geschichte hielten! Diejenigen, welche sich durch eine eingehendere Forschung der polnischen Literatur und Geschichte hervortaten, erhielten Belohnungen. Das Fürchterlichste aber ist, daß sie durch Vermittlung einer polnischen Bank in Posen aus Rapperswyl eine Subvention erhielten. Wenn die weiteren Nachforschungen ergeben sollten, daß diese Verbindung mit dem Nationalschatz in Rapperswyl in Verbindung gestanden hat, so werden die Mitglieder der Verbindung vor dem deutschen Reichsgericht als Angeklagte wegen Hochverrats erscheinen."

Es handelt sich hier um ein Glied des geheimen Verbandes der polnischen Jugend *Zet*. Der Verfasser.

(498) *Zgoda* (Chicago, Ill.), Nr. 41 v. 11. Oktober 1906

„Was ist das Sokoltum?

Der polnische *Sokol* ist kein Sport- oder Athletenverein, wie es die deutschen oder amerikanischen Turnvereine sind. Der polnische *Sokol* ist die militärisch-bürgerliche Schule des neuzeitigen ‚polnischen Rittertums', die Schule der Disziplin und anderer bürgerlicher Tugenden, durch die sich die künftigen Verteidiger des Vaterlandes auszeichnen müssen. Die Scharen dieses Rittertums aus der Epoche der höchsten Blüte des damaligen Polens sollen heute im polnischen Sokoltum auferstehen; deshalb gebrauchen wir heute auch wie damals jene den Ruf ‚Czolem!'; wie je rufen auch wir ‚Einer für Alle, Alle für Einen!'. Aus den Trümmern des Vaterlandes, das in Staub verwandelt ist, das nicht frühzeitig genug an eine Gleichstellung der Stände herangetreten ist, erhebt sich wie ein Phönix aus der Asche der polnische *Sokol*, das Rittertum der Jetztzeit, um die von den früheren Rittern verlassenen Posten einzunehmen. Ist es denn nicht eine Ehre, ein Ruhm, ein Sokol zu sein, ein Ritter, der seine Kräfte für die Verteidigung des Vaterlandes aufwendet? Wie auf solche Leute, sind die Augen der ganzen Welt auf uns gerichtet. Man muß sich also darum bemühen, daß alle Kameraden unsere historische Bestimmung empfinden und verstehen, die mit dem Augenblick auf sie übergeht, in welchem sie in die Reihen dieses nationalen Ordens treten. Nur dann werden sie ihre Pflichten erfüllen können. Denkt daran, Kameraden: Der *Sokol*, das ist der Stolz und die Hoffnung der Nation, an den sich der Bau unserer politischen Freiheit anlehnen soll. Das Turnen und die Athletik sind unsere Mittel, aber nicht das letzte Ziel. Wer die Ideen und Ziele des polnischen Sokoltums so auffaßt, dem rufe ich zu: Czolem!"

(499) *Zgoda*, Nr. 1 v. 2. Januar 1908

„Das polnische Heer in Amerika.

„Der Vorstand des 2. Armeekorps des polnischen Heeres in Amerika: Anton Gorecki, Präsident; Frank Kowalski aus Joliet, Ill., 1. Vize-Präsident; J. A. Gapinski, 2. Vize-Präsident; Frank Poklenkowski, Schatzmeister. Direktoren: Josef Kaminski; Frank Maciejewski aus Hawthorne, Ill.; Josef Rytlewski. Resolutions- und Agitationskommission: Josef Morzynski; J. Dtzycimski; M. F. Szameit. Der Stab des 2. Korps: B. L. Maciejewski, Oberbefehlshaber; Thomas Wall, Oberst; J. A., Pelka, erster Major der ersten Kavallerie-Division; Julian Sadowski, Major der zweiten Kavallerie-Division; Max Duch, Major der dritten Feuerwaffen-Division; Wladislaus Myszklewicz, Major der vierten, weißen Infanterie-Division; Johann Opaleswki, General-Adjudant, 723 W. 18 str.
Alle Korrespondenzen sind an den Sekretär und Generaladjudanten

des 2. Armeekorps des polnischen Heeres in Amerika, 723 W., 18 str. Chicago Ill., zu richten.
Verzeichnis der Abteilungen, die zum 2. Armeekorps des polnischen Heeres in Amerika gehören: 1. Verein der St. Georg-Krakusen, Sekretär Johann Opalewski, 723 W. 18 str. Chicago, Ill.; 2. Verein des 4. Ulanen-Regiments in Town of Lake, Sekretär Sigismund Szmidt, 4818 S. Lincoln str. Chicago, Ill.; 3. Verein der St. Martin-Husaren, Sekretär Martin Kreuszkowski, 846 W. 17 str. Chicago, Ill.; 4. Verein der Pulaski-Kavallerie, Sekretär Rad. Lukwinski, 800 S. Ahsland ave., Chicago, Ill.; 5. Verein der Ritter der Mutter Gottes von Czenstochau der Königin der Krone Polens, in Hawthorne, Ill., Sekretär Michael Nowaczyk. 6. Verein der Kolumbus-Seeleute unter dem Patronat des heiligen Petrus, Sekretär Galinski, 747 W. 17 str. 7. das Musikkorps des 2. Armeekorps, Sekretär Leon Nagel, 676 W. 17 str.; 8. Verein unter dem Schutze des Erzengels Michael, Sekretär J. K. Las, 808 W. 17 str.; 9. Verein des 4. polnischen Schützenregiments, Sekretär Josef Czopek, 69 Cleaver str.; 10. Verein der Pulaski-Freiwilligen, Kompagnie C, Sekretär Josef Morzynski, 723 W. 17, str.; 11. Verein der Kosciulski-Schützen, Sekretär Josef Marecki, 682 W. 18-Pl.; 12. Verein der Ritter des heiligen Kasimir in St. Joliet, Ill., Sekretär Paul Laasa, 211 Rose str.; 13. Verein der Paluski-Freiwilligen, Kompagnie F, Sekretär Josef Rytlewski, 1076 Whipple str.; 14. Verein des 4. Regiments polnischer Ulanen aus St. Louis, Sekretär Andreas Niedzianko, 1404; 15. Verein der polnischen Artillerie, Sekretär Jakob Filas 1095 W. 18 str.; 16. Verein der polnischen Ulanen unter dem Schutze des Erzengels Michael in Auburn, N. Y., Johann Opalewski, Sekretär und Generaladjudant, 723 W. 18 str. Chicago, Ill.

Bund der polnischen Militärabteilungen in Amerika.

Vorstand und Stab des Bundes der polnischen Militärabteilungen in Amerika: A. Ezechowicz, Oberbefehlshaber, 607 Milwaukee ave.; A. Cieslak, Unterbefehlshaber; W. Bergmann, Generaladjudant; W. Adamus, Generalsekretär; Johann Krygier, Finanzsekretär; W. Poklacki, Generalkommandeur der 1. Division; F. Gorzynski, Generalkommandeur der 2. Division; F. Poruczek, Generalkommandeur der 4. Division; Geistlicher Piechowski, Feldprediger; Dr. Krzeminski, Oberarzt; J. Ustaszewski, Generalquartiermeister; St. Baczak, Generalsekretär für das Ausland. Direktoren: F. Wroblewski, I. Krygier, I. Zmijewski, F. Kozanecki. Hauptquartier: 32-34 Emma str. Chicago, Ill. Alle an den Vorstand der polnischen Militärabteilungen in Amerika gerichteten Korrespondenzen sind an W. Adamus, 565 Elston ave., zu senden. Die Sitzungen der Delegierten sämtlicher Abteilungen des polnischen Heeres in Amerika finden an jedem zweiten Sonnabend im Monat, 8 Uhr nachmittags, im Hauptquartier des Stabes, 32-34 Emma str. statt.

* * *

(500) Polnische Forderungen.

Die *Gazeta Grudziondzka* bietet eine Versöhnung der Polen mit dem Deutschtum an, wenn deutscherseits bewilligt werde, was die *Gazeta Grundziondzka* verlangt. In einem Artikel in Nr. 45 vom 15. April stellt dieses polnische Blatt nur „die wichtigsten polnischen Forderungen" zusammen, „damit die Herren Preußen sich nicht damit ausreden können, daß sie nicht wissen, was wir eigentlich wollen". Es sind, wie wir der *Danziger Zeitung* entnehmen, folgende Kleinigkeiten,welche im Artikel der *Gazeta Grudziondzka* begehrt werden:

1. „Aufhebung der Regierungspatronate, die Beseitigung aller Beteiligung der Regierung bei der Wahl der Bischöfe und sonstigen kirchlichen Würdenträger und die Aufhebung aller Ausnahmegesetze und Verordnungen aus früheren Zeiten und aus der Zeit des Kulturkampfes, kraft deren die Regierung die ungeheuren Kirchen- und Klöstervermögen eingenommen, die Ordensbrüder vertrieben und den Geistlichen die Aufsicht über die Schulen genommen hat. Wir fordern also, daß die Regierung die Kirchenvermögen zurückgibt, welche sie an sich genommen, daß sie allen vertriebenen Ordensbrüdern die Rückkehr in unsere Gegenden gestattet und daß die Schulen wieder unter die strenge Aufsicht der Geistlichen gestellt werden."
2. „Wir verlangen, daß es uns freisteht, unter der preußischen Regierung Polen zu sein und unser Polentum und unsere polnische Literatur zu pflegen. Zu diesem Zweck fordern wir von der Regierung, daß unsere polnische Sprache auf allen Behörden wie auch im ganzen bürgerlichen Leben zum ‚mindesten' gleichberechtigt wird. In den Volksschulen müssen unsere Kinder anfangs nur auf polnisch unterrichtet werden und nachher müssen sie so gut wie möglich in der deutschen Sprache ausgebildet werden. Auf allen Behörden muß der Pole die polnische Sprache gebrauchen dürfen, sei es schriftlich oder mündlich. In den polnischen Landesteilen müssen die Beamten geborene Polen sein,

mindestens aber die polnische Sprache fließend beherrschen. Alle polnischen Landesteile, also Schlesien, Posen, Westpreußen, Masuren und Ermland müssen zu einem Ganzen unter der Verwaltung eines besonderen königl. Statthalters mit einem besonderen Landtag vereinigt werden. Außerdem muß in Berlin ein besonderer Minister für polnische Angelegenheiten sein. Dieser Statthalter und dieser Minister müssen die polnische Sprache zum mindesten genau kennen. Natürlich müssen alle gegen die Polen erlassenen Ausnahmegesetze und Verordnungen aufgehoben und ein Gesetz erlassen werden, das den Beamten und Behörden bei strengen Strafen jegliche Bedrückung und Verfolgung der polnischen Nationalität verbietet."

Weiter zählt das Graudenzer Polenblatt seine wirtschaftlichen Forderungen auf, darunter vor allem die Aufhebung der Ansiedelungskommission. „Da habt Ihr also, Ihr Herren Preußen, unsere Forderungen!" ruft die *Gazeta Grudziondzka* schließlich aus und droht, daß, wenn diese Forderungen nicht erfüllt werden, „wir eine auf ewige Zeiten zum Himmel emporschreiende Stimme sein werden"!

(501) Druck auf Polen.

Welcher gesellschaftliche und moralische Druck auf solche Polen ausgeübt wird, die an die Ansiedlungs-Kommission ihr Gut verkaufen, zeigt *zum Beispiel* nachstehende Erklärung der gräflichen Familie Bninski im Jahre 1904:

„Die versammelten Mitglieder der Familie Bninski erklären, nachdem sie sich auf Grund authentischen Materials überzeugt haben, daß der ehemalige Leutnant Johann Bninski, geboren im Jahre 1873, als unterstellte Person das Rittergut Modischewo für die Ansiedlungskommission gekauft und dadurch eine dem Vaterlandsverrate gleiche Schandtat begangen hat, daß sie den obenbezeichneten Johann Bninski verleugnen und als Mitglied ihrer Familie nicht mehr anerkennen.
Im Auftrage und im Namen der versammelten Familie: Karl Bninski."

(502) Über die Sokolvereine.

Die Solidarität des gesamten Sokoltums.

Das gesamte polnische Sokoltum des In- und Auslandes ist als eine Institution anzusehen, welche einen gemeinsamen Boden hat, die gleiche

Idee verfolgt, einem Ziele nachstrebt, sich von gleichen Grundsätzen leiten läßt, in gleicher Weise innerlich und äußerlich organisiert ist und sich als solidarisch betrachtet. „Wir wollen", so sagt der Vorstand des Lemberger Verbandes in seinem zum Besuch des 4. Sokoltages vom Jahre 1903 erlassenen Aufruf, „der polnischen Gesamtheit ein Bild von der Arbeit und der Entwicklung unseres Sokoltums bieten. Wenn wir von unserem Sokoltum reden, dann meinen wir nicht nur die im österreichischen Anteil bestehenden Vereine, sondern alle Kameraden, welche sich auf polnischem und außerpolnischem Gebiet in den Dienst der großen bürgerlichen Sokolidee gestellt haben." Die geistige Kost, welche durch die Sokolliederbücher den Vereinsmitgliedern dargeboten wird, ist nicht allein als polnisch-patriotische, sondern geradezu als revolutionäre aufzufassen. Sie bestätigt, daß man es hier mit einer Institution zu tun hat, welche die Idee der Jahre 1794, 1830/31, 1848 und 1863 im polnischen Volke nicht erlöschen lassen, sondern sie noch erhalten will für den Zeitpunkt einer neuen Volkserhebung. Über diesen Charakter der Sokollieder haben deutsche ordentliche Gerichte wiederholt in obigem Sinne ihr Urteil gesprochen, indem sie sämtliche bekannt gewordenen Sokolliederbücher beschlagnahmt und zur Unbrauchbarmachung verurteilt haben. Hier zwei Proben der Gedichte:

„Heil vorwärts, zurück keinen Schritt,
Das ist ständig des Sokols Losung.
Hei, vorwärts, so lange das Herz in uns schlägt,
Das Vaterland muß frei sein und leben!
Fort ihr ewigen Feinde, fort der Hölle Finsternis,
Auf ihren Leichen im Marsch vorwärts!
Ho, lieber die Brust dem Schuß entgegenstellen,
Als die Standarte in Fetzen reißen lassen.
Wer wollte uns heut Fesseln anzulegen wagen?
Wer brächte ihnen heut Opfer?
Unser ist dieser Boden, nicht wird der Feind
Den wachsamen Sokols wehren, hier zusammenzufliegen.
Aber Landsleute, Einigkeit tut uns not,
Unsern Absichten muß der Himmel wohlwollen,
Dann wird der erwünschte Moment kommen,
Daß unser Feind vor Polen die Knie beugen wird.
Weiter, Brüder, kämpfen wir wacker, kühn,
Unser Adler wird den Kampf für die Nation mit Ruhm führen.
Wacker haut die tüchtige Sense zu,
Haue damit den Feinden die Nase ab.
Hei, Brüder!"

„Stehe auf, Polen, zerbrich die Ketten!
Heut ist Dein Triumph – oder Dein Ende!
Hei! Wer ein Pole ist, an die Bajonette!
Freiheit, lebe! Polen, lebe!“

Der Schlußansprache des Vorsitzenden des 4. Sokoltages entnehmen wir:

„Niemals standen wir in fremdem Solde, wir dienen der Nation und ihrer Zukunft, und nur die große, glückliche Zukunft der polnische Nation ist unser Ziel. Möge es mir gestattet sein, an den Stufen des Altars, von dem aus wir aus dem Munde des ehrwürdigen Patrioten im Priestergewande den göttlichen Segen erhielten, den Eid für die fernere, zielbewußte Arbeit für das Vaterland abzulegen! Das Vaterland, und nur dieses allein ist unsere Herrin und Gebieterin; ihr, nur ihr allein wollen und werden wir dienen. So wahr Gott uns helfe!“

Der *Dziennik Gloski* bringt am Schluß seines Berichtes über den Lemberger Sokoltag (Nr. 156 v. 12. Juli 1903) nachfolgendes Gedicht:

„Die Freiheit, das ist unsere Standarte,
Die Unabhängigkeit das einzige Ziel.
Wenn das Los entscheiden wird,
Denn uns nährt das, was uns schmerzt.
Wenn wir unsere siegreiche Hand erheben werden,
Wer kann den Sokoltruppen widerstehen?!“

Die *Sokolvereine* besitzen jetzt ihr eigenes Verbandsorgan. In Nr. 5 ihrer Zeitschrift *Przewodnik Gimnastyczny* spricht ein mit „Vorwärts“ überschriebener Aufsatz sich in sehr bemerkenswerter Weise über die Aufgaben dieser Turnvereine aus:

„... Wir sind nicht nur ein Turnverein, sondern ein durch und durch patriotischer Verein, welcher den unerschütterlichen Glauben an unsere Zukunft, an die einstige Unabhängigkeit unserer Nation bewahrt – ein solcher Verein wollen wir auch tatsächlich bleiben. Wir wollen den ungreifbaren nationalen Idealen, welche wir bei unseren Zusammenkünften und in Vereinsabenden besprechen, beständig näher rücken, wir wollen unser polnisches Vaterland, von welchem wir träumen, vom Himmel zu uns herabziehen, suchen wir es bei uns und in uns; anstelle nutzloser Schwärmerei bestellen wir die uns nahestehende Arbeit. Ehren wir unsere treue Muttersprache und suchen wir durch die Tat für dieselbe auch die Achtung Fremder zu erwerben; suchen wir derselben überall zu ihrem Rechte zu verhelfen. Möge unter den Mitgliedern des *Sokol* die abscheuliche Manier, aus Liebenswürdigkeit bei Begegnungen mit Ausländern in fremder Sprache zu reden, vollkommen verschwinden; dies muß allen Sokol-Kameraden eine heilige Pflicht sein. Es sollte Pflicht eines jeden Sokol-Kameraden sein, sein Gewerbe zu unterstützen. Verlangen wir überall eigene Ware und behelfen wir uns prinzipiell ohne fremde Artikel ... Diese unsere Grundsätze beziehen sich nicht auf die Turnübungen allein, sondern auf unser ganzes Leben und die Macht dieser freiwillig übernommenen Pflichten gewährleisten uns, daß jederzeit aus dem Sokol eine mächtige ‚Armada' zur Durchführung unseres Nationalkampfes erstehen kann."

Im Kalender des *Goniec Wielkopolski* für das Jahr 1897 stand folgendes über das Sokoltum:

„Heute gibt es für uns – in der Welt der ungebetenen Gäste, in der Vergangenheit und in der ganzen Zukunft nur ein Land, in welchem für den Polen nur ein wenig Glück blüht: Das Land des Glaubens an eine bessere Zukunft des Vaterlandes.

Dieses Vertrauen, daß wir nicht untergehen werden, trotzdem sie uns vergiften und mit Füßen treten, bedrücken und morden ... Das ist der Gipfel des Glückes. Aus der ruhmreichen Vergangenheit, aus der langen Reihe von Tagen, Jahren und zehn Jahrhunderten des freien Bestehens des Polenreiches blieben uns Fessel, Knechtschaft ... Unglück und – Hoffnung.

Das Land wurde in Stücke gerissen, mit Kreuzen und Gräbern übersät, die Vergangenheit ausgelöscht, die Freiheit vernichtet und der Adler von den Toren des Wawel gestürzt. Doch der gesunde, durch Sibiriens Kälte nicht überwundene, von den Bajonetten nicht ermordete, durch Hohn und Spott nicht ertötete Geist der Nation, er mißt seine Kräfte in bezug auf seine Absichten, nicht aber die Absichten nach seinen Kräften; er zielt dahin, wohin der Blick nicht reicht, er zerschmettert das, was der Verstand nicht überwinden kann. Mächtig wie der gewaltige Donner ist sein Arm und wie des Adlers Flug seine Gewalt. Der Geist der Nation lebt, glaubt und handelt. Es ist eine unbesiegbare Kraft und eine unverwüstliche Macht. Er fürchtet sich nicht vor den zur Vernichtung des erhabenen Lebens vereinten Mächten, sondern bahnt sich neue Wege, verkündet neue Losungen und zeigt, woraus die Kraft des

Volkes dann zu schöpfen ist, wenn die Gegner der Überzeugung sind, daß die Nation das Recht zum Leben eingebüßt habe.
Verstummt ist der dröhnende Anmarsch der mit Flügeln gezierten Husaren, verschwunden die Standarten und die aufständischen Fähnlein, nicht mehr klingen uns die wie ein Wald gestreckten Raclawicer Sensen entgegen, und der weiße Adler zieht nicht mehr die Weichsel herab seine Kreise, – da sammeln die Fittiche des Sokol unsere Brüder von neuem in Reih und Glied als Nachfolger der alten Helden. Dieser graue Vogel ist der Vogel der Zukunft, der Bote unserer Verheißung, der Anführer (Hetman) einer neuen Schar von Heldenkriegern, welche daherstürmen zur Wiedererkämpfung der Freiheit.
Jetzt, wo die Scharen des auf das blutige Blachfeld eilenden Adlers verschwunden sind und der Heerführer im Bauernkittel das Volk nicht mehr in die Schlacht führt – sammelt der graue Sokol (Falke) neue Regimenter, einigt Stände, Kreise und Klassen, übt und bildet die Körperkraft und schafft neuen Vorrat und Ersatz tüchtiger Vaterlandsverteidiger. Der Sokol kennt nicht Standes- und Kastenunterschiede, kennt keine Privilegien. Jeder Pole ist, wenn er nur brav und unbescholten ist, sein Genosse, jeder Landsmann sein Bruder, gleichviel, ob in Handwerkerbluse, im Bauernkittel oder im Herrenrock. Er rüstet nicht seine Ritter mit prächtigen Panzern aus, er drückt ihnen auch nicht verrostete Schwerter in die Hand, er sagt: ‚in einem gesunden Körper wohnt ein starker Geist', und um die Kraft dieses Geistes, um diese sittliche Macht der Nation kümmert er sich eifrig.

‚Eines starken Geistes, der nach Wahrheit lechzt,
Ist die Eintagsblume sicherlich nicht wert.'

Mit dieser Losung umfaßt der Sokol seine Pläne und Pflichten, nicht die eintägigen und vorübergehenden, sondern er nimmt in sein Programm alles auf, was zur Unabhängigkeit, Herrlichkeit und zum Ruhme des Vaterlandes beitragen kann und muß.
Mit Deinem Geiste, Herzen, Gedanken erhebe Dich, gleich ihm, Du Sokolschar, über das fade, geistlose Leben, mit Deinem starken Arm aber trage stets die Last der ungeheuren, Dir noch bevorstehenden Arbeit, der Wiedergeburt des Vaterlandes. Mit dem Eifer allein kann man heute nicht kämpfen, der Gedanke muß zum Worte werden, das Wort aber zur Tat sich verkörpern.

‚Auf! Ihr Sokols! Bei dem Marsche des Volkes
Möge die Jugend an der Spitze gehen!
Möge sie die Wege vor den Unwissenden ebnen

Und die Morgenröte des Landes bedeuten,
Möge sie mit der zum Licht erhobenen Rechten
Die polnische Wacht bilden!! ...‘

Dies ist die Sendung des polnischen Sokols, dies das Feld der Arbeit, auf welches sie der Nationalgedanke führt, dies – die Bildung von Regimentern – ist das Ziel des neuen Vogels, des neuen Hetmans, des Verkünders neuer Grundsätze, des Kämpfers für die Freiheit des Vaterlandes!

‚Also fliege höher! Die sonnige Höhe,
Für die die Völker arbeiten, – sie besteht!
Noch befinden wir uns in der Dämmerung,
Doch oben beginnt es schon zu tagen,
Vor uns ist ein schwieriger aber notwendiger Weg.
Möge der Sokol als erster den Gipfel des
Berges erklimmen, als erster die nahende
Morgenröte verkünden.
Möge er die Fahne der Ausdauer im Mühsal hochhalten,
Möge er Verkünder der Morgendämmerung und des Friedens sein,
Möge ein jeder ein Apostel der Wahrheit sein,
Und dann dem freien Polen zurufen:
Willkommen!‘“

(503) Aus dem Kalender des *Goniec Wielkopolski* für das Jahr 1897

„Der Eidschwur

Für das Glück der Brüder, die Freiheit des Volkes
Zum Kampf, zum blut'gen ergreife ich dies Schwert.
Ich fürchte weder Leiden noch Mühen
Noch werde ich vor dem Feinde vor Schrecken erbeben,
Noch aufhören dem Lande zu dienen,
Bis der Feind den Fuß nicht mehr hierher setzt.
So laß', o Gott, mich siegen.
Wir sehnen uns weder nach Blut, noch wollen wir Mord.
Das sieht ja doch der große Herr des Himmels,
Wir wollen der Väter Flur vom Unkraut reinigen
Und so schwören wir im Namen der Martern Gottes,
Daß wir um die Freiheit kämpfen, so lange die Kräfte reichen,
So lange, bis das Schwert geborsten aus der Hand fällt,

So lange auch nur ein Pole leben wird.
Auf das Herz lege ich die Linke
Und in der Rechten halte ich dies Schwert hier.
Vater! segne für Kampf und Qual,
Daß der Feind Polen verlasse.
Möge unser Kampf ein Gebet
Um Wiedergewinnung der gebührenden Rechte sein.
An den Altarstufen stehen wir vor der Schlacht,
O Gott, Gott! Errette Du Polen!
So lange als der Feind nicht aufhört, uns zu bedrücken,
So lange als wir der grausamen Fesseln Glieder nicht zerreißen,
So lange als die Rechtlosigkeit nicht zu regieren aufhört
Und wir nicht bessere, glücklichere Zeiten erlangen!
So hilf uns, Maria, Mutter Gottes,
Und gib, daß wir diesen Eidschwur halten.
Wir heben die Schwerter empor zum Kampf wider den Feind,
Für das Glück der Brüder – für die Freiheit – für das Land.

In Lobzowo, 3. Juni 1896 Hedwig S.“

(504) Aus dem Kalender des *Goniec Wielkopolski* für 1900:

„Wir glaubten, daß, wenn die ‚Gloire‘ über Frankreich erstrahlte, auch bei uns, wenn nicht vollständige Freiheit, so doch wenigstens erträglichere Zustände eintreten würden. Diese Täuschung zerstieb leider wie der Meteor mit dem Augenblick, als ungünstige Nachrichten vom Kriegsschauplatz eingingen. Die Nachricht von jeder verlorenen Schlacht seitens der Franzosen traf wie ein Ungewitter unsere Herzen und die schmähliche Niederlage Napoleons bei Sedan wurde von uns wahrscheinlich schmerzlicher empfunden als in Frankreich selbst. Es gab keine Illusionen mehr, es blieb die traurige schwarze Wirklichkeit! ...“

(505) Vom ersten polnischen Nationaltag.

Aus dem Bericht über den Verlauf des am 31. Mai und 1. Juni in Lemberg abgehaltenen ersten polnischen Nationaltages ist hervorzuheben:

„Am Sonntag, den 31. Mai, fand im Saale der Philharmonie die erste Sitzung der Nationalversammlung statt. Gegen 11 Uhr eröffnete bei vollständig besetztem Saale der Vorsitzende des vorbereitenden Komitees, der Abgeordnete Tadeus Romanowicz die Versammlung. Der Redner schloß seine Ansprache, indem er nachstehende Resolution zur Annahme empfahl:

‚Die auf der ersten Nationalversammlung in Lemberg Versammelten bestätigen die unzertrennliche nationale Einheit mit den polnischen Ländern der anderen Landesteile, drücken den Landsleuten unter der russischen und preußischen Regierung ihre Verehrung und Dankbarkeit aus für ihr unverbrüchlich treues Festhalten an der nationalen Idee in schwerer Bedrängnis und mitten in ihren furchtbaren Leiden, für ihre unverdrossene, opferwillige, der Zukunft geweihte Arbeit und für die erfolgreiche Verteidigung der nationalen Existenz sowie für die Vertiefung der Grundlage dieser Existenz. Sie erklären ihre Bereitwilligkeit zu brüderlicher Hilfeleistung in allen ihren Bedürfnissen sowie auf jeden Ruf hin und versichern, daß sie sich auf diesem Gebiet, nämlich in der Arbeit an der nationalen Wiedergeburt, stets von dem Gedanken der nationalen Zusammengehörigkeit werden leiten lassen. Die Wahl der Mittel und Wege in der Tätigkeit jener Landesteile soll ihrem eigenen patriotischen Ermessen überlassen werden; daher enthält man sich in dieser Richtung jeglicher speziellen Beschlüsse und verleiht der unwandelbaren Überzeugung Ausdruck, daß die Tätigkeit der Polen in jedem Landesteile zwar den anders gearteten Bedingungen Rechnung tragen, aber doch jederzeit dem einen, allen Polen gemeinsamen Ziele zusteuern wird.'"

(506) Polnische Aufstandsprophezeiungen.

Am deutlichsten und rückhaltlosesten sind die revolutionären Wünsche und Hoffnungen des Polentums ausgesprochen in einer Rede, die einer der Aufsichtskommissare des Nationalschatzes, Dr. Karl Lewakowski, anläßlich des vierzigjährigen Gedenktages des Aufstandes vom Jahre 1863 an die polnische Jugend gehalten hat. Diese aufrührerische Rede, die in der polnischen Druckerei von A. Reiff in Paris 1903 gedruckt worden ist, bildet gewissermaßen die Krönung des Gebäudes zur Vorbereitung der nächsten polnischen Revolution. Sie schildert erst die Geschichte und den Verlauf der früheren polnischen Aufstände ziemlich ausführlich, und dann heißt es:

„Die Nation soll also die Freiheit und Unabhängigkeit mit eigenen Kräften sich erobern. Heute, wo die Macht der Teilungsmächte sich fast verdoppelte, woher sollen wir heute die Hoffnung auf ein Gelingen hernehmen? Lesen Sie die Geschichte der Aufstände und sie wird Ihnen antworten. Bis jetzt hat es einen Aufstand der ganzen polnischen Nation nicht gegeben. Es gab Aufstände, aber das polnische Volk hat sich an ihnen nicht beteiligt, nur ausnahmsweise hat es das Volk getan, jedoch in geringer Anzahl und ungern ... Unsere polnische Politik müßte sich deshalb auf eine breite Unterlage der heutigen Begriffe von den natürlichen Rechten eines jeden Volkes auf eine unabhängige Existenz stützen und von jeglichen Einflüssen, provinziellen und Klasseninteressen, frei sein ... Der Grund für einen erfolgreichen Aufstand ist heute vorbereitet, und wenn er irgendwie gelingen soll, muß er wahrhaft revolutionär sein, und er wird es sein, oder wir werden uns niemals mehr zur Eroberung der Freiheit emporraffen ... Zum Aufstande drängt uns schon der Selbsterhaltungstrieb. Wir wissen nicht, wann uns der Augenblick überraschen wird, denn nicht von uns hängt er ab, doch zu lange Zeit ist bereits verflossen, ohne daß wir in ihr unseren unbeugsamen Willen zur unabhängigen nationalen Existenz irgendwie dokumentiert hätten. Wir haben also die Pflicht, uns den nächsten günstigen Augenblick, welcher uns jedoch nicht unvorbereitet antreffen darf, zunutze zu machen ... Wir müßten und müssen uns hierzu dauernd organisieren, von allen bestehenden Organisationen Gebrauch machen, alle Kämpfe politischer Parteien untereinander beiseite legen und uns zu diesem heiligsten Ziel verbinden und vereinigen. Fühlen wir uns als leibliche Brüder mit dem um das tägliche Brot arbeitenden armen Volke, helfen wir ihm die gesellschaftliche Gerechtigkeit erringen, verschaffen wir ihm die Überzeugung, daß die künftige polnische Republik ein Bollwerk der Gleichheit, Freiheit und Brüderlichkeit zwischen den Bürgern sein werde, und wir werden die Feinde besiegen. Welches auch das Ergebnis des künftigen Aufstandes sein wird, ein günstiges oder ein ungünstiges, die Nation wird lediglich ihre Pflicht erfüllen, so wie wir sie im Jahre 1863 erfüllt haben."

Derjenige, der dieses hohe Lied auf den bevorstehenden polnischen Aufruhr gesungen hat, ist einer der Aufsichtsräte des polnischen Nationalschatzes, dessen revolutionärer Zweck oben an der Hand des offiziellen Berichtes gekennzeichnet worden ist. Herr Dr. Lewakowski wird also die Fäden genau kennen, die in Rapperswyl zusammenlaufen und die Verbindung mit den aufrührerischen Gesinnungsfreunden in den ehemals polnischen Gebietsteilen herstellen.

(507) Warnungen vor übereilter Revolution.

Bericht über die am 3. Mai 1903 in Kosten abgehaltene polnische Kreiswählerversammlung.

Es erhielt unter anderem der Rittergutsbesitzer Casimir von Chlapowski aus Kopaszewo das Wort, welcher ausführte:

„Die Volkspartei vertritt die Ansicht, daß es für uns keine andere Rettung gäbe als im Wege des ‚Aufstandes'. Wir müßten ohne Verstand sein, wenn wir heute (!) diese Ansicht vertreten wollten. Dem heutigen regulären, mit Kanonen und Gewehren ausgerüsteten Militär können wir doch absolut nichts entgegenstellen. Wir wollen nicht eine blutige Probe zum Unglück Polens herbeiführen. Wir wollen uns aus dem Ungemach herausarbeiten durch Beständigkeit und Arbeit, durch Pflege der Religion und Vaterlandsliebe, und indem wir unsere Kindern polnisch sprechen lehren. Wie ich erst neulich im Herrenhause gesagt habe, ‚wenn der Kampf 200 Jahre dauern sollte, so würden wir uns 200 Jahre lang verteidigen'.(Zwischenrufe: 1000 Jahre!)"

(508) Gründung eines antisemitischen Vereins.

In einer polnischen Versammlung zwecks Gründung eines Antisemiten-Vereins in Posen am 2. Februar 1894 wurde folgende Erklärung abgegeben:

„Wir Bürger aus der ganzen Provinz Posen erkennen die Gefahr des unsere gesellschaftlichen, Erwerbs- und Handelsinteressen bedrohenden, sich immer mehr verbreitenden Judentums voll und ganz an. Wir erachten der unerhörten Macht und dem entsittlichenden Einflusse des Judentums unserer christlichen Gesellschaft gegenüber die Verbreitung des Antisemitismus, welcher den gesetzlichen Schutz unserer wirtschaftlichen und gesellschaftlichen Interessen zum Zweck hat, für äußerst vorteilhaft innerhalb unserer polnischen Gesellschaft, welche in einer so erbarmungslosen Weise seitens der Juden ausgebeutet wird."

Vorstehender Beschluß wurde seitens der Erschienenen einstimmig angenommen und die Gründung des Vereins, welcher den Namen *Verein zum Schutz des Handels und der Industrie* führen soll, beschlossen.

(509) Wählerversammlung zu Schrimm am 18.1.1908.

Aus der Rede des Abgeordneten Dr. Alfred v. Chlapowski-Bronikowo:

Und wenn die Polen die Losung ‚Jeder zu den Seinen' nicht befolgten, dann müßten die Polen in Preußen untergehen: das sei kein Boykott, „sondern jedes Polen Hundepflicht gegen die Nation und gegen Gott, daß er zum Polen halte." Ferner heiße es in der Motivierung des preußischen Ministeriums, daß das endgültige Ziel der national-polnischen Bewegung die Losreißung von Preußen wäre und daß der Polen soziale Tätigkeit gegen den Bestand des preußischen Staates gerichtet sei. Darauf antwortete der Redner den Ministern: „Habt ihr keine Staatsanwälte? Als vor einigen Jahren polnische Gymnasiasten gemeinsam die polnische Geschichte gelernt hätten, da sei ein großer Landesverrat daraus gemacht worden. Und die Staatsanwälte sollten es nicht erfahren, wenn die Polen Geheimbündelei trieben? Habe von den Versammelten jemand schon jemals eine Bombe geworfen oder gesehen?" (Bravorufe, danach mit erhobener Stimme:) „Die Polen verlangten Beweise dafür, die aber nicht geliefert werden könnten. Auf die Erklärung des Abgeordneten von Dziembowski hinweisend, daß die Polen Frieden haben wollten, führte der Redner weiter aus, daß sie die Karte Europas nicht ändern wollten, sondern ihre Zukunft vertrauensvoll dem lieben Gott überließen; sie wollten nur ihre Nationalität bewahren und gleichberechtigt sein.
Eine Lüge sei es, wenn die Deutschen behaupteten, Preußen sei ein einheitlicher nationaler Staat; das sei Preußen niemals gewesen, denn es sei auf slawischer Erde geboren, und es habe in ihm immer eine nationale Mehrheit gegeben, die aber die Minderheit achten müsse. An den unruhigen Verhältnissen seien nur die Regierung und die Hakatisten schuld, die die Losung ‚Macht geht vor Recht' verkündeten.
Zur Einigkeit ermahnend, führte der Redner weiter aus: „Und an euch polnische Arbeiter, wende ich mich mit der Bitte, daß ihr euch bemüht, euch moralisch zu heben, an euch und auch an die nationale Sache zu denken. Denn es kommt vielleicht der Augenblick, wo der polnische Arbeiter in erster Reihe zur Verteidigung der nationalen Sache berufen sein wird, und wo er mehr als jeder andere an die Losung ‚Jeder zu den Seinen' wird denken müssen. (Bravorufe.) Ehe ich schließe, will ich noch konstatieren, daß das Recht auf unserer Seite ist und daß über das Dasein und die Vernichtung der polnischen Nation nicht die preußische Regierung und die Hakatisten entscheiden, sondern einzig und

allein Gott, dessen Mühlen langsam aber sicher mahlen! Doch unsere Herzen sind, wenn auch traurig, so doch unabänderlich, mannhaft und der nationalen Sache ergeben (Bravorufe)."
In derselben Versammlung erklärte Propst Malinski aus Dolzig unter anderem: Die polnischen Kaufleute dürften auf ihren Schildern polnische Vornamen führen, und wer heute noch einen deutschen Namen auf seinem Schilde führe, der sorge dafür, daß er schnell verschwinde. Bei einer gerichtlichen Eintragung seines – des Redners – Namens in eine Genossenschaftsliste sei sein Vorname ,Kazimiers' in deutscher Schreibweise (Kasimir) eingetragen worden. Auf seine Beschwerde bis an die höchste Instanz sei ihm vor kurzem mitgeteilt worden, daß nunmehr ,Kazimierz' eingetragen sei. „Ich rufe im gegenwärtigen schrecklichen Augenblicke der polnischen Gesamtheit zu: Gott mit uns, und wenn auch Hunderttausende uns gegenüberstehen sollten, werden wir bei ausdauernder geduldiger Arbeit im Vertrauen auf Gott siegen, weil wir uns auf göttliche Rechte stützen, weil Gott mit uns ist."

(510) Aus den Reden des *Straz*–Starosten von Laskowski in den beiden Versammlungen der *Straz* am 26. Januar 1908 in Wongrowitz.

Aber hätten die Polen hier schon einmal revoltiert? Man berufe sich auf 1848. Damals sei auch in Berlin Revolution gewesen, und zwar habe sie sich gegen den König gerichtet. Die polnischen Akademiker hätten damals aber den König geschützt (!), sie hätten vor seiner Tür gestanden. Damals wollten die Polen die Freiheit erkämpfen, die ihnen versprochen worden sei. In vielen Fällen habe die Regierung die Bildung von Korps gestattet. Die Revolution sei nicht gegen den Staat gerichtet gewesen, sie habe vielmehr der polnischen Sache gegolten. Alle Vorwürfe, daß die Polen revolutionäre Elemente seien, wären hinfällig; hier handle es sich nur um Freiheitsbestrebungen, weil man den Polen das Vaterland genommen habe. Nach der Schlacht bei Jena habe sich auch das ganze deutsche Volk erhoben und sein Land zurückerobert, und niemand rechne es ihm zur Schuld an. Heute feiere das deutsche Volk diese Freiheitskämpfe, und sie priesen die Barden, die sie dazu aufgemuntert haben. Die Polen wollten heute solche Kämpfe nicht führen, sie wollten nur auf polnischer Erde als Polen leben und sterben. Was später geschehen werde, das liege nicht in ihrer Macht. „Ich möchte eines der wichtigsten Tage gedenken, und zwar des morgigen Tages (27. Januar). So wie der *Straz*verein hier in Wongrowitz vor-

gegangen ist, wird Wongrowitz sehr beleuchtet sein, und jeder wird erkennen, daß es Wongrowitz ist. Auch in dieser Beziehung müssen wir mäßig sein und dem Beispiele der Lechstadt Gnesen folgen. Ich war in der vorigen Woche dort zu einer Sitzung des kaufmännischen Vereins, in der die Illumination zu Kaisers Geburtstag besprochen wurde, und als ein junger Kaufmann seinen patriotischen Standpunkt darlegte, da mußte ich weinen. Ich hoffe, daß, wenn wir in die Fußstapfen Gnesens treten, wir nicht illuminieren werden. Für uns hat die Illumination nicht den geringsten Zweck! Wenn ein Hund, der nicht einmal, sondern mehrere Male von seinem Herrn sehr geschlagen wird, ihn noch belecken wollte, der müßte toll sein. Also auch wir. Wir werden nicht wie Menschen behandelt, sondern wie Hunde! Jede Kuh hat ihren Stall, jeder Vogel hat sein Nest, jeder Hund hat seine Bude, nur die Polen dürfen keine Wohnhäuser bauen (sic!). In Höhlen dürfen wir nicht wohnen, weil der Polizist kommen und die Wohnung schließen würde. Wir können nur in Drzymalawagen wohnen. Hier haben Sie ein Bild, wie in Zukunft ein Drzymaladorf aussehen wird."
Der Redner zeigt die neueste Nummer der Posener *Praca*, in der ein Bauerndorf abgebildet ist, das nur aus Wohnwagen besteht.
„Ich hoffe, daß die Polen nicht illuminieren werden. Denn es hat keinen Zweck, daß wir die Hand, die uns immer züchtigt und schlägt, noch küssen wie ein Stück Vieh! Wenn jemand hier aus Wongrowitz noch illuminieren sollte, das müßte ein Mensch ohne Gefühl, der müßte vollständig verrückt sein!" (Bravorufe!) Der ganze Adel kümmere sich nicht um den *Straz*. Leider müsse der Redner auch konstatieren, daß kein Geistlicher aus dem Kreise erschienen sei. Sie dürften zwar in Versammlungen der *Straz* nicht sprechen und auch dem Verein als Mitglied nicht angehören, aber an den Versammlungen könnten sie sich beteiligen. Scham und Schande diesen Saumseligen, die ihrer Mutter, der polnischen Erde, nicht zur Hilfe eilten. Sie verhielten sich gleichgültig angesichts der Rufe der Mutter und des Vaterlandes. Auswürfe der Volksgesamtheit seien sie, aber nicht Landsleute. Landsleute, die in nationalen Sachen so gleichgültig seien, wären nicht wert, daß man ihnen die Hand reiche, ob Herr oder Arbeiter! (Bravorufe.) Wenn die Polen sich auf den Adel verlassen wollten, dann müsse Polen untergehen. (Zuruf: Polen ist schon verloren!) Aber nicht nur der Adel allein, sondern der ganze Kreis Wongrowitz sei in nationaler Beziehung gleichgültig. In der ersten *Straz*versammlung in Wongrowitz hätten sich 240 Mitglieder gemeldet, und jetzt seien bei dem *Straz*kommissar Kronheim nur 30 Mitglieder verzeichnet.
Wie gesagt, der ganze Kreis Wongrowitz sei, was die nationale Aufklä-

rung anlange, nicht viel wert. Doch Pflicht der Reichen sei es, sich mit Ärmeren, Pflicht der Aufgeklärten, sich mit den Dummen zu befassen. Denn wenn es zu etwas kommen würde, was erwartet werden könne, dann werde die polnische Nation ins Leere blicken und sehen, woher die Aufklärung komme. Wen soll sie als Führer haben? Sie, die Reichen, die Intelligenz, müßten ihre Führer sein, ob in jetziger oder in späterer Zeit.
Mancher Pole meide den polnischen Kaufmann, weil er teurer sei wie ein Jude oder Deutscher. Der Jude oder Deutsche gebe aber eine schlechtere Ware und sage, daß es dieselbe sei, und die Polen glaubten es. Er – der Redner – wolle sich nicht rühmen, aber seit der Schulzeit habe er, ohne gezwungen zu sein, in jüdischen oder deutschen Läden Einkäufe nicht gemacht, und er werde es auch nicht tun, solange er lebe. Die anwesenden Kaufleute fordere er zur Förderung der Losung ‚Jeder zu den Seinen' auf, ihre Preise entsprechend den Preisen bei fremden Kaufleuten zu erniedrigen und sich mit einem kleineren Verdienst zu begnügen. Er erwarte, daß von der heutigen Versammlung ab niemand mehr von den Anwesenden und von ihren Familienmitgliedern die Groschen zu Fremden tragen würde, um diejenigen zu bereichern, die die Polen verarmten und bedrückten.
Die Anwesenden sollten die gehörten Worte tief in ihre Herzen eingraben und danach handeln, denn von den Polen hänge es ab, ob das polnische Vaterland auferstehen oder ganz untergehen werde.
Wenn die Polen ihre Verteidigung mit allen Kräften betreiben würden, dann würden nicht einmal die höllischen Mächte sie besiegen können, und die Macht der ganzen Welt wäre alsdann zu schwach, um die Polen zu unterjochen, auch wenn noch 10 oder gar 100 Ausnahmegesetze nach Art des Enteignungs- und Vereinsgesetzes geschmiedet werden sollten. Die Anwesenden müßten aber versprechen, daß sie vom heutigen Tage ab in voller Rüstung immer auf dem Posten für das Vaterland sein würden.
„Wir haben nicht die geringste Ursache zur Freude, im Gegenteil, wir müssen traurig sein über die Illumination, die wir morgen sehen werden. Wir müssen uns die Lichter als die Fackeln Neros vorstellen. Und so wie die Christen für ihren Glauben verbrannt worden sind, müssen wir daran denken, daß die Lichter, die morgen brennen werden, uns zur Verachtung, zum Ärger und zu unserer Vernichtung brennen.
Und wenn jemand von den Landsleuten illuminieren sollte, dem sage ich heute schon: Ich werde den polnischen Kaufmann nicht mehr achten, wenn ich erfahre, daß er illuminiert hätte; ich werde die Namen nicht nur in den Zeitungen bekannt machen, sondern ich werde auch

dafür sorgen, daß er boykottiert werde. (Bravorufe.) Möge er uns die Hand nicht reichen, möge er nicht fordern, daß wir ihn unterstützen. Euch trifft die Schande, daß eure Namen in den Zeitungen bekanntgegeben werden. Ich werde niemanden schonen. So wie ich hier in der Versammlung jedem die Wahrheit sage, so werde ich auch in dieser Beziehung niemand schonen. Ich habe das Starostenamt übernommen, nicht um mit Ihnen zu politisieren, sondern um als wirklicher Verbreiter der Vaterlandsliebe zu wirken.
Liebe Brüder, noch einmal richte ich die Bitte an euch: vergessen wir nicht, daß wir Polen sind, vergessen wir niemals, daß gleichzeitig mit uns auf der Erde auch solche Menschen (also Deutsche) wohnen, die uns bedrücken, die uns verdrängen, die, wenn sie könnten, uns den Hunden vorwerfen würden, damit sie uns auffressen! (sic!) Am morgigen Tage werden wir wissen, ob wir politisch gereift sind."

(511) Bericht über den 9. Parteitag der *Polnisch-sozialistischen Partei* (P. P. S.) im Weichselgebiet.

„Was die unabhängige, demokratische polnische Republik anbetrifft, die die drei Anteile Polens umfassen soll (Rußland, Österreich und Preußen), so entsagt die ‚junge' Richtung durchaus nicht diesem Ideal, aber sie sieht ein, daß dieses Ideal nur dadurch in Erfüllung gehen kann, daß die Arbeiterklasse eines jeden Anteils Polens, gemeinsam mit dem Proletariat der Anteilstaaten handelnd, für die Einrichtung einer völlig demokratischen, republikanischen Staatsordnung in diesen Staaten kämpfen wird. In keinem Fall dagegen kann der Weg der ‚nationalen Aufstände', die mit bewaffneter Hand diesen oder jenen Teil Polens von den Anteilstaaten abtrennen wollen, zur Unabhängigkeit führe. Die ungeheure Mehrheit der Partei erkennt an, daß in dem Kampf mit dem Zarat unser Sieg nicht möglich ist, falls nicht ein bedeutender Teil des Militärs auf unsere Seite übergeht. Deshalb bemühen wir uns auch, aus unserer Taktik alles zu entfernen, was die revolutionäre Propaganda in der Armee erschweren kann.
Der Parteitag erkennt die Notwendigkeit an, unsere Arbeit unter den polnischen Soldaten, die in Rußland verstreut sind, emsiger zu betreiben. Man muß sie mit dem Netz einer großen Organisation, die viele Agitatoren hat, umgeben und für sie ein besonderes polnisches Organ gründen. Diese Organisation, die unter dem Banner unserer Partei geführt wird, muß in enger Fühlung sowohl mit den anderen örtlichen Militärorganisationen bleiben als auch mit den örtlichen sozialistischen uind Arbeiter-Parteien."

(512) Das Programm der polnischen *National-demokratischen Partei* (aus dem Jahre 1900).

Nach einer allgemeinen Einleitung über die Entstehung des Programms und den Namen der Partei beginnt das Programm mit einer Erklärung dessen, worin der nationale Standpunkt der Partei zusammenzufassen ist und worauf ihr Demokratismus beruht. Es heißt da:

„Wenn auch volle hundert Jahre verflossen sind seit dem Augenblicke, in welchem unser Volk sein unabhängiges politisches Dasein verloren hat, so lebt die Tradition der nationalen Einigkeit und Unabhängigkeit nicht im geringsten abgeschwächt weiter ... Das polnische Volk, ohne Rücksicht auf die staatliche Trennung, hat das Bewußtsein seiner Einheit, seine allgemeinnationalen Interessen, welche vollständig gesondert sind von den Interessen der anderen Nationen, mit einem Wort, es ist in der ganzen Bedeutung des Wortes eine Nation, welche fähig ist, ein einheitliches, ein unabhängiges politisches Dasein zu führen. Die zweite, nicht minder wichtige Tatsache ist, daß wir trotz der feindlichen Bedingungen von auswärts, trotz der empfindlichen Verluste, welche wir immer noch erleiden, als Nation nach allen Seiten hin an Kraft zunehmen, uns entwickeln und fortschreiten."

Es wird dann weiter ausgeführt, daß für eine Nation, die ein lebhaftes Gefühl für die Einheit und Sonderheit ihrer Interessen habe, die staatliche Unabhängigkeit die einzige Form ihres politischen Daseins sein könne:

„Deshalb darf eine Partei, welche aufrichtig national und sich dessen wohl bewußt ist, was das Wesen des nationalen Lebens bildet, nicht nur nicht dem Streben nach politischer Unabhängigkeit entsagen, vielmehr, indem sie diese Unabhängigkeit als den Grundstein erachtet, auf welchem allein das nationale Leben in der ganzen Fülle sich entfalten kann, die Erlangung desselben als Hauptziel aller ihrer Bemühungen aufstellen. Von unserem Standpunkt aus ist alles gut, was uns diesem Ziel der politischen Unabhängigkeit näher bringt; alles dagegen, was uns von diesem Ziele abbringt, ist schlecht."

Es wird dann die gesellschaftliche Seite des Programm erläutert und dabei ausdrücklich betont, daß die *National-demokratische Partei* die Interessen des ganzen polnischen Volkes in allen Anteilen vertreten will. Weiterhin wird in dem Programm die Frage erörtert, welchen Standpunkt die Partei gegenüber den Gesetzen derjenigen Reiche einzunehmen hat, zu denen die polnischen Lande gehören. Es wird gesagt:

„Wir befolgen die Gesetze des Reiches, unter dessen Gewalt wir leben, soweit sie für uns nützlich oder wenigstens nicht schädlich sind, zumal wenn die Verfassung des Reiches uns eine legale Tätigkeit im nationalen Sinne ermöglicht, indem sie uns die Möglichkeit sichert, auf gesetzlichem Wege diejenigen Bedürfnisse zu befriedigen, welche wir als für uns unumgänglich notwendig betrachten und ohne deren Befriedigung von irgendwelcher nationalen Entwicklung keine Rede sein kann ... Aber wir können der Regierung eines Staates die Entscheidung darüber, welche Schranken der nationalen Entwicklung uns geziemen, nicht überlassen; wir können unsere Entwicklung nicht davon abhängig machen, ob ein Staat uns bedrücken oder uns tolerieren will. Dort also, wo die Staatsgesetze die Entwicklung unseres nationalen Lebens zurückhalten und uns die Möglichkeit der Befriedigung unserer allernotwendigsten Forderungen nicht gewährleisten, müssen wir die Gesetze so oft übertreten, als sich die Notwendigkeit hierzu ergibt. Der Grundsatz der Loyalität, ja sogar der Gesetzmäßigkeit, in steter konsequenter Weise gegen die fremden Regierungen ausgeübt, führt zur gänzlichen Abhängigkeit der nationalen Entwicklung von dem Willen der Regierungen und nähert sich als solche der Illoyalität in bezug auf die eigene Nation, verderblich für deren Interessen und für ihre ganze Zukunft ...“

(513) Aus der Broschüre *Rapperswyl*
von Witold Leitgeber

Über die revolutionären Aufgaben des *Nationalschatzes* heißt es dort auf S. 12-19:

„In kurzer Zeit griff diese Bewegung tiefer, sie dehnte sich aus und trägt heute in ihrem Schoß die geheimsten Aspirationen der Nation, die stets vitalen, stets wiederauflebenden Bestrebungen, welche die Erreichung des vollen Lebens, der Unabhängigkeit bezwecken ... Der tatsächliche Zweck der Existenz des Schatzes war schließlich, ein Sammelpunkt materieller Mittel zu sein und diese auf die Höhe zu bringen, daß sie ständige Zuschüsse für die Bedürfnisse der nationalen Arbeiten liefern konnten. Von den Fonds des Nationalschatzes darf einzig die politische Organisation Gebrauch machen, die in sich die nationale Bewegung verkörpert und sie *de facto* leitet, d. h. diejenige Organisation, welche im politischen Leben der Nation eine ähnliche Stellung einnimmt wie die des Zentralkomitees vcom Jahre 1862 ... Die nationale Tätigkeit muß vielseitig und allseitig, sie muß, einem Ziel zustrebend, sich zerteilen, sie muß aus der Nation die entsprechenden Kräfte zur Besetzung aller Posten, zur Ausnutzung aller Mittel herausholen, wenn sie eine so schwierige, so riesige Aufgabe hat, wie dies die nationale Verteidigung, die Befreiung des Landes aus der Knechtschaft ist ... Unter der Zahl der im fünften Rechenschaftsbericht aufgeführten Beitragsspenden finden sich nicht große, aber teure und viel besagende Gaben, welche aus Litauen und Preußisch-Schlesien herkommen. Jeden Heller, der aus diesen Winkeln Polens dem Nationalschatz zufließt, zeugt von Polen, von dem Wunsch, ihm die unabhängige Existenz wiederzugewinnen."

(514) Sechs Vorlesungen über die *National-demokratische Partei* und die *Nationalliga*

Der Verfasser (Stanislaus Osada, Chicago, 1905) führt in seiner ersten Vorlesung aus, daß die *Nationalliga* die *National-demokratische Partei* beherrsche und leite, und schreibt dann wörtlich, Seite 22-25:

„Heute stehen in Polen (unter ‚Polen' ist das ehemalige Polen aller drei Anteile gemeint) Männer aller Stände und aller Berufe unter der Standarte der Nationaldemokratie. Dutzende, ja Hunderte der verschiedensten Organisationen und Vereine, welche über ganz Polen verstreut sind und auf den verschiedensten Gebieten arbeiten, solidarisieren sich heute mit dieser Richtung und versehen die verschiedenen, zum täglichen Leben notwendigen Funktionen, indem sie im Sinne der Kardinalgrundsätze der Partei, welche in ihrem Programm alle Erfordernisse des nationalen Lebens enthält, handeln. Die *National-demokratische Partei* ist nämlich mehr als eine politische Partei; und in dem Umstand, daß die breiten Massen dies noch nicht gehörig verstehen, liegt gerade die Ursache der oft oberflächlichen und sinnlosen Kritik an dieser Partei.

Die *National-demokratische Partei* bemüht sich, indem sie in der vordersten Stelle ihres Programms als das hauptsächlichste und erste Ziel – das Streben nach Erreichung der Unabhängigkeit und die Errichtung eines selbständigen polnischen Reiches bezeichnete, gleichzeitig alle Bedürfnisse der Nation schon jetzt zu umfassen und zu befriedigen, ohne abzuwarten, bis das Hauptziel erreicht sein wird. Sie arbeitet, und zwar sehr erfolgreich daran, daß, sobald das polnische Reich ersteht, es sich auch erhalten und entwickeln könne. Die Partei arbeitet an dem Gebäude des polnischen Reiches, welches jetzt schon an sich selbst denkt, trotz des Umstandes, daß das Vaterland zerrissen ist und drei Feinde über dasselbe herrschen, welche in drei verschiedenen Richtungen unsere Kräfte und unsere Macht auseinanderzerren.

Es ist dies eine schwere und komplizierte Aufgabe, aber die Früchte der bisherigen Arbeit, welche ich der Reihe nach aufzuzählen mich bemühen werde, erweisen auf das klarste, daß diese Aufgabe nicht nur verwirklicht werden kann, sondern in gewissem Maße schon erfüllt worden ist.

Das polnische Volk, soweit es national aufgeklärt und bewußt gemacht worden ist, namentlich mit geringen Ausnahmen im Königreich Polen, steht unter dem ausschließlichen Einfluß der *National-demokratischen Partei.* Sie übt einen wohltätigen Einfluß aus, nicht nur durch Büchereien und Bildungs- und landwirtschaftliche Vereine, wie die Bauernvereine, die Vorschußkassen, ja in vielen Orten sogar durch die Gemeindevorstände.

Unsere Partei hat sich mit Hilfe einer entsprechend durchgeführten Organisation auch der Schulfrage angenommen; im Königreich existiert eine große Menge geheimer ländlicher Schulen, im Posenschen wird eine geheime Arbeit derselben Art geleistet, in Galizien haben wir dank der Initiative der Partei die bekannte Organisation des Vereins der Volksschule. Später werde ich diese Frage spezieller behandeln.

Die Erziehung des jüngeren Geschlechts im Geist der *National-demokratischen Partei* ergänzen und vervollständigen die Schüler der Organisationen der Gymnasien und die studentischen der Hochschulen, ferner die Lehrerorganisationen der Volksschulen, endlich die Vereine der Geistlichen, ja der Organisten.

In der *National-demokratischen Partei* mangelt es aber auch nicht an Arbeiterorganisationen, welche auf dem Prinzip der Bruderhilfe und des solidarischen Eintretens für die eigenen Interessen begründet sind. Zu dem Programm bekennen sich auch immer häufiger die verschiedenen Berufsvereine unserer Handwerker, es sprechen sich dafür aus die Kaufleute und Industriellen, ja sogar die Großgrundbesitzervereine.

Im Sinne der Ideale unserer Partei arbeitet ferner das gesamte polnische Volkstum, indem es sich an den Grundsatz hält: ‚ein gesunder Geist im gesunden Körper', erwirbt sich endlich ungeheure Verdienste die polnische Kunst und Literatur.

Darüber hinaus, soweit sich dies ermöglichen läßt, lanciert die Partei auch ihre Anhänger als Vertreter in die gesetzgebenden Körperschaften des Reiches, des Staates, der Bezirke und Städte, indem sie die Wähler im Namen der Losungen der Partei organisiert.

Heute gibt es in dem ganzen Bereich unseres nationalen Lebens kein einziges Gebiet mehr, wohin der Einfluß der Partei nicht reichte, oder wo die Partei sich nicht die Wege zu ebnen im Begriff wäre, um diesen Einfluß zu gewinnen.

So stellt sich eng zusammengefaßt der Umfang der Tätigkeit der *National-demokratischen Partei* dar.

An der Spitze der ganzen Bewegung, mit dem Charakter der leitenden Zentralgewalt, welche geheime Organe in jedem Zweig dieser umfassenden Tätigkeit hat, steht die *Nationalliga*, welche sich zu Zwecken der Propaganda ihrer Losungen bedient und die Arbeit der *National-demokratischen Partei* durch eine ganze Reihe von Schriften, Aufrufen und Manifesten, sowie durch eine sorgfältige und elastische Organisation, welche naturgemäß nach Lage der Dinge nur eine geheime sein kann, anweist, leitet und kontrolliert. Die Liga ist aber trotzdem nicht geheim. Ihr Programm ist ein offenes und unterliegt allgemeiner Kritik; öffentlich ist, soweit das angängig, die Tätigkeit in den zur Partei gehörenden Vereinen; geheim sind nur die engeren Kaders der Organisation und zuweilen auch die Pläne von Unternehmungen, welche im Sinne des Programms ausgeführt werden. Die *Nationalliga* erläßt in wichtigen Augenblicken seit einigen Jahren Aufrufe und Manifeste, welche alle verpflichten und binden, welche sich zu den Bekennern der Grundsätze der *National-demokratischen Partei* rechnen. Wie jämmerlich sehen bei dieser Sachlage diejenigen aus, welche behaupten, daß man in Polen die Erfolge des Vorhandenseins der *National-demokratischen Partei* nicht sehe ... Es versteht sich von selbst, daß diejenigen, deren Aufmerksamkeit nur auf eine einzige Seite der Tätigkeit der Partei ausschließlich gerichtet ist, diese Früchte nicht finden bzw. sie als nicht erfolgreich genug ansehen werden.

Die vorgenannten Aufgaben der *National-demokratischen Partei* werden mit Hilfe nachstehender Mittel erfüllt:

1. durch Verbreitung von der Aufsicht des Staates entzogenen Zeitungen und von politischer Literatur, und zwar in allen Volksklassen, ohne Rücksicht auf die Verfolgungen durch den Staat und auf die Opfer, welche man zu diesem Zweck manches Mal davontragen muß,
2. durch Veranstaltung von geheimen Kongressen und Zusammenkünften, sowohl für das Volk als auch für die aufgeklärten Volksklassen, in welchen wichtige nationale und örtliche Fragen besprochen werden,
3. durch Organisierung geheimer Vereine auf allen Gebieten des

gesellschaftlichen Lebens dort, wo die Regierung offene Vereine zu diesem Zweck nicht zuläßt. Die geheimen Vereine müssen ihre Tätigkeit konform mit dem Plane der allgemeinen nationalen Arbeit entfalten,

4. durch Anleitung des Volkes bei der Arbeit der Selbstverwaltung, der Gemeindeangelegenheiten, bei größtmöglicher Ausnutzung aller hierfür geltenden Rechte und Gesetze,
5. durch Auferlegung einer allgemeinen, regelmäßigen, wenn auch freiwilligen Nationalsteuer zur Erfüllung der nationalen Aufgaben und Arbeiten.

Die Tätigkeit dieser Art, welche im Königreich und in Litauen übereinstimmend geregelt ist, hat im Gebiet der beiden anderen Teilungsmächte aus zwingenden Gründen einen etwas abweichenden Charakter. Die *Nationalliga* fand dort schon bei ihrer Entstehung eine gemeinschaftliche Arbeit auf dem Feld der politischen Beziehung, sei es in den Anfangsstadien, sie es in bereits entwickelten kleinen Lokalorganisationen, vor. Es waren das Bildungs- oder wirtschaftliche Vereine der mannigfachsten Art, welche, wenn sie auch ein nationales Programm in breiterer Auffassung nicht kannten, so doch auf diesem Feld ziemlich rege waren. Die Liga bemüht sich nun, allen diesen unzweifelhaft nationalen Institutionen einen mehr einheitlichen Charakter zu geben, indem sie allmählich und schrittweise ihre oft auseinandergehenden Bestrebungen zu den Zielen und Programmen der Liga und der *National-demokratischen Partei* herüberleitet. Dieses Werk vollbringen solche Mitglieder der in Rede stehenden Vereine oder Institutionen, welche das Programm der Liga bereits vollständig begriffen haben und von der Notwendigkeit, sich mit ihr solidarisch zu erklären, durchdrungen sind. Auf diesem Weg ist eine Menge von Vereinen und wirtschaftlichen und Bildungsorganisationen sowohl in Galizien wie auch in Preußen unter die Kontrolle der Liga gekommen. In bezug auf die Bestrebungen der Verbreitung der Volksbildung trachtet die *National-demokratische Partei* namentlich danach, die Kenntnis des Lesens und des Schreibens unter der Landbevölkerung zu verallgemeinern, Bücher und die Zeitung zum täglichen Bedürfnis werden zu lassen, den Tiefstand der Kultur des täglichen Lebens und der Kultur der Arbeit zu heben; das Volk mit der Geschichte der eigenen Nation und des heutigen Polens bekannt zu machen, um auf Grund dieser Kenntnisse in dem Volk das Bewußtsein zu erwecken, daß es als Nation bestehe, und das Gefühl großzuziehen, daß es ein Ganzes bilde mit dem ganzen übrigen Polen. Ferner um es mit dem Wesen des jetzigen wirt-

schaftlichen und sozialen Lebens bekannt zu machen, um ihm seine soziale Rolle und seine eigenen Bedürfnisse ins Bewußtsein zu rufen, um in ihm auf diesem Gebiet die Lust zu wecken und die Arbeitsfähigkeit zur Verbesserung seiner eigenen Lage heranzubilden; endlich um unter den breiten Bevölkerungsschichten die politisch-rechtlichen Kenntnisse mit besonderer Berücksichtigung der praktischen Lebenserfordernisse zu verbreiten und die sich daraus ergebenden Hoffnungen wachzurufen, sowie um ihm endlich die in der politischen Arbeit erforderlichen geistigen Werkzeuge und die zum Kampfe nötigen Waffen in die Hand zu drücken.
Zu diesem Zweck hat die *National-demokratische Partei* folgende Arbeiten unternommen:

1. Eine breite, des politischen Charakters entbehrende Organisation des geheimen Elementarschulwesens in den Städten und den Dorfgemeinden;
2. Gründung von geheimen Stadt- und Dorfbibliotheken, welche sich entsprechend den örtlichen Bedingungen und Erfordernissen aus staatlich zugelassenen oder verbotenen Büchern zusammensetzen;
3. Verbreitung von legalen oder illegalen Zeitschriften und Büchern unter dem Volk;
4. Organisation geheimer volkstümlicher Vorlesungen, Unterhaltungen, Theatervorstellungen, unter besonderer Berücksichtigung patriotischer Stücke, Sammelausflüge und dergl.;
5. Verlag von entsprechenden Volksschriften, mit besonderer Berücksichtigung der bisher vernachlässigten Gebiete, vor allem aber der illegalen Bücher.

Diese immer weitere Kreise ziehende Tätigkeit entfaltet die Partei im Königreich Polen. Im österreichischen Anteil entstand durch die Initiative der Partei die bekannte Organisation des Vereins der Volksschule, welche sich außerordentlich gut entwickelt und auf eigene Kosten einige Dutzend von Volksschulen sowie über ein halbes Tausend Büchereien und Lesehallen unterhält.
Nebenbei beherrscht die Partei außerdem auf dem Gebiet der politischen Erziehung einen Verein nach dem anderen und verbreitet die Propaganda ihrer Grundsätze und Ziele in Lehrerkreisen, in Volksschulkreisen und in anderen Bildungsstätten.
Im preußischen Anteil werden beide Maßnahmen gleichzeitig praktiziert durch die geheime Arbeit und die Eroberung der offenen Vereine, wenn auch die Resultate nach dieser Richtung hin geringer sind als

in den beiden anderen Anteilen. Eine rühmliche Ausnahme macht das unlängst erst wiedergeborene Oberschlesien, wo jede Erscheinung unseres nationalen gesellschaftlichen Lebens beinahe ausschließlich unter der Kontrolle der *National-demokratischen Partei, id est* der *Nationalliga* steht.
Es handelt sich um den

(514a) Verein zur Förderung der moralischen Interessen der polnischen Bevölkerung im preußischen Schlesien

Die polnische Bezeichnung des Vereins lautet: *Towarzystwo ku w spieranin moralnych interesów ludności Polskiej na Slonsku Pruskim.*
Die Statuten des Vereins lauten:

§ 1

Zweck des Vereins

Zweck des Vereins ist, die intellektuellen Kräfte zu sammeln, ferner mit gesetzlichen Mitteln, wo dies möglich ist, mit ungesetzlichen aber, wo es unmöglich ist, die moralischen Interessen der polnischen Bevölkerung in Preußisch-Schlesien zu fördern

1. nach außen durch Hebung der Bildung und Sittlichkeit unter der polnischen Bevölkerung;
2. nach innen durch Beeinflussung der öffentlichen Meinung mit Hilfe der polnischen und deutschen Presse; durch einmütiges Streben aller Mitglieder nach patriotischen und zivilisatorischen Zielen, durch das Eintreten bei der Regierung und bei den Vertretern des Landes für die Achtung resp. Gleichberechtigung der polnischen Nationalität im ganzen preußischen Staate; durch mittelbare und unmittelbare Förderung sämtlicher nationalpolnischen Bestrebungen.

§ 2

Über Vereinsmitglieder

Mitglied des Vereins kann jeder preußische Staatsbürger polnischer Nationalität werden, der den Ruf eines ehrlichen Menschen genießt und für den drei Mitglieder bürgen.
In wichtigeren Fällen kann Mitglied auch ein Pole werden, der Untertan eines anderen Staates ist.
Der Antrag auf Annahme als Mitglied wird bei einem Mitglied der Aufsichtsbehörde gestellt.

§ 3

Organisation des Vereins

Die erste Generalversammlung der Mitglieder des betreffenden Ortes wählt eine aus fünf Mitgliedern bestehende Aufsichtsbehörde (*nadzor*) auf ein Jahr. Die Aufsichtsbehörde wählt sich einen Vorsitzenden, einen Vertreter und Kassierer, – das ist der Vorstand einer Vereinsabteilung in dem betreffenden Orte, dem die Mitglieder in Vereinsangelegenheiten unbedingten (!) und blinden (!) Gehorsam schulden.
Die Versammlungen der Aufsichtsbehörde beruft der Vorsitzende je nach Bedarf ein; die Tätigkeit der Aufsichtsbehörde wie die Sitzungen sind für die Gesamtheit der Mitglieder geheim. Die Mitglieder der Aufsichtsbehörde sind nur vor der Generalaufsichtsbehörde verantwortlich, welche von den Mitgliedern der gewöhnlichen Aufsichtsbehörden aller Abteilungen aus ihrer Mitte gewählt wird.

§ 4

Generalversammlung

Die Generalversammlung pflegt einmal im Jahr stattzufinden. Der Vorsitzende hat das Recht, eine außerordentliche Generalversammlung einzuberufen, wenn es nötig ist. Der Vorsitzende der General-Aufsichtsbehörde leitet die Generalversammlung, stellt die Tagesordnung auf und wählt sich den Schriftführer aus den anwesenden Vereinsmitgliedern.
In der Generalversammlung erstattet die General-Aufsichtsbehörde durch ein Mitglied Bericht und stellt Anträge. Anträge der Vereinsmitglieder müssen dem Vorsitzenden schriftlich vorgelegt und durch Unterschriften von zehn in der Versammlung anwesenden Vereinsmitgliedern unterstützt sein. Die Generalversammlung entscheidet mittels Stimmenmehrheit über Anträge und Wahlen. Die Mitglieder der Aufsichtsbehörden sind in der Generalversammlung stimmberechtigt wie jedes andere Vereinsmitglied.

§ 5

Vereinsfonds

Ein Vereinsmitglied zahlt einen beliebigen, seinem Vermögen entsprechenden Quartalsbeitrag. Dieser kann von Quartal zu Quartal erhöht oder herabgesetzt werden. Die Fonds verwaltet die Aufsichtsbehörde; wenigstens ein Drittel muß zu Händen der Generalaufsichtsbehörde hinterlegt werden. Die Fonds dürfen nicht insgesamt für die laufenden Ausgaben verausgabt werden, sondern ein Teil muß für den Reservefonds gesammelt werden.

§ 6

Ein Verein kann in jedem Ort Oberschlesiens gegründet werden, wo zehn Mitglieder gefunden werden.

Beschlüsse der Generalaufsichtsbehörde (des Vereins zur Förderung der moralischen Interessen in Oberschlesien), welcher die Satzungen erläutert:

Die Vereinsarbeiten zerfallen gemäß den Satzungen in innere und äußere:

Nach außen:

Der Verein wird mit allen möglichen Mitteln die polnische Nationalität in Schutz nehmen und für die Anerkennung sowie Gleichberechtigung der polnischen Nationalität im Gesetz wie in der Praxis eintreten.

Nach innen:

Der Verein wird nützliche und billige polnische Schriften und Publikationen durch Kauf und unentgeltliche Verteilung unterstützen und verbreiten.
Die Vereinsmitglieder haben die Pflicht, das Wachstum und Gedeihen solcher Vereine zu fördern, die Bildung, Sittlichkeit und Sparsamkeit zum Ziel haben, ebenso Vereine von Handwerksgesellen, die Wissenschaft mit anständigem Amüsement verbinden.
Die Vereinsmitglieder haben die Pflicht, dafür zu sorgen, daß die von ihnen abhängige Jugend Spezialwissenschaften und praktische Berufe im Handel und Gewerbe ergreife, und vor allem, daß diese Jugend niemals vergesse, daß sie polnisch sei und daß das schließliche Ziel aller unserer Bestrebungen die Unabhängigkeit Polens sei.
Die Vereinsmitglieder üben ihren Einfluß aus auf die Erziehung der Jugend der arbeitenden Klassen und unter der Dorfbevölkerung auf die Ausbildung von Handwerkern und von Landwirten. Zu diesem Zweck sollen die Polinnen zur Gründung von Kleinkinderbewahranstalten in Dörfern und Städten angehalten werden, in denen die Kinder unter der Aufsicht einer rechtschaffenen und entsprechend vorgebilde-

ten Kindergärtnerin Pflege und Unterricht in der Zeit, wo ihre Mütter zur Arbeit gehen, ältere Mädchen dagegen Unterweisung in Handarbeiten und Ermunterung zu häuslichen und nationalen Tugenden empfangen könnten. Gutsbesitzer, alle wohlhabenderen Leute und die höhere Intelligenz werden die Vereinsmitglieder anfeuern:

1. die elementaren Arbeiten und die Sittlichkeit der Volksschuljugend zu überwachen und dafür zu sorgen, daß die polnischen Kinder Unterricht in der Muttersprache empfangen und im Besitze der notwendigen Bücher und Schreibmaterial sein werden;
2. auf dem Land und in Städten Lesevereine, in den Parochien Bibliotheken und Vereine für Arbeiter und Landwirte zu gründen und diesen in Fällen der Not beizustehen, wodurch sie deren Vertrauen gewinnen würden;
3. die Geistlichkeit bei der Ausbreitung der Religion und christlicher Tugenden, namentlich aber bei der Einführung und Förderung von Enthaltsamkeitsvereinen zu unterstützen und mit allen zu Gebote stehenden Mitteln die Bildung, Sittlichkeit und den Wohlstand aller Klassen der polnischen Volksgesamtheit zu fördern.

Aus: *Schlesische Zeitung*, Nr. 31 v. 13. Januar und Nr. 112 v. 14. Februar 1907.

(515) Die *Nationalliga* und ihre Statuten.

I.

Zweck, Grundsätze und Organisation der Liga.

§ 1. Aufgabe der Liga ist, alle nationalen Kräfte vorzubereiten und zu sammeln zur Wiedererlangung der Unabhängigkeit Polens in den Grenzen vor den Teilungen, auf föderativer Grundlage und mit Berücksichtigung der verschiedenen Nationalitäten, ohne auch diejenigen Teile der polnischen Republik aus dem Auge zu lassen, die schon früher von ihr abgefallen waren.

§ 2. Die Liga nimmt die Grundsätze an, welche in dem Manifest des ehemaligen polnischen demokratischen Vereins ausgedrückt worden waren und die sie in nationaler und sozialer Richtung entwickeln, ergänzen und verwirklichen soll. (1836 in Paris entstanden; der Verfasser.)

§ 3. Zwecks Durchführung dieser Arbeit wird eine Organisation eingerichtet, die sich aus nachstehenden Organen zusammensetzt:

a. Zentralisation der Liga;
b. Provinzialkomitees aus allen Landesteilen;
c. Gouvernements- und Kreiskomitees in den drei Landesteilen;
d. Auslandskomitees in Ländern, in welchen das polnische Element in ansehnlicher Zahl vertreten ist;
e. Geheime Gruppen und offene Vereine im Heimatland wie im Ausland;
f. Agenten der Zentralisation.

II.

Zentralkomitee der Liga (Zentralisation).

§ 4. Das beständig tätige Zentralkomitee setzt sich aus fünf Mitgliedern zusammen, die sich an einem Ort aufhalten. Sie werden durch Abstimmung der Vorsitzenden in den Provinzial- und Auslandskomitees auf fünf Jahre gewählt. Die Kandidatenliste stellt das scheidende Komitee auf.

§ 5. Das Zentralkomitee hat das Recht der Initiative, es handelt im Namen der ganzen Liga und bedient sich eines Siegels mit dem Wappen Polens und mit der Aufschrift: Zentralkomitee der *Nationalliga*. Die Funktionen der Mitglieder erfolgen unentgeltlich, nur in Ausnahmefällen wird den Mitgliedern eine gewisse Vergütung gewährt, und zwar nur mit absoluter Einwilligung sämtlicher Mitglieder.

§ 6. Pflicht der Mitglieder des Zentralkomitees ist, alle ihre Kräfte und Fähigkeiten aufzubieten, um den Zeitpunkt der Wiedergeburt des Landes näherzurücken zwecks Erkämpfung der nationalen Unabhängigkeit und zwecks Einführung einer gerechten sozialen Staatsform. Als Oberbehörde ist das Komitee verpflichtet, die polnische Sache gänzlich in seine Hand zu nehmen und, ohne das Auge von irgend etwas abzuwenden, was ihr schaden oder nützen könnte, sie auf den Standpunkt einer europäischen Frage hinzustellen, dabei jedoch den Grundsatz ausbreitend, daß die polnische Nation auf fremde Hilfe in ihrer Sache solange nicht rechnen könne, bis sie durch Ausbildung und Ausweis ihrer Kräfte politisches Vertrauen gewinnen wird. Gleichwohl soll sich das Zentralkomitee keine Gelegenheit und keinen Umstand entgehen lassen, um die europäischen Staaten zu zwingen, mit uns zu rechnen; und in der Erwägung, daß der Sieg gerechter Grundsätze in ganz Europa, insbesondere aber in Rußland, den Zeitpunkt der Wiedererlangung unserer Unabhängigkeit beschleunigen wird, soll es sein Augenmerk darauf richten, sich mit ausländischen Vereinen, Parteien und Komitees, die nach dieser Richtung hin arbeiten, ins Einvernehmen zu setzen.

§ 7. Das Zentralkomitee hat alle Mittel zum aktiven nationalen Vorgehen im geeigneten Augenblick zu erwägen und vorzubereiten sowie danach zu streben, daß es nicht nur Ereignisse voraussetze, die eine nationale Bewegung ermöglichen, sondern auch nach Möglichkeit solche Ereignisse und Vorfälle hervorrufe, die uns die Verteidigung der nationalen Rechte erleichtern könnten.

§ 8. Im Heimatland soll die Tätigkeit des Zentralkomitees, um das Hauptziel zu erreichen, den engen Zusammenschluß der ganzen Nation zum Zweck haben. Das Komitee soll auf das Land und auf die in der Welt zerstreuten Landsleute einwirken, daß sie sich einander nähern, kennen lernen und zusammenschließen und in politischen Fragen einen einzigen Weg gehen. Sollte es unmöglich sein, alle Teile Polens in ein einziges Ganzes auf einmal zu vereinigen, so soll es sich bemühen, die gesonderten Teile allmählich nach Möglichkeit und Umständen zusammenzuschließen, ohne das Hauptziel aus dem Auge zu lassen.

§ 9. In den Annexionsstaaten, in denen die Polen am politischen Leben teilnehmen, soll das Komitee Schließung von Bündnissen mit denselben politischen fremden Parteien unterstützen, die gewisse politische und wirtschaftliche Vorteile vergewissern können, ohne jedoch den betreffenden Parteien gegenüber irgend welche Verpflichtungen zu übernehmen und ohne die Allgemeinbestrebungen aus dem Auge zu verlieren. In Staaten, in denen die polnische Bevölkerung zur Teilnahme am politischen Leben nicht zugelassen ist, soll das Komitee die revolutionären Tätigkeiten unterstützen, die, sei es die Änderung des Regierungssystems, sei es den Sturz der Regierung bezwecken.

§ 10. Im Falle eines Krieges zwischen Annexionsmächten soll des Komitees wichtigste Sorge sein, dem Polenland im entscheidenden Moment eine angesehene Stellung und Stimme zu sichern. Zu diesem Zweck soll das Komitee den Plan und Entwurf einer administrativen und militärischen Organisation vorbereiten; hierzu soll das Zentralkomitee durch Vermittlung der Provinzialkomitees möglichst genaue statistische Nachrichten sammeln, die sich auf die Geldmittel des Landes im Kriegsfalle beziehen; es soll auch sorgfältig Kriegsnachrichten sammeln, die sich beziehen auf die Zahl und Beschaffenheit der Truppen, auf deren Dislokation, auf die Verkehrsmittel, auf die Mobilisationsarten der Festungs- und Feldfortifikationen, auf die Magazine, auf Geheimnisse der Technik usw. usw.

§ 11. Das Zentralkomitee soll sich über Persönlichkeiten von polnischer Herkunft in den Heeresreihen der Annexionsstaaten erkundigen und mit solchen, die im Kriegsfalle Dienste leisten könnten, Beziehungen anknüpfen. Mit Hilfe von Anweisungen durch die untergeordneten Komitees soll das Zentralkomitee die Aufstellung einer Liste von Leuten besorgen, die zu speziellen Belehrungen befähigt sind, um mit ihnen im geeigneten Zeitpunkt Beziehungen anzuknüpfen und ihre Spezialkenntnisse zum Vorteil der guten Sache zu verwenden.

§ 12. Obgleich das Zentralkomitee vor allem eine revolutionäre Tätigkeit im Auge hat, soll es dennoch nicht verfehlen, neue Einflüsse auszuüben auf die Förderung der Volksbildung, auf den Wohlstand der entäußerten Volksklassen sowie überhaupt auf die Entfaltung der nationalen Kräfte in sozialer wie wirtschaftlicher Beziehung.

III.

Provinzialkomitees.

§ 13. In allen Provinzen der drei Landesteile sollen von dem Zentralkomitee abhängige Provinzialkomitees eingerichtet werden.

§ 14. Die Mitgliederzahl jedes Provinzialkomitees ist unbeschränkt; zur Bildung eines solchen Komitees sind mindestens fünf Mitglieder notwendig. Der Sitz des Komitees in jeder Provinz wird von den örtlichen Verhältnissen abhängen.

§ 15. Den Provinzialkomitees liegen im großen und ganzen, mit Ausnahme der ausländischen Beziehungen, die gleichen Pflichten ob wie dem Zentralkomitee, und sie sollen sich bemühen, im Bereich ihres Territoriums die in den Satzungen angeführten Tätigkeiten im Geist der Liga durchzuführen.

§ 16. Die Provinzialkomitees empfangen vom Zentralkomitee allgemeine Instruktionen, die in Ausnahmefällen auch einzelne Punkte berühren können. Man überläßt ihnen jedoch das Recht, bezüglich der letzten Bemerkungen frei zu handeln, sofern die Ausführung einer einzelnen Instruktion, sei es, daß sie unmöglich ist, sei es der allgemeinen Sache wegen oder wegen des Charakters der örtlichen Verhältnisse zum Schaden gereichen kann.

§ 17. Jedes Provinzialkomitee soll für sich besondere Satzungen im Geist der Nationalliga abfassen und diese Satzungen dem Zentralkomitee vorlegen.

§ 18. Die Provinzialkomitees haben das Recht und die Pflicht, an das Zentralkomitee Anträge zu stellen in Fragen, deren Durchführung sie für die allgemeine Sache für vorteilhaft erachten.

§ 19. Jedes Provinzialkomitee wählt alle zwei Jahre aus seiner Mitte einen Vorstand, der sich aus einem Vorsitzenden, Schriftführer und Kassierer zusammensetzt, der unablässig tätig ist und gleichzeitig Gouvernements- und Kreiskomitees ins Leben ruft, die in unmittelbarer Abhängigkeit von ihnen stehen sollen.

§ 20. Die Provinzialkomitees werden, damit, falls irgendeines von ihnen entdeckt werden sollte, nicht die ganze Organisation einer Gefahr ausgesetzt wäre, untereinander in keinem Verkehr stehen, das eine soll von dem anderen nichts wissen, ihre gegenseitigen Beziehungen sollen sich im Zentralkomitee konzentrieren.

IV.

Gouvernements- und Kreiskomitees

§ 21. Die Mitgliedschaft der Gouvernements- und Kreiskomitees ist uneingeschränkt und nicht bestimmt, von fünfen angefangen, und jedes Komitee, das ununterbrochen tätig ist, wählt jährlich aus seiner Mitte einen Vorstand, der aus einem Vorsitzenden, Schriftführer und Kassierer besteht.

§ 22. Das Gouvernementskomitee soll in seinem Wirkungskreise zur Verwirklichung der Aufgaben des Provinzialkomitees beitragen und dessen Instruktionen vollziehen, indem es ihm allmonatlich über seine Tätigkeit Bericht erstattet, dabei aber den schriftlichen Verkehr möglichst vermeidet.

§ 23. Die Kreiskomitees, die auf Bemühen der Provinzialkomitees geschaffen werden, befinden sich in völliger Abhängigkeit von diesen, ohne zum Provinzialkomitee in irgend welcher unmittelbarer Beziehung zu stehen.

§ 24. Eine Verständigung der Gouvernementskomitees untereinander kann nur durch Vermittlung der einschlägigen Provinzialkomitees stattfinden; ebenso können sich die Kreiskomitees nur durch Vermittlung der einschlägigen Gouvernementskomitees untereinander verständigen.

§ 25. Jedes der Komitees wird in seinem Bereich alle Kräfte daran setzen, um die Verwirklichung der Ziele der Liga dem Zentralkomitee zu ermöglichen.

§ 26. Die Kreiskomitees haben dafür zu sorgen, daß ihnen alles bekannt sei, was in den ihnen anvertrauten Kreisen in politischer und sozialer Hinsicht vorgeht, und sie haben diese Nachrichten den einschlägigen Gouvernementskomitees zu hinterbringen. Hierzu gehören die Beziehungen der Schichten und Klassen der Volksgesamtheit zu den Regierungs-, Verwaltungs- und Gerichtsbehörden, Nachrichten über hervorragende Persönlichkeiten, Kriegsnachrichten.

V.

Auslandkomitees

§ 27. In Städten und Ländern, in denen die polnische Emigration zahlreicher vertreten ist, wie z. B. in Paris, London, Zürich usw., sollen Komitees gebildet werden. Die Mitgliederzahl jedes Komitees ist, von fünfen, angefangen, unbegrenzt.

§ 28. Pflicht dieser Komitees soll sein, das politische Leben des polnischen Elements zu konzentrieren, mit der Rückständigkeit der polnischen Reaktionsparteien zu kämpfen, Arbeiten zu übernehmen, die für die einheimische Volksgesamtheit unmöglich sind, wie z. B. auf die öffentliche Meinung uns fremder Völker einzuwirken, ihre Sympathien für unsere Sache zu erwecken, überhaupt Verbündete zu gewinnen suchen, den Annexionsstaaten Polens dagegen Schwierigkeiten zu bereiten.

§ 29. Die Auslandkomitees werden den direkt vom Zentralkomitee empfangenen Instruktionen unterworfen sein, es wird ihnen jedoch die Initiative zur Inangriffnahme von Arbeiten, die mit dem Geist dieser Satzungen in Einklang stehen, belassen, wovon sie das Zentralkomitee in Kenntnis zu setzen haben.

§ 30. Jedes Auslandkomitee soll für sich Satzungen einführen, die sich in grundsätzlichen Fragen von den vorliegenden nicht unterscheiden, sich aber den örtlichen Verhältnissen genau anpassen sollen. Diese Satzungen hat es dem Zentralkomitee zur Bestätigung vorzulegen.

VI.

Mittelbare Organisation der *Nationalliga*

(Geheime Gruppen und offene Vereine im Heimatland sowie im Ausland)

§ 31. Die Komiteemitglieder sollen gemäß den örtlichen Verhältnissen bei möglichst sorgfältiger Auswahl der Leute geheime Gruppen ins Leben rufen, die zur Liga gehören und von den Komitees Instruktionen entgegennehmen werden.

§ 32. Mindestens drei Mitglieder bilden eine Gruppe. Neue Mitglieder werden in eine Gruppe durch einmütige Abstimmung der eine Gruppe bildenden Mitglieder hinzugewählt. Neun Mitglieder bilden eine volle Gruppe.

§ 33. Alle Vereinigungen, die ihre Autonomie besitzen, können sowohl insgeheim als auch offen (im Ausland) der Liga beitreten, unter Wahrung ihrer Absonderung auf Grund einschlägiger Vereinbarungen, die zwischen einflußreichen Mitgliedern der Vorstände dieser Vereine und Bevollmächtigten der Liga getroffen werden.

§ 34. Als zur Liga gehörig wird jeder Verein oder jede Institution angesehen, in deren Vorständen die Mehrheit der Mitglieder der Liga angehört und ihrer politischen Tätigkeit unterworfen ist.

§ 35. Jeder selbständige Verein, dessen ordentliche Mitglieder in der Mehrzahl geheimen Gruppen der Liga angehören, ist ein der Organisation der Liga zugeteilter Verein, obgleich er sein autonomisches Gepräge bewahrt.

§ 36. Bürger-, Feuerwehren, Sokolvereine, Turnergruppen, Studentenvereine, landwirtschaftliche Genossenschaften, Handwerker-Innungen und alle Arten von politischen, wirtschaftlichen, sozialen, wissenschaftlichen, philanthropischen usw. Vereinen können der Organisation der Liga auf Grund der vorstehenden Paragraphen beitreten.

§ 37. Eine möglichst große und schleunige Verbreitung von möglichst vielen Gruppen ist die Hauptaufgabe der Mitglieder sämtlicher Komitees. Die hierarchische Stellung eines Komiteemitgliedes in der aufständischen und später in der staatlichen Organisation wird von der Zahl der von ihm gegründeten Gruppen abhängen.

VII.

Agenten

§ 38. Das Zentralkomitee ernennt Agenten, die über die Entwicklung der Organisation der Liga zu wachen, die Organe der Liga zur Tätigkeit und Wachsamkeit anzuregen, den Komitees die einzelnen Verfügungen des Zentralkomitees zu übermitteln und überhaupt als Bindeglied zwischen den Vorgesetzten und untergegebenen Behörden der ganzen Organisation zu dienen haben.

§ 39. Die bevollmächtigten Agenten sind unmittelbar vom Zentralkomitee abhängig, und sie erstatten diesem die ausführlichsten und genauesten Berichte über den Stand der Organisation und der nationalen Arbeiten.

§ 40. Das Zentralkomitee soll auch Spezialagenten ernennen, die bevollmächtigt sind, mit den revolutionären Parteien aller Nationen, die die Grundsätze internationaler und sozialer Gerechtigkeit befolgen, Beziehungen anzuknüpfen und zu unterhalten.

§ 41. Es sollen auch Agenten ausersehen werden, die bevollmächtigt sind, Beziehungen anzuknüpfen zwischen dem Zentralkomitee und polnischen Militärpersonen, die in fremden Heeren dienen, um unter diesen eine möglichst aus polnischen Elementen bestehende Organisation im Sinne des Geistes und der Ziele der Liga zu schaffen.

§ 42. Nach dem Maß der Notwendigkeit können Spezialagenten zur Organisierung von Erziehungsgruppen und zur Bildung einer nationalen Polizei bestimmt werden.

VIII.

Besteuerung und Nationalschatz

§ 43. Alle geheimen Mitglieder der Liga unterliegen einer Besteuerung, deren Höhe jedes Komitee oder jede Gruppe für deren Mitglieder bestimmt.

§ 44. Die Abgaben sollen von allen Mitgliedern der Liga monatlich entrichtet werden. Die Mitglieder jeder geheimen Gruppe händigen die Abgabe dem Kassierer der Gruppe aus. Ein Drittel der monatlichen Steuersumme verbleibt in der Kasse der Gruppe, während zwei Drittel vom Kassierer der Gruppe an die Kasse desjenigen Komitees überwiesen werden, von welchem die Gruppe unmittelbar abhängt.

§ 45. Alle Komitees behalten ein Drittel ihrer Einkünfte zur Tragung der Kosten für ihre eigene Verwaltung und für die Bedürfnisse der nationalen Propaganda, zwei Drittel überweisen sie an die Kassen der vorgesetzten Organe, d. i.: die Kreiskomitees überweisen zwei Drittel ihrer Einkünfte an die Gouvernementskomitees, die Gouvernementskomitees an die Provinzialkomitees, und diese letzteren sowie die Auslandkomitees überweisen zwei Drittel ihrer Einkünfte an die Kasse des Zentralkomitees.

§ 46. Das Zentralkomitee verwendet zwei Drittel aller seiner Einnahmen für die Organisation, Presse und für die aktive Abwehr, überhaupt im Sinne der vorliegenden Satzungen, sowie für die Unterstützung derjenigen Mitglieder der Liga, die bei der Tätigkeit für die gute Sache durch die Annexionsregierungen vom Verlust der Habe oder ihrer Stellung betroffen werden. Materielle Hilfe soll auch nichtvermögenden Familien zu Gefängnis- oder Todesstrafen Verurteilter, sowie vom Unglück betroffenen Mitgliedern oder deren nächsten Familienangehörigen gewährt werden.

§ 47. Ein Drittel aller Einkünfte des Zentralkomitees soll auf Kapital angelegt, d. i. an den offenen Nationalschatz abgegeben werden, dessen Vorstandsmitglieder in der Mehrzahl, von zwei Dritteln angefangen, insgeheim der Liga angehören und imstande sein werden, den Beschlüssen der Institution des Schatzes die vom Zentralkomitee bestimmte Richtung anzugeben und zu sichern.

IX.

Zusätze

§ 48. Alle Mitglieder der Liga ohne Ausnahme sollen unter sich brüderliche Beziehungen unterhalten und sich gegenseitig unterstützen, und als Vereidete sind sie bei ihrer Ehre zur absoluten Geheimhaltung verpflichtet. Über die Bestrafung wegen der geringsten Übertretung in dieser Hinsicht entscheidet das Zentralkomitee.

§ 49. Außerhalb des Bereichs ihrer Organe unterstützt die Liga nur von ihr abhängige Institutionen, Vereine, Gruppen, Genossenschaften usw.

§ 50. Die unteren Hierarchien sollen die Namen der Mitglieder der höheren Hierarchien nicht kennen.

§ 51. Die einzelne Zusammensetzung aller Organe der Liga darf nur das Zentralkomitee kennen. Das hierarchisch höher stehende Komitee soll sich mit einem untergebenen Komitee durch Vermittlung nur eines seiner Bevollmächtigten verständigen. Die bevollmächtigten Agenten des Zentralkomitees sollen zu allen Organen der Liga Zutritt haben.

§ 52. Die Enthüllung eines Organs der vorerwähnten Organisation im Falle der Notwendigkeit darf ohne Ermächtigung des Zentralkomitees nicht erfolgen, und bei der Einwirkung auf offene Vereinigungen, Institute usw. muß absolute Geheimhaltung hinsichtlich der Zusammensetzung der Liga bewahrt werden.

§ 53. Ein Exemplar der vorliegenden Satzungen soll in jedem Provinzial- und Auslandkomitee unter strenger Geheimhaltung aufbewahrt werden. Abschriften dieser Satzungen sind nur gestattet, wenn hierzu eine schriftliche Erlaubnis vom Zentralkomitee erteilt wird.

(516) Aus dem Aufruf der *Liga polska* in Warschau
Januar 1900

„Die polnische Liga unterschied sich darin von früheren politischen Organisationen, daß sie keine unmittelbare Vorbereitung für eine bewaffnete Bewegung zum Zweck hatte, sondern eine auf eine Reihe von Jahren verteilte Tätigkeit, welche aus der passiven Masse der Gesamtheit, insbesondere aus den Schichten des Volkes aktive politische Kräfte schafft und sie zum unausgesetzten, systematischen Kampfe um die Rechte der Nation in Bewegung setzt, zum Kampfe der zur Wiedergewinnung der unabhängigen staatlichen Existenz als zu seinem Endziel führt.
Den Anstrengungen der Feinde, welche die Vernichtung unserer Nation zum Ziele haben, wollen wir das Streben zur nationalen Einigkeit, systematischen und ausdauernden Widerstand und die einheitliche und organisierte politische Kraft des polnischen Volkes entgegenstellen. Wir fühlen uns nämlich stark genug, um nicht abzuweichen von dem Weg, den wir uns vorgezeichnet haben. Wir wollen nicht nur auf diesem Weg ausharren, sondern vorwärts schreiten und uns mit jedem Schritt dem Ziel unserer Arbeit, unserer bewußten Bestrebungen unseres unerschütterlichen Glaubens, der heiligen Hoffnung aller unserer Herzen – dem einzigen, freien und unabhängigen Polenreiche – nähern."

(517) Der *Zet*-Verband

Der *Zet*-Verband ist eine über ganz Europa verbreitete geheime Organisation junger, namentlich die Hochschulen besuchender Polen zur Förderung politischer und sozialer Bestrebungen. Gruppen des *Zet*-Verbandes bestehen auch in Preußen. Eine Haupttätigkeit des Verbandes in Preußen ist die Förderung und Einrichtung der geheimen Gymnasial-Organisationen.

A. Satzungen des Verbandes der polnischen Jugend, des sogenannten Verbandes *Zet*.

§ 1. Zweck des Verbandes der polnischen Jugend ist die Arbeit für Polen und für das Polentum auf allen Wegen und Gebieten, die zur Unabhängigkeit führen.

§ 2. Dem Verband der polnischen Jugend kann jeder Pole, Schüler höherer Schulen (Hochschulen, Universitäten usw.; der Herausgeber), ohne Unterschied des Bekenntnisses, der Abkunft und des Geschlechts angehören.

§ 3. Die Aufnahme in den Ferien erfolgt durch den Vorsitzenden einer Gruppe nach vorherigem, jedesmaligem Beschluß der Gruppe auf Antrag von zwei Mitgliedern, die für das Mitglied bürgen.

§ 4. Die Arbeit einer Verbandsgruppe zerfällt in folgende Teile:

a. Die Arbeit an sich selbst: Bildung des Verstandes und des Herzens, physische Entwicklung des Körpers und der Kräfte, Enthaltsamkeit in jeder Art des Lebensgenusses, denn nur ein Mensch mit klarem und gebildetem Verstand, mit starkem Willen und gutem Herzen, mit großer physischer und geistiger Enthaltsamkeit und mit einfacher Lebensführung ist so, daß er den Polen zum Vorteil gereichen und unter den heutigen Verhältnissen seinen Teil zur Erlösung Polens beitragen kann.

b. Die Arbeit an den jüngeren Kollegen, die sich erst in Mittelschulen – *id est* Gymnasien – befinden, in dem gleichen Geist und in der gleichen Richtung wie die Arbeit an sich selbst.

c. Arbeit an der Dorfbevölkerung, auf daß sie die menschliche Würde empfinde, auf daß sie polnisch fühlen lerne, auf daß sie erfahre, was das Vaterland und was Polen ist, wer seine Feinde und wer seine Freunde sind, sie dazu vorbereiten, daß sie verstünde, daß man die Sensen wird aufpflanzen müssen, wie dies unser Volk schon einmal während der berühmten Zeit Kosciuszkos getan hat, und wenn das ganze polnische Volk zu den Sensen und Heugabeln greifen wird, dann wird für Polen die Stunde der Freiheit schlagen. ‚Durch das Volk zur Freiheit!‘

§ 5. Jedes Mitglied des *Zet* verpflichtet sich, die im vorangehenden Paragraphen enthaltenen Ideen auf Schritt und Tritt auszubreiten und möglichst viele Anhänger für sie zu gewinnen.

§ 6. Jedes Mitglied des *Zet* verpflichtet sich, alle Aufträge des Gruppenvorsitzenden und alle Beschlüsse der Gruppe auszuführen.

§ 7. Jedes Mitglied des *Zet* verpflichtet sich, das Geheimnis des *Zet* wie auch die Geheimnisse aller in den *Zet*-Versammlungen gehörten Sachen heilig zu bewahren, außerhalb der *Zet*gruppe von dem *Zet* mit niemandem etwas zu sprechen, an keinem öffentlichen Ort und Platz des *Zet* Erwähnung zu tun, wie auch niemals *Zet*-Angelegenheiten einer Privatkorrespondenz anzuvertrauen.

§ 8. Eine Änderung der Satzungen kann nur ein *Zet*-Kongreß durchführen.

§ 9. Eid: Ich N. N. schwöre bei Gott, bei der allerheiligsten Dreieinigkeit und bei der allerheiligsten Jungfrau Maria (bei Nichtkatholiken: auf das Ehrenwort eines rechtschaffenen Polen), bei der Asche aller derer, die ihr Leben für die Freiheit hingaben, bei der Asche der Helden von Bar und des Kosciuszko, bei der Asche der Teilnehmer an den November- und Januar-Aufständen, bei dem Blut der bei Praga unschuldig Hingemordeten und bei dem Blut der Opfer Murawjews, bei den Gebeinen aller derer, die in den Gefängnissen und der Pein Sibiriens erblaßten, – schwöre ich – alle in diesen Satzungen enthaltenen Bestimmungen heilig beobachten und im ganzen Leben die Polen gelobte Treue treu halten zu wollen.

B. Reglement des Verbandes *Zet*.

§ 1. Alle Kollegen und Kolleginnen sind vom Augenblick der Aufnahme in den Verband den Bestimmungen des nachstehenden Reglements unterworfen.
Die hier aufgestellten Rechte und Pflichten betreffen alle Mitglieder, sowohl alle, die nur Mitglieder von Gruppen sind, als auch alle den Vorsitz führenden Gruppen und Mitglieder der verschiedenen Ausschüsse und Vorstände.

§ 2. Die Vorstandsmitglieder sollen sich an jedem Ort, unter allen Umständen und Verhältnissen, in obligatorischen wie ehrenamtlichen Fällen so führen, wie es für einen guten Polen sich ziemt.

§ 3. Die Verbandsmitglieder sind verpflichtet, sich den Weisungen, Aufträgen und Befehlen des Vorsitzenden der Gruppe und der Delegierten einer höheren Instanz unterzuordnen, sofern diese Anordnungen in Gegenwart des Gruppenvorsitzenden getroffen und von diesem ratifiziert sind.
Falls diese Anordnungen aber der inneren Überzeugung eines Mitgliedes widerstreben, so darf sich das Mitglied auf das Plenum der Gruppe berufen.

Die Gruppenversammlung aller Mitglieder, die von der Mehrheit der Mitglieder angenommen und bestätigten Beschlüsse bzw. Weisungen, Aufträge und Befehle sind die höchste gesetzgebende Körperschaft für die Mitglieder und für alle, einschließlich des Vorsitzenden, verbindlich.

§ 4. Jedes Mitglied muß an allen Gruppensitzungen obligatorisch teilnehmen, wenn es nicht vorher von einer oder mehreren Sitzungen entbunden wurde.
Von einer Sitzung zu entbinden, hat der Vorsitzende das Recht, von mehreren Sitzungen kann nur ein von der Mehrheit gefaßter Beschluß entbinden.
Ein Mitglied, welches erst im letzten Augenblick erfährt, daß es an einer Sitzung nicht teilnehmen kann, soll sich bemühen, noch vor der Sitzung auf irgendeine Weise den Vorsitzenden davon zu benachrichtigen und die Ursache seines Fernbleibens anzugeben.

§ 5. Die Mitglieder sind verpflichtet, in den Sitzungen pünktlich zu erscheinen. Verspätetes Eintreffen wird als unentschuldigte Abwesenheit angesehen und zieht als solche entsprechende Folgen nach sich.
Nach Beendigung einer Sitzung haben die Mitglieder in Gruppen von je einigen Personen sofort das Haus zu verlassen, in welchem die Sitzung stattgefunden hat. Strengstens verboten ist es, auf der Treppe, in der Haustür oder vor dem Hause stehen zu bleiben.

§ 6. Für den Fall, daß irgendein Paragraph des vorliegenden Reglements übertreten wird und daß trotz Ermahnung die Übertretung wiederholt wird, ferner für den Fall, daß der Vorsitzende Mangel an Eifer in der Erfüllung der den Gruppenmitgliedern obliegenden Pflichten bemerken sollte, sind nachstehend genannte Maßnahmen möglich:

a. vom Vorsitzenden in Gegenwart der Gruppenmitglieder mündlich erteilte Ermahnungen;
b. vom Delegierten einer höheren Instanz in Gegenwart der Gruppenmitglieder erteilte Ermahnungen;
c. Suspendierung des Mitgliedes und seine Fernhaltung von der Tätigkeit für die Zeit von einem bis sechs Monaten, was vom Vorsitzenden gemeinsam mit einem Gruppendelegierten beschlossen wird;
d. die unter c bezeichnete Strafe zieht – wenn sie erfolglos ist – Ausstoßung und Achtserklärung nach sich, jedoch ohne ehrlose Nebenwirkung; es werden aber alle Gruppen davon in Kenntnis gesetzt;

e. wegen einer größeren Übertretung des § 2 oder irgendeines Paragraphen der Satzungen des Verbandes *Zet* wird das Mitglied der Aburteilung eines aus fünf Gruppenmitgliedern gebildeten Schiedsgerichts unterworfen. Drei Mitglieder bestimmt der Vorsitzende, zwei wählt der Angeklagte selbst. Diese urteilen nach ihrem Gewissen, jedoch muß das Erkannte allen Gruppen mitgeteilt werden.

§ 7. In der Regel darf ein Gruppenmitglied nur einem Gruppenausschuß oder einer Abteilung für soziale Arbeit angehören. Nur ausnahmsweise viel freie Zeit habende und arbeitsame Mitglieder dürfen in zwei, nie aber in mehr Abteilungen gewählt werden.

§ 8. Jeder Gruppenausschuß oder jede Arbeitsabteilung hat seine besondere Geschäftsordnung, nach der sich jeder Gewählte richten muß.

§ 9. Unter Androhung der Achtserklärung darf kein Mitglied des Verbandes irgend welchen Vereinigungen ohne Wissen und Erlaubnis des Gruppenvorsitzenden angehören.

(518) Satzung des polnischen Vereins *Straz*

Verein zum Schutz volkswirtschaftlicher und sozialer Interessen

§ 1. Der Verein hat seinen Sitz in Posen.

§ 2. Zweck des Vereins *Straz* ist der Schutz der wirtschaftlichen, gesellschaftlichen und nationalen Interessen des polnischen Elements im Königreich Preußen und im Deutschen Reich. Diese seine Aufgabe erfüllt der Verein *Straz* mit Hilfe folgender Sektionen: 1. der rechtlich-politischen, 2. der kulturellen, 3. der ökonomischen Sektion. Alle Sektionen nehmen nur solche Aufgaben auf sich, welche ausdrücklich von öffentlichem, nationalem Interesse sind.

§ 3. An der Spitze des Vereins *Straz* steht der Vorstand, welcher aus fünf Mitgliedern besteht. An seiner Seite steht der Beirat, welcher aus 18 Mitgliedern besteht. Die jährliche Hauptversammlung der Starosten wählt den Vorstand und Beirat auf drei Jahre. Aus dem Beirat treten auf der jährlichen Hauptversammlung der Starosten sechs Mitglieder aus. Falls ein Mitglied des Vorstandes oder des Beirates vor der Hauptversammlung der Starosten austritt, steht dem Vorstand und dem Beirat das Recht der Kooptation zu. Alle Beschlüsse werden mit

Stimmenmehrheit gefaßt. Im Falle von Stimmengleichheit entscheidet die Stimme des Vorsitzenden. Die Befugnisse des Vorstandes und des Beirats bestimmen näher die Satzungen.

§ 4. Der Verein unterhält ein eigenes, ständiges Büro zwecks Erteilung von Informationen und Sammlung des zur Ausführung des im § 2 vorgemerkten Zwecks notwendigen Materials. Die Leitung des Büros obliegt dem Vorstand.

§ 5. Der Vorstand ist befugt, Spezialkommissionen mit Kooptationsrecht zu wählen.

§ 6. Die Aufnahme und Ausschließung der Mitglieder erfolgt durch den Vorstand. Die Ausschließung erfolgt ohne Grundangabe.

§ 7. Der Beitrag beträgt mindestens 1 Mark jährlich.

§ 8. Im Falle der Auflösung des Vereins fällt das Vermögen des Vereins nach dem Ermessen des Vorstandes einem ähnliche Zwecke verfolgenden Verein zu.

§ 9. Das austretende, ausgeschlossene und nicht geschäftsfähige Mitglied sowie die Erben des verstorbenen Mitgliedes haben keinen Anspruch an das Vermögen des Vereins; ein solcher Fall verhindert nicht das Fortbestehen des Vereins.

(519) Der Vorstoß der nationalpolnischen Propaganda nach Ostpreußen

Ein Vorstoß der Polen zur Polonisierung der Masuren wurde 1904 unternommen. Als *Beispiel* diene der nachstehend abgedruckte Briefwechsel, den erstmals die *Schlesische Zeitung* veröffentlichte, und zwar in Nr. 25 vom 11. Januar 1907 und Nr. 43 vom 18. Januar 1907. Die ersten mit St. K. unterzeichneten Briefe sind die Berichte des nach Masuren vorangeschickten polnischen Kundschafters:

„Ortelsburg, 13. Juli 1904

Geehrter Herr B.!

Meine Arbeit habe ich bereits begonnen, ich teile Ihnen also nachstehendes mit:

1. Herr X erzählte mir, daß gestern die Baptisten eine Konferenz gehabt hätten. Es ist in Ortelsburg ein Bethaus geweiht worden.

2. Die Baptisten wollen hier einen Kolporteur haben, welcher Bücher und Schriften verbreitet, auch Versammlungen veranstaltet, gut polnisch spricht usw.
3. Die Leute fragen förmlich nach einer polnischen Zeitung.
4. Das Blatt müßte religiös-sozialen Charakter haben. Nichts von Politik, zum mindesten hier die Leute nicht reizen, denn sie wissen überhaupt nicht, was Politik ist. X. verbürgt sich, daß Ostpreußen sich nach fünf Jahren in dem gleichen Aufstand befinden werde wie heute Oberschlesien. Auch ich glaube das.
5. Die katholischen Polen sprechen schlecht masurisch. Auf ihre Unterstützung ist gar nicht zu rechnen. Sie haben nur Lust, zum Katholizismus zu bekehren.

Soweit aus dem Gespräch mit X. Ich bin selbst durch einige Dörfer gegangen und habe gesehen, daß der Geist ein guter ist. Es läßt sich mit einer Zeitung viel, sehr viel ausrichten. Ich meine, wenn Sie es nach Ihren mir bekannten Absichten einzurichten gedenken (ich denke namentlich an jene Bank), so ist sicher, daß hier unser Kandidat durchkommen wird. Nur gilt es hier, jetzt eine rührige Arbeit ins Werk zu setzen, von seiten der Redaktion des neu zu gründenden Blattes Rat zu erteilen, Fingerzeige zu geben und Vereine zu gründen, in denen sich die Leute einarbeiten können. Hier wird das Volk gewonnen werden, wenn wir ihnen mit Lust zu Hilfe kommen und über die Bedrücker, wie sie die Landräte nennen, schimpfen werden. Ich werde jetzt die Aufgeklärten aufsuchen, im Notfall könnte ich mit ihnen eine kleine Versammlung veranstalten; es hängt hier alles von einem rührigen Agitator ab, der nicht säumig ist. Das möge Ihnen momentan hinreichen. Am Sonntag mehr.

Mit schönem Gruß

St. K.

W., 29. 6. 1904

Hochwohlgeborener Herr!

Jetzt teile ich Ihnen mit, daß ich einen Menschen – keinen Säufer – gefunden habe, der sich entschließen würde, für ständig ins Ausland zu gehen und dafür seine Papiere (Nationale) herzugeben. Wenn Sie es also wünschen sollten, dann bitte ich um Antwort, ich werde dann anfangen, mit ihm zu unterhandeln. Sie sehen also, daß ich an alles denke. Ich habe einen bekannten Kaufmann in Westfalen, der vorzüglich mit masurischem Akzent spricht, vielleicht würde er sich entschließen, sich in Masuren niederzulassen, entweder als Kaufmann oder als Pächter eines unserer – ich wollte sagen Ihrer Vorwerke, wenn Sie ein solches dort erwerben werden. Wie gesagt, er ist ein guter, geschickter Redner und er kann als Masur gelten. Ich habe daran gedacht, ihn in Lyck ansässig zu machen; er könnte in diesem Kreis und in dem ganzen dazu gehörigen Bezirk arbeiten. Außerdem würde ich Ihnen wünschen, daß dort in einer Gegend auch solche Wirte ansässig gemacht würden, welche für uns darüber hinaus arbeiten. Dafür will ich einen meiner Schwäger gewinnen, der die Absicht hat, sich im Großherzogtum Posen anzukaufen, er hat eine Wirtschaft. Jetzt ist er in Westfalen, und er arbeitet im Berufsverband. Ich möchte diese Leute so mit unserem Nationalinteresse verbinden, daß sie für uns nicht nur arbeiten sollen, sondern sogar müssen.

Andererseits liegt mir daran, daß wir in den einzelnen Gegenden solche Leute haben, welche handeln und, was die Hauptsache ist, so wenig als möglich, besser gesagt nichts kosten, und daß sie nur Wiedervergeltung üben für die von uns gewährte Hilfe. Auch in dieser Hinsicht werde ich Verhandlungen anknüpfen, ich werde schreiben, wenn Sie es wünschen. Vertrauen Sie mir, denn ich bin von dieser Sache durchdrungen; ich will die größen, besten Vorteile bei den bescheidensten kleinsten Ausgaben; ich will dort so arbeiten, als wenn es meinem eigenen Interesse gälte und als wenn es sich einzig um mein Wohl handelte. Ich habe das Wohl des Vaterlandes, unserer Sache im Auge. Ich bitte bezüglich dieser Punkte um Bescheid, wie Sie darüber denken.

Mit schönem und herzlichem Gruß

Ihr ergebener Diener
St. K.

Ortelsburg, 17. Juli 1904

Verehrter und gnädiger Herr!

Ich habe jetzt 60 Dörfer besucht und dabei auch die 3 Städte, welche zu unserem Kreise gehören, d. h. Ortelsburg, Wittenberg und Passenheim. Des Morgens schon vor 6 Uhr bin ich auf dem Rad, und die Hitze ist furchtbar. Das Rad ist mir entzwei gegangen, ich habe es reparieren lassen müssen, nichts Wunderbares auf diesen Sandwegen. Was wird Herr Brejski sagen, daß ich das Rad so zuschanden gefahren habe, wenn er es wird wieder haben wollen.

Ich habe also den Teil des Kreises besucht bis zur polnischen Grenze und nach dem Johannisburger Kreise zu. Nach Passenheim bin ich aber erst heute gefahren, und zwar mit der Bahn.

Zu kolportieren war nicht möglich, sonst müßte ich ein halbes Jahr hier bleiben und in manchen Orten länger wie eine Woche, und das war mir nicht möglich. Die Bücher bis 30 Pfennig im Werte habe ich nur verschenkt an diejenigen, welche ich als Vertrauensmänner zu gewinnen hoffe. Es gibt hier Örtlichkeiten, welche über 200 Abonnenten hergeben könnten. Alles dies wird man erreichen können, wenn nur diejenigen, welche bei der Zeitung beschäftigt sein werden, sich tüchtig an die Arbeit machen werden.
Namentlich derjenige, welcher hier als Agitator angestellt werden wird, muß es fertig bringen, dieses Völkchen um sich zu vereinigen, und man muß nur sein Herz treffen können. Der Redakteur dagegen muß entschlossen sein, nicht nur mit der Feder tätig zu sein, sondern nach Redaktionsschluß statt in der Kneipe zu sitzen, mit dem Volk zu leben und an dessen Aufklärung zu arbeiten.
Das Volk ist sehr anhänglich, ich weiß nicht, wie ich es beschreiben soll, ich habe mir das volle Vertrauen erworben und überall die ausfindig gemacht, welche seinerzeit für Herrn Lewandowski gearbeitet haben. Alle diese wollen uns bei der Herausgabe einer neuen Zeitung helfen. Und als ich ihnen mitteilte, daß ich mich in Ortelsburg niederlassen wolle und die Absicht habe, den heiligen evangelischen Glauben zu verteidigen*, konnten sie sich vor Freude nicht fassen.
Was hier zu tun ist, werde ich mündlich mitteilen, wenn ich nach Posen komme. Ich werde Ihnen dann meinen Plan mitteilen.
Jetzt will ich die andere Hälfte des Kreises bereisen nach Sensburg zu. Ich bitte um Zeitungen, aber nur in einem Brief, nicht als Drucksache, weil man dann in einem solchen Loch gleich aufmerksam wird. Wie denken Sie überhaupt darüber, wollen Sie eventuell in Osterode eine Zeitung anlegen oder nicht? Und welche Zeitung wollen Sie hier erwerben, weil doch hier zwei sind, das Kreisblatt und die Kreiszeitung, welche ein gewisser Ludwig herausgibt.
O Herr, wie wird das hier, so Gott will, in 4 Jahren aussehen!
Über Mißbräuche bei den Wahlen werde ich dem Herrn erzählen. Ich begreife nicht, daß Lewandowski nicht Protest erhoben hat."

* Anmerkung der *Schlesischen Zeitung*: „Notabene eine ganz gemeine Heuchelei des St. K., der ein strenggläubiger Katholik ist und weder aus eigenem Herzen noch gemäß den Intentionen seiner Auftraggeber in Posen den ‚heiligen evangelischen Glauben' zu verteidigen die Absicht hatte."

„B., den 28. Juli 1904

Hochwohlgeborener Herr B.!

In der Anlage übersende ich Ihnen unter a I. einen Brief des Herrn K., unter b II. seine Lebensbeschreibung und unter c III. eine Abschrift des Briefes, den ich an ihn gesandt.
Ich schrieb also in Ihrem Sinne, er möchte bei Ihnen, ich wollte sagen, bei der Firma D. und J., vorsprechen. Seien Sie gewiß und vertrauen Sie mir, denn die masurische Sache ist eine nationale Sache, und als solche liegt sie mir wie ein kostbarer Stein am Herzen! Fürchten Sie sich also nicht! Ich werde nie Verrat üben, und wenn es auf Leben und Tod ginge, das können Sie mir glauben.

Ich drücke Ihre Hand und verbleibe

Ihr ergebener Diener
St. K.“

Die *Schlesische Zeitung* berichtet dazu:

„H. B., welcher dermaßen das Terrain sondiert hatte, überlegte ziemlich lange, ehe er zum Entschluß kam. Endlich schrieb er an den Rechtsanwalt Osuchowski, einen in Warschau lebenden, in meinen Briefen schon wiederholt erwähnten ungemein rührigen polnischen Agitator, von welchem bekannt war, daß er teils mit eigenem, teils mit von dritten eingesammeltem Geld die masurische Polonisierung lebhaft unterstützte. Der Brief, welcher im wesentlichen dasjenige Programm enthält, welches auch heute noch für die Strasch, welche, wie später gezeigt werden wird, die Agitation auf ihre Schulter geladen hat, maßgebend ist und befolgt wird, und daher seinem ganzen Inhalte nach wichtig ist, lautet wörtlich:

Posen, den 15. April 1905

Hern Rechtsanwalt Osuchowski
Hochwohlgeboren
in Warschau, Senatorstr. 8.

Im Anschluß an die ehrenvolle mündliche Unterredung vor mehreren Monaten in Sachen der *Gazeta Mazurska* sehe ich es als eine Pflicht an, Euer Hochwohlgeboren gehorsamst mitzuteilen, daß ich im Sinne Ihrer gefälligen Wünsche schließlich vorzeitig Schritte einleite, um den seinerzeit verabredeten Plan, d. h. die Herausgabe der *Masurischen Zeitung*, zu verwirklichen und damit die masurische Frage in echt pol-

nischem Geist zu erfassen; dies geschieht zwar in beschleunigtem Tempo, aber dennoch mit Rücksicht auf die Wichtigkeit der Angelegenheit sehr umsichtig und ruhig, namentlich hinsichtlich der Veröffentlichung politischer Artikel. Die *Gazeta Mazurska* wird schon in den ersten Tagen des Juli erscheinen, d. h., sobald ich nach Ortelsburg (Szczytno) die Druckerei hinüberschaffe, die ich schon erworben habe.
Heute reist mein Vertreter nach Ortelsburg, um das Haus zu kaufen, wegen dessen ich schon seit mehreren Monaten vertraulich unterhandle, und welches auch zur Abhaltung von Versammlungen usw. geeignet ist. Die Gründung eines Blattes einzig nur in Ortelsburg halte ich für eine unumgängliche Bedingung, wenn man die Sache überhaupt vorwärts bringen und befestigen will. Zunächst wird die *Gazeta Mazurska* nur einmal wöchentlich, aber völlig unentgeltlich erscheinen, sie wird also an jeden umsonst abgegeben und verteilt werden, und zwar bis zum 1. Oktober 1905. Vom 1. Oktober 1905 ab wird die *Gazeta Mazurska* dreimal wöchentlich mit einer illustrierten Beilage, einer Rechtshilfe, einem umfangreichen Teil jeglicher Information aus jedem Gebiete, sowie mit praktischen Ratschlägen aus dem täglichen Leben usw. erscheinen, wobei die ruhmvolle Vergangenheit Polens durch allmähliche Veröffentlichung einer sehr populär geschriebenen polnischen Geschichte verständlich gemacht werden wird. Ich hege auch die Hoffnung, daß die *Gazeta Mazurska* mit der Zeit für jeden masurischen Bruder ein unentbehrliches Blatt werden wird, was Gott verleihen möge! Um aber die masurische Sache zu erfassen, beschränke ich mich nicht allein auf die Gründung eines Blattes. Gleichzeitig mit der Herausgabe der *Gazeta Mazurska* nämlich, ja sogar noch vorher, gründe ich in Ortelsburg eine masurische Bank (*Bank Mazurski*), deren Leitung ich in jeder Hinsicht vertrauenswürdigen und fähigen Leuten übertrage, die ich als Leiter der Firma X. und Y. in diesem Kontor selbst durch mehrere Jahre hindurch ausgebildet habe und auf die ich mich absolut verlassen kann. Zweck der masurischen Bank wird nicht sein die Jagd nach Gewinn oder überhaupt die Anhäufung von Depositen, sondern sie wird den Zweck haben, den masurischen Brüdern mit jeder möglichen Hilfe oder sogar mit Darlehen unter bescheidenen Bedingungen zu dienen, ihnen jegliche Informationen zu erteilen, Hypotheken zu regeln, künstliche Düngemittel, landwirtschaftliche Maschinen zum Einkaufspreise und mit erleichtertem Kredit zu liefern, schließlich bei Käufen und Verkäufen von Land zu vermitteln, insbesondere aber Kaufleute, Gewerbetreibende aus hiesigen Gegenden anzusiedeln, ferner Ärzten, Rechtsanwälten usw. geeignete Orte anzugeben, zuletzt wird die masurische Bank auch Güter auf eigene

Rechnung ankaufen, um solche nach Möglichkeit zum Einkaufspreise unter Masuren zu verteilen und auf den übrigbleibenden Gutshöfen intelligente Leute aus hiesigen Gegenden anzusiedeln. Alle anderen politischen Angelegenheiten, die sich namentlich auf Wahlen beziehen usw., verschiebe ich als noch unzeitgemäß auf später. Alle daraus entspringenden Kosten und Verluste – also das ganze Risiko übernehme ich allein auf meine Schultern; ich wende mich an die Hochwohlgeborenen Herren nicht um Hilfe, und ich werde dies nicht tun, so lange mir dazu meine Mittel ausreichen.

Jedoch ist es nicht ausgeschlossen, daß ich mich später, wenn sich die masurische Bank günstig entwickelt und der Bedarf gerechtfertigten Kredits einen breiteren Maßstab erreicht, an die Gefälligkeit der pp. Herren um Hilfe wenden werde, allein nur in Form eines verzinsten Darlehens, wobei ich genügende Bürgschaft für dessen Sicherheit leisten werde. Doch befindet sich diese Möglichkeit in noch allzu entfernter Perspektive. In jedem Falle wird es gut sein, wenn dort irgendein stärkerer Fonds sein wird, der namentlich während der Wahlen notwendig sein könnte, vor allem aber um die Niederlassung von Rechtsanwälten, Ärzten, Kaufleuten, Gewerbetreibenden usw. usw. zu ermöglichen, denen man gegebenenfalls mit einem entsprechend bescheidenen Darlehen, das von dem dortigen Fonds verzinst würde, helfen könnte. Sofern ein solcher Fonds schon vorhanden ist, müßte er weiter bestehen und sich beständig vergrößern, damit für jede Möglichkeit wenigstens irgendeine Reserve für später vorhanden wäre.

Für mich, d. i. für die *Gazeta Mazurska*, verlange ich absolut keine Geldhilfe.

Sobald es mir die Zeit erlaubt, werde ich nicht verfehlen, nach Warschau zu kommen, um Euer Hochwohlgeboren meine Aufwartung zu machen und um die masurische Frage in allen möglichen Einzelheiten zu besprechen. Zum Schluß kann ich Euer Hochwohlgeboren auch versichern, daß die masurische Sache sehr klug und sehr politisch geführt werden wird, d. h. nach außen, sofern es sich tun läßt, höchst ruhig, umso tatkräftiger aber wird die masurische Sache nach innen geleitet werden, indem die Masuren durch Gewährung jeglicher Unterstützung herangezogen und gleichzeitig sehr umsichtig im polnischen Geist organisiert werden sollen.

Jede wichtigere Nachricht bezüglich der masurischen Sache werde ich mir Euer Hochwohlgeboren in jedem Falle unverzüglich zu übermitteln erlauben; übrigens werde ich die *Gazeta Mazurska* nach dort ständig in geschlossenem Briefumschlag übersenden.

Indem ich Vorerwähntes gefälligst mitteile, empfehle ich mich auch fernerhin der Gewogenheit und ehrenvollen Protektion Euer Hochwohlgeboren und zeichne

mit dem Ausdruck höchster Hochachtung
und Ehrerbietung

gehorsamst
gez. M. B."

Die *Schlesische Zeitung* bemerkt dazu weiter:

„Jedoch es sollte anders kommen. Aus den Plänen des B. wurde nichts. Inzwischen hatte es nämlich ein Buchhändler X. voreilig unternommen, auf eigene Faust in Osterode eine Zeitung für die Masuren, den *Goniec Mazurski*, zu begründen. Die Zeitung sollte für die großpolnische Idee in Masuren Propaganda machen.
Der Herausgeber der Zeitung wandte sich um Unterstützung an den Pastor Michejda in Nawsie, Bezirk Teschen, Österreichisch-Schlesien, welcher der Führer der dortigen evangelischen Polen und Vorsitzender des (polnischen) evangelischen Volksbildungsvereins (*Oswiata)* daselbst ist. Michejda antwortete ihm am 15. Mai 1905, daß der Teschener Verein *Oswiata* einer gemeinsamen Aktion mit Herrn Kar. (einem nach Osterode zu Propagandazwecken verzogenen Polen aus Posen) natürlich auf folgender Grundlage zustimmt: In nationalpolnischem Geist, aber ohne jegliche katholische Beimischung; die Masuren sein lassen, was sie sind, evangelische Polen, und in diesem Geist auf sie einwirken, sie aufklären und nationalisieren, d. h. ihnen das Gefühl eingeben, daß sie Polen und ein Teil der Nation sind.
Der Buchhändler X. erhielt eine erhebliche Geldunterstützung von Herrn Michejda und Konfratres, um die alte Salewsky-Buchhandlung und deren Vertragsrechte für masurische Erbauungsbücher, Volksschriften usw. zu kaufen und die Zeitung in obigem Sinne herauszugeben.
Inzwischen war in Posen der Verein *Strasch* gegründet worden. Trotzdem er nach feierlichen Erklärungen seiner Häupter nur ein Abwehrverein gegen die von den Deutschen den Polen angeblich angetanen Unbilden sein sollte, war sein erstes, mit beiden Füßen in die Bresche zu springen und die Propaganda nach Masuren, wo nichts abzuwehren, sondern nur zu erobern war, hineinzutragen.
Er bewilligte sofort dem Buchhändler X. ein bares Darlehen von 2 000 Mark zu Zwecken der weiteren Erhaltung der Zeitung, welches Darlehen freilich bei dem Konkurse, der inzwischen über das Vermögen des X. ausbrach, nebst den über 10 000 Mark betragenden Summen, die

Michejda hingegeben hatte, verloren ging. Die Korrespondenz zwischen den Vertretern der *Strasch* und dem X. ist bedeutungsvoll. Sie soll daher in diesem Wortlaut hier gebracht werden.

Geehrter Herr!

Bitte ergebenst um gefällige Rückgabe der ersten drei Nummern des *Goniec* in doppelten Exemplaren, sowie der Nummer 5. Wird es vielleicht nicht nötiger sein, populärer zu redigieren? Was geht z. B. die Masuren der Aufruf des Journalisten-Vereins an?

Mit aufrichtigen Wünschen für das Gelingen
und mit Händedruck
Posen, 1. 8. 05 Bernhard von Ch.

Herrn X., *Goniec Mazurski*, Osterode

Posen, 11. 8. 05

Auf Ihre Briefe teile ich ergebenst mit, daß ich die uns übersandten Papiere der Sektion II (NB. des *Straz-Vereins* – Red.) zur Prüfung und zur Entscheidung übergegeben habe. Ich mache jedoch darauf aufmerksam, daß 1. der Vorsitzende der Sektion II auf 14 Tage verreist ist und daß bis zum September die einschlägige Versammlung nicht stattfinden wird; 2. daß wir die Einzelheiten Ihnen zur Erledigung überlassen müssen auf Grund der uns abgegebenen Verpflichtung, das Blatt bis zum 1. 10. d. J. herauszugeben.

Achtungsvoll

Dr. Th. Jaw.

Herrn X., *Goniec Mazurski*, Osterode

Posen, 15. 8. 05

Nachdem ich von Dortmund zurückgekehrt war, traf ich Ihren Brief an, auf den ich Ihnen mitteile, daß ich Herrn von Koscielski, sobald ich mit ihm zusammentreffen werde, die Angelegenheit des *G. M.* unterbreiten werde, soweit es sich um die Geldbeihilfe handelt. Dagegen bezweifle ich, daß in der Frage der Redaktion die Entscheidung ausschließlich von uns abhängen wird, wenigstens solange Sie ausschließlich Herausgeber sind. Sie hatten einen entsprechenden Nachfolger, und mit Herrn M. waren Sie nicht zufrieden. Ich würde Ihnen meinerseits raten, ihm zu kündigen und den Ausersehenen anzunehmen. Fürs erste könnte ich Ihnen nicht raten, nach Posen zu kommen, denn Herr von Koscielski ist verreist und kehrt erst im September zurück. Ich meinerseits werde sofort an ihn schreiben.

Achtungsvoll

Dr. Th. Jaw.

Posen, 19. 7.05

Geehrter Herr!

Was die lokalen Angelegenheiten betrifft, so überlassen wir Ihnen völlige Freiheit des Handelns, also den Ankauf eines Rower, das Mieten des Lokals usw., jedoch in der Auffassung, daß Sie größtmögliche Sparsamkeit walten lassen. Sobald das Kapital aufgebraucht sein wird, bitte ich, uns zu berichten und beizeiten zu erinnern. Jetzt verreist alles, und die Sachen ruhen. In Sachen der Karten wollen Sie sich an das Gewerbegericht am Ort wenden bzw. an den Kommissar. Ein Formular der *Praca* zur Ansicht füge ich bei.

Bureau des *Strazvereins*

Dr. Th. Jaw.

Herrn X., Osterode

Posen, 12. Oktober 1905

Ich teile Ihnen nach dem Schreiben der gestrigen Karte auf den heute erhaltenen Brief mit, daß ich, da ich keinen anderen Rat wußte, Ihren Brief Herrn von Koscielski nach Zakopane übersandt habe – Villa Skoczyska –. Ob das Resultat ein günstiges sein wird, bezweifle ich keineswegs, aber vielleicht schreiben Sie direkt.

Bureau des *Strazvereins*

Dr. Th. Jaw.

Herrn X., *Goniec Mazurski*, Osterode

Posen, 11. Oktober 1905

Auf Ihre Karte teile ich Ihnen ergebenst mit, daß 1. die Kasse des *Strazvereins* hinreichende Fonds zur Unterstützung eines so teuren Unternehmens wie des *Goniec Mazurski* nicht hat, besonders da viele verschiedene Bedürfnisse zu befriedigen sind; 2. daß wir, indem wir für

2 000 Mark privatim, ohne Sicherung der Rückzahlung seitens des *Strazvereins* gebürgt haben, an und für sich eine große Last auf uns genommen haben, besonders da 3. mit Ausnahme des Herrn von Koscielski keiner von uns persönliches Vermögen besitzt. Ich verstehe übrigens nicht, wie das Blatt selbst sich wenigstens bezahlt machen soll, selbst bei mehreren hundert Abonnenten und einigen Dutzend Annoncen. Auf meine Vorstellungen und Bitten haben Herr J. v. Koscielski nebst Herrn Dr. Hacia eine ablehnende Haltung eingenommen bezüglich der Unterstützung Ihres Unternehmens. Aber erwägen Sie auch, daß, wenn der *Strazverein* nicht wäre, Sie auch die 2 000 Mark nicht erhalten hätten, und das ist doch, wie ich meine, eine ansehnliche Summe.

Bureau des *Strazvereins*
Dr. Th. Jaw.

Herrn X., *Goniec Mazurski*, Osterode

Posen, 16. November 1905

Ich teile Ihnen mit, daß ich Ihren Brief der Sektion II (kulturelle) des *Strazvereins* übergeben habe. Ich meinerseits mache Sie darauf aufmerksam, daß nicht der *Strazverein* den *Goniec* herausgibt, sondern daß Sie auf Grund der Verpflichtung, ihn bis zum 1. Oktober erscheinen zu lassen, privatim 2 000 Mk. Darlehen erhalten haben. Mithin gehen uns rechtlich die von Ihnen berührten Ausgabeangelegenheiten nichts an, da wir Ihnen nicht einmal vorgeschrieben haben, was mit dem Gelde zu machen sei, und auch nicht, zu welchem Zweck es zu verwenden sei, in der Annahme, daß Sie es für den Verlag verwenden werden.
Als ich die Unterschrift leistete, war ich der Meinung, wir würden durch diese Unterstützung das Blatt so heben, daß es sich bezahlt machen werde.

Mit Achtung
Bureau des *Strazvereins*
Dr. Th. Jaw.

Herrn X., Osterode

Posen, 27. November

Ich teile Ihnen ergebenst mit, daß Herr Josef von Koscielski Ende dieser Woche nach Warschau verreist. Vielleicht schreiben Sie an ihn direkt, Posen, Gartenstraße 18, I, oder nach Warschau, Hotel Bristol. Schließlich gestatte ich mir, Ihnen privatim mitzuteilen, daß Ihre Kalkulation irrig ist, denn weder haben wir Ihnen Herrn M. zugeschickt, noch war es unser Wunsch, daß Sie das Ihnen geliehene Geld anders als für den Verlag ausgeben.

Mit Achtung

Bureau des *Strazvereins*

Dr. Th. Jaw.

Herrn X., Osterode

Posen, 3. 10. 05

Hilfe aus Posen zu erhalten, wird schwer sein, denn woher? Die Kasse des *Strazvereins* ist arm, und andere Quellen kenne ich nicht. Wie ich schrieb, ist Herr J. K. in Warschau, Hotel Bristol. Mitteilungen im *Dziennik* waren nicht aus dem Bureau des *Strazvereins*. An die *Praca* wollen Sie selbst schreiben, denn ich habe seit der Zeit, daß ich der *Praca* den Rücken gewandt, mit der Redaktion keinen Verkehr mehr. Ich rate Ihnen, auf Posen nicht zu rechnen. Die Wahlen in Schlesien haben uns völlig erschöpft.

Mit Achtung

Bureau des *Strazvereins*

Dr. Th. Jaw.

Posen, 12. 10. 05

Den Brief der geehrten Herren vom 29. 9. d. J. habe ich laut Beschluß des Hauptvorstandes Herrn Rechtsanwalt Anton Osuchowski, Warschau, Senatorstraße 8, eingesandt.
Er befaßt sich mit der masurischen Angelegenheit und sammelt die nötigen Fonds.

Hochachtungsvoll

Bureau des *Strazvereins*

Dr. Th. Jaw.

Herrn X., Osterode

Posen, 18. 10. 05

Im Auftrag des Präsidiums des *Straz-Vereins* teile ich Ihnen ergebenst mit, daß weitere Verhandlungen in der Angelegenheit der *Goniec Mazurski* Anfang November (vom 6. bis 9. November) in Warschau stattfinden werden.
Der *Straz-Verein* kann aus seinen geringen Mitteln Ihnen in diesem Jahr leider keine Hilfe gewähren.
Sollten Sie keine weiteren privaten Mittel ausfindig machen, können wir Ihnen nur einzig Herrn Rechtsanwalt A. Osuchowski empfehlen.

Mit Achtung
Bureau des *Strazvereins*
Dr. Th. Jaw.

Posen, 4. 9. 05

Geehrter Herr!

Weil ich von einem Kreise von Herren die Ermächtigung erhalten habe, mich mit Ihnen zu verständigen, sandte mir Herr von Niegolewski heute Ihren Brief.
Es ist selbstverständlich, daß ich Ihnen kein Geld senden kann, weder in dieser Höhe noch in dieser Zeit, wie Sie es verlangen. Ich habe jedoch Ihren Brief an zuständiger Stelle vorgelegt und denke, daß Sie das Geld bald erhalten werden.
Nach einer mit dem Pastor Michejda stattgehabten Beratung sind wir zu der Überzeugung gelangt, daß die masurische Sache günstig wird erledigt werden können. Wir müssen jedoch damit rechnen, daß sich das Geld in den Händen des Herrn O. (Osuchowski; der Herausgeber) befindet, welcher sicherlich Vorbehalte und Schwierigkeiten machen wird, ehe er sich dazu entschließt, es herauszugeben. Auf Posen und Teschen werden Sie nicht rechnen können, weil das erstere ohnehin schon über die Maßen für Masuren engagiert ist.
Ich bitte Sie nunmehr um die folgenden Sachen ...
Zum Schluß: Ohne Nachweis könnte sich alles zerschlagen. Vergessen Sie nicht, daß Herr O. und ihm ähnliche sich bereits zweimal die Finger verbrannt haben. Kein Wunder, daß sie jetzt das Feuer scheuen.
Ich erwarte jene Nachweisungen und wünsche Ihnen bestes Wohlergehen.

R., prakt. Arzt

Posen, 5. 11. 05

Geehrter Herr!

Ich weiß nicht, was vorgefallen ist, nehme aber an, daß übelwollende Menschen Sie angeschwärzt haben, und ich kann jetzt nichts machen. Wo ich hinkomme, sehe ich lächelnde Gesichter, als ob ich in böser Absicht in einer eigenen Sache wirkte.
Es ist dies eine mir sehr gut bekannte Erscheinung und ich weiß, wem ich es zu verdanken habe, denn so geschieht es ja immer in Posen, daß man im geheimen hinter dem Rücken rechtschaffene Menschen anschwärzt, damit die schmutzigen Sterne leuchten können.
Ich habe mich so geärgert und aufgeregt, daß ich jetzt krank darnieder liege, und will nichts mehr von irgendeiner nationalen Angelegenheit wissen, denn heute ist die Tätigkeitsära für rechtschaffene Menschen spurlos verschwunden.

Ich begrüße Sie

Zenon L.

Posen, den 2. Dezember 1905

Lieber Herr!

Ich habe mich geirrt, heute erst ist die Sitzung, in welcher dem Dr. R. Geld für Sie angewiesen werden soll. Rydel behauptet, daß man gegen 800 Mk. anweisen wird und daß nach Begleichung der bereits angemeldeten Ansprüche noch ungefähr 200 Mk. übrig bleiben werden. Ihr Trick, daß Sie Rohleder mitgeteilt haben, die Druckerei wäre Eigentum des Dr. R. macht letzterem Spaß. Daraufhin erschien Rohleder bei Rydel, welcher ihm morgen einen Teil schicken wird, und läßt ihn auf den Rest noch ein Weilchen warten. Nun, die Sache geht ja vorzüglich! Von Mittwoch an fange ich in einer der hiesigen Banken zu praktizieren an, um einen Begriff vom Bankwesen zu bekommen (da wir in Masuren eine Bank gründen werden). Freitag wird K. Rzep. in Ortelsburg sein, um sich das Haus anzusehen; Sonntagabend wird er bei Ihnen sein und in Allenstein; Sonntag fährt er zur Versammlung nach Graudenz. Jedenfalls bitte ich Sie, ihm nicht zu verraten, 1. daß Sie von mir von der Bank wissen; 2. daß Sie von seiner Reise etwas wissen; vielleicht wird er Ihnen selbst schreiben oder, falls er dort sein wird, von der Bank selbst anfangen.
Ich rechne auf Ihre Diskretion und bitte, diesen Brief zu verbrennen. Ich hoffe, Sie werden sich über nachstehendes nicht ärgern; angesichts

dessen, daß hier Geld weggehen wird, bin ich zu der Überzeugung gekommen, warum man davon keinen Gebrauch machen sollte. Ich habe R. ersucht, mir die 17 Mk., die Sie mir schuldig sind, auszuzahlen. Halten Sie nicht dafür, daß auf diese Weise der Wolf satt wird und doch die Ziege unversehrt bleibt? Wären Sie in der Brenne, so würde ich dies nicht tun, obgleich ich selbst in Nöten bin, oder warum sollte ich dies nicht tun, wenn es Sie nichts kostest und Ihnen keine Mühe macht! Sie werden sich doch darüber nicht ärgern? Einverstanden? R. hat mir schon das Geld gegeben.
Schreiben Sie mir bald!

Ich umarme Sie und küsse Ihrer Frau Gemahlin die Hand

Ice

Posen, den 14. Januar 1906

Lieber Herr X.!

Ich bitte angelegentlichst um Entschuldigung wegen des langen Schweigens – ich war wirklich so beschäftigt, daß ich nicht schreiben konnte. Zum Bahnhof konnte ich nicht kommen, denn als ich um 3 Uhr nach Hause kam, erst dann erhielt ich das Telegramm. Was die masurische Frage anbetrifft, so haben sie, als sie aus Warschau zurückkehrten, keinen Finger mehr gerührt, denn dies muß auch tatsächlich der Hauptvorstand erledigen, und dieser kann erst am 21. Januar 1906 zusammenkommen. Vorläufig ruht also diese Sache, ich aber helfe indes dem Karl in der Organisationssektion, und ich pflüge mit ihm wie ein Ochs, um mich so auszudrücken. Ich befinde mich insofern in einer besseren Lage, als man mich schon engagiert hat. Mit dem *Goniec* wollen Sie in jedem Falle vorläufig nichts zu tun haben, wenn Sie also die Teschener Subvention nicht haben werden, so wird es unangenehm sein. Was hört man vom *Goniec*? Sie geben ihn also weiter heraus? Ich erhalte keine Nummer.
Ich schrieb Ihnen nicht sofort, daß sie mich engagiert haben, ich wollte Ihnen aber keine Unannehmlichkeiten bereiten.
Jedenfalls bin ich überzeugt, daß, wenn ein zweites Blatt entstehen sollte, wir uns nicht beißen und uns keine Konkurenz machen werden. In die Gegend von Osterode werde ich mich nicht begeben, auch werden wir uns nicht angreifen, denn ich weiß, daß Sie für den Frieden sind, und ich nicht minder. Nicht wahr?

Schreiben Sie, was man dort hört. Herzlich drückt Ihre Hand und küßt Ihrer Frau die Hand

St. Z.

(520) Über die geheime Arbeit des *Straz* unter den Masuren

Über die geheime Arbeit des *Straz* unter den Masuren in Ostpreußen gibt nachstehender Aufruf, den die *Schlesische Zeitung* (Nr. 46 vom 19. Januar 1907) veröffentlichte, Aufschluß:

„Ortelsburg, Datum des Poststempels
Polnische Straße 138 (Kaiserstr.)

Vertraulich!

Geehrter Herr!

Elf südliche Kreise Ostpreußens werden von evangelischen Polen – Masuren – bewohnt.
Angesichts der ungeheuren Anstrengungen der Organe der preußischen Regierung, um die masurische Bevölkerung zu entnationalisieren, und angesichts des Mangels an polnischer Intelligenz unter den Masuren, welche das Volk aufklären und belehren könnte, besteht die Gefahr, daß das masurische Volk für das Polentum für immer verloren geht, wenn von unserer Seite aus nicht eine kräftige Verteidigungsaktion unternommen wird. Die Germanisierung macht hier, weil sich unsere Gesamtheit mit den Masuren nicht befaßt, geradezu wahnsinnige Fortschritte. So betrug z. B. der Prozentsatz der Polen im Jahre 1825 im Kreise Neidenburg 97, im Jahre 1900 nur 71, im Kreise Ortelsburg 96 bzw. 77, im Kreise Johannisburg 93 bzw. 75, im Kreise Lyck 89 bzw. 58, im Kreise Sensburg 86 bzw. 57, im Kreise Lötzen 86 bzw. 47, im Kreise Rosenberg 80 bzw. 38, im Kreise Angerburg 52 bzw. 6, im Kreise Goldalp 16 bzw. 2. (Das sind völlig falsche Prozentangaben, der Herausgeber.)
Die erfolgreichste Waffe gegen die Germanisierungsbestrebungen ist unzweifelhaft eine polnische Zeitung. Den Unterzeichneten ist es gelungen, die erforderlichen Geldmittel zur Gründung einer Zeitung für die Masuren zu gewinnen, welche unter dem Titel *Mazur* bereits seit dem 1. Juli d. J. in Ortelsburg erscheint.
Infolge bedeutender Ausgaben für den Ankauf eines Hauses, wozu wir gezwungen waren, sowie für die Einrichtung der Druckerei sind die Vorräte, über die wir gegenwärtig verfügen, noch sehr gering; das Blatt wird sich dagegen nach den Berechnungen Fachkundiger erst nach einigen Jahren rentieren, während es in den ersten Jahren eine jährliche Subvention von 4 bis 5 000 Mk. brauchen wird.
Angesichts dessen appellieren wir an das patriotische Empfinden Euer Wohlgeboren mit der ergebenen Bitte um Unterstützung im Namen

des nationalen Interesses und um Übersendung eines Beitrages für den *Mazur* an unseren Schatzmeister, Herrn Czeslaus Leitgeber in Posen, Königsplatz Nr. 2.
Wir bitten Euer Wohlgeboren, den *Mazur* (der in gothischer Schrift gedruckt ist, denn die Masuren kennen die lateinischen Buchstaben nicht) zu abonnieren.
Wir hoffen, daß Euer Wohlgeboren unseren Appell nicht mit Stillschweigen übergehen werden.
Gleichzeitig fügen wir ein Exemplar einer Broschüre bei, die einen geschichtlichen Überblick über Masuren gibt.

Aufgemerkt!

Das Masuren-Komitee
Joseph von Koscielski, Vorsitzender, Posen,
Gartenstraße 13
Czeslaus Leitgeber, Schatzmeister, Posen, Königsplatz 2
Stanislaus Zielinski, stellvertrender Schriftführer,
Ortelsburg, Kaiserstraße 138

Bernhard von Chrzanowski; Dr. F. von Niegolewski; Hermann Falkenberg; Stanislaus Pfitzner; Dr. K. Honcia; Cölestin Rydlewski; Dr. W. von Mieczkowski; Karl von Rzepecki."

(520a) Auf dem polnischen Genossenschaftstag in Pelplin

im August 1906 berichtete nach Konstituierung des Bureaus der Patron der polnischen Genossenschaften, Prälat Wawrzyniak, über die Tätigkeit des Patronats im abgelaufenen Geschäftsjahr. Der Redner gab dem *Dziennik* zufolge zunächst seinem Bedauern darüber Ausdruck, daß von den einzelnen Genossenschaften ungenaue Berichte eingereicht würden, wodurch das Bild über den Stand und die Entwicklung der Genossenschaften erschwert werde. Insbesondere mangele es an Angaben über den Beruf der Deponenten; dies sei aber sehr wichtig, um zu wissen, von welchen Ständen Gelder in polnischen Banken hinterlegt würden. Entrsprechend der Aufgabe der Genossenschaften sei das Patronat bestrebt, die Dividenden in gebührenden Grenzen zu halten. Selbst in die Satzungen würde die Höhe der Dividende mit aufgenommen. Der Zinssatz für Darlehen werde möglichst ermäßigt, und nur ausnahmsweise würden von den Genossenschaften 7 % Zinsen erhoben. Durchschnittlich betrage der Zinsfuß 5-5,5 %. Berechtigt sei auch der Wunsch, daß die Genossenschaften mit den Bedürfnissen und der Lage der Landwirte rechnen sollten, deren es in den

Genossenschaften am meisten gäbe. Der Landwirt könne doch nicht so hohen Zinsfuß zahlen wie die Industriellen. Der Zinsfuß, den die Genossenschaften für Spareinlagen zahlten, bewege sich in mäßigen Grenzen. Die Zahl der Deponenten sei im Wachsen begriffen. Ende 1904 habe man 70 000 Deponenten gezählt, während Ende 1905 deren Zahl bereits auf 78 000 gestiegen sei. Die Zahl der dem Verbande angehörenden Genossenschaften sei um 26 gestiegen. Der Reservefonds sämtlicher Genossenschaften betrage 5 384 000 Mark, die Geschäftsanteile 14 000 000 Mark. Die Höhe der Depositen sei von 2 000 000 im Jahre 1872 auf 50 000 000 im Jahre 1904 und auf 90 000 000 im Jahre 1905 gestiegen. Seit dem Jahre 1904, wo die Regierung den Beamten verboten habe, ihre Gelder in polnischen Banken zu hinterlegen, hätten sich die Depositen um 30 Millionen erhöht, da das polnische Volk seine Gelder den deutschen Banken entzogen und den polnischen Banken zugeführt habe.

(521) „Fort mit dem Zentrum!"

(Aus einer Broschüre eines ungenannten Verfassers, erschienen im Verlag des *Dziennik Berlinski*)

„Das Zentrum und die nationalpolnische Sache.

Unsere hohen Politiker im preußischen Landesteil predigen uns beständig von einem Bündnis mit der Zentrumspartei und sie heißen uns, unser Heil in der Anlehnung an diese Partei zu suchen. Sie vergessen, daß ‚solange die Welt bestehen wird, der Deutsche des Polen Bruder nicht werden wird!' (Ein polnisches Sprichwort; der Herausgeber.)
Sie vergessen, daß das Zentrum eine deutsche Partei ist und als solche Interessen haben muß, die von den unseren abweichen.
Billig also, o sehr billig erkauft sich die Zentrumspartei die Freundschaft der Polen und deren Stimmen, um so billiger, als die Zentrumspartei, während sie einerseits unter dem Schein eines rühmlichen Kampfes für Recht und Gerechtigkeit ohne jeden Nachteil für sich, aber ohne Nutzen für uns scheinbar polnischen Religionsunterricht verlangt, wissend, daß die Regierung solchen nicht zugestehen wird, andererseits zur Entnationaliserung des polnischen Volkes beiträgt. Wer rottet denn unsere Sprache und das polnische Lied aus den für unser schwer verdientes Geld erbauten oberschlesischen Kirchen aus? Die Zentrumsgeistlichen. Wer germanisiert unsere Kinder in den in Schlesien immer häufiger gegründeten Kleinkinderbewahranstalten? Die Zentrumsgeistlichen.

Wer zieht gleich den Hakatisten über uns her wegen ‚allpolnischer Agitation?' Die Zentrumsgeistlichen und die Zentrumsblätter!
Wer verweigert den Polen, die in Westfalen, in Berlin und in anderen Ortschaften Nord- und Westdeutschlands schwer arbeiten, religiösen Zuspruch in der Muttersprache? Die Zentrumsgeistlichen.
Wer gründet schließlich Zeitungen, um uns zu drücken, um unseren berechtigten nationalen Bestrebungen entgegenzuarbeiten, Zeitungen, wie z. B. die *Gazeta Katolicka* in Schlesien? Die Zentrumsgeistlichen.
Ihr Herren vom Zentrum! Wir lernen deutsch, aber nicht zu dem Zwecke, um in dieser Sprache mit Gott zu reden. Der gerechte Gott hat uns Polen unsere schöne Muttersprache gegeben und uns geboten, sie zu pflegen. Die allpolnische Bewegung ist für uns ein wütender und heiliger Kampf um die Sprache, den Glauben, die Sitten, die Rechte, die wir von unseren Vorfahren ererbt haben, um alle die Bande, die uns mit unseren übrigen Brüdern in allen drei Landesteilen verknüpfen.
Die allpolnische Bewegung ist der Kampf um die Erhaltung aller der Faktoren, welche zusammenwirken, um die polnische Gesamtheit zu schaffen und zu erhalten, um sie zu entwickeln und aufblühen zu lassen.
Unser Feind ist jeder Germanisator, unser Feind ist jeder Russifikator. Darum müßten sich auch die Bande, die uns mit dem Zentrum verknüpfe, lösen, denn sie drohen unsere nationale Existenz zu knebeln. Für die verworfene Zentrumspartei, für die Abgeordneten, die um die Wahlstimmen bitten, Versprechen aber nicht halten und für Orden oder vorteilhafte Stellungen sich um die Wähler nicht kümmern, für die germanisierenden Geistlichen, für alle die unsere Scheinfreunde, haben wir nur ein Wort, das in dem alltäglichen und unausgesetzten politischen Kampf, und um so mehr bei den nicht mehr fernen Wahlen unsere Losung werden muß:

‚Fort mit dem Zentrum!'"

(522) Aus der Zeitschrift der Ortsgruppe Beuthen des *Deutschen Ostmarkenvereins* vom 5. März 1903

„Endlich muß an dieser Stelle die polonisierende Tätigkeit des Salesianer-Klosters in Oswiecim erwähnt werden, für das der *Katholik* stets sehr warm eingetreten ist. Die Anstalt, welche im Jahre 1900 gegründet wurde (an der Einweihungsfeierlichkeit nahmen der *Katolik* und der *Sokolverein* aus Schoppinitz teil), nimmt in ihr Alumnat nur schul-

entwachsene Knaben polnischer Zunge auf. Augenblicklich hat sie nur Raum für 150 Zöglinge, soll aber, bis sie fertig ist, 300 fassen. Diese Niederlassung ist nur in der Absicht gegründet, nationalpolnische Zwecke zu fördern. Der Verkehr in dem Institut vollzieht sich nur in polnischer Sprache. Polnische Geschichte und Geographie, polnische Sitten und Gebräuche werden gelehrt. Vormittags werden die Schüler hierin, nachmittags in allerlei Handwerk unterrichtet. Vorläufig müssen die fähigen Zöglinge nach vollendetem siebzehnten Lebensjahre noch in das Turiner Kloster des Ordens sich begeben, um dort zu Priestern und Missionaren herangebildet zu werden. Doch wird dies nach Fertigstellung des Salesianer-Gymnasiums in Oswiecim nicht mehr nötig sein, sondern die letzte Hand an die Erziehung der Zöglinge wird dann hier gelegt werden können. Bei dem verhältnismäßig kurzen Zeitraum des Bestehens dieser Anstalt sind noch keine schädlichen Folgen für das oberschlesische Deutschtum bemerkt worden, doch steht dringend zu befürchten, daß Zöglinge, die das Ziel zur Ausbildung als Priester oder Missionar nicht erreichen, als fanatische, polnische Handwerker in ihrer Heimat sich niederlassen und hier in nationalpolnischem Sinne sich bestätigen werden.
Die Unterstützungen, die von Oberschlesien an diese Ordensniederlassung gezahlt werden, sind sehr erheblich. So sind nach den *Salesianer Nachrichten* im Januar 1902 allein gelegentlich eines Besuches von Oberschlesien 8 600 Mark für das Kloster gestiftet worden. Ein nicht unerheblicher Teil der Gründungskosten wurde durch Vertrieb von Losen einer galizischen Salesianerlotterie, die in Oberschlesien so massenhaft gekauft wurden, daß die Behörde dagegen einschreiten mußte, aufgebracht; auch wurden viele Sammlungen in Oberschlesien vorgenommen, bis Fürstbischof Kardinal Kopp das Sammeln von Geld für ausländische Kirchen und Klöster verbot."

(523) Polnische Fibeln

Die Polen verstehen es, alle Schichten der Bevölkerung und alle Altersklassen in den Dienst ihrer nationalen Propaganda zu stellen. Auch die schulpflichtigen Kinder werden in nationalpolnischem Sinne bearbeitet. Diesem Zweck dienen die polnischen Fibeln, die etwa nicht bloß die Kinder im polnischen Lesen und Schreiben fördern sollen; sie sind hauptsächlich dazu da, schon in die Kinderseele eine deutsch- und staatsfeindliche Haltung zu pflanzen.
Es gibt mehrere Ausgaben polnischer Fibeln: Die eine, die im Verlag von S. Bendlewicz in Pleschen erschienen ist, umfaßt 34 Druckseiten

und kostet nur 10 Pf. Die erste Auflage soll in 4 Wochen vergriffen gewesen sein. Zwei andere polnische Fibeln, eine kleine und eine große Ausgabe, bringt die Verlagsbuchhandlung von Buszczynski in Thorn in den Handel. Die kleine Ausgabe umfaßt 20, die große 64 Druckseiten. Der Preis der ersteren beträgt gleichfalls nur 10 Pf., für 8 Mark kann man schon 100 Stück, für 25 Mark sogar 500 Fibeln erhalten.
Die kleine Ausgabe der in Thorn erscheinenden Fibel enthält als Schlußwort einen Hinweis auf die größere Ausgabe und eine Ermahnung an die polnischen Eltern, für die Kinder polnische Gebetbücher, ferner eine Lebensbeschreibung der Heiligen des Herrn, polnische Liederbücher, die kleine polnische Geschichte, die Geschichte des polnischen Volkes (von Joseph Chociszewski), die Geschichte Polens, ‚in herrlichen Beispielen dargestellt', und vor allem – polnische Zeitungen, wie den *Przyjaciel*, die *Gazeta Codzienna* und die *Gazeta Torunska* anzuschaffen.
Wie die Verfasser der polnischen Fibeln ihre erzieherische Aufgabe auffassen, davon gibt eine „Mieczyslaẃ I. und Boleslaw Chrobry" überschriebene „geschichtliche" Darstellung der großen Ausgabe der Thorner Fibel ein treffendes Bild. Dort heißt es:

„Die Polen wohnen seit undenkbaren Zeiten zwischen dem Schwarzen Meere und der Ostsee, an den Flüssen: Weichsel, Warthe, Oder, Niemen, Dniepr und Dniestr. Die wichtigsten Städte in den polnischen Landen sind: Danzig, Konitz, Thorn, Allenstein, Lyck, Bromberg, Gnesen, Posen, Breslau, Opeln, Beuthen, Krakau, Lemberg, Warschau, Wilna usw. In manchen Städten haben sich schon viele Deutsche niedergelassen, aber Krakau, Lemberg und Warschau sind rein polnisch; Gnesen und Posen usw. sind überwiegend polnisch.
Polen war jahrhundertelang ein gewaltiges Reich und ist vor mehr als 1 000 Jahren entstanden. Der erste christliche Monarch oder polnische König war Mieczyslaw der Erste ... Ihm folgte sein Sohn Boleslaw Chrobry ... Der erste Gnesener Erzbischof war der hl. Adalbert, ein Vetter Boleslaws. Dieser heilige Bischof wollte die Preußen bekehren, die damals noch Heiden waren, aber dieses wilde Volk ermordete ihn. Boleslaw führte viele Kriege, er schlug die Russen, Deutschen, Preußen und verschiedene Heiden. Zu seiner Zeit reichten die Grenzen Polens von Kiew bis Leipzig und Berlin ... Nach Boleslaw Chrobry bestand das polnische Reich noch an 800 Jahre. Polen hatte gelehrte Männer ... Nikolaus Kopernik war ein Pole (!) ... Die polnischen Städte wie Danzig, Thorn, Posen, Krakau, Warschau usw. waren wohlhabend. Polen war lange Zeit das mächtigste Reich in Europa ...
Infolge der fortwährend zum Schutz des Christentums gegen die Heiden geführten Kriege hatten die Polen keine Zeit (!), ihre Grenzen ge-

gen die christlichen Nachbarstaaten zu schützen. Und so geschah es, daß vor hundert Jahren die Russen und Deutschen das polnische Reich überfielen und unter Preußen, Rußland und Österreich verteilten. Die Polen kämpften überall, auch in Danzig und Thorn, aber einer konnte gegen drei nicht aufkommen. Heute gibt es also kein polnisches Reich mehr, aber es lebt das polnische Volk, das sind polnisch sprechende und polnisch fühlende Menschen, welche den polnischen Glauben, die polnische Sprache, die polnische Erde und polnische Sitten lieben. Heute hat Polen keinen eigenen König, aber wir haben ein polnisches Volk, polnische Bürger, polnischen Adel, polnische Grafen und Fürsten, Dichter, Gelehrte und Professoren, polnische Geistliche, Bischöfe und Kardinäle."

(524) Flugschrift „Wahlaufruf"

Im Oktober 1901 wurde in Oberschlesien eine Flugschrift verbreitet unter der Überschrift „Wahlaufruf" von dem Herausgeber der Posener *Praca*, dem ‚Urpolen' Martin Biedermann. Als verantwortlicher Redakteur zeichnete ein Sylvester Wiznerowicz aus Posen, und das Motto des Flugblattes stammte von einem Pfarrer Damrot. Diese Flugschrift „zur Verteidigung der politischen Rechte des oberschlesischen Volkes" zerfällt in fünf Abschnitte mit den Überschriften: „Die nationale Wiedergeburt Oberschlesiens." „Die Germanisierung und die Geistlichen." „Wir wollen keine deutschen Abgeordneten." „Wählen wir Polen zu Abgeordneten." „Die Vorbereitung für die künftigen Wahlen." In Abschnitt I suchte man den Nachweis zu führen, daß die polnische Bewegung in Oberschlesien bis Friedrich den Großen zurückreiche, indem man alle in polnischer Sprache früher erschienenen Blättchen rein religiösen Inhalts für die großpolnische Bewegung in Anspruch nahm. Es hieß dann weiter:

„... 1869 erwarb Miarka (einer der ersten Agitatoren der nationalpolnischen Bewegung in Oberschlesien; der Verfasser) für billiges Geld den *Katholik*, welcher von Chociszewski herausgegeben wurde, und begann denselben erst in Königshütte und später in Milokowo herauszugeben ... Binnen kurzem wurde Miarka nicht nur im gedruckten Wort, sondern auch im aktiven Leben der Führer des Volkes; er begründete Vereine, veranstaltete Liebhabertheater-Vorstellungen in der Muttersprache usw. Die ersten Schritte auf diesem Gebiete wurden allerdings schon eher getan. In Myslowitz existierte im Jahre 1868 ein katholischer Gesellenverein mit polnischem Charakter, in welchem vielleicht die erste Liebhabertheater-Vorstellung in Schlesien statt-

fand. Miarka war der erste, welcher die Vereinsangelegenheiten in breitere Bahnen drängte, durch dieselben den *Katholik* mehr verbreitete und umgekehrt durch die Schrift auch das Vereinsleben förderte. Er war ein mustergültiger Redakteur des volkstümlichen Blattes; er arbeitete nicht nur mit der Feder am Tisch, sondern auch gleichzeitig als der beste Freund und Berater des Volkes in jeder Lage.
Der erste polnische *St. Aloisius-Verein* wurde auf folgende Weise begründet:
Schon im Jahre 1858 begannen junge Leute in Roßberg bei Beuthen sich zusammenzuschließen und sammelten Beiträge zur Abhaltung eines Gottesdienstes für den heiligen Aloisius als Patron der Jugend. So dauerte dieser regelmäßige Gottesdienst für den heiligen Aloisius dreizehn Jahre fort, was dem damaligen Kaplan Boncek an der Marienkirche in Beuthen zuzuschreiben war. Am 25. März 1871 verkündete dieser Geistliche von der Kanzel herab, die jungen Leute möchten zahlreich in der Roßberger Schule zusammenkomen, um dort einen Verein zu begründen. Es kam eine ganze Anzahl junger Leute zusammen, und eines von den damaligen Migliedern hat sich noch die erste Rede des Pfarrers gemerkt: ‚Ich habe euch hier zusammengerufen, damit ihr die Zeit zu etwas Gutem verwendet und kein Geld vergeudet, ferner auch deshalb, damit ihr nicht vergeblich herumirrt. Ich will euch einen guten Geist ins Herz einflößen. Ihr sollt hier etwas lernen, und nicht nur hören, sondern auch nachdenken.‘ Nach dieser Ansprache wurde zu der Wahl eines Vorstandes geschritten. So entstand der erste Verein junger Leute in Oberschlesien, welcher auf seine Standarte folgende Worte des Pfarrers Boncek geschrieben hatte:

‚Du, Jugend, erhebe die Standarte,
Verteidige deine Sprache und deinen Glauben!
Wer diese Schätze seiner Väter erniedrigt,
Betet vergeblich zu Gott.‘“

Pfarrer Norbert Boncek war gleichsam der Vater der „polnischen“ Vereine in Oberschlesien; nach dem Muster des vorgenannten Vereins entstanden später andere Vereine.

In Absatz III hieß es:

„ ...An dem Bändel der Germanisation läßt sich das oberschlesische Volk nicht führen, weil es nicht vergessen hat, daß zwischen den Oberschlesiern und den Großpolen an der Warthe oder den Krakauern an der Weichsel, oder den Masuren ein stärkeres Band existiert als zwischen Oberschlesien und dem preußischen Staate ... Jetzt läßt sich das polnische Volk nicht mehr so zu den Wahlen hinschleppen wie gedankenloses Vieh, um einen solchen Grafen Ballestrem zu wählen, welcher an eine gewisse deutsche Zeitung geschrieben hat, daß die Polen nur Stimmvieh seien, welche man aufs Maul schlagen müsse. In Gleiwitz z. B. wollten wir schon bei den vergangenen Wahlen einen Polen wählen; daß dies nicht geschah und daß Graf Ballestrem damals gewählt worden ist, daran ist die Hinterlist der Zentrumsmänner schuld. Jetzt muß sich das polnische Volk in Oberschlesien schon beizeiten vorbereiten, damit ihm nicht wieder deutsche Führer aufgedrängt werden. Für die Abgeordneten des polnischen Volkes gibt es einen Platz weder im Zentrum noch in einer anderen deutschen Partei, sondern lediglich in der polnischen Fraktion. Schon in den Motiven des ersten Statuts der polnischen Fraktion – im Jahre 1859 – wie der derzeitige Vorsitzende der polnischen Landtagsfraktion, Dr. Heinrich Szuman, schreibt – war gesagt, daß es Zweck der Begründung der polnischen Fraktion ist, das Polentum im ganzen preußischen Staate, im Herzogtum Posen, Westpreußen und Ostpreußen, sowie in Schlesien gemeinschaftlich und solidarisch zu verteidigen. Und im ersten Paragraphen des Statuts der polnischen Fraktion lesen wir, daß zu der Fraktion alle Polen gehören, welche in Berlin ein Abgeordnetenmandat besitzen. So gehörten denn auch zu dieser Fraktion die ersten von dem polnischen Volke in Oberschlesien gewählten Abgeordneten, Pfarrer Szafranek und der Bauer Gorzalka ... Aber auch später ist der Gedanke nicht erstorben, daß Oberschlesien und das Herzogtum Posen doch Kinder ein und derselben Mutter sind und daß das polnische Volk hier und da überall dasselbe ist. Im Jahre 1868 verkündete das polnische Zentralwahlkomitee im Posenschen ausdrücklich, daß es seine Pflicht sei, seine Tätigkeit auszudehnen und in den Kreis seiner Wahlarbeiten auch die polnische Bevölkerung von Westpreußen und Oberschlesien hineinzuziehen."

(525) In einer durch Beschluß des K. K. Landgerichts zu Krakau vom 9. März 1901 beschlagnahmten Flugschrift heißt es:

„... Heute ist es das Wichtigste für uns Bauern, daß wir unser Vaterland gut kennen lernen, es alle lieb gewinnen und nach Kräften dafür Sorge tragen, daß es frei und unabhängig werde; denn die Steuern, welche wir an Österreich, Rußland und Preußen entrichten, sind unsere Arbeit, aber nicht unser Schatz, dies Leisten von Heeresdiensten ist nicht unser Nutzen. Wir selbst sollten im Lande wirtschaften, selbst was uns nötig ist, zu guten Zwecken entrichten, unsere eigene Regierung und ein polnisches Heer unterhalten. Brüder, Bauern! Wie lange soll das so dauern? Wir Hungrigen, Ungebildeten, wir ziehen hinaus in die Welt, um Arbeit, Brot zu suchen. Die Feinde aber werden unser

Brot fressen, sich an uns mästen und uns verlachen? Was soll das? Sind unser zu wenig? Wir Polen sind 20 Millionen stark. Sprechen wir doch weit und breit ein Gevatter zum andern, ein Nachbar zum andern! Vorwärts, an die Arbeit alle zusammen! Fordern wir von den Feinden, daß sie sich aus Galizien, aus Schlesien, aus dem Posenschen und aus dem Königreich sogleich hinausscheren, sowohl die Moskowiter als auch die Deutschen. Wenn das nicht hilft, wollen wir sie fortbringen, daß ihnen Hören und Gehen vergeht."

(526) Aus dem Gebetbuch ‚Polnischer Schild'

„Mutter Gottes, Königin von Polen, erlöse Polen! Alle heiligen Schützer der polnischen Republik, bittet für uns!
Aus der moskowitischen und preußischen Knechtschaft befreie uns, o Herr! Durch das Märtyrertum der 30 000 für Glauben und Freiheit gefallenen Barschen Ritter befreie uns, o Herr! Durch das Märtyrertum der 20 000 Bürger Pragas, die für Glauben und Freiheit umgebracht wurden, befreie uns, o Herr! Durch das Märtyrertum der in Fischau von den Preußen gemordeten Soldaten, befreie uns, o Herr! Um Waffen und um die nationalen Adler bitten wir dich, o Herr! Um den Tod auf dem Schlachtfelde bitten wir dich, o Herr!
Um den Kampf für die Unabhängigkeit, Ganzheit und Freiheit unseres Vaterlandes bitten wir dich, o Herr!
Um die Gleichheit und Brüderlichkeit des polnischen Volkes bitten wir dich, o Herr! Um das polnische Land zum Eigentum bitten wir dich, o Herr! Um den baldigen allgemeinen Ruf ‚Zu den Waffen' bitten wir dich, o Herr!"

(527) „Der liebe Gott spricht nur polnisch"

Aus dem Kreis Pr. Stargard schreibt man der *Elbinger Zeitung* (Nr. 105 v. 6. Mai 1900):

„Auf einem größeren Gute unseres Kreises wurde dieser Tage ein polnischer Arbeiter krank. Da auf dem Lande ein Arzt nicht gleich zu haben ist, oft sogar erst aus der meilenweit entfernt liegenden Stadt herbeigeholt werden muß, ist jeder Landwirt bei uns etwas Medizinmann. Der Gutsbesitzer ließ sich also den Arbeiter kommen, untersuchte ihn und stellte fest, daß Fieber nicht vorhanden, der Fall also nicht bedenklich war. Wahrscheinlich handelte es sich um einen verkolkten Magen.

Da das Befinden des Arbeiters nicht besser wurde, teilte er seinem Arbeitgeber mit, daß er zum Pfarrer gehen wolle. Auf die Bemerkung des Gutsbesitzers, daß es doch noch nicht zum Sterben gehe und der Pfarrer deshalb nicht nötig sei, erwiderte der Arbeiter: Nach den Sterbesakramenten habe er auch noch kein Verlangen; er wolle sich nur durch den Herrn Pfarrer von unserm Herrgott die Erlaubnis holen, um mit dem Arzt, zu dem er gehen wolle, deutsch reden zu dürfen. Zu seiner großen Verwunderung erfuhr der Gutsbesitzer, daß vor der babylonischen Sprachenverwirrung die ganze Welt polnisch sprach; erst dann sei die verfl... deutsche Sprache aufgekommen. Der liebe Gott spreche heute nur polnisch, und dasselbe tue der Papst. Wolle er (der polnische Arbeiter) nun von dem göttlichen Gebot abweichen, so müsse er sich zuvor von dem lieben Gott die Erlaubnis erbitten, und diese könne ihm nur der Herr Pfarrer besorgen."

(528) Das Christusbild als Agitationsmittel

Für die Art der polnischen Agitation bezeichnend ist ein Christusbild, das vom Straßburger Amtsgericht beschlagnahmt worden ist. In der *Deutschen Zeitung*, Nr. 38 v. 14. Februar, heißt es:

„Das Bild stellt Christus unter dem Kreuze dar, wie er liebevoll eine schwarzgekleidete, mit schweren Ketten gefesselte Frauensperson (offenbar das geknechtete Polen), die vor ihm kniet, tröstet. Die neben der Christusgestalt liegende zerrissene Fahne enthält die Jahreszahlen der drei Teilungen Polens, 1772, 1793, 1795. Die Zahlen 1794, 1830, 1848, 1863, die in großer weiß eingerahmter Schrift den unteren Saum des Frauengewandes bedecken, deuten auf die vier großen polnischen Aufstände hin. Das Datum des 3. Mai 1791 ist dasjenige der polnischen Konstitution vom gleichen Tage. Rechts in der Ecke des Bildes hoch über den Wolken schwebt der weiße polnische Adler, er fliegt über eine turmreiche Stadt (wahrscheinlich Krakau oder Warschau). Christus hat auf dem Schoß ein aufgeschlagenes Buch liegen, dessen Blätter die Namen nationalpolitischer Heiliger enthalten; auf dem den Querbalken des Kreuzes umflatternden Gewande steht mit großen Lettern in polnischer Sprache: ‚Noch ist der Augenblick der Erlösung nicht gekommen' (*nie nadezla jeszcze chwila rozgrzrszenia*). Das Bild selbst ist augenscheinlich eine Photographie nach einer farbig gemalten Darstellung, vervielfältigt zum Zwecke der Verbreitung."

(529) Vom Verlag der *Freunde des polnischen Volkes* in Berlin wurde eine Flugschrift herausgegeben, an deren Schluß es heißt:

„Dieser Glaube an die Unabhängigkeit Polens bildet das Wesen unserer Existenz: ohne ihn können wir nicht leben, ebenso wie wir nicht ohne Luft und Licht leben können. Dieser Glaube an ein freies und unabhängiges Polen: das ist unser Leitstern von der Wiege an. Dieser Glaube an ein freies, unabhängiges Polen: das ist der Stolz unseres Stolzes. Dieser Glaube an ein unabhängiges Polen: das ist unser einmütiger Gedanke! Diesen Gedanken verhehlen wir vor dem Feinde nicht. Dieser kennt uns übrigens so gut wie sein fadenscheiniges Gewissen. Und wozu sollen wir lügen? Indem wir vor dem Feinde unser eigenes Ideal verleugnen, beleidigen wir unsre Würde, und, was noch schlimmer ist: wir setzen die politisch noch nicht gebildeten Elemente, die den Schein von der Wirklichkeit nicht unterscheiden können, einer großen Gefahr aus. Stellen wir darum die polnische Frage klar und offen auf, denn eine Politik der Lüge leitet irre und demoralisiert. Verkünden wir dreist und offen überall, daß nur *eine Nation und ein Gedanke* existiert."

(530) Galizische Zustände

In der Nr. 850 der *Schlesischen Zeitung* v. 4. Dezember 1901 heißt es in einem Artikel:

„In Galizien wird die Folter heute noch tatsächlich angewendet. Ein Prozeß, der voriges Jahr in der Stadt Sambor verhandelt wurde, erbrachte Beweise über systematische Folterungen der Untersuchungsgefangenen durch den dortigen Polizeichef und andere Polizisten. Wenn der Inhaftierte nicht gleich alles gestehen wollte, dessen man ihn beschuldigte, wurde zur Erleichterung seines Gewissens wie folgt vorgegangen: Zuerst Faustschläge in das Gesicht, dann Stockprügel bis aufs Blut, enggeschlungene Ketten um die Hände mit Einschieben von schmerzhaft spannenden Stäben, schließlich Daumschrauben für Finger und Zehen und ähnliche Instrumente (!). Als einer der Gefolterten noch immer nicht ein Geständnis sich erpressen ließ, band man ihm die Hände unter den Knien zusammen und hing ihn mit dem Stricke auf einen Haken, bis er bewußtlos wurde. Der uniformierte Henkersknecht hieß Rabiew und sagte aus, daß er alles nur im Auftrag des Polizeiinspektors getan habe, der wegen angeblicher Geistesstörung vom Gericht nicht vernommen wurde. Nicht nur die unglücklichen Opfer, sondern auch ein früherer Polizist bestätigten diese grausamen Prozeduren. Auf Grund der so herbeigeführten Geständnisse wurden völlig Unschuldige verurteilt.

Neun Jahre wurde in Sambor auf diese Art die Gerechtigkeit betrieben, wie sich aus den Erhebungen ergab, wahrscheinlich auch schon lange vorher. Das Gericht begnügte sich mit Strafen von einem bis acht Monaten Kerker für die vertierten Schergen. Bald darauf kamen in der Stadt Jaroslau Greueltaten der amtlichen Folterknechte an das Licht, die ganz den gleichen Charakter trugen. Bei der eingeleiteten Untersuchung erhängte sich einer der Folterknechte aus Verzweiflung, dessen Auftraggeber blieben in ihrer Stellung. Der ruthenische Publizist Iwan Franko schrieb damals in der Wiener *Zeit*: ‚Ich spreche es aus vollster Überzeugung aus: Hundert und tausend solcher Tatsachen geschehen in Galizien seit Jahren, ohne daß ein Hahn danach gekräht hätte. Die Folter blüht bei uns nicht nur in Sambor und Jaroslau. Nein, sie blüht überall. Vielleicht jede Stadt, vielleicht jede Gendarmeriestation hat ihre Folterkammer ... Ich habe selbst 15 Monate in galizischen Gefängnissen zugebracht und kann aus eigener Erfahrung sagen, daß fast jeder Arrestant in das Gefängnis nach überstandener schwerer oder gelinderer Tortur kam.‘ Die weiteren Ausführungen Frankos illustrieren seine öffentliche Anklage gegen die polnische Justiz und ihre Handhabung. Die Ruthenen, welche nicht als Überläufer in das polnische Lager gehen, werden schlimmer behandelt, als es in barbarischen Ländern geschieht, die noch die Institution der Sklaverei besitzen.“

Und im *Kuryer Poznanski*, Nr. 228 v. 1900, schreibt ein galizischer Pole:

„Not und Elend herrschen auf schreckliche Weise im Lande, die wirtschaftlichen Verhältnisse sind geradezu verzweifelte, es liegt ein geschichtliches Beispiel slawischer Unproduktivität vor ... Das Proletariat ist im Schoße einer Volksgesamtheit ein sich normal entwickelnder Faktor, in Galizien aber bildet das Proletariat ein Drittel der Bevölkerung. Außer diesem Proletariat sind die sogenannten besitzenden Klassen solche nur dem Namen nach. Die Klasse der adligen Grundbesitzer ist der beste Beweis hierfür. Heute haben wir in Galizien Kreise, wo auf einige Dutzend Großgrundbesitzer kaum zwei oder drei die altadligen Höfe erhalten haben. Den Rest besitzen Juden oder christliche Spekulanten, die mit dem heiligen Boden unserer Väter wie auf der Börse spielen. In den Städten befindet sich der Handel in jüdischen Händen, aber auch diese Juden sind halbe Proletarier ... Gymnasien und Universitäten haben wir in Hülle und Fülle. In jedem der unsauberen und armen galizischen Städtchen, die ärger aussehen als bei Euch (d. h. in Preußen) ein ordentliches Bauerndorf, ragt ein ‚Gymnasium' in die Höhe. In den stinkenden und kotigen Gäßchen spazieren die Herren Gymnasiasten einher. Alljährlich verlassen tausende solcher Unglücklichen die Schule, die ausgehungerte, elende Proletarier in sittlicher und geistiger Beziehung aufs Pflaster wirft ... Hungrig ist Galizien, übervölkert, und es produziert immer mehr Menschen, die, obwohl sie das beste soziale Material sein könnten, durch eine verhängnisvolle häusliche und öffentliche Erziehung zur Unproduktivität verurteilt sind, welche bei schwächeren Naturen Verzweiflung zur Folge hat, die sich später in die Tat umsetzt ... In einer zahlreich besuchten Versammlung sprach vor einiger Zeit einer unserer scharfsinnigsten Volkswissenschaftler: man müßte uns auf ein paar Jahre etwa hundert tüchtige Angelsachsen leihen und ihnen die Reform unserer Erziehung übertragen ... "

Stichwortverzeichnis